파이썬을 활용한 비지도 학습

파이썬을 활용한 비지도 학습

비구조 데이터로부터 숨겨진 패턴과 관계 찾기

벤자민 존스턴 · 애런 존스 · 크리스토퍼 크루거 지음   조경빈 옮김

i!i
에이콘

에이콘출판의 기틀을 마련하신 故 정완재 선생님 (1935-2004)

│ 지은이 소개 │

벤자민 존스턴 Benjamin Johnston

세계 최고의 데이터 기반 의료 기업의 선임 데이터 과학자다. 문제 정의부터 솔루션 연구 개발, 최종 배포까지 제품 개발 전 과정에 걸쳐 혁신적인 디지털 솔루션 개발에 참여하고 있나. 현재 이미지 처리와 심층신경망 전문으로 머신 러닝 박사 과정을 이수하고 있다. 의료기기 설계와 개발 분야에서 10년 이상의 경력이 있으며 다양한 기술 분야에 종사하고 있다. 오스트레일리아 시드니대학교에서 공학 및 의학 분야의 1급 우등 학사 학위를 보유하고 있다.

애런 존스 Aaron Jones

통계 컨설턴트이자 미국의 가장 큰 소매상 중 한 곳의 전임 데이터 과학자다. 소매, 미디어, 환경 과학 분야에서 예측 모델과 추론 모델, 수많은 데이터 제품을 만들었다. 시애틀에 살고 있으며 인과관계 모델링, 군집 분석 알고리즘, 자연어 처리, 베이지안 통계 등에 관심이 있다.

크리스토퍼 크루거 Christopher Kruger

광고 분야에서 선임 데이터 과학자로 일했다. 다양한 업종의 고객을 위해 확장 가능한 클러스터링 솔루션을 설계했다. 최근 코넬대학교에서 컴퓨터 과학 석사 학위를 받았고 컴퓨터 비전 분야에서 일하고 있다.

| 옮긴이 소개 |

조경빈(cgmaniax@gmail.com)

중학교 때 처음으로 8비트 컴퓨터를 만지기 시작하면서 게임 개발에 흥미를 느끼기 시작했다. 인프라웨어에서 온라인게임과 인터넷 브라우저 엔진 개발에 참여했고 현재 셀바스M에서 게임 PD로 모바일 게임을 만들고 있다. SKT T스토어 공모전 게임 부문에 입상했으며, 개인 자격으로 개발한 앱이 미국 내 애플 앱스토어 카테고리 1위에 오르는 등 다양한 실험을 즐기며 살고 있다. 지금까지 에이콘출판사에서 총 9권의 번역서를 출간했다.

제가 따로 이야기를 꺼내지 않더라도 최근 머신 러닝이 얼마나 많은 관심을 받고 있는지는 여러분이 더 잘 아실 거라 생각합니다. 인공지능의 역사는 생각보다 꽤 깁니다. 1940년대 후반에서 1950년대 초반 수학이나 철학, 공학, 경제 등 다양한 영역의 과학자들로부터 인공적인 두뇌의 가능성이 논의되기 시작했는데, 1956년에 이르러 인공지능이 본격적으로 학문 분야에 들어오게 됩니다. 하지만 반세기가 넘는 긴 역사에도 인공지능은 그리 큰 발전을 만들어내지 못했습니다.

1950년대 중반부터 1970년대 중반까지 인공지능은 다양한 성과를 내면서 황금기를 여는 듯했으나 이후 여러 복잡한 문제를 해결하는 데 연이어 실패하면서 꽤 오랜 기간 어두운 시기를 지나왔습니다. 그리고 최근 다시 컴퓨팅 파워의 증가와 인공지능 기술의 발전이 4차 산업혁명 시대와 만나며 전 세계의 관심을 한 몸에 받는 분야가 됐습니다. 특히 우리나라 사람들이 인공지능의 발전을 크게 체감한 사건은 아마도 알파고와 이세돌의 바둑 대결이 아니었나 싶습니다. 저 또한 바둑을 잘 모름에도 그 긴 대국을 흥미롭게 지켜볼 정도였으니 말입니다.

이세돌과 대국했던 알파고는 인간의 기보棋譜를 바탕으로 지도 학습을 통해 만들어진 인공지능입니다. 지도 학습은 기본적으로 정답을 알고 있는 방대한 데이터를 기반으로 학습하는 방식을 말합니다. 아마존이 보유하고 있는 방대한 고객의 구매 패턴 데이터를 정답 데이터로 삼아 고객이 다음에 구매할 가능성이 높은 제품을 추천해주는 것이 한 예가 될 수 있습니다. 반면 비지도 학습은 정답을 알지 못하는 데이터로부터 패턴과 관계를 찾아내면서 의미를 파악해내는 접근 방법입니다. 우리가 얻을 수 있는 데이터는 정답이 없는 데이터인 경우가 더 많기에 비지도 학습은 매우 중요하고 유용한 머신 러닝 기법입니다.

이 책은 파이썬과 다양한 파이썬 라이브러리를 활용해 비지도 학습의 다양한 예시와 사례를 이용해 친절하게 설명하고 있습니다. 머신 러닝에 관한 사전 지식이 전혀 없더라도 내용을 이해하는 데 큰 어려움은 없을 것입니다. 이 책을 시작으로 머신 러닝의 매력에 흠뻑 빠져들 것이라 확신합니다. 이렇게 좋은 책을 번역할 수 있도록 기회를 주신 에이콘출판사 권성준 사장님을 비롯, 책이 출간되는 데 애써 주신 모든 분께 진심으로 감사드립니다. 그리고 이 책을 선택해 역자 서문을 건너뛰지 않고 읽고 계신 독자에게도 진심으로 감사드립니다. 부디 파이썬을 활용한 비지도 학습의 세계로 들어가는 데 큰 도움이 되기를 진심으로 바랍니다.

| 차례 |

▌ 이 책에 관하여

라벨링된 데이터가 없을 때 비지도 학습은 유용하고 현실적인 해결책이다.

이 책은 파이썬 라이브러리들을 사용해 구조화되지 않은 데이터에 비지도 학습 방법을 적용해 의미 있는 정보를 추출하는 최선의 방법을 알려준다. 여기서는 데이터셋에서 유사한 데이터 지점들을 찾아 함께 묶는 기본적인 과정으로 시작한다. 일단 k-평균 알고리즘에 익숙해지고 나면 차원 축소가 무엇이고 알고리즘을 어디에 적용하는지 배우게 된다. 그와 함께 다양한 신경망 기술을 배우고 신경망으로 모델을 향상시키는 방법을 배울 수 있다. 또한 비지도 학습 적용 사례를 통해 트위터에서 인기 있는 주제를 찾는 방법도 배울 수 있다. 마지막으로는 장바구니 분석, 다양한 제품 간의 관계 파악 등 흥미로운 주제도 다룬다. 이 책을 마치고 나면 파이썬을 사용해 자신만의 모델을 자신있게 만들 정도의 기술을 익히게 될 것이다.

▌ 학습 목표

- 클러스터링의 기본과 중요성의 이해
- 기본 제공 패키지를 사용해 처음부터 k-평균, 계층적 및 DBSCAN 클러스터링 알고리즘 구축
- 차원 축소와 적용
- Scikit-learn으로 Iris 데이터셋에서 PCA 구현 및 분석
- Keras로 CIFAR-10 데이터셋용 오토인코더 모델 구축

- 거래 데이터를 연구하기 위해 머신 러닝 익스텐션(Mlxtend)을 사용한 Apriori 알고리즘 적용

▮ 이 책의 대상 독자

비지도 학습에 관심 있는 개발자, 데이터 과학자와 머신 러닝에 관심이 있는 독자를 위한 책이다. 지수나 제곱근, 평균, 중위값 등을 포함한 수학 개념의 기초 지식과 함께 파이썬 프로그래밍 관련 지식이 필요하다.

▮ 이 책의 접근 방식

이 책은 구조화되지 않은 데이터의 숨겨진 패턴을 밝히기 위해 파이썬을 사용하는 접근 방식을 사용한다. 여기에는 실세계 시나리오를 통한 매우 관련성이 높은 컨텍스트를 사용해 새로운 기술을 연습, 적용하는 여러 활동을 포함하고 있다.

▮ 하드웨어 요구 사항

다음은 권장 하드웨어 요구 사항이다.

- **프로세서**: 인텔 코어 i5 또는 동급
- **메모리**: 4GB RAM
- **스토리지**: 5GB 가용 공간

소프트웨어 요구 사항

다음과 같은 소프트웨어를 미리 설치하는 것이 좋다.

- OS: 윈도우 7 SP1 64비트, 윈도우 8.1 64비트 또는 윈도우 10 64비트, 리눅스 (Ubuntu, Debian, Red Hat 또는 Surs) 또는 최신 OS X 버전
- 파이썬(3.6.5 이상, 가급적 3.7, https://www.python.org/downloads/release/python-371/)
- 아나콘다(mlp_toolkits의 basemap module 사용을 위해서다. https://www.anaconda.com/distribution/에서 3.7 버전을 다운로드한 다음 설치 방법에 따라 설치한다.)

편집 규약

코드 텍스트, 데이터베이스 테이블 이름, 폴더 이름, 파일 이름, 파일 확장명, 경로 이름, 사용자 입력은 다음과 같이 표기한다. "math 패키지를 사용하기 위한 전제조건은 없으며, Python의 모든 표준 설치에 포함된다."

코드 블록은 다음과 같이 표기한다.

```python
from sklearn.datasets import make_blobs
import matplotlib.pyplot as plt
import numpy as np
import math
%matplotlib inline
```

새롭거나 중요한 용어는 굵은 글씨로 표기한다. 예를 들어 메뉴나 대화상자에서 화면에 표시되는 단어는 다음과 같이 표기한다.

"그런 다음 Generate file을 누른 후 Download now를 눌러 다운로드한 파일의 이름을 metro-jul18-dec18로 지정하자."

▌ 설치와 설정

크고 멋진 여행도 처음 한걸음부터 시작된다. 비지도 학습의 세계로의 여행도 마찬가지다. 데이터를 다루면서 멋진 일을 하기 전에 이를 위한 환경부터 설정해야 한다.

윈도우에 아나콘다 설치

아나콘다Anaconda는 파이썬 패키지 관리자로, 이 책에서 필요한 라이브러리를 쉽고 편하게 설치하도록 도와준다. 윈도우에 설치하기 위해 다음 과정을 따르자.

1. 윈도우용 아나콘다 설치는 매우 편리하다. 다운로드 페이지에 방문해 설치 실행파일을 내려받자. https://www.anaconda.com/distribution/#download-section

2. 인스톨러를 더블클릭해 설치하면 된다.

3. 아나콘다 설치를 완료하기 위해 화면 지시를 따르자.

4. 설치를 완료하면 아나콘다 네비게이터Anaconda Navigator에 접근할 수 있으며 다른 애플리케이션과 함께 사용할 수 있다.

리눅스에 아나콘다 설치

아나콘다는 파이썬 패키지 관리자로 이 책에서 필요한 라이브러리를 쉽고 편하게 설치하도록 도와준다. 리눅스에 설치하기 위해 다음 과정을 따르자.

1. 아나콘다 다운로드 페이지에 방문해 설치 셸 스크립트^{shell script}를 내려받자.
   https://www.anaconda.com/distribution/#download-section

2. 셸 스크립트를 리눅스 인스턴스에 직접 다운로드하기 위해 curl이나 wget 검색 라이브러리를 사용하자. 다음 예제는 curl을 사용해 아나콘다 다운로드 페이지에 있는 URL로부터 파일을 받는 방법이다.

   ```
   curl -O https://repo.anaconda.com/archive/Anaconda3-2019.03-Linux-x86_64.sh
   ```

3. 셸 스크립트를 다운로드한 후 다음 명령어로 실행할 수 있다.

   ```
   bash Anaconda3-2019.03-Linux-x86_64.sh
   ```

4. 이 명령을 실행하면 매우 친절한 설치 과정으로 안내할 것이다. 어디에 설치를 할 것인지, 아나콘다의 설정은 어떻게 정할 것인지를 묻는 과정이 이어진다. 이번에는 모두 표준 설정으로 진행하자.

5. 아나콘다의 설치를 마치면 사용할 패키지를 설치하기 위한 환경을 생성해야 한다. 아나콘다 환경이 가진 장점 중 하나는 개별 프로젝트마다 별도의 환경을 구축할 수 있다는 사실이다. 새로운 환경을 만들기 위해 다음 명령을 실행하자.

   ```
   conda create --name my_packt_env python=3.7
   ```

6. 일단 환경을 생성하면 다음 명령을 사용해 활성화시킬 수 있다.

   ```
   conda activate my_env
   ```

이게 전부다. 이제 프로젝트에 필요한 패키지를 설치할 수 있는 자신만의 환경을 구축했다.

환경에서 나가기 위해서는 conda deactivate 명령을 사용하면 된다.

맥OS에 아나콘다 설치

아나콘다는 파이썬 패키지 관리자로 이 책에서 필요한 라이브러리들을 쉽고 편하게 설치하도록 도와준다. 맥OS에 설치하기 위해 다음 과정을 따르자.

1. 맥OS용 아나콘다 설치는 매우 편리하다. 다운로드 페이지에 방문해 설치 실행파일을 내려받자. https://www.anaconda.com/distribution/#download-section
2. macOS 선택 후 파이썬 3 설치 관리자의 **Download** 버튼을 더블클릭한다.
3. 화면의 안내에 따라 아나콘다 설치를 마무리한다.
4. 설치를 완료하면 아나콘다 네비게이터^{Anaconda Navigator}에 접근할 수 있으며, 다른 애플리케이션과 함께 사용할 수 있다.

윈도우에 파이썬 설치

1. 공식 설치 페이지 https://www.python.org/downloads/windows/에서 원하는 버전의 파이썬을 찾는다.
2. 컴퓨터 환경에 따라 32비트와 64비트 중 잘 선택해 설치해야 한다. 이 정보는 운영체제 시스템 환경에서 확인할 수 있다.

   인스톨러를 다운로드한 다음 간단히 더블클릭하면 친절한 안내를 받을 수 있다.

리눅스에 파이썬 설치

리눅스에 파이썬을 설치하기 위해 다음 과정을 따르자.

1. 명령 프롬프트를 열고 파이썬 3이 아직 설치 전인지 다음을 통해 확인하자.

   ```
   running python3 --version.
   ```

2. 파이썬 3를 설치하기 위해 다음을 실행하자.

   ```
   sudo apt-get update
   sudo apt-get install python3.6
   ```

3. 만일 문제가 발생하면 온라인에서 다양한 문제 해결 방법을 찾을 수 있다.

맥OS X에 파이썬 설치

맥OS X에 파이썬을 설치하기 위해 다음 과정을 따르자.

1. CMD+Space를 누른 상태에서 terminal을 검색 상자에 입력하고 Enter를 눌러해 터미널을 연다.
2. 명령줄에서 xcode-select --install을 실행해 Xcode를 설치한다.
3. 홈브루homebrew를 사용하면 가장 쉽게 파이썬 3를 설치할 수 있다. 홈브루는 명령줄에서 ruby -e "$(curl -fsSL https://raw.githubusercon-tent.com/Homebrew/install/master/install)"을 입력하면 설치할 수 있다.
4. 홈브루를 PATH 환경변수에 추가한다. 명령줄에 sudo nano ~/.profile을 실행해 프로필을 열고 마지막에 export PATH="/usr/local/opt/python/libexec/bin:$PATH"를 추가하자.
5. 이제 파이썬을 설치하기 위해 명령줄에서 brew install python을 실행한나.

6. 아나콘다를 설치하면 마지막 버전의 파이썬이 자동으로 설치된다는 사실을 알아두자.

예제 코드 다운로드

이 책의 예제 코드는 https://github.com/TrainingByPackt/Applied-Unsupervised-Learning-with-Python에서 다운로드할 수 있으며 에이콘출판사 도서정보 페이지인 http://www.acornpub.co.kr/book/unsupervised-learning-python에서도 동일한 파일을 다운로드할 수 있다.

또한 코드 번들과 비디오를 https://github.com/PacktPublishing/에서 받을 수 있다.

컬러 이미지 다운로드

이 책에서 사용된 스크린샷과 다이어그램의 컬러 이미지가 있는 PDF 파일을 제공하며 https://www.packtpub.com/sites/default/files/downloads/9781789952292_Color Images.pdf에서 다운로드할 수 있다. 에이콘출판사 도서정보 페이지 http://www.acornpub.co.kr/book/unsupervised-learning-python에서도 동일한 파일을 다운로드할 수 있다.

문의

이 책과 관련해 질문이 있다면 questions@packtpub.com으로 문의하길 바란다. 한국어판에 관한 질문은 에이콘출판사 편집 팀(editor@acornpub.co.kr)이나 옮긴이의 이메일로 문의하길 바란다.

클러스터링 소개

학습 목표

다음은 1장에서 배울 내용이다.

- 지도 학습과 비지도 학습의 차이 이해
- 클러스터링 개념 설명
- 파이썬 내장 패키지를 사용한 k-평균 클러스터링 알고리즘 구현
- 데이터에 대한 실루엣 점수 계산

1장에서는 클러스터링의 개념을 다룰 예정이다.

▌ 소개

데이터 분석을 시도했지만 결과물이 없었던 경험이 있을 것이다. 데이터셋에 익숙하지 않거나 분석을 어디에서부터 시작해야 할지 막막했던 적도 있을 것이다. 누가 그 일을 처리해달라고 요청했는지에 따라 좌절을 느끼거나 심지어 당황스러웠을지도 모른다.

개발자 여러분은 혼자가 아니다. 흥미롭게도 데이터 그 자체가 너무 혼란스러워서 이해할 수 없는 경우가 많다. 여러분이 스프레드 시트에 있는 모든 숫자의 의미를 이해하려고 노력할 때 대체적으로 비지도 학습 알고리즘이 수행하는 동작과 비슷한 일을 시도하는 때가 많다. 현실에 존재하는 데이터는 어떤 규칙이나 의미를 갖지 않는 경우가 많다. 그리고 개발자는 배경에 대한 별다른 준비가 없는 상태에서 데이터 분석을 해야 할 때가 많다. 하지만 너무 조바심 낼 필요는 없다. 이 책에서 다루는 내용을 잘 익힌다면 어떤 데이터라도 당황하지 않고 분석을 시작할 수 있다.

비지도 학습 알고리즘이 어떻게 동작하는지 이해하고 어떤 상황에서 적용할 수 있는지 적절한 예제와 함께 설명할 예정이다. 데이터에서 클러스터 찾기, 데이터 크기를 줄이는 방법과 비지도 학습의 각 측면을 실제 환경에 적용하는 방법도 다룬다. 내용을 잘 이해한다면 비지도 학습으로 해결할 수 있는 문제와 해결할 수 없는 문제를 구분할 수 있게 될 것이다.

지금부터 본격적으로 시작한다.

▌ 비지도 학습과 지도 학습의 차이

비지도 학습Unsupervised learning은 오늘날 머신 러닝 분야에서 가장 흥미로운 영역 가운데 하나다. 만약 전에 머신 러닝을 공부한 적이 있다면 지도 학습과 비지도 학습에서 흔히 발생하는 문제를 어느 정도 이해하고 있을 것이다. 지도 학습Supervised learning은 분류(예: 폐 건강 데이터셋을 통해 흡연자와 비흡연자 예측)하거나 회귀선을 맞출 수 있는 라벨 데이터셋을 보유하는 문제(예: 침실이 몇 개인지에 따라 주택의 판매 가격 예측)를 처리하는 데 적합하다. 이 방식은 학습에 관한 인간의 직관적인 접근 방식과 상당히 유사하다.

요리를 할 때 음식을 태우지 않는 방법을 배우려면 음식을 버너에 올려놓고 음식이 타는 데(입력) 얼마의 시간이 걸리는지(출력)를 보고 데이터셋을 구성할 수 있다. 결국 음식을 태우는 과정을 반복하면서 언제 음식이 타는지에 대한 데이터를 갖추고 향후 음식을 태우지 않게 되는 것이다. 지도 학습은 한때 인기 있는 분야였지만 최근에는 미리 데이터를 알고 있어야 한다는 장애물로 인해 활용도가 많이 줄어든 상태다.

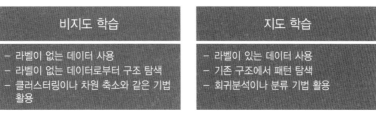

그림 1.1 비지도 학습과 지도 학습의 차이

반대로 비지도 학습은 라벨이 없는 엄청난 양의 데이터를 처리하는 문제를 처리할 수 있다. 이 경우 라벨이 있는 데이터는 세공된 '목표' 결과를 갖는 데이터로 제공된 데이터와의 상관관계를 찾으려고 할 것이다(앞의 예에서 음식을 태웠는지 여부를 알고 있다). 반면 라벨이 없는 데이터는 결과가 무엇인지 알 수 없고 다만 입력 데이터만 존재하는 상황을 의미한다.

앞서 말한 예를 생각해보자. 요리에 관한 아무런 사전 지식 없이 지구에 떨어졌다고 상상해보자. 무엇을 해야 하는지 아무런 생각도 없이 100일의 시간과 조리 기구 그리고 음식이 가득 찬 냉장고를 받았다. 이때 당신이 주방을 탐색하는 과정은 무한히 다양한 경우를 만들어낼 수 있다. 10일째 되는 날 마침내 냉장고를 여는 방법을 배울 수 있을 것이고 30일째 되는 날 조리 기구를 사용해 음식을 할 수 있다는 사실을 알아낼 수 있을 것이다. 그리고 며칠이 더 지난 후 먹을 수 있는 식사를 만들 수 있게 된다. 보다시피 적절한 정보 구조가 없는 주방에서 의미를 찾으려고 하면 식사를 준비하는 것과 직접적인 관련이 없는 다양한 데이터를 만나게 된다.

비지도 학습은 이럴 때 좋은 해결책이 될 수 있다. 100일 동안의 데이터를 되돌아보면 클러스터링을 사용해 음식 만들기를 성공했던 날의 패턴을 찾을 수 있을 것이며 그때 어떤 일들을 했는지 쉽게 찾을 수 있을 것이다. 하지만 비지도 학습도 만능은 아니며 유사성을 기반으로 클러스터를 찾았으나 그로부터 별다른 의미를 찾아내지 못할 수도 있다.

이러한 도전은 비지도 학습을 더 흥미롭게 만든다. 최종 목표에 부합하는 정보 클러스터를 찾는 과정을 어떻게 하면 더 빠르고 효율적으로 할 수 있을까?

▋ 클러스터링

데이터셋에 존재하는 데이터의 유사성을 찾을 수 있다는 것은 근본적인 의미를 찾으려고 할 때 상당히 유용하다. 만일 자신이 상점 주인이며 가치에 대한 아무런 정보 없이 어떤 고객이 가장 가치 있는가를 찾으려 한다면 클러스터링이 아주 좋은 해법이 될 것이다. 소중한 고객을 나타내는 몇 가지 고차원적인 아이디어가 존재할 수도 있겠지만 대량의 데이터 앞에서는 이 또한 확신하기 어려워진다는 문제가 생긴다. 이때 클러스터링을 통해 데이터에서 비슷한 그룹 간에 공통점을 찾을 수 있다. 유사한 사람들로 구성된 클러스터를 더 깊이 살펴본다면 특정 그룹의 사람들이 당신의 웹사이트에 좀 더 오랜 기간 방문한다는 사실을 찾아낼 수도 있다. 이를 통해 어떤 요소가 가치 있는지 찾아낼 수 있고 향후 지도 학습에 활용할 수 있는 깨끗한 표본을 얻을 수도 있다.

클러스터 식별

다음 그림은 두 개의 산점도를 보여준다.

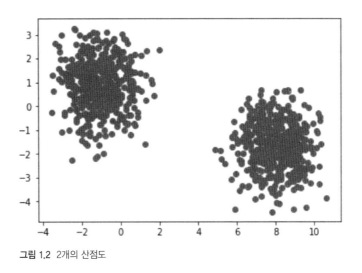

그림 1.2 2개의 산점도

다음 그림은 산점도를 두 개의 서로 다른 클러스터로 구분한다.

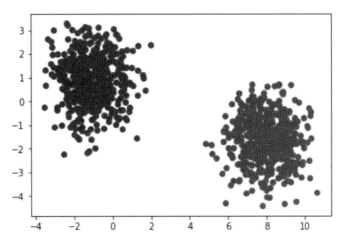

그림 1.3 제공된 데이터셋에 존재하는 클러스터를 명확하게 보여주는 산점도

두 그림 모두 가우시안^{Gaussian} 분포에서 추출한 임의로 생성된 숫자 쌍(x, y 좌표)을 보여준다. 그림 1.2를 보면 데이터에서 클러스터가 어디에 존재하는지 분명히 알 수 있다. 다만 현실에서 이렇게 클러스터가 명확히 구분되는 일은 흔치 않다. 이렇게 두 개의 클러스터로 데이터가 분리된다면 이를 통해 두 그룹 사이에 어떤 차이가 존재하는지 찾아내는 일이 가능해진다.

일단은 클러스터링을 구성하는 기본을 먼저 이해할 필요가 있다. 클러스터를 찾아내는 과정의 기본은 큰 데이터셋의 하위 데이터를 유사성에 기반해 묶는 것이다. 방 안에 10명의 사람이 있고 각자 경제 전문가나 과학자라고 상상해보자. 그리고 이들 집단에서 어떤 공통된 행위를 시킨 후 그 행위를 수행하는 과정이나 결과를 기반으로 두 직업 유형의 클러스터를 구성해낼 수도 있을 것이다. 클러스터를 찾는 것은 유사성을 찾는 데 매우 유용할 수 있다. 클러스터를 찾는다는 기본적으로 비슷한 특성을 가지는 아이템들을 발견한다는 의미를 가짐과 동시에 서로 큰 차이를 갖는 아이템을 찾아낸다는 의미도 가질 수 있다.

2차원 데이터

이를 이해하기 위해 고용주로부터 다음과 같이 두 개의 숫자 데이터 열이 있는 간단한 1,000행 데이터셋을 받았다고 가정해보자.

```
array([[-0.72690901,  2.76012303],
       [-1.38504876,  2.16558784],
       [-1.12519969,  0.78279526],
       ...,
       [-0.92272983, -0.44782031],
       [ 8.26124228, -0.37099837],
       [-1.01204517,  0.3228703 ]])
```

그림 1.4 NumPy 배열에 존재하는 2차원 데이터

이 데이터만 봐서는 실제 구조나 의미를 도무지 이해할 수 없다.

데이터셋의 차원dimension은 단순히 사용 가능한 기능의 수를 계산하는 또 다른 방법이다. 대부분의 구성 데이터 테이블에서는 형상 수를 열 수로 볼 수 있다. 따라서 크기(1,000×2)의 1,000행 데이터셋 예를 사용해 2차원에 걸쳐 1,000개의 관측치를 가질 수 있다.

데이터 구조를 이해하기 위해서는 첫 번째 열과 두 번째 열을 기반으로 점을 찍는 것으로 시작할 수 있다. 물론 이 과정을 통해 그룹 간 차이를 판단하지 못할 때가 많겠지만 그래도 차이점이 존재한다는 것은 다양한 시도를 할 수 있는 출발점이 된다.

연습 1: 데이터에서 클러스터 인식

여기 몇 개의 2차원 그래프가 있다. 그림을 보면서 클러스터를 직접 식별해보자. 특별한 알고리즘적 접근을 사용하지 않고 직관적인 방법으로 데이터에서 클러스터를 찾아보자.

이 연습은 우리 자신의 눈과 사고 과정을 사용해 클러스터를 식별하는 방법에 관한 직감을 만드는 데 도움이 된다. 연습을 마치면 어떤 데이터들이 클러스터로 간주되고 또 어떤 데이터들은 클러스터로 간주되지 않는지 생각해보자.

1. 다음 산점도에서 클러스터를 식별해보자.

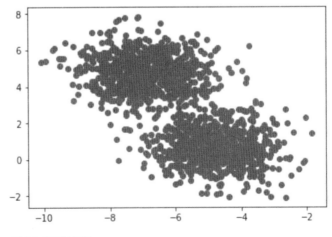

그림 1.5 2차원 산점도

클러스터는 다음과 같다.

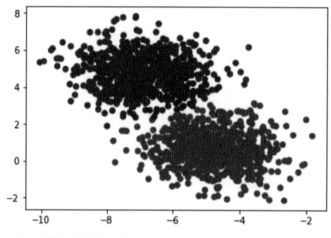
그림 1.6 산점도에서의 클러스터

2. 산점도에서 클러스터를 식별해보자.

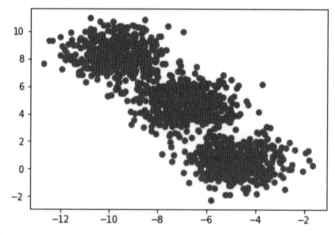
그림 1.7 2차원 산점도

클러스터는 다음과 같다.

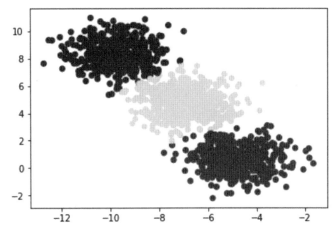

그림 1.8 산점도에서의 클러스터

3. 산점도에서 클러스터를 식별해보자.

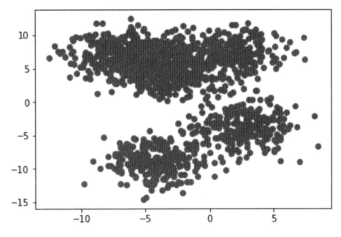

그림 1.9 2차원 산점도

클러스터는 다음과 같다.

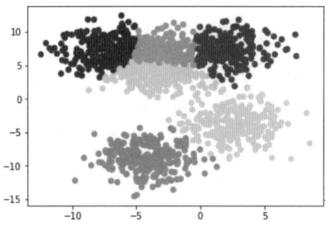

그림 1.10 산점도에서의 클러스터

대부분의 예시를 이해하는 데 별다른 어려움이 없었을 것이다. 이게 바로 핵심이다. 인간의 뇌와 눈은 현실 세계에서 패턴을 발견하는 데 탁월한 능력을 갖고 있다. 각 그림을 보는 즉시 무엇이 함께이고 아닌지를 파악할 수 있었을 것이다. 이런 능력이 인간에게는 당연한 것이겠지만 컴퓨터는 이런 방식으로 처리하는 능력을 갖고 있지 않다. 그렇다고 해서 꼭 나쁘다는 건 아니다. 그림 1.10을 다시 보자. 이 그림을 보고 6개의 이산 클러스터를 찾아낼 수 있을까? 일반적인 사람이라면 3개에서 4개 정도의 클러스터만을 발견했을 것이다. 하지만 컴퓨터는 6개의 클러스터를 찾아냈다. 인간의 뇌는 대단하기는 하지만 엄격한 논리적 접근을 할 때는 부족한 모습을 보이기도 한다. 알고리즘을 활용한 클러스터링을 통해 인간보다 훨씬 뛰어난 모델을 만들어볼 생각이다.

다음 절에서 알고리즘을 살펴보자.

▌ k-평균 클러스터링 소개

이제는 머신 러닝 흐름에서 클러스터를 찾아내는 게 매우 중요하다는 사실을 알 수 있을 것이다. 하지만 이러한 클러스터를 어떻게 실제로 찾을 수 있을까? 가장 기본적이면서도 인기가 있는 접근법 가운데 하나로 'k-평균 클러스터링'이라는 클러스터 분석 기법을 사용할 수 있다. k-평균은 데이터에서 K 클러스터를 찾아내며, 작업 흐름은 매우 직관적이다. 수학적인 설명 대신 파이썬을 통한 구현으로 시작할 생각이다.

수학이 필요 없는 k-평균 연습

다음은 수학적 알고리즘이 필요치 않은 k-평균 클러스터링이다.

1. K 중심점들 선택(K = 예상되는 클러스터의 수)
2. 연습용 데이터상에 무작위로 K개의 중심점 배치
3. 각 중심점으로부터 모든 연습용 데이터까지의 유클리드Euclidean 거리 계산
4. 연습용 데이터의 점들은 가장 가까운 중심점과 그룹을 이룸
5. 각 그룹에서 평균 지점을 계산한 후 중심점을 그곳으로 이동
6. 각 그룹의 구성 데이터가 변하지 않을 때까지 이 과정 반복

이게 전부다. 다음은 간단한 클러스터 예제를 사용한 단계별 과정이다.

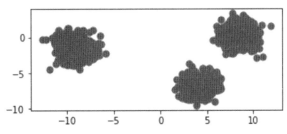

그림 1.11 x,y 좌표계에 표시된 원본 데이터

그림 1.11의 원본 데이터를 갖고 각 단계별 예상되는 k-평균 진행도를 그려보면 다음과
같다.

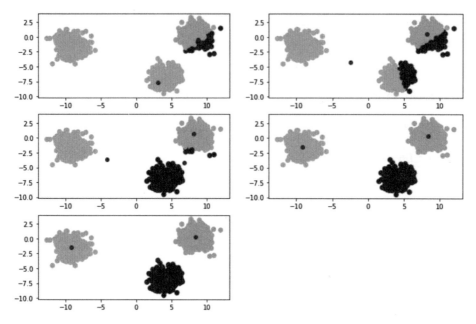

그림 1.12 왼쪽에서 오른쪽 순서로 보면 된다. 빨간 점이 최초에 무작위 중심점으로 배치된 다음 가장 가까운 데이터 지점
이 각 중심점과 하나의 그룹을 이룬다.

k-평균 클러스터링 심화 연습

k-평균을 좀 더 깊게 이해하기 위해 k-평균을 지원하는 일부 수학적 도구를 갖고 초반에
소개한 예제를 다시 살펴보자. 핵심 컴포넌트는 유클리드Euclidean 거리 공식이다.

$$d((x, y), (a, b)) = \sqrt{(x - a)^2 + (y - b)^2}$$

그림 1.13 유클리드 거리 공식

중심부는 n차원 공간에서 무작위로 점으로 설정된다. 이 중심점들은 각각 (a, b)와 같이 앞의 공식에 입력되고, 이 공간에 있는 지점은 (x, y)로 입력된다. 거리는 각 점과 모든 중심점의 좌표 사이에서 계산되며, 중심점은 점의 그룹으로 가장 짧은 거리를 선택한다.

과정은 다음과 같다.

1. 임의의 중심점: [(2, 5) , (8, 3) , (4, 5)]
2. 임의점 x: (0, 8)
3. 해당 점과 각 중심점과의 거리: [3.61, 9.43, 5.00]
4. 점 x는 가장 가까운 중심점 1에 지정

대안 거리 메트릭-맨해튼 거리

유클리드 거리는 머신 러닝에서 가장 흔히 사용하는 형태로 거리 측정 지표의 대표적인 개념이지만 이 방식이 유일한 것도, 늘 최선인 것도 아니다. 클러스터링에 사용하는 또 하나의 거리 지표로 맨해튼Manhattan 거리라는 게 있다.

맨해튼 거리는 거리를 재는 기준이 사각 블록이 많은 뉴욕 등의 대도시를 차를 몰고 다니는 것과 같다는 데서 붙인 이름이다. 유클리드 거리는 피타고라스의 정리에 기초하기 때문에 대각선으로 측정하는 반면, 맨해튼 거리는 거리를 직각으로만 계산한다. 맨해튼 거리 공식은 다음과 같다.

$$Manhattan\ Distance\ =\ \sum_{i=1}^{n} |p_i - q_i|$$

그림 1.14 맨해튼 거리 공식

여기에서 $p_i - q_i$는 유클리드 거리와 같은 벡터다. 우리가 두 지점 사이의 거리를 찾기 위해 사용했던 유클리드 거리 예제를 기반으로 시작하자. 만일 $p_i = (p_1, p_2)$이고 $q_i = (q_1, q_2)$라면 맨해튼 거리는 $q_i = (q_1, q_2)$가 된다. 이 방식은 어떤 차원에도 적용할 수 있다. 실제로 맨해튼 거리는 더 높은 차원의 데이터를 다뤄야 할 때 유클리드 거리보다 더 뛰어난 성능을 보여준다.

더 깊은 차원

앞서 설명한 예는 데이터가 2차원일 때는 시각화하는 데 아무 문제가 없었다. 이는 편의상 k-평균이 어떻게 동작하는지 설명하기 위함이었다. 하지만 실제 상황의 데이터는 시각화로 인지할 수 없을 정도로 더 깊은 차원을 가질 것이다. 3차원을 넘어가는 데이터는 인간이 쉽게 인지할 수 없는 범위다. 앞의 예에서는 몇 개의 2차원적인 데이터를 갖고 쉽게 그룹을 분리할 수 있었지만 더 차원이 깊어지면 컴퓨터의 도움을 받아야 할 것이다. 실제로 이런 상황이 k-평균과 같은 방식이 빛을 발하는 순간이다.

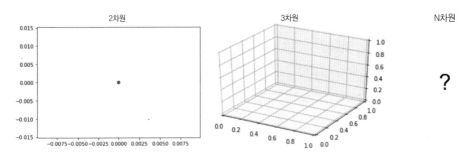

그림 1.15 2차원, 3차원 그리고 N차원

다음 연습에서는 유클리드 거리를 계산할 예정이다. 이때 NumPy와 Math 패키지를 사용할 생각이다. NumPy는 파이썬을 위한 과학 컴퓨팅 패키지로, 공통의 수학 기능을 고도로 최적화된 형태로 제공한다. NumPy 또는 Math와 같은 패키지를 사용함으로써 직접 수학 함수를 만드는 데 드는 시간을 줄일 수 있으며 문제 해결에 오롯이 집중할 수 있다.

연습 2: 파이썬으로 유클리드 거리 계산

이번 예제에서 유클리드 거리의 동작을 보여주기 위해 3개의 중심점을 갖고 설명할 예정이다. 앞으로의 클러스터링 작업을 이해하기 위해서는 거리 공식을 공부해두는 게 기초가 된다.

이 연습이 끝날 때쯤이면 유클리드 거리를 처음부터 구현할 수 있을 것이다. 그것이 특징 공간에서 어떤 영향을 미치는지 제대로 이해할 수 있을 것이다.

이 연습에서 표준 파이썬 내장 math 패키지를 사용할 예정이다. math 패키지를 사용하기 위한 전제조건은 없으며 파이썬의 모든 표준 설치에 기본으로 포함된다. 이름에서 알 수 있듯이 이 패키지는 기하학, 제곱근 등 다양한 기초 수학 구성 블록을 제공한다.

1. 주피터 노트북을 열고 다음처럼 기초적인 유클리드 거리 계산 수식을 작성하자.

```
import math
import numpy as np
def dist(a, b):
  return math.sqrt(math.pow(a[0]-b[0],2) + math.pow(a[1]-b[1],2))
```

이 방식은 아주 기초적인 형태의 접근으로, 현실 세계에서 활용되는 벡터와 행렬을 이용한 방식에 비해 매우 느리게 동작한다.

2. 파이썬에서 다음과 같이 데이터 지점을 생성한다.

```
centroids = [ (2, 5), (8, 3), (4,5) ]
x = (0, 8)
```

3. 예제 지점과 각 3개의 중심점과의 거리를 계산하기 위해 방금 생성한 유클리드 거리 공식을 사용하자.

```
centroid_distances =[]
for centroid in centroids:
  centroid_distances.append(dist(x,centroid))
```

```
print(centroid_distances)
print(np.argmin(centroid_distances))
```

결과는 다음과 같다.

```
[3.605551275463989, 9.433981132056603, 5.0]
0
```

파이썬은 제로 인덱스 기반이므로 0번째 위치라는 것의 의미는 점 x가 3개의 중심점 중 첫 번째에 지정된다는 것을 의미한다.

이 과정은 각 지점이 클러스터에 할당될 때까지 데이터셋의 모든 지점에 대해 반복된다. 각 지점이 할당된 후 각 클러스터 내의 모든 점에 대해 평균점을 다시 계산한다. 이때의 평균 계산 방식은 단일 정수 사이의 평균을 계산하는 것과 동일하다.

직접 유클리드 거리를 계산해 클러스터를 찾아냈으니 '연습 2: 파이썬으로 유클리드 거리 계산'에서 손쉽게 사용했던 방법을 다시 떠올려보자. 이런 점들의 그룹을 인간은 직관적으로 이해할 수 있지만 이런 능력이 없는 컴퓨터는 우리 인간과 같은 방식을 사용할 수가 없기 때문에 거리를 사용하는 방식으로 클러스터를 찾아내는 방법을 우리가 먼저 이해한 다음 컴퓨터에게 이 방식을 학습시켜야 한다. 다음 연습에서 좀 더 살펴보자.

연습 3: 거리 개념으로 클러스터 구성

이제 개념을 이해했으니 컴퓨터에게 거리 개념을 갖고 클러스터를 찾는 접근 방식을 가르치면 된다.

1. 클러스터 1에 지정된 3개의 지점 [(0,8), (3,8), (3,4)]을 저장하자.

```
cluster_1_points =[ (0,8), (3,8), (3,4) ]
```

2. 새로운 중심점을 찾기 위해 다음처럼 중심점을 계산하자.

```
mean =[ (0+3+3)/3, (8+8+4)/3 ]
print(mean)
```

결과는 다음과 같다.

```
[2.0, 6.666666666666667]
```

3. 새로운 중심점을 계산한 후 '연습 2: 파이썬으로 유클리드 거리 계산'에서 봤던 클러스터 범위 계산과 새로운 클러스터 중심점 찾기 단계가 반복적으로 수행된다. 그리고 중심점의 위치가 계산 후에도 바뀌지 않으면 작업은 종료된다. 클러스터링을 시도하는 데이터의 형태에 따라 반복 횟수는 달라진다.

중심점을 새로운 평균 위치 (2, 6.67)로 옮긴 뒤 처음의 중심점 리스트와 비교할 수 있다. 만일 새 중심점의 위치가 기존과 다르다면 다시 한 번의 과정을 반복해야 함을 의미한다. 만일 새로운 중심점이 기존 중심점과 일치한다면 k-평균의 수행을 완료해 수렴convergence 지점에 도달했음을 의미한다.

다음 연습에서는 직접 k-평균을 구현할 계획이다.

연습 4: 직접 k-평균 구현

이번 연습에서는 처음부터 직접 k-평균을 구현해볼 생각이다. 이 연습은 오픈소스 파이썬 패키지인 scikit-learn 라이브러리를 활용한다. 이를 활용하면 유명한 머신 러닝 모델들을 빠르게 구현할 수 있다. scikit-learn의 datasets 기능을 활용해 인위적인 방울 데이터셋을 생성할 것이다. 그리고 scikit-learn과 더불어 Matplotlib도 사용할 계획이다. Matplotlib은 데이터의 시각화를 도와주는 유명한 파이썬 라이브러리다. 이를 위해 다음을 수행하자.

1. 필요한 라이브러리 임포트

```
from sklearn.datasets import make_blobs
from sklearn.cluster import KMeans
import matplotlib.pyplot as plt
import numpy as np
import math
get_ipython().run_line_magic('matplotlib', 'inline')
```

2. 실험을 위해 임의의 클러스터 데이터셋을 생성한다. X = 좌표 위치, y = 클러스터 라벨 그리고 임의의 중심점을 정의한다.

```
X, y = make_blobs(n_samples=1500, centers=3, n_features=2, random_state=800)
centroids = [[-6,2],[3,-4],[-5,10]]
```

3. 데이터를 출력한다.

```
X
```

결과는 다음과 같다.

```
array([[-3.83458347,  6.09210705],
       [-4.62571831,  5.54296865],
       [-2.87807159, -7.48754592],
       ...,
       [-3.709726  , -7.77993633],
       [-8.44553266, -1.83519866],
       [-4.68308431, 6.91780744]])
```

4. 각 좌표를 다음과 같이 표시한다.

```
plt.scatter(X[:, 0], X[:, 1], s=50, cmap='tab20b')
plt.show()
```

각 점을 표시하면 다음과 같다.

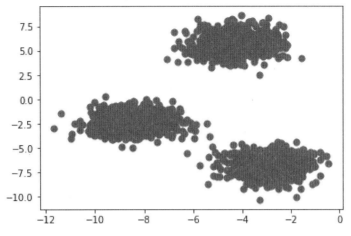

그림 1.16 각 좌표를 점으로 표시

5. y의 배열을 출력한다.

y

출력은 다음과 같다.

array([2, 2, 1, ..., 1, 0, 2])

6. 정확한 클러스터 라벨을 갖는 도표를 출력한다.

```
plt.scatter(X[:, 0], X[:, 1], c=y,s=50, cmap='tab20b')
plt.show()
```

도표는 다음과 같다.

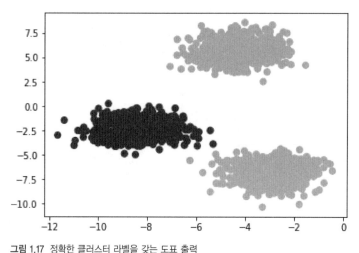

그림 1.17 정확한 클러스터 라벨을 갖는 도표 출력

연습 5: 최적화를 통한 k-평균 구현

이제 같은 내용을 직접 다시 구현해보자. 최적화를 고려한 형태로 예제를 다시 구현할 생각이다. 이번 연습은 기존 연습을 기반으로 하며 동일한 주피터 노트북에서 실행한다. 이번 연습에서는 과학용 계산에 최적화된 파이썬 패키지인 SciPy를 활용할 계획이다. 특히 유클리드 거리를 매우 효율적인 방식으로 계산하는 것을 도와주는 cdist를 사용해 구현할 계획이다.

1. 벡터를 사용하지 않는 유클리드 거리 구현은 다음과 같다.

```
def dist(a, b):
  return math.sqrt(math.pow(a[0]-b[0],2) + math.pow(a[1]-b[1],2))
```

2. 이제 최적화된 유클리드 거리를 구현해보자.

```
from scipy.spatial.distance import cdist
```

3. X의 값을 저장한다.

```
X[105:110]
```

결과는 다음과 같다.

```
array([[-3.09897933,  4.79407445],
       [-3.37295914, -7.36901393],
       [-3.372895  ,  5.10433846],
       [-5.90267987, -3.28352194],
       [-3.52067739,  7.7841276 ]])
```

4. 각 거리를 계산한 다음 가장 가까운 거리의 인덱스를 클러스터로 선택한다.

```
for x in X[105:110]:
  calcs = []
  for c in centroids:
    calcs.append(dist(x, c))
  print(calcs, "Cluster Membership: ", np.argmin(calcs, axis=0))
```

5. k_means 함수를 다음처럼 정의하고 k-centroids를 임의로 초기화한다. 기존과 새 centroids의 차이가 0이 될 때까지 while 반복문을 수행한다.

```
def k_means(X, K):
# 실행 중인 k-means를 볼 수 있도록 히스토리를 계속 추적한다.
  centroids_history = []
  labels_history = []
  rand_index = np.random.choice(X.shape[0], K)
  centroids = X[rand_index]
  centroids_history.append(centroids)
  while True:

# 유클리드 거리가 각 지점에서 중심점 사이에 계산된 후
# 가장 가까운 거리의 인덱스를 np.argmin으로 반환한다.
# 이 인덱스의 클러스터에 해당 지점이 지정된다.
```

```
    labels = np.argmin(cdist(X, centroids), axis=1)
    labels_history.append(labels)

# 새로운 중심점을 찾기 위해 클러스터 내의 평균점을 구한다.

    new_centroids = np.array([X[labels == i].mean(axis=0)
                             for i in range(K)])
    centroids_history.append(new_centroids)

    # 만일 기존 중심점과 새 중심점이 일치하면
    # k-평균은 완료된다. 그렇지 않다면 계속 반복한다.

    if np.all(centroids == new_centroids):
      break
    centroids = new_centroids

  return centroids, labels, centroids_history, labels_history

centers, labels, centers_hist, labels_hist = k_means(X, 3)
```

전체 코드를 함께 사용하지 않으면 에러가 발생하니 주의하자.

6. 중심점과 라벨을 순차적으로 묶자.

```
history = zip(centers_hist, labels_hist)

for x, y in history:
  plt.figure(figsize=(4,3))
  plt.scatter(X[:, 0], X[:, 1], c=y,
      s=50, cmap='tab20b');
  plt.scatter(x[:, 0], x[:, 1], c='red')
  plt.show()
```

첫 도표는 다음과 같다.

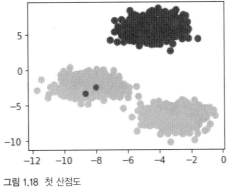

그림 1.18 첫 산점도

두 번째 도표는 다음과 같다.

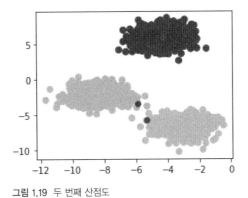

그림 1.19 두 번째 산점도

세 번째 도표는 다음과 같다.

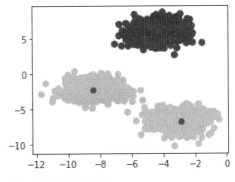

그림 1.20 세 번째 산점도

그림에서 보듯 k-평균은 반복적인 접근 방식을 통해 거리 기반으로 최적의 클러스터를 찾아낸다. 이 알고리즘은 임의로 초기화된 상태로 시작하며 데이터의 복잡도에 따라 의미 있는 클러스터를 빠르게 찾는다.

클러스터링 성능: 실루엣 점수

비지도 학습 방법의 성능을 이해하는 것은 지도 학습의 성능을 이해하는 것보다 더 어렵다. 비지도 학습이 대체로 명확한 최적 해법을 갖지 못하기 때문이다. 지도 학습에는 다양하고 강력한 성능 지표가 존재한다. 모델 예측 라벨과 실제 라벨의 일치도를 비교하는 것은 가장 직관적인 형태의 성능 측정이다. 안타깝게도 클러스터링에 있어서는 의존할 수 있는 라벨 정보가 존재하지 않으며 클러스터들끼리 서로 얼마나 어떻게 다른지 직접 찾아내야 한다. 이 문제를 해결하기 위해 사용할 수 있는 것이 바로 실루엣 점수^{Silhouette Score} 지표다. 이러한 접근법에 따라 우리는 실루엣 점수를 사용해 비지도 학습 방법에서의 최적의 클러스터 수 "K"를 찾아낼 수 있을 것이다.

실루엣 지표는 점이 얼마나 클러스터에 잘 들어맞는지 분석한다. 지표의 범위는 −1에서 1이다. 만일 평균 실루엣 점수가 1이라면 완벽하게 클러스터가 구분돼 전혀 혼란이 없는 상태임을 의미한다. 우리의 마지막 연습 예제를 생각해보면 실루엣 점수는 거의 1에 근접할 것으로 예상할 수 있다. 각 점들이 잘 뭉쳐 있고 클러스터 간의 거리도 적정하게 떨어져 잘 구분되기 때문이다. 물론 실제 상황에서 이런 일은 잘 벌어지지 않지만 실루엣 점수를 통해 최선을 찾는 시도는 중요하다.

수학적으로 실루엣 점수 계산은 매우 직관적이다. Simplified Silhouette Index^{SSI}로 표기한다. 수식은 $SSI_i = \dfrac{b_i - a_i}{max(a_i, b_i)}$와 같고, 여기에서 a_i는 점 i와 자신이 속한 클러스터 중심점 간의 거리이며 b_i는 점 i와 가장 가까운 클러스터 중심점과의 거리다.

여기서 a_i는 점 i가 속한 클러스터의 응집도가 얼마나 높은지를 통해 깔끔한 클러스터인지를 표현하며, b_i는 얼마나 클러스터가 멀리 떨어져 있는지 나타낸다. 우리는 '활동 1: k-평균 클러스터링 구현'에서 scikit-learn이 최적화한 `silhouette_score`를 사용할 예정이다. 사용 방법은 간단하다. 단지 특징 배열과 k-평균 클러스터링 방법으로부터 예상되는 클러스터 라벨을 전달하기만 하면 된다.

다음 연습에서는 CSV를 읽기 위해 pandas 라이브러리를 사용할 생각이다. Pandas는 파이썬 라이브러리로 DataFrames를 사용해 데이터 판독을 쉽게 만들어준다. 파이썬에서 데이터를 읽기 위해서는 `variable_name = pd.read_csv('file_name.csv', header=None)`과 같이 해야 한다.

연습 6: 실루엣 점수 계산

이번에는 고정된 수의 클러스터 수를 가지고 데이터셋의 실루엣 점수를 계산하는 방법을 배울 것이다. 이를 위해 Iris 데이터셋을 사용할 생각이다. 데이터는 https://github.com/TrainingByPackt/Unsupervised-Learning-with-Python/tree/master/Lesson01/Exercise06에서 받을 수 있다.

> **노트**
>
> 이 데이터셋은 https://archive.ics.uci.edu/ml/machine-learning-databases/iris/iris.data에서 받은 것이다. 연습 자료는 https://github.com/TrainingByPackt/Unsupervised-Learning-with-Python/tree/master/Lesson01/Exercise06에서 받을 수 있다.

1. Iris 데이터 파일을 pandas를 사용해 불러온다. pandas는 DataFrames를 사용해 데이터 정리를 한결 쉽게 해주는 패키지다.

```
import pandas as pd
import numpy as np
import matplotlib.pyplot as plt
from sklearn.metrics import silhouette_score
from scipy.spatial.distance import cdist
```

```
iris = pd.read_csv('iris_data.csv', header=None)
iris.columns = ['SepalLengthCm', 'SepalWidthCm', 'PetalLengthCm',
'PetalWidthCm', 'species']
```

2. 비지도 학습 문제로 다룰 것이므로 X 특징을 분리한다.

```
X = iris[['SepalLengthCm', 'SepalWidthCm', 'PetalLengthCm',
'PetalWidthCm']]
```

3. 참조를 위해 앞서 만들었던 k−평균 함수를 다시 가져온다.

```
def k_means(X, K):
#실행 중인 k-평균을 볼 수 있도록 기록 추적
  centroids_history = []
  labels_history = []
  rand_index = np.random.choice(X.shape[0], K)
  centroids = X[rand_index]
  centroids_history.append(centroids)
  while True:
# 유클리드 거리는 각 점과 중심점 간에 계산된다.
# 그리고 최소 거리의 인덱스인 np.argmin을 반환한다.
# 그리고 점은 이 인덱스의 클러스터에 지정된다.
    labels = np.argmin(cdist(X, centroids), axis=1)
    labels_history.append(labels)
#클러스터에서 새 중심점을 찾기 위해 평균점을 계산한다.
    new_centroids = np.array([X[labels == i].mean(axis=0)
                             for i in range(K)])
    centroids_history.append(new_centroids)

# 기존 중심점과 새 중심점이 동일하다면 k-평균은 완료된다.
# 동일하지 않다면 계속 과정을 반복한다.
    if np.all(centroids == new_centroids):
      break
    centroids = new_centroids

  return centroids, labels, centroids_history, labels_history
```

4. X 특징 DataFrame을 NumPy 매트릭스로 변환한다.

```
X_mat = X.values
```

5. k-평균 함수를 Iris 매트릭스에 대해 실행한다.

```
centroids, labels, centroids_history, labels_history = k_means(X_mat, 3)
```

6. PetalLengthCm과 PetalWidthCm 열에 대해 실루엣 점수를 계산한다.

```
silhouette_score(X[['PetalLengthCm','PetalWidthCm']], labels)
```

결과는 다음과 같다.

```
0.6214938502379446
```

이번 연습에서 Iris 데이터셋의 PetalLengthCm와 PetalWidthCm 열에 대한 실루엣 점수를 계산했다.

활동 1: k-평균 클러스터링 구현

시나리오: 인터뷰 과정에서 k-평균 클러스터링 알고리즘의 동작 과정을 잘 이해하고 있는지 증명하기 위해 처음부터 직접 구현해보라는 요청을 받았다고 해보자. 이때 사용할 Iris 데이터는 UCI ML 저장소에 있다. 이 Iris 데이터셋은 데이터 과학에서 사용하는 고전적인 자료로 Iris 종을 예측하는 데 주로 사용한다. 다운로드 위치는 이 활동의 후반부에서 찾을 수 있다.

이 활동을 위해 Matplotlib, NumPy, scikit-learn 메트릭, pandas를 사용할 수 있다.

데이터의 로딩과 재구성을 쉽게 함으로써 dataloader 기능을 작성하는 대신 k-평균 자체를 배우는 데 더 집중할 수 있다.

참고로 Iris 데이터 열은 다음과 같이 제공된다.

```
['SepalLengthCm', 'SepalWidthCm', 'PetalLengthCm', 'PetalWidthCm', 'species']
```

목표: 동작 원리를 제대로 이해하기 위해서는 처음부터 직접 구현해야 한다. 이전 절에서 배운 내용을 갖고 파이썬을 사용해 처음부터 k-평균을 구현한다.

즐겨 사용하는 편집기를 열고 다음을 수행한다.

1. NumPy 또는 math 패키지를 활용해 유클리드 거리 공식을 작성하고 이를 사용해 두 지점 간의 거리를 계산하는 공식을 작성한다.

2. 데이터셋의 각 지점과 중심점 사이의 거리를 계산하고 클러스터 소속을 반환하는 함수를 작성한다.

3. 데이터셋과 클러스터의 수(K)를 갖고 최종 클러스터 중심점과 해당 클러스터에 속한 데이터 지점을 반환하는 k-평균 함수를 작성한다. k-평균을 처음부터 구현한 후 Iris 데이터셋에 고유한 알고리즘을 적용한다. 자료는 https://github.com/TrainingByPackt/Unsupervised-Learning-with-Python/tree/master/Lesson01/Activity01에 있다.

노트

데이터셋은 https://archive.ics.uci.edu/ml/machine-learning-databases/iris/iris에서 받았다. 관련 자료는 https://github.com/TrainingByPackt/Unsupervised-Learning-with-Python/tree/master/Lesson01/Activity01에서 찾을 수 있다.

UCI 머신 러닝 저장소 [http://archive.ics.uci.edu/ml]. 캘리포니아 어바인: 캘리포니아대학교, 정보 및 컴퓨터 과학부

4. 이 데이터셋에 제공된 클래스를 제거하고 k-평균 알고리즘이 식물 특성에 따라 Iris 종을 적절한 그룹으로 구분할 수 있는지 확인하자.

5. scikit-learn 구현을 사용해 실루엣 점수를 계산한다.

결과: 이 연습을 마치면 실제 데이터셋을 갖고 k-평균 클러스터링 알고리즘을 적용하는 경험을 얻게 된다. Iris 데이터셋은 데이터 과학 분야에서의 고전적인 "hello world" 문제로 기반 기술을 테스트하는 데 도움이 된다. 최종 클러스터링 결과는 다음처럼 3가지 종류로 Iris 종을 구분한다.

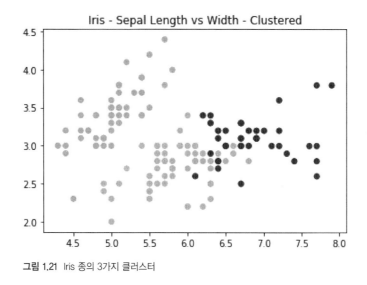

그림 1.21 Iris 종의 3가지 클러스터

노트

이 활동의 솔루션은 414페이지에서 찾을 수 있다.

▌ 요약

1장에서는 클러스터링이 무엇이며 왜 데이터 분석에서 중요한지 살펴봤다. 클러스터링에 대한 기반 지식을 토대로 k-평균을 구현했다. k-평균은 비지도 학습을 이해하는 데 있어서 가장 단순하고 유명한 접근 방식 중 하나다. 1장을 마친 지금 k-평균이 할 수 있는 일을 동료에게 단계적으로 설명할 수 있다면 제대로 내용을 이해한 것이다. 만일 확신이 들지 않는 부분이 남아 있다면 앞의 내용을 다시 살펴보길 바란다. 기본 개념은 동일하지만 앞으로는 복잡도가 올라가기 때문에 기본을 확실하게 이해해야 한다. 이제 계층적 클러스터링을 다룰 예정이며 이 또한 k-평균의 중심점 탐색 접근 방식을 재사용한다. 추가적인 클러스터링 방법론과 접근 방식을 설명하면서 이 문제를 다룰 것이다.

02

계층적 클러스터링

학습 목표

다음은 2장에서 배울 내용이다.

- 패키지를 사용해 처음부터 계층적 클러스터링 알고리즘 구현
- 응집 클러스터링 수행
- k-평균과 계층적 클러스터링 비교

2장에서는 좀 더 논리적인 접근을 지원하는 강력한 그룹화를 구성하기 위해 계층적 클러스터링을 사용할 예정이다.

▌ 소개

2장에서는 1장, '클러스터링 소개'에서 다룬 기본 아이디어를 확장해 유사성 개념을 적용해 클러스터를 묶을 생각이다. 유사성 개념을 사용하기 위해 유클리드 거리를 다시 사용할 것이다. 유클리드 거리가 가장 유명한 거리 측정 방법이기는 하지만 유일한 방법은 아니라는 점을 꼭 기억하자. 이 거리 측정법을 통해 1장에서 다룬 간단한 이웃 계산 문제를 계층 개념을 포함해 다룰 예정이다. 클러스터링 정보를 계층 구조를 활용해 구성하면 좀 더 논리적인 구분을 할 수 있다.

클러스터링 다시 살펴보기

1장, '클러스터링 소개'에서는 인간의 직관적인 인지 방식과 더불어 가장 기초적인 클러스터링 알고리즘인 k-평균을 자세히 살펴봤다. 아주 단순한 접근 방식처럼 보이지만 비지도 학습 영역에서 이는 여전히 유용한 무기다. 다양한 실세계 활용 사례에서 k-평균이나 선형회귀(지도 학습) 같은 비교적 간단한 방법으로 의미 있는 발견을 할 때가 많다. 기억을 되짚는 차원에서 클러스터와 k-평균을 다시 살펴보자.

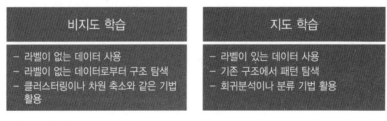

그림 2.1 지도 학습과 비지도 학습

아무런 가이드 없이 임의의 데이터를 받았다면 기본적인 통계를 사용해 분석을 시작할 가능성이 높다. 예를 들면 평균은 얼마인지, 중심점과 최빈값은 얼마인지 등을 구하게 될 것이다. 지도 학습을 적용해야 할지 비지도 학습을 적용해야 할지는 분석의 목표와 주어진 데이터의 형태에 따라 달라진다는 점을 기억하자.

만일 특징 중 하나를 라벨로 결정하고 나머지 데이터셋을 영향을 주는 것으로 생각하면 이는 지도 학습의 문제로 변한다. 그러나 초기 탐사를 한 다음 해당 데이터가 단순히 목표(예: 건강 지표의 수집, 웹 상점에서 송장 구매 등)가 없는 특징의 집합이라는 것을 인지한다면, 비지도 학습을 통해 그것을 분석할 수 있다.

비지도 학습 분야에서의 고전적인 예제는 인터넷 상점에서 청구서들의 정보로부터 유사성을 갖는 고객을 클러스터로 분류하는 것이다. 가설은 어떤 사람들이 유사성을 갖는지 찾아내고 해당 고객 집단에 잘 통하는 마케팅 기법을 적용할 수 있다는 것이다. k-평균을 사용하면 이 목적을 달성할 수 있다.

k-평균 다시 살펴보기

k-평균은 데이터 간의 유클리드 거리 계산을 통해 "k" 개의 클러스터를 찾아낸다. "K" 지점들(중심점)은 최초에 임의로 지정되며 전체 지점과의 거리 계산에 사용된다. 각 지점은 가장 거리가 가까운 중심점과 클러스터를 이룬다. 일단 모든 점이 클러스터에 할당되면 각 클러스터의 평균 지점이 새로운 중심점이 된다. 새로운 중심점의 위치가 변하지 않을 때까지 이 과정을 반복하면 클러스터가 완성된다.

▌ 계층 구조

자연과 인간이 만든 세계 모두 계층 구조로 쉽게 표현되는 경우가 많다. 이런 계층 구조는 트리 기반 데이터 구조로 잘 표현할 수 있다. 여러 개의 자식 노드를 갖는 부모 노드를 상상해보자. 그리고 이 자식 노드들은 동시에 다른 자식 노드의 부모가 될 수도 있다. 개념을 트리 구조로 정리하면 전체적인 그림과 서로 간의 관계를 잘 보여주는 정보 집약적인 다이어그램을 만들 수 있다.

자연에서 이런 계층 구조를 볼 수 있는 좋은 예는 동물의 계층 구조로 하나의 부모 종이 다양한 개별 종을 갖는 경우를 생각해볼 수 있다.

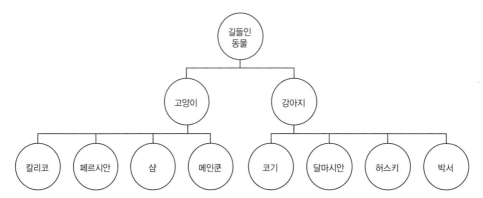

그림 2.2 계층 트리 구조에서 동물 종 간의 관계 탐색

그림 2.2를 보면 다양한 동물 간의 관계를 그리 넓은 공간을 사용하지 않고도 아주 효율적으로 많은 정보를 잘 정리해 표현하고 있다. 이 예시는 길들여진 동물 중 개와 고양이가 어떻게 다른지 보여주는 완성된 도표임과 동시에 잠재적으로 길들여진 동물과 야생 동물을 표현하는 도표의 한 조각이 될 수도 있다.

모두가 생물학자는 아니므로 제품을 판매하는 웹 스토어로 돌아가 생각해보자. 만일 다양한 종류의 상품을 판매하고 있다면 아마도 전체 판매 상품에 대한 계층 구조를 만들고 고객들이 이 계층 구조를 따라 손쉽게 원하는 제품을 찾을 수 있도록 지원하고 싶을 것이다. 그림 2.3을 참고하자.

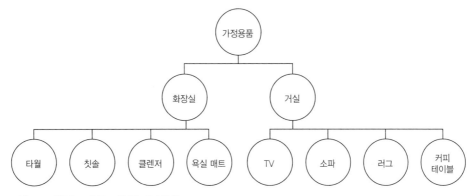

그림 2.3 계층적 트리 구조에서의 제품 탐색

계층적 탐색 시스템은 분명 사용자 경험을 개선하는 데 도움이 된다. 계층적인 구조로 정보를 정리하면 직관적인 구조를 만들어 명시적으로 중첩되는 관계를 만들 수 있다. 만일이 이야기가 클러스터를 찾는 것과 비슷하다는 생각을 했다면 내용을 잘 이해하고 있는 것이다. k-평균에서 사용한 유클리드 거리와 같은 거리 지표를 사용해 트리 구조를 만드는 것도 가능하다.

▌ 계층적 클러스터링 소개

지금까지 우리는 계층 구조를 사용하면 얼마나 편리하게 정보 간의 중첩 관계를 잘 정리할 수 있는지 살펴봤다. 아이템 간의 부모/자식 관계를 이해하는 데도 도움이 되지만 클러스터를 구성할 때도 도움이 된다. 이전 절의 동물 예제를 확장해보자. 만일 동물의 키(코 끝에서 꼬리 끝 까지의 길이)와 몸무게 정보만 제공받았고 이 정보들을 사용해 개인지 고양이인지 구분하기 위해 동일한 구조를 재생성해야 한다고 상상해보자.

단지 동물의 키와 몸무게 정보만 받았기 때문에 각 종의 이름을 정확하게 추론할 수는 없다. 하지만 제공받은 특징을 분석하면 데이터 내에 대략적으로 어떤 동물 종이 존재하는지 추정하는 구조를 만들 수 있다. 이는 완전한 형태의 비지도 학습 문제이며 계층적 클러스터링으로 해결 가능한 문제다. 다음 도표를 보면 왼쪽은 동물의 키와 몸무게 정보이며 오른쪽은 이를 2차원상에 x축은 키, y축은 몸무게로 표시한 모습이다.

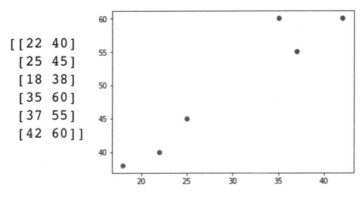

그림 2.4 동물의 키와 몸무게 2개의 특징을 갖는 데이터셋 예제

계층적 클러스터링에 접근하는 한 가지 방법은 각 데이터 지점에서 시작해 유사한 지점들을 함께 결합해 클러스터를 형성하는 것이다. 이를 응집^{agglomerative} 계층적 클러스터링이라고 한다. 이후 절에서 계층적 클러스터링에 접근하는 다양한 방법을 더 자세히 설명할 예정이다.

응집 계층적 클러스터링 접근 방식에서 데이터 지점 유사성의 개념은 k-평균에서 본 패러다임에서 생각할 수 있다. k-평균에서 유클리드 거리를 사용해 개별 지점에서 예상되는 "K" 클러스터의 중심점까지의 거리를 계산했다. 이런 계층적 클러스터링에 대한 접근 방식에서도 동일한 거리 메트릭을 재사용해 데이터셋의 레코드 간 유사성을 결정할 것이다.

결국 데이터에서 개별 레코드를 가장 유사한 레코드로 재귀적 그룹화함으로써, 아래에서 위로 계층 구조를 구축하게 된다. 개별 단일 멤버 클러스터는 계층의 맨 위에 있는 단일 클러스터로 함께 결합된다.

계층적 클러스터링 수행 단계

응집 계층적 클러스터링이 어떻게 작동하는지 이해하기 위해 간단한 프로그램을 통해 계층을 구성해가는 모습을 추적해보자.

1. 표본 데이터 지점이 n개인 경우, 각 지점을 하나의 클러스터로 간주한다.
2. 데이터에 있는 모든 클러스터 중심 사이의 쌍방향 유클리드 거리를 계산한다.
3. 가장 가까운 점 쌍을 그룹화한다.
4. 모든 데이터를 갖는 하나의 클러스터가 생길 때까지 2단계와 3단계를 반복한다.
5. 덴드로그램dendrogram을 그려 데이터가 계층 구조에서 어떻게 결합됐는지 표시한다. 덴드로그램은 트리 구조를 나타내기 위해 사용하는 도표로, 위에서 아래로 클러스터를 나열한다.
6. 클러스터를 생성할 수준을 결정한다.

계층적 클러스터링 연습 예제

계층적 클러스터링이 k-평균보다 약간 더 복잡하지만 논리적 개념에서 큰 차이는 없다. 다음은 앞의 단계를 조금 더 자세히 살펴보기 위한 간단한 예다.

1. 4개의 표본 데이터 지점으로 구성된 리스트 제공, 각 지점은 중심점인 동시에 클러스터이며 0부터 3까지 인덱스를 가진다.
   Clusters (4): [(1, 7)], [(−5, 9)], [(−9, 4)] , [(4, −2)]
   Centroids (4): [(1, 7)], [(−5, 9)], [(−9, 4)] , [(4, −2)]
2. 모든 클러스터 중심점 사이의 쌍방향 유클리드 거리를 계산한다. 다음 도표에 표시된 행렬에서 지점의 인덱스는 수평과 수직으로 모두 0과 3 사이에 있으며, 각 점들 사이의 거리를 표시한다. 비교 대상이 자신인 경우에는 극단적으로 큰 값을 설정해 이웃으로 설정하지 않도록 만든다.

지점 간 거리

	(1,7)	(-5,9)	(-9,4)	(4,-2)
(1,7)	[[9.223e+18,	6.325e+00,	1.044e+01,	9.487e+00],
(-5,9)	[6.325e+00,	9.223e+18,	6.403e+00,	1.421e+01],
(-9,4)	[1.044e+01,	6.403e+00,	9.223e+18,	1.432e+01],
(4,-2)	[9.487e+00,	1.421e+01,	1.432e+01,	9.223e+18]]

그림 2.5 거리 배열

3. 가장 가까운 지점 쌍을 그룹화한다.

이 경우 점 [1,7]과 [−5,9]는 가장 가까우므로 클러스터로 합쳐진다. 나머지 두 점
은 단일 멤버 클러스터로 남는다.

지점 간 거리

	(1,7)	(-5,9)	(-9,4)	(4,-2)
(1,7)	[[9.223e+18,	6.325e+00,	1.044e+01,	9.487e+00],
(-5,9)	[6.325e+00,	◀━━223e+18,	6.403e+00,	1.421e+01],
(-9,4)	[1.044e+01,	6.403e+00,	9.223e+18,	1.432e+01],
(4,-2)	[9.487e+00,	1.421e+01,	1.432e+01,	9.223e+18]]

그림 2.6 거리 배열

다음은 클러스터 3개의 결과다.

```
[ [1,7], [-5,9] ]
[-9,4]
[4,-2]
```

4. 구성원이 2개인 클러스터의 중심을 계산한다.

```
mean([ [1,7], [-5,9] ]) = [-2,8]
```

5. 이 중심점을 나머지 두 중심점에 더한 다음 다시 거리를 계산한다.

Clusters (3):

```
[ [1,7], [-5,9] ]
[-9,4]
[4,-2]
```

Centroids (3):

```
[-2,8]
[-9,4]
[4,-2]
```

결과는 다음과 같다. 가장 가까운 거리는 빨간 화살표로 표시했다.

지점 간 거리

	(-2,8)	(-9,4)	(4,-2)
(-2,8)	[[9.223e+18	8.062e+00	1.166e+01]
(-9,4)	[8.062e+00 ◀	223e+18	1.432e+01]
(4,-2)	[1.166e+01	1.432e+01	9.223e+18]]

그림 2.7 거리 배열

6. 점 [−9, 4]가 가장 짧은 거리를 가지므로 클러스터 1에 추가된다.

Clusters (2):

```
[ [1,7], [-5,9], [-9,4] ]
[4,-2]
```

7. 유일하게 (4, −2)만 남았으니 모든 클러스터 통합을 위해 이를 클러스터 1에 추가할 수 있다.

Clusters (1):

```
[ [ [1,7], [-5,9], [-9,4], [4,-2] ] ]
```

8. 점과 클러스터 사이의 관계를 보여주는 덴드로그램을 표시한다.

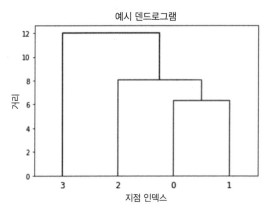

그림 2.8 점과 클러스터 사이의 관계를 보여주는 덴드로그램

이 과정을 마치면 덴드로그램을 통해 생성한 계층 구조를 시각화할 수 있다. 이 그림은 데이터 지점 간의 유사성을 보여주며 앞서 이야기한 트리 구조와 같은 모습이다. 일단 이 덴드로그램을 만들면 각 데이터 간의 관련성을 해석할 수 있고 이에 따라 어떤 수준으로 클러스터를 구성해야 하는지 판단할 수 있다.

개와 고양이 종에 대한 이전의 동물 분류학 예제를 다시 생각해보면 다음과 같은 덴드로그램을 상상해볼 수 있다.

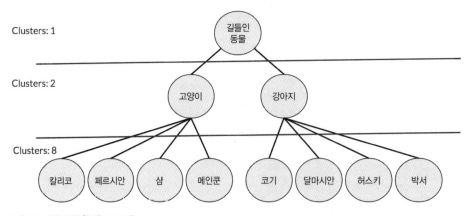

그림 2.9 동물 분류학 덴드로그램

계층적 클러스터링과 덴드로그램의 가장 큰 장점은 전체적인 모습을 보면서 잠재적인 클러스터를 분석할 수 있다는 점이다. 만일 종 데이터셋을 개와 고양이로 나누고 싶다면 첫 레벨에서 클러스터링을 멈출 수 있다. 하지만 만일 모든 종을 길들여진 동물과 그렇지 않은 동물로 묶고 싶다면 레벨 2에서 클러스터링을 멈출 수 있다.

연습 7: 계층 구성

지금까지 설명한 계층 클러스터링을 파이썬으로 구현해보자. 직관적으로 이해한 내용을 토대로 SciPy가 제공하는 함수들의 도움을 받아 계층적 클러스터를 구성하는 과정을 살펴보자. 이 연습은 과학과 기술 영역의 계산에 특화된 함수들을 제공하는 오픈소스 라이브러리인 SciPy를 사용한다. 이는 선형대수와 미적분 등에 대한 기능을 지원한다. SciPy 외에 Matplotlib도 함께 사용할 예정이다.

1. 다음과 같이 더미 데이터를 만들자.

```
from scipy.cluster.hierarchy import linkage, dendrogram, fcluster
from sklearn.datasets import make_blobs
import matplotlib.pyplot as plt
get_ipython().run_line_magic('matplotlib', 'inline')
# 랜덤 클러스터 데이터셋을 생성한다. X = 좌표, y = 클러스터 라벨(필요 없음)
X, y = make_blobs(n_samples=1000, centers=8, n_features=2, random_state=800)
```

2. 다음처럼 시각화한다.

```
plt.scatter(X[:,0], X[:,1])
plt.show()
```

결과는 다음과 같다.

```
# Generate a random cluster dataset to experiment on. X = coordinate points, y = cluster labels
X, y = make_blobs(n_samples=1000, centers=8, n_features=2, random_state=800)
```

```
# Visualize the data
plt.scatter(X[:,0], X[:,1])
plt.show()
```

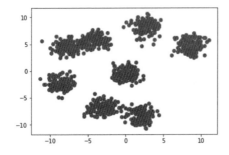

그림 2.10 더미 데이터 도표

이렇게 시각화하고 나면 이 더미 데이터가 8개의 클러스터를 갖는다는 사실을 어렵지 않게 알 수 있다.

3. SciPy가 제공하는 'linkage' 함수를 사용하면 거리 행렬을 쉽게 만들 수 있다.

```
# 'linkage' 함수를 사용해 거리 행렬 생성
distances = linkage(X, method="centroid", metric="euclidean")
print(distances)
```

결과는 다음과 같다.

```
distances = linkage(X, method="centroid", metric="euclidean")
```

```
print(distances)
```

```
[[5.720e+02 7.620e+02 7.694e-03 2.000e+00]
 [3.000e+01 1.960e+02 8.879e-03 2.000e+00]
 [5.910e+02 8.700e+02 1.075e-02 2.000e+00]
 ...
 [1.989e+03 1.992e+03 7.812e+00 3.750e+02]
 [1.995e+03 1.996e+03 1.024e+01 7.500e+02]
 [1.994e+03 1.997e+03 1.200e+01 1.000e+03]]
```

그림 2.11 거리 행렬

첫 번째 상황에서 하이퍼파라미터를 잘 정의하면 최적의 연결 행렬을 찾을 때 성능이 향상됨을 알 수 있다. 이전 과정을 다시 생각해보면 연결은 단순히 각 데이터 지점 간의 거리를 계산함으로써 구할 수 있다. linkage 함수는 행렬과 메소드 (뒤에서 자세히 다룰 예정이다)를 모두 선택할 수 있는 옵션을 제공한다.

4. 연결 행렬을 결정한 후에는 SciPy가 제공하는 덴드로그램 기능을 통해 이를 쉽게 전달할 수 있다.

```
dn = dendrogram(distances)
plt.show()
```

결과는 다음과 같다.

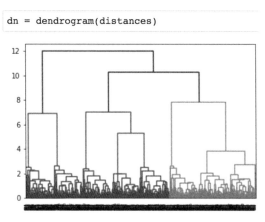

그림 2.12 거리 덴드로그램

이 그림은 데이터를 어떻게 나눠야 할지 약간의 정보를 제공한다.

5. 이 정보를 갖고 SciPy의 fcluster 기능을 사용해 계층적 클러스터링에 대한 연습을 마칠 수 있다.

6. 다음 예제의 숫자 3은 사용자가 설정할 최대 클러스터 간 거리 임곗값 하이퍼파라미터를 나타낸다. 이 하이퍼파라미터는 현재 보고 있는 데이터셋을 기반으로 조정할 수 있지만, 이 연습에서는 3으로 제공된다.

```
scipy_clusters = fcluster(distances, 3, criterion="distance")
plt.scatter(X[:,0], X[:,1], c=scipy_clusters)
plt.show()
```

결과는 다음과 같다.

```
clusters = fcluster(distances, 3, criterion="distance")
```

```
plt.scatter(X[:,0], X[:,1], c=clusters)
plt.show()
```

그림 2.13 거리 산점도

단순히 SciPy에서 제공하는 몇 개의 도우미 기능을 호출하기만 하면 몇 줄의 코드만으로 응집 클러스터링을 쉽게 구현할 수 있다. 이는 SciPy가 많은 중간 단계를 도와준다는 것을 설명하기 위한 예제이며 나중에 좀 더 간소화된 현실적인 구현 방법을 다룰 예정이다.

▌연결

'연습 7: 계층 구성'에서 중심 연결Centroid Linkage이라는 방법을 사용해 계층적 클러스터링을 구현했다. 연결은 클러스터 간의 거리를 계산할 수 있는 방법을 결정하는 개념이며, 현재 직면한 문제 유형에 따라 달라진다. 중심 연결은 k-평균에서 사용했던 중심점 탐색 방식과 같기에 첫 번째 활동으로 선택했다. 그러나 데이터 지점을 함께 클러스터링하는 유일한 방법은 아니며 이외에도 단일 연결과 완전 연결이 존재한다.

단일 연결Single Linkage은 연결 기준으로 두 클러스터 사이의 점 쌍 사이의 최소 거리를 찾아낸다. 간단히 말해 두 클러스터 사이의 가장 가까운 점에 기반해 클러스터를 결합하며 수학적으로 다음과 같이 표현한다.

dist(a,b) = min(dist(a[i], b[j]))

완전 연결Complete Linkage은 단일 연결의 반대로, 연결의 기준으로 두 클러스터 사이의 점 쌍 사이의 최대 거리를 찾는다. 간단히 말해 두 클러스터 사이의 가장 먼 점을 기준으로 클러스터를 결합하며 수학적으로 다음과 같이 표현한다.

dist(a,b) = max(dist(a[i], b[j]))

어떤 연결 기준이 최적의 해법인지 결정하는 것은 과학의 영역인 동시에 어쩌면 예술의 영역일 수도 있고 데이터의 특성에 따라 크게 달라지는 부분이기도 하다. 단일 연결을 선택하는 한 가지 이유는 기본적으로 데이터 간의 유사성이 높기 때문이며, 만일 이때 차이점이 존재한다면 데이터가 극도로 달라지기 때문이다. 단일 연결은 가장 가까운 지점을 찾아 동작하기 때문에 먼 거리에 있는 이상한 데이터에 영향을 받지 않기 때문이다. 반대로 완전 연결은 만일 데이터가 클러스터 간에 멀리 떨어져 있고 클러스터 내부의 밀집도는 매우 높을 때 더 나은 선택이 될 수 있다. 중심점 연계도 비슷한 장점을 갖지만 데이터에 노이즈가 많고 중심점이 명확하지 않으면 잘 동작하지 않는다. 일반적으로 가장 좋은 접근법은 몇 가지 연결 옵션을 시도해보고 목적에 가장 잘 맞는 방법을 선택하는 것이다.

활동 2: 연결 기준 적용

이전 연습에서 생성한 8개의 클러스터를 가진 더미 데이터를 다시 가져오자. 현실에서도 이산 가우스 방울과 실제 유사한 데이터를 받게 될 것이다. 더미 데이터를 특정 상점에서의 고객 그룹을 표현한다고 생각해보자. 매장 관리자는 고객들을 서로 다른 그룹으로 분류해 각 그룹에 잘 통하는 마케팅 자료를 만들 수 있도록 고객 데이터를 분석해 달라고 요청했다.

이전 연습에서 생성한 데이터를 사용하거나 새로운 데이터를 생성해 고객을 별개의 클러스터로 그룹화하는 데 가장 적합한 연결 유형을 분석할 것이다.

데이터를 생성한 후에는 SciPy 제공 문서를 참고해 linkage 함수에서 사용할 수 있는 연결 유형을 이해하자. 그런 다음 연결 유형을 데이터에 적용해 평가하자. 테스트해야 하는 연결 유형은 다음과 같다.

```
['centroid', 'single', 'complete', 'average', 'weighted']
```

이 활동을 완료하면 연결 기준을 이해할 수 있으며, 이는 계층적 클러스터링이 얼마나 효과적인지 이해하는 데 중요하다. 목적은 데이터셋에 따라 각 연결 기준이 어떻게 동작하는지를 이해하고 이를 통해 쓸모없는 클러스터링을 유의미한 것으로 어떻게 만드는지 깨닫는 것이다.

앞에서 언급한 연결 유형을 모두 다루진 않았다. 이 활동의 핵심은 패키지를 사용해 제공된 문서를 분석하고 모든 기능의 탐색 방법을 배우는 것이다.

다음은 이 활동을 수행하기 위해 필요한 단계다.

1. 연습 7, '계층 구성'에서 생성한 데이터셋을 시각화한다.
2. 가능한 모든 연결 방법 하이퍼파라미터 목록을 작성한다.
3. 방금 생성한 목록의 각 메소드를 적용해보면서 동일한 데이터셋에 미치는 영향을 표시한다.

각 연결 유형에 대한 도표를 생성하고 이를 사용해 해당 데이터에 가장 적합한 링크 유형을 찾을 수 있어야 한다.

생성할 도표는 다음 다이어그램과 비슷한 모습일 것이다.

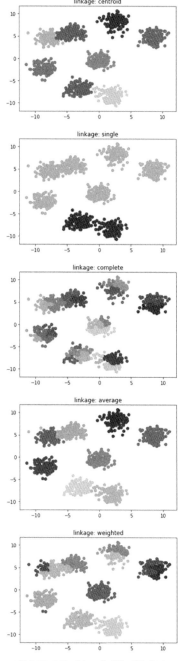

그림 2.14 모든 메소드에 대한 예상 산점도

노트

이 활동에 대한 솔루션은 419페이지에서 찾을 수 있다.

▌ 응집 대 분산 클러스터링

지금까지 다룬 계층적 클러스터링은 모두 응집 방식이었다. 이는 아래에서 위로 구성하는 형태라는 의미다. 이런 형태의 클러스터링이 가장 일반적인 접근 방식이기는 하지만 유일한 방식은 아니다. 정반대로 위에서부터 구축되는 접근 방법을 사용할 수도 있다. 이러한 방식을 분산Divisive 계층 클러스터링이라고 하며, 모든 데이터 지점을 하나의 큰 클러스터에 담고 시작하는 형태다. 이후 분류를 나눠가는 과정은 응집 클러스터링에서 사용한 방식과 매우 유사함을 앞으로 다룰 예정이다.

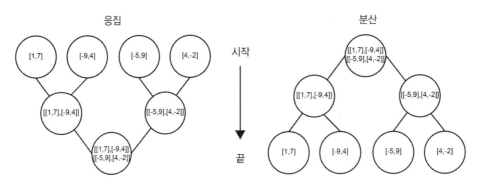

그림 2.15 응집 대 분산 계층적 클러스터링

비지도 학습에서 언급했던 대부분의 문제와 마찬가지로 최선의 접근법을 결정하는 것은 종종 해결해야 할 문제에 따라 크게 달라진다.

만일 당신이 새로운 식료품점의 새로운 주인이 됐고 이제 새로운 상품의 재고가 필요한 상황이라고 상상해보자. 대량의 음식과 음료를 배송받은 상황에서 유사한 제품을 잘 묶어서 효율적으로 배치하기 위해 필요한 배송 정보를 잃어버렸다고 상상해보자. 만일 선반에 아무렇게나 정리되지 않은 상태로 상품을 배열한다면 무척 혼란스러울 것이다. 이때 문제를 해결하고자 아래에서 위로, 또는 위에서 아래로의 개념 중 하나를 선택할 수 있을 것이다. 아래에서 위로 정리하는 방식을 택했다면 일단 모든 상품이 전혀 정리되지 않은 상태라는 가정에서 시작하며 임의의 상품을 집어 들어서 가장 비슷한 제품을 찾는 방식으로 접근할 것이다. 예를 들어 사과 주스를 집어 들었다면 오렌지 주스와 함께 묶는 시도를 할 수 있다. 위에서 아래로 정리하는 방식을 택했다면 모든 상품이 하나의 큰 그룹으로 정리됐다는 개념에서 시작한다. 그런 다음 유사성을 기반으로 그룹을 나누는 형태로 접근한다. 사과 주스와 두부가 한 그룹이라고 생각할 수도 있지만 아무리 생각해봐도 이들이 너무 다르다고 생각하면 더 작은 그룹으로 나눌 것이다.

일반적으로 응집 방식은 아래에서 위로, 분산 방식은 위에서 아래로의 접근 방식으로 생각하면 편하다. 하지만 두 방식의 성능은 서로 다르다. 응집 방식은 탐욕적인 특성 때문에 가끔 잘못된 이웃을 선택해 잘못된 클러스터를 구성할 때가 있는 반면, 분산 방식은 전체 데이터를 하나로 보고 출발하면서 최선의 방식을 찾아 클러스터를 나눈다는 장점을 가진다. 전체 데이터셋이 무엇인지 아는 것은 좀 더 정확하게 클러스터를 구분해내는 능력으로 이어진다는 사실을 간과해는 안 된다. 하지만 이런 방식은 일반적으로 정확도를 얻는 대신 복잡도를 늘리는 문제를 가진다. 그래서 일반적인 경우에는 응집 방식을 오히려 선호하는 게 일반적이다. 그리고 응집 방식의 결과가 마음에 들지 않을 때 분산 방식을 시도해보는 게 합리적인 선택이다.

연습 8: scikit-learn을 사용한 응집 클러스터링 구현

대부분의 실제 사례에서는 scikit-learn과 같이 추상화된 개념을 지원하는 패키지로 계층적 클러스터링을 구현하게 될 것이다. scikit-learn은 파이썬을 활용한 머신 러닝에 있어서 반드시 필요한 무료 패키지로 회귀, 분류, 클러스터링과 같은 가장 인기 있는 알고리즘을 최적화된 형태로 편리하게 제공하기에 작업이 한결 쉬워진다. 하지만 이전 절에서 다룬

계층적 클러스터링의 작동 원리를 완전히 이해할 때만 사용해야 한다. 다음 연습은 SciPy
와 scikit-learn을 사용해 클러스터를 구성할 때 취할 수 있는 두 가지 잠재적 경로를 비
교한다. 연습을 완료하면 각각에 대한 장단점이 무엇이며, 사용자 관점에서 자신에게 가
장 적합한 점이 무엇인지 알 수 있다.

1. Scikit-learn을 사용하면 몇 줄의 코드만으로도 구현이 가능하다.

```
from sklearn.cluster import AgglomerativeClustering
from sklearn.datasets import make_blobs
import matplotlib.pyplot as plt
from scipy.cluster.hierarchy import linkage, dendrogram, fcluster
ac = AgglomerativeClustering(n_clusters = 8, affinity="euclidean",
linkage="average")
X, y = make_blobs(n_samples=1000, centers=8, n_features=2, random_state=800)
distances = linkage(X, method="centroid", metric="euclidean")
sklearn_clusters = ac.fit_predict(X)
scipy_clusters = fcluster(distances, 3, criterion="distance")
```

   첫째, affinity(거리 함수) 및 linkage(활동 2: '연결 기준 적용'에서 다른 옵션에 대해
   살펴보기)와 같이 친숙한 매개변수를 전달함으로써 모델을 ac 변수에 할당한다.

2. 모델을 변수로 인스턴스화 한 후 어디에 클러스터 멤버십이 있는지 판단하기 위
   해 .fit_predict()를 사용해 간단히 데이터셋을 전달할 수 있다. 그리고 이를 추
   가 변수에 지정한다.

3. 최종 클러스터 결과를 점을 찍어 비교함으로써 각 접근 방식의 결과를 비교해볼
   수 있다. scikit-learn 접근법의 클러스터부터 살펴보자.

```
plt.figure(figsize=(6,4))
plt.title("Clusters from Sci-Kit Learn Approach")
plt.scatter(X[:, 0], X[:, 1], c = sklearn_clusters ,s=50, cmap='tab20b')
plt.show()
```

다음은 scikit-learn 접근법의 클러스터 결과다.

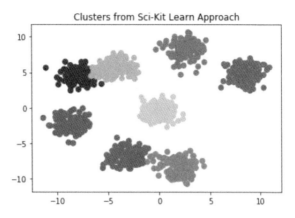

그림 2.16 scikit-learn 접근법의 도표

SciPy 접근법의 클러스터를 살펴보자.

```
plt.figure(figsize=(6,4))
plt.title("Clusters from Sci-Kit Learn Approach")
plt.scatter(X[:, 0], X[:, 1], c = sklearn_clusters ,s=50, cmap='tab20b')
plt.show()
```

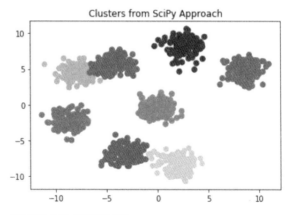

그림 2.17 SciPy 접근법의 도표

예제에서 볼 수 있듯이 이 둘은 기본적으로 동일한 클러스터로 수렴된다. 간단한 문제를 해결한 것이기에 문제가 없어 보이지만 곧 다음 활동에서 입력 매개변수의 작은 변화가 매우 큰 결과를 만들어낸다는 것을 알게 될 것이다.

활동 3: 계층적 클러스터링과 k-평균 비교

예를 들어보자. 당신은 상점 재고를 관리하며 많은 양의 와인을 받고 있다. 하지만 운송 중 브랜드 라벨이 병에서 떨어졌다. 다행히 공급업체가 각각의 일련번호와 함께 각 병에 관한 화학적인 수치를 제공했다. 하지만 와인 병을 일일이 열고 그 차이를 시험할 수는 없다. 라벨이 부착되지 않은 병을 화학 물질 측정치에 따라 다시 묶을 수 있는 방법을 찾아야 한다. 주문 목록에서 3가지 유형의 와인을 주문했고 와인 유형을 다시 그룹화하기 위해 2가지 와인 속성만 제공받았다. 이 활동에서는 와인 데이터셋을 사용할 예정이다.

> **노트**
>
> 와인 데이터셋은 https://archive.ics.uci.edu/ml/machine-learning-databases/wine/에서 다운로드할 수 있다. 활동 자료는 https://github.com/TrainingByPackt/Applied-Unsupervised-Learning-with-Python/tree/master/Lesson02/Activity03에서 받을 수 있다.
>
> *UCI 머신 러닝 저장소 [http://archive.ics.uci.edu/ml]. 캘리포니아 어바인: 캘리포니아대학교, 정보 및 컴퓨터 과학부*

이 활동의 목적은 와인 데이터셋에 k-평균 및 계층적 클러스터링을 구현하고 어떤 접근 방식이 더 정확하고 사용하기 쉬운지 검토하는 것이다. Scikit-Learn 구현의 다른 조합을 시도할 수 있으며 SciPy와 NumPy가 제공하는 기능을 활용할 수 있다. 실루엣 점수를 사용해 서로 다른 클러스터링 방법을 비교하고 그래프로 클러스터를 시각화할 수 있다.

예상 결과

이 활동을 완료한 후 k-평균 및 계층 클러스터링이 유사한 데이터셋에서 어떻게 동작하는지 이해하게 될 것이다. 데이터의 형상에 따라 한 가지 방법이 다른 방법보다 더 잘 수행된다는 것을 알게 될 것이다. 이 활동의 또 다른 핵심 결과는 주어진 사용 사례에서 하이퍼파라미터가 얼마나 중요한지 이해하는 것이다.

이 활동을 완료하기 위한 단계는 다음과 같다.

1. 필요한 패키지들을 scikit-learn(KMeans, AgglomerativeClustering, silhouette_score)에서 가져온다.
2. pandas DataFrame으로 와인 데이터셋을 읽어온 후 작은 샘플을 출력한다.
3. 데이터 구조를 이해하기 위해 와인 데이터셋을 시각화한다.
4. 와인 데이터셋에 k-평균의 sklearn 구현을 사용해 와인의 유형이 세 가지라는 사실을 알아야 한다.
5. 와인 데이터셋에 대한 계층적 클러스터링의 sklearn 구현을 사용한다.
6. k-평균으로부터 예측된 클러스터를 표현한다.
7. 계층적 클러스터링으로부터 예측된 클러스터를 표현한다.
8. 각 클러스터 방식의 실루엣 점수를 비교한다.

k-평균 클러스터링에서 예측된 클러스터를 다음과 같이 표시한다.

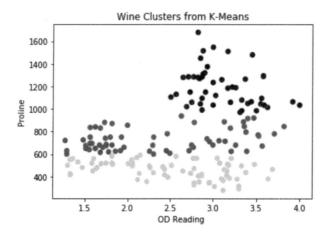

그림 2.18 k-평균을 사용해 예측된 클러스터

응집 클러스터링에서 예측된 클러스터를 다음과 같이 표시한다.

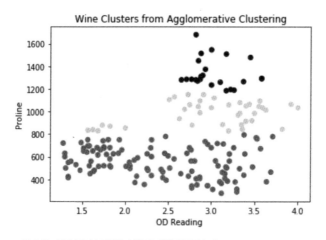

그림 2.19 응집 클러스터링을 사용해 예측된 클러스터

노트

이 활동의 솔루션은 422페이지에서 찾을 수 있다.

▌ k-평균 대 계층적 클러스터링

k-평균 클러스터링의 작동 방식에 대한 이해를 넓혔으므로, 이제 어떨 때 계층적 클러스터링이 잘 어울리는지 아는 게 중요하다. '연결 기준' 절에서 언급한 것처럼 중심점을 사용해 데이터 지점을 그룹화할 때 겹치는 내용이 존재한다. 지금까지 언급된 모든 접근 방식에서 공통적으로 유사성을 결정하기 위해 사용한 것이 거리 함수의 사용이다. 지금까지 계속 유클리드 거리를 사용해왔지만, 어떤 거리 방식을 사용해도 유사성을 판단하는 데는 문제가 없음을 알고 있다.

다음은 적합한 클러스터링 방법을 선택하는 요령이다.

- 계층적 클러스터링은 명시적으로 클러스터의 수 "k"를 전달하지 않아도 된다는 장점을 가진다. 이는 잠재적인 모든 클러스터를 찾아낸 후 어떤 클러스터가 의미를 갖는지를 알고리즘의 수행이 끝난 후 결정할 수 있다는 의미다.

- k-평균 클러스터링은 개념이 단순하다는 강점을 갖고 있다. 비즈니스 사용 사례에서는 비 전문가도 이해할 수 있으면서 어느 정도 결과물의 품질도 괜찮은 방법이 필요할 때가 있는데 k-평균은 이런 상황에 잘 어울린다.

- 계층적 클러스터링은 비정상적인 형태의 데이터를 처리할 때 k-평균 클러스터링보다 더 많은 매개변수를 갖고 있다. k-평균은 이산 클러스터를 찾는 데 뛰어난 반면 혼합 클러스터링을 찾는 데는 어려움을 겪을 수 있다. 계층적 클러스터링에서 매개변수를 조정하면 더 나은 결과를 얻을 수 있다.

- 평범한 k-평균 클러스터링은 무작위 중심점을 생성하고 그 중심부에 가장 가까운 지점을 찾아내는 형태로 동작한다. 데이터에서 멀리 떨어져 있는 공간의 영역에서 임의로 중심점을 생성하면 수렴하는 데 상당한 시간이 걸릴 수도 있고, 심지어 수렴에 실패할 수도 있다. 계층적 클러스터링은 이러한 단점이 더 적다.

▌ 요약

2장에서는 계층적 클러스터링의 동작 원리와 최적의 적용처를 살펴봤다. 특히 덴드로그램 도표 평가를 통해 클러스터를 주관적으로 선택할 수 있는 방법을 다양한 측면에서 논의했다. 데이터에서 찾으려 하는 것이 무엇인지 전혀 모르는 상황이라면 이 부분은 k-평균 클러스터링에 비해 큰 장점이다. 계층적 클러스터링을 성공으로 이끌기 위해 사용하는 두 방식인 응집 클러스터링과 분산 클러스터링을 살펴봤고 연결 기준이 무엇인지도 알아봤다. 응집 클러스터링은 아래에서 위로 가면서 재귀적으로 근처의 데이터와 그룹을 만들면서 하나의 큰 클러스터가 될 때까지 반복한다. 분산 클러스터링은 위에서 아래로 진행하며 하나의 큰 클러스터에서 출발한다. 각 데이터가 자신의 클러스터에 소속될 때까지 데이터를 나누는 작업을 재귀적으로 반복한다. 분산 클러스터링은 처음부터 전체 데이터를 보고 출발하기 때문에 더 정확할 가능성이 있지만 안정성을 떨어뜨리고 복잡도가 올라가서 실행 시간을 증가시킬 수 있다.

연결 기준은 후보 클러스터 간 거리 계산 개념과 상충된다. 단일 및 완전 연결 기준뿐만 아니라 k-평균 클러스터링을 넘어 중심점이 어떻게 다시 사용되는지 살펴봤다. 단일 연결은 각 클러스터에서 가장 가까운 점을 비교해 클러스터 거리를 찾는 반면, 완전 연결은 각 클러스터에서 더 먼 점을 비교해 클러스터 거리를 찾는다. 2장에서 배운 내용을 기반으로 이제 k-평균과 계층적 클러스터링을 사용해 원하는 최선의 결과를 얻을 수 있게 됐다. 3장에서는 매우 복잡한 데이터인 DBSCAN에서 가장 잘 활용할 수 있는 클러스터링 접근 방식을 다룰 예정이다.

이웃 접근과 DBSCAN

학습 목표

다음은 3장에서 배울 내용이다.

- 클러스터링에 대한 주변 접근 방식을 이해할 수 있다.
- 패키지를 사용해 처음부터 직접 DBSCAN 알고리즘 구현할 수 있다.
- 문제를 해결하기 위해 k-평균, 계층적 클러스터링, DBSCAN 중 최선의 알고리즘을 찾아낼 수 있다.

3장에서는 매우 복잡한 데이터를 다룰 때 가장 적합한 DBSCAN 클러스터링 접근 방식을 살펴보기로 한다.

▌ 소개

지금까지 우리는 2개의 유명한 클러스터링 접근 방법인 k-평균과 계층적 클러스터링을 살펴봤다. 두 클러스터링 기법은 모두 사용 사례에 따라 장점과 단점을 갖고 있다. 1장과 2장에서 다룬 내용을 다시 떠올려보고 이를 3장에서 배울 내용을 이해하기 위한 기초 지식으로 삼자.

도전할 일이 많은 비지도 학습 분야에서 특성 데이터는 제공되지만 특성 변수가 무엇을 의미하는지 설명하는 라벨은 제공되지 않는다. 대상 라벨이 구체적으로 무엇인지에 대해서는 정보를 얻을 수 없지만 비슷한 그룹을 함께 클러스터링함으로써 데이터의 구조를 얻을 수 있고 그룹 내에 어떤 유사성이 존재하는지 알아낼 수 있다. 비슷한 데이터 지점을 묶기 위해 처음으로 시도했던 방법이 바로 k-평균이다.

k-평균은 속도가 중요한 문제를 해결할 때 최선의 방법이다. 단순히 가장 가까운 데이터 지점을 찾아내는 방법으로 연산 부담은 크지 않지만 차원의 수가 많은 데이터셋을 다룰 때는 문제가 생기기도 한다. 찾고자 하는 잠재적인 클러스터의 수가 몇 개인지 모르는 상황이라면 k-평균은 이상적인 해법이 아니다. 2장, '계층적 클러스터링'에서 다룬 예제는 와인의 종류가 마구 뒤섞인 상태로 배송됐을 때 화학적 구성 요소를 보고 어떤 와인이 함께 묶여야 하는지 찾는 내용이었다. 이 연습은 배송된 와인의 종류가 세 가지라는 사실을 알았기 때문에 잘 동작했지만 만일 주문의 내용 자체를 모르는 상태였다면 k-평균의 결과는 좋지 않았을 것이다. 이 연습은 세 가지 와인 종류가 주문됐다는 것을 알았기 때문에 잘 먹혔을 뿐이지만, k-평균은 원래 순서가 무엇으로 구성돼 있는지에 대한 직감이 없다면 덜 성공했을 것이다.

우리가 조사한 두 번째 클러스터링 접근법은 계층적 클러스터링으로 집적 방식과 분산 방식으로 동작할 수 있다. 집적 클러스터링은 상향식 접근 방식으로 동작하며, 각 데이터 지점을 자체 클러스터로 처리하고 링크 기준을 사용해 재귀적으로 그룹화한다. 반대로 분신 클러스터링은 모든 데이터 지점을 하나의 대규모 클래스로 처리하고 이를 반복적으로 더 작은 클러스터로 분할하는 형태로 동작한다. 이 방식은 전체 데이터 분포를 완전히 이해하는 장점이 있지만 복잡도가 올라가기 때문에 실전에서는 잘 사용하지 않는다. 계층적 클러스터링은 데이터에 대한 사전 정보가 부족한 경우 좋은 대안이 될 수 있다. 덴드로그램을 사용하면 데이터 분할을 시각적으로 확인할 수 있으며 이를 통해 몇 개의 클러스터로 나누는 것이 합리적인지 결정할 수 있다. 다만 연산 비용은 일반적으로 k-평균보다 높다.

3장에서는 고도로 복잡한 데이터인 DBSCAN^{Density-Based Space Clustering of Applications with Noise}에서 가장 잘 활용할 수 있는 클러스터링 접근 방식을 다룰 예정이다. 이 방법은 밀집된 데이터를 다룰 때 높은 성능을 보이는 것으로 알려져 있다. 왜 그런지 사례를 통해 살펴보자.

이웃으로서의 클러스터

1장과 2장에서는 유클리드 거리의 함수로 묘사되는 유사성 개념을 살펴봤다. 서로 가까운 거리에 존재하는 데이터 지점일수록 유사성이 더 높고 멀수록 유사성이 낮다고 보는 개념이다. 이 개념은 DBSCAN 알고리즘에서 다시 한 번 등장한다. 긴 이름에서 알 수 있듯이 DBSCAN 접근 방식은 거리 개념과 더불어 밀도 개념을 함께 사용한다. 모두 동일한 영역에 존재하는 데이터 뭉치가 있다면 이들을 동일한 클러스터 구성원으로 볼 수 있다.

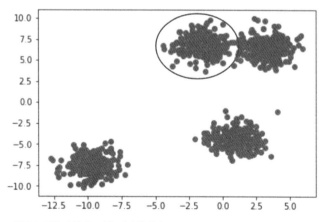

그림 3.1 이웃이 클러스터에 직접 연결됨

이 예제에서 4개의 이웃을 확인할 수 있다.

밀도에 기반한 접근 방식은 거리에만 초점을 맞춘 기존 접근 방식에 비해 많은 장점을 갖고 있다. 클러스터링 임곗값으로 거리에만 초점을 맞추고 있다면 특이한 데이터가 있는 경우 클러스터링이 별로 의미가 없다는 것을 알 수 있다. k-평균과 계층적 클러스터링 모두 남아 있는 데이터 지점이 하나도 없을 때까지 모든 데이터를 그룹에 포함시킨다.

계층적 클러스터링은 덴드로그램을 만든 후 클러스터링을 실행해 이 문제를 해결할 수 있는 일부 방법을 제공하지만, k-평균은 가장 단순한 클러스터링 접근 방법이라 실패할 가능성이 높다. 클러스터링을 수행하기 위해 이웃 접근 방법을 사용하면 실패 확률이 낮아진다.

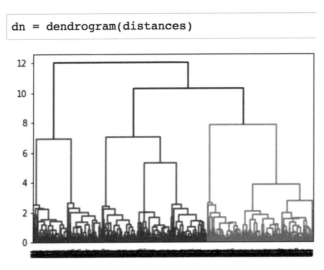

그림 3.2 예시 덴드로그램

DBSCAN에 인접 밀도의 개념을 통합함으로써 런타임에 선택한 하이퍼파라미터에 기반해 특이한 데이터를 클러스터 밖에 둘 수 있다. 인접한 데이터 지점만 동일 클러스터의 구성원으로 간주하고 멀리 떨어진 데이터 지점은 클러스터에 포함하지 않고 외부에 둘 수 있다.

DBSCAN 소개

앞 절에서도 언급한 것처럼 DBSCAN의 강점은 클러스터링에 대한 밀도 기반 접근을 할 때 확실해진다. DBSCAN은 인접 반경의 크기와 클러스터로 간주되는 인접 지역에서 발견된 최소 지점의 수를 종합적으로 고려해 밀도를 평가한다.

앞서 다뤘던 와인 예제를 다시 생각해보자. 화학적 특성을 토대로 비슷한 와인을 찾을 수 있다는 사실을 확실하게 이해했으며 이 정보를 토대로 비슷한 와인을 함께 모아 진열해 제품을 효율적으로 판매할 수 있었다. 하지만 재고를 준비하기 위해 주문하는 제품들이 종종 실제 구매 패턴을 반영한다는 사실은 분명하지 않을 것이다. 재고의 다양성을 추구하지만 여전히 가장 인기 있는 와인을 충분하게 준비해야만 하므로 판매 가능한 제품의 종류 분포는 일정하지 않다. 대부분의 사람들은 흰색과 빨간색의 전통적인 와인을 좋아하겠지만 일부 고객은 비싼 품종의 독특한 와인을 좋아할 수도 있다. 종류의 분포가 일정하지 않다는 사실은 클러스터링을 더 어렵게 만드는 요소다. 이런 특성으로 인해 모든 와인을 일괄적으로 10개씩 주문할 수는 없는 것이다.

DBSCAN은 k-평균 그리고 계층적 클러스터링과는 개념적으로 관심 있는 고객군 클러스터를 평가하는 방식이 다르다. 좀 더 쉬운 방식으로 노이즈를 제거하고 다시 구매 가능성이 있는 잠재적인 고객들로만 고객군을 구성할 수 있다.

이웃 개념을 사용해 클러스터를 구분하면 분류 기준 어디에도 속하지 않는 특이한 일회성 고객을 분리해낼 수 있다. 당연히 이런 일회성 고객은 반복적으로 매장을 방문하는 단골보다 가치가 낮다. 다만 이 방법을 사용할 때는 이웃의 반경은 얼마로 할 것인지와 이웃으로 구성할 최소 지점의 수는 몇 개로 할 것인지에 대한 고민이 필요하다.

휴리스틱 접근 관점에서 생각해보면 이웃의 반경은 작지만 또 너무 작지 않기를 원할 것이다. 만일 극단적으로 이웃 반경을 크게 잡는다고 가정해보면 아마도 경계를 넘어가 모든 지점이 결국 하나의 큰 클러스터에 포함되게 될 것이다. 만일 이웃 반경을 너무 작게 잡는다면 지점들이 모이지 못해 단일 지점만 포함하는 작은 클러스터만 잔뜩 생길 것이다.

클러스터를 구성할 수 있는 최소 포인트 수에 대해서도 비슷한 논리가 적용된다. 최소 지점의 수는 이웃 반경의 크기를 보조하는 수단으로 볼 수 있다. 만일 데이터의 밀도가 희박한 경우라면 이웃 반경 못지않게 최소 지점의 수도 중요해진다. 다만 밀도가 충분한 경우라면 최소 지점의 수는 별로 큰 영향을 주는 요소는 되지 않을 것이다.

이 두 가지 하이퍼파라미터 규칙에서 볼 수 있듯이 가장 좋은 옵션은 여전히 데이터셋의 모양에 따라 달라지는 것이다. 종종 하이퍼파라미터에서 너무 작지 않고 너무 크지 않은 완벽한 '골디락스goldilocks' 영역을 찾기를 원할 것이다. 참고로 골디락스는 영국 전래 동화 『골디락스와 곰 세 마리』라는 책에서 유래한 말로, 경제학이나 과학계에서 이상적인 값을 의미할 때 자주 사용하는 용어다.

DBSCAN 심화 학습

DBSCAN의 작동 방식을 확인하기 위해 간단한 프로그램의 동작 경로를 추적해 다양한 클러스터와 노이즈 레이블이 지정된 데이터 포인트를 구성해보자.

1. 방문하지 않은 n개의 샘플 데이터 지점이 주어졌을 때 각 지점을 돌면서 방문했다고 표시한다.
2. 각 지점에서 데이터셋의 다른 모든 지점까지의 거리를 계산한다.
3. 이웃 반경 내에 들어오는 모든 지점에 대해 이들을 이웃으로 연결한다.
4. 이웃으로 연결된 구성원의 수가 최소 지점 요구 사항을 충족하는지 살펴본다.
5. 만일 최소 지점 요건을 충족하면 이들을 하나의 클러스터로 묶는다. 만일 충족하지 못한다면 노이즈로 분류한다.
6. 모든 데이터 지점이 클러스터 또는 노이즈로 분류될 때까지 이를 반복한다.

DBSCAN은 어떤 의미에서는 상당히 간단하다. 이웃 반경과 최소 지점을 사용하는 밀도의 개념이 새롭게 등장했지만, 핵심은 여전히 거리 측정법을 사용해 평가하고 있을 뿐이다.

DBSCAN 알고리즘 연습

다음은 좀 더 자세하게 단계별로 살펴본 간단한 예제다.

1. 주어진 4개의 데이터 지점 각각을 클러스터 $[(1,7)], [(-8,6)], [(-9,4)], [(4,-2)]$
   로 보자.

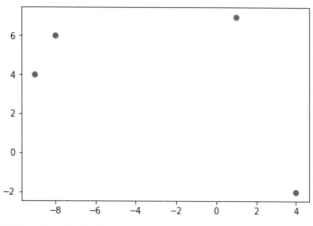

그림 3.3 예제 데이터 지점 도표

2. 각 점 간의 유클리드 거리를 계산한다.

지점 간 거리

	(1,7)	(-5,9)	(-9,4)	(4,-2)
(1,7)	[[9.223e+18,	6.325e+00,	1.044e+01,	9.487e+00],
(-5,9)	[6.325e+00,	9.223e+18,	6.403e+00,	1.421e+01],
(-9,4)	[1.044e+01,	6.403e+00,	9.223e+18,	1.432e+01],
(4,-2)	[9.487e+00,	1.421e+01,	1.432e+01,	9.223e+18]]

그림 3.4 지점 간 거리

3. 각 점으로부터 이웃의 크기를 늘리고 클러스터를 구성한다. 이 예의 목적에 따라 이웃 반경의 크기를 3으로 지정했다고 상상해보자. 이는 두 지점 간의 거리가 3보다 작으면 이웃이 된다는 걸 의미한다. 점 (−8,6)과 (−9,4)는 이제 클러스터링 후보다.

4. 이웃이 없는 지점은 노이즈로 분류돼 클러스터에 속하지 않는다. (1,7)과 (4,−2)는 거리가 너무 멀리 떨어져 있어서 클러스터에 포함되지 않았다.

5. 이웃을 가진 지점들은 최소 지점의 수 조건을 통과하는지도 함께 평가된다. 이 예제에서 최소 지점 수를 2개로 지정했다면 (−8,6)과 (−9,4)는 그룹이 돼 클러스터를 형성할 수 있다. 만일 최소 지점 수가 3개였다면 4개의 지점 모두 불필요한 노이즈가 된다.

6. 이 과정을 모든 데이터가 남아 있는 모든 지점에 관해 반복한다.

이 과정을 마치면 모든 데이터셋은 클러스터에 속하거나 노이즈가 된다. 이 예제를 통해 DBSCAN의 성능은 하이퍼파라미터에 따라 크게 좌우된다는 사실을 이해하길 바란다. 다시 말하면 여러 조합의 하이퍼파라미터를 적용해가면서 이 옵션이 전체적인 성능에 어떻게 영향을 주는지 이해해야 한다는 의미다.

DBSCAN이 가진 대단한 장점 하나는 k−평균이나 계층적 클러스터링에서 사용했던 중심점 기반의 접근 방식을 사용하지 않는다는 것이다. 이런 특징 덕분에 DBSCAN은 좀 더 복잡한 데이터셋에서 더 잘 동작한다. 그리고 실세계의 데이터는 대체로 예제와 달리 복잡한 형태를 이루는 게 대부분이다.

연습 9: 이웃 반경 크기의 영향 평가

이번 연습에서는 이전 예제와는 반대로 먼저 scikit−learn을 활용해 DBSCAN을 구현해본 후 직접 다시 구현해보는 순서로 진행하자. 이를 통해 이웃 반경의 크기가 DBSCAN의 성능에 얼마나 큰 영향을 주는지 확인할 수 있다.

이번 연습을 마치면 이웃 반경의 크기를 잘 조절하는 것이 DBSCAN의 성능을 높여주는데 얼마나 도움이 되는지 이해하게 될 것이다. DBSCAN의 이런 특성을 이해하는 것은 클러스터링 알고리즘의 문제를 효율적으로 해결함으로써 향후 시간을 절약할 수 있기 때문에 중요하다.

1. 더미 데이터 생성

```
from sklearn.cluster import DBSCAN
from sklearn.datasets import make_blobs
import matplotlib.pyplot as plt
get_ipython().run_line_magic('matplotlib', 'inline')

# 실험에 사용할 랜덤 클러스터 데이터셋을 생성하자. X = 좌표,
# y = 클러스터 라벨(필요 없음)이다.
X, y = make_blobs(n_samples=1000, centers=8, n_features=2, random_state=800)

# 데이터를 시각화한다.
plt.scatter(X[:,0], X[:,1])
plt.show()
```

출력 결과는 다음과 같다.

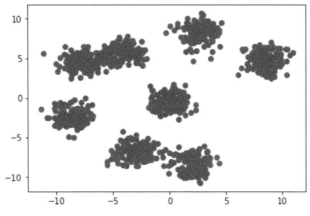

그림 3.5 시각화된 예시 데이터

2. 이 간단한 문제에 대한 더미 데이터를 그래프상에 표시한 후, 데이터셋이 두 개의 특징과 대략 7개에서 8개의 클러스터를 갖고 있음을 확인할 수 있을 것이다. scikit-learn을 사용해 DBSCAN을 구현하려면 새로운 scikit-learn 클래스를 인스턴스화해야 한다.

```
db = DBSCAN(eps=0.5, min_samples=10, metric='euclidean')
```

DBSCAN 인스턴스가 db 변수에 저장되며 하이퍼파라미터가 생성 시점에 전달된다. 이 예제를 위해 주변 반경(eps)은 0.5로, 최소 포인트 수는 10으로 설정했음을 알 수 있다. 이전에 다뤘던 내용과 맞추기 위해 거리 측정 방식은 다시 한 번 유클리드 거리를 사용할 예정이다.

3. 잠재적인 이웃 반경 크기를 인터랙티브하게 탐색하기 위해 반복문을 설정하자.

```
eps = [0.2,0.7]
for ep in eps:
  db = DBSCAN(eps=ep, min_samples=10, metric='euclidean')
  plt.scatter(X[:,0], X[:,1], c=db.fit_predict(X))
  plt.title('Toy Problem with eps: ' + str(ep))
  plt.show()
```

이 코드의 결과는 다음과 같다.

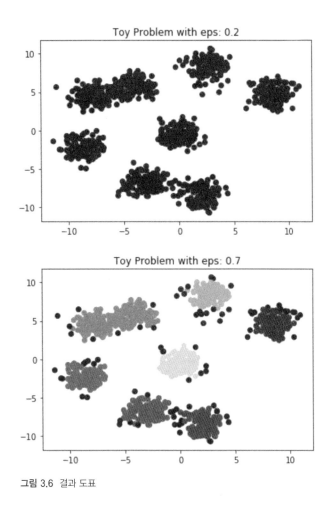

그림 3.6 결과 도표

도표에서 볼 수 있듯 이웃의 크기를 너무 작게 설정하면 모든 것이 무작위 노이즈(보라색 점)로 보일 것이다. 이웃의 크기를 조금 더 크게 하면 약간 더 말이 되는 클러스터를 만들 수 있다. 앞의 그림을 재현하고 다양한 eps 크기로 실험해보자.

DBSCAN 속성 – 이웃 반경

'연습 9: 이웃 반경 크기의 영향 평가'에서 이웃 반경의 영향을 평가하면서 DBSCAN 구현의 성능에 적절한 주변 반경을 설정하는 것이 얼마나 영향을 미치는지를 보았다. 만일 이웃 반경이 너무 작으면 모든 데이터가 클러스터되지 않은 채로 남겨지는 문제가 생긴다. 만일 반경을 너무 크게 설정하면 모든 데이터는 비슷하게 하나의 클러스터로 그룹화돼 어떠한 가치도 제공하지 않을 것이다. 만일 직접 다양한 eps 크기를 갖고 실험을 해봤다면 적절한 값을 찾는 게 얼마나 어려운지 체감했을 것이다. 이때 최소 포인트 임곗값이 큰 도움이 되는데, 나중에 다룰 예정이다.

DBSCAN의 이웃 개념을 좀 더 깊게 이해하기 위해 인스턴트화 시점에 전달되는 eps 하이퍼파라미터를 좀 더 깊게 살펴보자. eps는 엡실론epsilon의 약자로, 이웃을 검색할 때 알고리즘이 사용하는 거리다. 이 엡실론 값은 특정 데이터 지점을 순환할 때 인접 여부를 판단하는 반지름으로 사용된다.

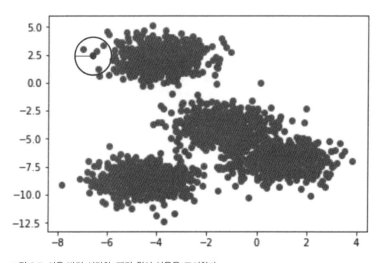

그림 3.7 이웃 반경 시각화. 빨간 원이 이웃을 표시한다.

이 인스턴스에서는 이웃이 4개 존재한다.

여기서 주목해야 할 한 가지 중요한 사항은 이웃 탐색에 의해 형성된 모양은 2차원에서는 원, 3차원에서는 구라는 것이다. 이는 데이터의 구조에 따라 모델의 성능이 영향을 받을 수 있음을 의미한다. 다시 이야기하지만 이런 집단은 직관적으로 발견할 수 있는 것처럼 보이나 항상 그런 것은 아니다. 다행히 직관적으로 클러스터를 찾기 어려운 상황에서도 DBSCAN은 이를 찾아낼 수 있다.

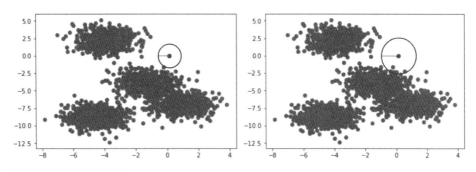

그림 3.8 이웃 반경 변경 효과

왼쪽에서 데이터 지점은 무작위 노이즈로 분류되며 오른쪽에서 데이터 지점은 여러 개의 인접 영역이 있으며 자체 클러스터일 수 있다.

활동 4: DBSCAN 처음부터 구현

인터뷰 중에 생성된 2차원 데이터셋을 사용해 DBSCAN 알고리즘을 처음부터 생성해보자. 이를 위해서는 이웃 탐색과 관련한 코드를 작성하고 이를 재귀적으로 호출해 이웃을 추가해야 한다. DBSCAN에 대해 배운 내용과 2장에서 사용한 거리 측정 방법을 사용해 파이썬으로 처음부터 DBSCAN의 구현을 구축하자. 거리 측정을 위해 NumPy와 SciPy를 사용하자.

다음은 이를 위한 단계다.

1. 랜덤 클러스터 데이터셋을 생성한다.
2. 데이터를 시각화한다.
3. 데이터셋에 대해 DBSCAN을 호출할 수 있도록 함수를 처음부터 만든다.
4. 생성된 데이터셋을 대상으로 직접 만든 DBSCAN 구현을 사용해 클러스터를 찾는다. 적당하다고 생각하는 하이퍼파라미터를 사용해보고 성능과 결과에 따라 이를 조절해본다.
5. 처음부터 직접 DBACAN 구현의 성능을 시각화해본다.

이 연습으로 scikit-learn이 제공하는 완전한 패키지 구현을 사용하기 전에 DBSCAN이 어떻게 작동하는지 처음부터 이해할 수 있다. 머신 러닝 알고리즘에 대한 이 접근법을 처음부터 사용하는 것이 중요한데, 이는 DBSCAN을 좀 더 깊게 논의할 때 필요한 기반 지식을 갖출 수 있으며 좀 더 쉬운 구현을 활용할 수 있는 능력을 학습하는 데도 도움이 되기 때문이다.

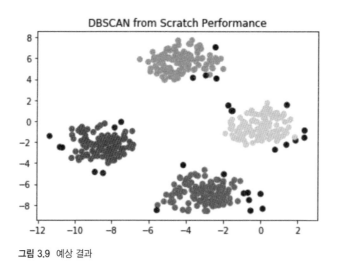

그림 3.9 예상 결과

노트

이 활동의 솔루션은 426페이지에서 찾을 수 있다.

DBSCAN 속성–최소 지점 수

이웃 반경과 더불어 DBSCAN을 성공적으로 구현하기 위한 핵심 요소는 클러스터 구성원 자격을 인정하는 데 필요한 최소 지점의 수다. 앞에서도 언급한 바와 같이 이 최소 자격은 데이터셋의 밀도가 높지 않을 때 더 크게 도움을 준다. 그렇다고 해서 데이터의 밀도가 높을 때 이 조건이 쓸모가 없는 것은 아니다. 기능 공간에서 무작위로 놓인 소수의 지점들을 노이즈로 분류할 것인지 아니면 클러스터로 분류할 것인지를 따질 때 최소 지점의 수는 중요한 역할을 한다. 최소 지점의 수가 3일 때 노이즈로 분류되던 것이 최소 지점의 수를 2개로 줄이면 클러스터가 될 수도 있다.

DBSCAN의 scikit-learn 구현에서 이 하이퍼파라미터는 DBSCAN 인스턴스 생성 시점에 전달된 min_sample 필드다. 이 필드는 이웃 반경 크기 하이퍼파라미터와 함께 사용해 밀도 기반 클러스터링 접근 방식을 완벽하게 구현하는 데 매우 유용하다.

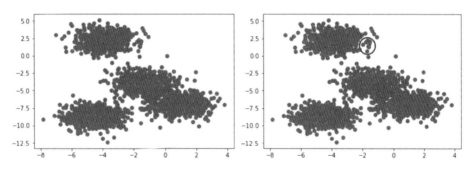

그림 3.10 최소 지점 수는 데이터를 노이즈에 포함할지 클러스터에 포함할지 결정한다.

오른쪽 그림에서 만일 최소 지점 수를 10으로 정한다면 표시된 부분은 노이즈가 될 것이다.

실제 상황에서 대량의 데이터를 다룰 때는 최소 지점의 수가 매우 큰 영향을 주는 것을 확인할 수 있다. 와인 예제로 다시 돌아가보자. 당신이 매우 큰 매장을 운영하고 있고 창고에는 수천 종류의 와인이 있는데 이중 한 병이나 두 병 정도밖에 없지만 별도의 클러스터로 인정해줘야 하는 제품이 있을 것이다. 이때 잘 생각해야 하는 부분이 주관적인 규모에 따라 판단해야 한다는 것이다. 만일 데이터의 크기가 수백만 개라면 수백이나 수천 개는 노이즈로 볼 수도 있다. 하지만 데이터의 크기가 수백이나 수천 정도라면 단일 데이터 지점을 노이즈로 볼 수도 있다.

연습 10: 최소 지점 수의 영향 평가

'연습 9: 이웃 반경 크기의 영향 평가'에서 적절한 이웃 반경의 크기를 설정하기 위해 했던 과정을 이제는 적절한 최소 지점 수를 설정하는 것으로 바꿔 반복해보자.

현재 DBSCAN의 구현을 사용해 최소 지점 임곗값을 쉽게 조정할 수 있다. 이 하이퍼파라미터를 조정하고 어떻게 작동하는지 확인하자.

DBSCAN의 최소 지점 임곗값을 조정하면 클러스터링 품질에 어떤 영향을 미치는지 이해할 수 있을 것이다.

다시 한 번 랜덤으로 생성된 데이터로 시작해보자.

1. 다음처럼 랜덤 클러스터 데이터셋을 생성한다.

```
from sklearn.cluster import DBSCAN
from sklearn.datasets import make_blobs
import matplotlib.pyplot as plt
get_ipython().run_line_magic('matplotlib', 'inline')

X, y = make_blobs(n_samples=1000, centers=8, n_features=2, random_state=800)
```

2. 데이터를 다음처럼 시각화한다.

```
# 데이터 시각화
plt.scatter(X[:,0], X[:,1])
plt.show()
```

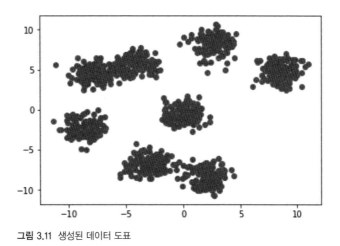

그림 3.11 생성된 데이터 도표

3. '연습 9: 이웃 반경 크기의 영향 평가'에서 좋은 결과를 보여준 eps 0.7을 일단 적용하자.

```
db = DBSCAN(eps=0.7, min_samples=10, metric='euclidean')
```

노트

eps는 조정 가능한 하이퍼파라미터지만 이전에 실험했던 것을 바탕으로 eps = 0.7을 최적의 값으로 생각하자.

4. DBSCAN 클러스터링 알고리즘을 인스턴스화한 후, `min_sample` 하이퍼파라미터를 원하는 값으로 처리한다. 여러 번의 반복 테스트를 통해 가장 적합한 수치를 찾아낼 수 있다.

```
num_samples = [10,19,20]

for min_num in num_samples:
  db = DBSCAN(eps=0.7, min_samples=min_num, metric='euclidean')
  plt.scatter(X[:,0], X[:,1], c=db.fit_predict(X))
  plt.title('Toy Problem with Minimum Points: ' + str(min_num))
  plt.show()
```

생성된 첫 번째 그림을 보면 '연습 9: 이웃 반경 크기의 영향 평가'를 그대로 따른 경우로 최소 자격 지점의 수를 10개로 사용한 결과다.

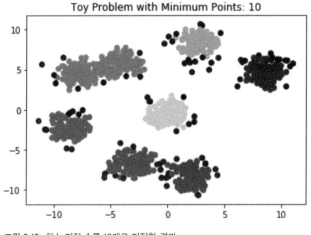

그림 3.12 최소 지점 수를 10개로 지정한 결과

나머지 두 개의 하이퍼파라미터를 적용한 결과는 DBSCAN 클러스터링 알고리즘에 큰 부정적 영향을 미친 것을 확인할 수 있다. 숫자 하나의 영향이 얼마나 큰지 확인할 수 있는 부분이다.

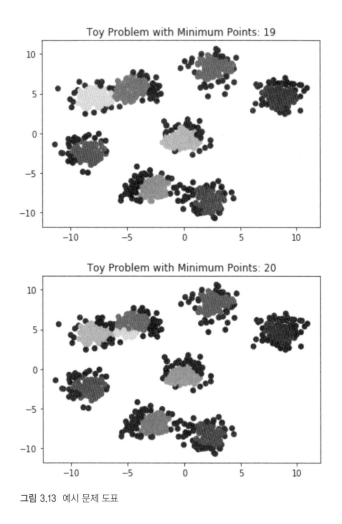

그림 3.13 예시 문제 도표

보다시피 숫자를 19에서 20으로 조금 변경했을 뿐인데도 잘못된 클러스터 판정이 발생한다. 최소 지점의 수에 대한 이번 연습을 통해 다음부터는 scikit-learn 구현을 사용할때 이웃 반경인 엡실론과 최소 지점 수를 잘 조절해 최적의 클러스터를 찾아낼 수 있다.

활동 5: DBSCAN과 k-평균 그리고 계층적 클러스터링 비교

매장 재고 관리를 하는 상황에서 대량의 와인을 납품받았지만, 운송 중에 브랜드 라벨이 병에서 떨어졌다. 다행히도 공급자가 각각의 일련번호와 함께 각 병에 대한 화학 수치를 당신에게 제공했다. 안타깝게도 각 와인의 병을 열어서 차이를 시험할 수는 없다. 라벨이 부착되지 않은 병을 화학 물질 측정치에 따라 다시 묶을 수 있는 방법을 찾아야 한다. 주문 목록에서 3가지 유형의 와인을 주문했고 와인 유형을 다시 그룹화하기 위해 2가지 와인 속성만 제공받았다.

2장, '계층적 클러스터링'에서 k-평균과 계층적 클러스터링을 사용해 와인 데이터셋에 대한 처리를 살펴본 바 있다. 최상의 시나리오에서 실루엣 점수 0.59를 달성할 수 있었다. scikit-learn의 DBSCAN 구현을 사용해 더 나은 결과를 얻을 수 있는지 살펴보자.

다음 단계를 따라 진행하자.

1. 필요한 패키지를 불러온다.
2. 와인 데이터셋을 불러온 후 데이터를 살펴본다.
3. 데이터를 시각화한다.
4. k-평균과 집적 클러스터링, DBSCAN을 사용해 클러스터를 생성한다.
5. DSBSCAN 하이퍼파라미터를 일부 조정한 후 실루엣 점수를 확인한다.
6. 가장 높은 실루엣 점수를 얻은 최종 클러스터를 생성한다.
7. 3가지 방법을 통해 얻은 클러스터를 시각화한다.

이 활동을 완료하면 클러스터링 문제의 전체 워크플로를 재생성할 수 있다. 2장, 계층적 클러스터링Hierarchical Clustering의 데이터와는 이미 친숙해졌으며, 이 활동이 끝날 때쯤에는 데이터셋에 가장 적합한 모델과 하이퍼파라미터를 찾기 위한 모델 선택을 하게 될 것이다. 각 클러스터링 유형에 대한 와인 데이터셋의 실루엣 점수를 얻을 수 있다.

노트

이 활동의 솔루션은 430페이지에서 찾을 수 있다.

▌ DBSCAN 대 k-평균과 계층적 클러스터링

DBSCAN의 구현 방법을 이해했고 성능을 높이기 위해 변경할 수 있는 하이퍼파라미터에 대해서도 깨달았으므로, 이제 DBSCAN을 1장, '클러스터링 소개'와 2장, '계층적 클러스터링'에서 다룬 클러스터링 방법과 비교해보자.

'활동 5: DBSCAN과 k-평균 그리고 계층적 클러스터링 비교'에서 DBSCAN의 경우 k-평균 및 계층적 클러스터링과 비교했을 때 실루엣 점수를 통해 최직의 글러스터를 찾는 것이 조금 더 까다로울 수 있음을 눈치챘을 수도 있다. 이는 이웃 접근 방식의 단점이며, 데이터의 클러스터 수를 대략 알고 있을 때는 k-평균과 계층적 클러스터링이 더 탁월하다. 대부분 이 수치가 매우 낮아서 반복적으로 여러 숫자를 시도해봐야 한다. 대신 DBSCAN

은 좀 더 상향식에 가까운 접근을 하며 하이퍼파라미터를 활용해 클러스터를 찾는다. 실제로 앞서 언급한 두 방법이 실패했을 때 DBSCAN의 사용을 고려하는 것이 합리적이다. DBSCAN이 제대로 동작하기 위해서는 다양한 조정을 해봐야 하는 부담이 있기 때문이다. 이는 DBSCAN 구현이 제대로 동작하면 k-평균과 계층적 클러스터링보다 훨씬 뛰어난 성능을 발휘한다는 의미다. 실제로는 두 개의 반달이 포함된 특정 공간처럼 고도로 얽혀 있지만 여전히 이산적인 데이터에서 발생하는 경우가 많다.

k-평균 및 계층적 클러스터링에 비해 DBSCAN은 각 데이터 포인트를 한 번만 보면 되기 때문에 잠재적으로 더 효율적이라고 볼 수 있다. 새로운 중심부를 찾고 가장 가까운 이웃의 위치 평가를 여러 번 반복하는 대신 DBSCAN에서는 한 지점을 클러스터에 할당하면 클러스터 소속이 변경되지 않는다. k-평균과 비교해 DBSCAN과 계층적 클러스터링이 공유하는 또 다른 핵심적인 차이점은 생성 시 예상되는 다수의 클러스터를 명시적으로 전달할 필요가 없다는 것이다. 이는 데이터셋을 분류하는 방법에 대한 특별한 가이드가 없을 때 매우 유용하다.

▌ 요약

DBSCAN은 k-평균과 계층적 클러스터링에 비해 클러스터링에 대한 흥미로운 접근 방식을 취한다. 계층적 클러스터링은 k-평균에서 볼 수 있는 가장 가까운 이웃 접근 방식의 확장으로 볼 수 있지만, DBSCAN은 밀도 개념을 적용해 이웃을 찾는 문제에 접근한다. 이것은 복잡한 방식으로 얽혀 있는 매우 복잡한 데이터를 다룰 때 상당히 유용하다. DBSCAN은 아주 강력하지만 원래 데이터가 어떻게 생겼는지에 따라 잘 동작하지 않을 수도 있다.

그러나 DBSCAN을 k-평균 및 계층적 클러스터링과 결합해 데이터를 클러스터링하는 비지도 학습에 활용한다면 강력한 무기가 된다. 문제가 잘 해결되지 않을 때는 다양한 방법을 저용해보고 어떤 방법이 가장 잘 동작하는지 확인할 필요가 있다.

클러스터링을 살펴봤으니 이제는 비지도 학습과 관련한 기술을 융합하는 또 다른 핵심 요소인 차원 축소를 살펴볼 것이다. 차원을 효율적으로 축소시키면 클러스터링을 좀 더 쉽게 이해할 수 있고 이해관계자들에게도 더 쉽게 설명할 수 있다. 차원 축소는 가장 효율적인 방법으로 모든 유형의 머신 러닝 모델을 만드는 데 있어서 핵심이 된다.

차원 축소와 PCA

학습 목표

다음은 4장에서 배울 내용이다.

- 차원 축소 기술 적용
- 주요 구성 요소와 차원 축소 개념의 이해
- scikit-learn을 사용해 문제를 해결할 때 주요 구성 요소 분석 적용
- 수동 PCA와 scikit-learn 비교

4장에서는 차원 축소 개념의 이해와 더불어 다양한 차원 축소 기술을 살펴볼 예정이다.

█ 소개

4장은 앞으로 3개 장에 걸쳐 다룰 시리즈 중 첫 번째로 비지도 학습 알고리즘으로 서로 다른 특징 세트나 공간을 조사하는 내용을 다룰 예정이다. 차원 축소, 특히 PCA^{Principal} Component Analysis에 관한 논의로 시작할 것이다. 그런 다음 신경망 기반 자동 인코더에서 두 개의 독립적인 강력한 머신 러닝 아키텍처를 살펴보고 이를 통해 특징 공간의 이점에 대한 이해를 넓힐 생각이다. 신경망은 확실히 지도 학습 문제에서 잘 동작하는 모델이라고 평가받고 있으며 자동 인코더 단계를 사용함으로써 비지도 학습에도 충분히 적용할 수 있게 됐다. 마지막으로 이 작은 시리즈의 마지막 장에서 t-distributed 최근접 이웃을 다루면서 신경망 구현과 차원 축소를 구축할 것이다.

차원 축소란 무엇인가?

차원 축소는 모든 데이터 과학자들에게 중요한 도구로서 사례가 다양하기 때문에 이 분야에서는 기본 지식으로 통한다. 따라서 차원을 줄이고자 하는 이유를 생각하기 전에 먼저 차원이 무엇인지 잘 이해해야 한다. 간단히 말해 차원은 데이터 샘플과 관련된 치수, 형상 또는 변수의 수를 말한다. 흔히 스프레드시트의 열의 수로 생각하면 편하다. 각 샘플은 새 행으로 표시하고 각 열은 샘플의 특성 일부를 설명한다. 다음 표는 예시다.

압력(hPa)	온도(℃)	습도(%)
1050	32.2	12
1026	27.8	80

그림 4.1 3가지 특징을 갖는 2개의 샘플 데이터

그림 4.1에서 3개의 독립적인 특징 또는 차원을 갖는 2개의 샘플 데이터를 볼 수 있다. 해결 중인 문제 또는 데이터셋의 종류에 따라 제공된 정보를 잃지 않으면서도 차원은 줄이고 싶은 생각이 들 것이다. 이럴 때 차원 축소 기법이 도움이 될 수 있다.

하지만 어떻게 차원을 줄이는 것이 우리가 문제를 해결하는 데 도움을 줄 수 있을까? 다음 절에서 적용 사례를 자세히 다루겠지만 다음 그림에서와 같이 초음파 심박동 또는 심전도(일부 국가에서는 EKG라고도 한다) 신호와 같은 매우 큰 시계열 데이터 집합을 갖고 있다고 해보자.

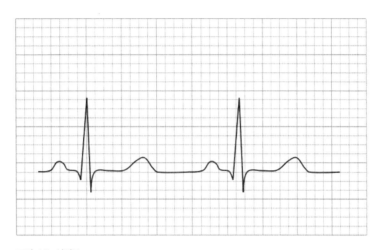

그림 4.2 심전도

이 신호는 당신 회사의 새로운 시계 모델에서 캡처한 것이므로 심장마비 또는 뇌졸중의 징후를 찾아내야 한다고 생각해보자. 데이터셋을 살펴보면 몇 가지 알아낼 수 있다.

- 각각의 심장박동은 대부분 매우 비슷하다.
- 기록 시스템 자체에서 발생한 노이즈도 일부 있고 환자가 몸을 뒤척이면서 발생한 노이즈도 일부 있다.
- 노이즈가 있음에도 심장박동 신호를 확인하기는 어렵지 않다.
- 시계라는 휴대형 장비로 처리하기에는 데이터의 양이 너무 많다.

이런 상황에서 차원 축소가 빛을 발하게 된다. 차원 축소를 사용하면 신호에서 노이즈를 상당 부분 제거할 수 있고, 이는 다시 데이터에 적용하는 알고리즘의 성능을 높여주고 데이터의 크기를 줄여줘서 하드웨어 요구 사항을 낮추는 데 기여할 수 있다. 4장에서 논의하고자 하는 기술 중 특히 PCA와 오토인코더는 이런 데이터셋을 효율적으로 처리하고 클러스터링, 분류하는 용도로 학계와 업계에서 잘 사용하고 있다. 4장을 마칠 무렵에는 이런 기법을 자신의 데이터에 적용할 수 있게 될 것이며 머신 러닝 시스템의 성능도 개선될 것이다.

차원 축소 적용

차원 축소 및 PCA에 대한 자세한 조사를 시작하기 전 이 기술을 적용하는 사례를 살펴보자.

- **사전 처리/기능 엔지니어링**: 가장 일반적인 사례 가운데 하나는 사전 처리 또는 머신 러닝 솔루션의 개발 단계에서의 초기 기능 구현 단계다. 고성능 솔루션을 설계하기 위해서는 알고리즘 개발 중에 제공되는 정보의 품질 및 입력 데이터와 원하는 결과 사이의 상관관계가 중요하다. 이 상황에서 PCA는 가장 중요한 정보 구성 요소를 데이터에서 분리하고 이를 모델에 제공해 가장 관련성이 높은 정보만 제공할 수 있기 때문에 도움이 된다. 이는 또한 모델에 제공하는 특징의 수를 줄여서 계산의 양을 줄여주므로 전체적인 시스템 훈련 시간을 줄일 수 있다.

- **노이즈 감소**: 차원 축소는 효과적인 노이즈 감소/필터링 기법으로도 사용할 수 있다. 신호나 데이터셋에 존재하는 노이즈는 사실상 신경 쓰지 않아도 되는 요소다. 따라서 원래 신호에서 작은 변동 성분으로 표현되는 노이즈를 제거한 후 다시 원래 데이터로 설정하면 노이즈를 제거할 수 있다. 왼쪽 이미지에서 가장 중요한 20개의 데이터로 다시 구성한 이미지가 다음 쪽에 있는 오른쪽 이미지다. 이미지의 품질은 낮아졌지만 중요한 정보는 여전히 남아 있다.

그림 4.3 차원 축소로 필터링된 이미지. 왼쪽은 원본이며 오른쪽은 필터링된 이미지다.

- **신뢰 가능한 인공 데이터셋 생성**: PCA가 데이터셋을 정보(또는 변화)의 구성 요소로 나눔에 따라 우리는 각 구성 요소의 영향을 조사하거나 고윳값 사이의 비율을 조정해 새로운 데이터셋 샘플을 만들 수 있다. 특정 요소의 중요도를 높이거나 낮춤으로써 이 요소들을 확장할 수 있다. 그럴듯한 모양의 변형을 만드는 것이기 때문에 이것을 통계적 형태 모델링이라고도 한다. 이는 또한 활동적 형태 모델링의 과정을 통해 얼굴 인식에도 사용된다.

- **재무 모델링/위험 분석**: 차원 축소는 다수의 개별 시장 지표 또는 신호를 더 적은 수의 구성 요소로 통합할 수 있으므로 금융 산업에 유용한 더 빠르고 효율적인 도구를 제공한다. 마찬가지로 위험도가 높은 제품이나 회사를 찾아내기 위해 사용할 수도 있다.

차원의 저주

차원 축소 기술을 사용했을 때의 이점을 이해하려면 먼저 기능 세트의 차원을 줄여야 하는 이유부터 이해해야 한다. '차원의 저주'라는 말은 일반적으로 특정 공간에 많은 수의 차원을 가진 데이터를 갖고 작업해야 할 때 흔히 사용한다. 예를 들면 각 샘플로부터 수집된 속성의 수가 있다. 〈팩맨(Pac-Man)〉 게임 내의 점 위치와 관련한 데이터셋을 생각해보자. 당신이 조종하는 팩맨 캐릭터는 2차원 좌표로 정의된 가상 세계 내에서 위치를 차지하고 있다. 우리가 새로운 컴퓨터 적을 만들고 있다고 해보자. 플레이어를 상대하는 인공지능을 이용한 유령으로, 이 유령의 논리적 결정을 위해서는 플레이어 캐릭터에 관한 정보가 필요하다. 인공지능 캐릭터가 잘 동작하기 위해서는 플레이어의 위치(x, y)와 각 방향(vx, vy)의 속도, 마지막 5개(x, y) 위치, 남아 있는 하트의 수, 미로에 남아 있는 파워업 아이템(일시적으로 팩맨이 귀신을 잡아먹을 수 있도록 한다)의 수 등의 정보가 필요하다. 이제 매 순간 인공지능 봇은 16개의 개별 특징(또는 차원)을 사용해 결정을 내리는데, 이는 분명 너무 많은 정보다.

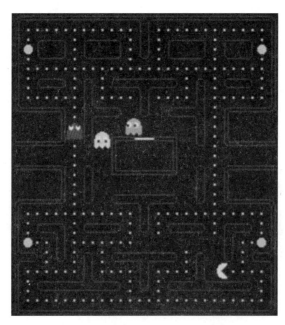

그림 4.4 팩맨 게임에서의 차원

차원 축소의 개념을 설명하기 위해 2차원의 특징 공간에 놓인 x, y 좌표로 표시한 가상의 데이터셋(그림 4.5)를 생각해보자. 이는 수학적인 증명을 위한 게 아니며 차원이 증가했을 때의 영향을 시각화하기 위한 것이라는 사실에 유의하자. 이 데이터셋에는 총 6개의 지점이 있으며 약 (3 - 1) × (4 - 2) = 2 × 2 = 4 제곱 단위의 특징 공간 내에서 시각화할 수 있다.

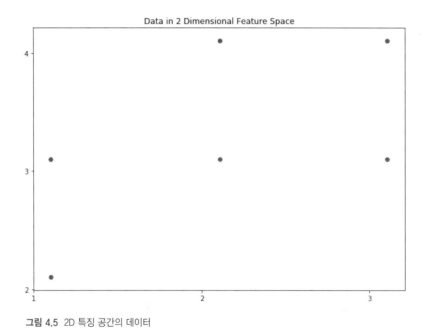

그림 4.5 2D 특징 공간의 데이터

데이터셋이 동일한 수의 점으로 구성되지만 각 샘플에 추가 형상(z 좌표)이 있다고 가정하자. 이제 점유된 데이터 볼륨은 약 2 × 2 × 2 = 8큐브 단위가 된다. 이제 샘플 수는 동일하지만 데이터셋을 둘러싼 공간은 더 넓어졌다. 공간이 더 넓어졌기 때문에 상대적으로 밀도는 낮아졌다. 이것이 바로 차원의 저주다. 이용 가능한 형상의 수를 증가시킬수록 데이터의 밀도는 낮아지고 나아가 통계적으로 유효한 상관관계를 만들기가 더 어려워진다. 인간의 플레이어에 맞설 비디오 게임 봇을 만든 예를 되돌아보면 속력, 속도, 가속, 스킬 레벨, 선택한 무기, 사용 가능한 탄약 등 다양한 유형이 혼합된 12가지 특징을 갖고 있다.

이러한 각 형상에 대한 가능한 값의 범위와 각 형상에 의해 제공되는 데이터셋에 대한 분산에 따라 데이터의 밀도는 매우 낮아질 수 있다. 제한된 팩맨 세계에서조차 각 특징의 잠재적 분산은 제법 클 수 있으며 일부는 다른 것들보다 훨씬 더 클 수 있다.

따라서 데이터셋의 밀도 문제를 해결하지 않고선 아무리 추가 기능에 관한 더 많은 정보를 얻을 수 있다고 하더라도 통계적인 상관관계를 만들기가 더 어려워지기 때문에 머신 러닝 모델의 성능을 개선하지 못할 수도 있다. 우리가 원하는 방향은 추가적인 특징들이 제공하는 유용한 정보를 유지하면서도 밀도에 따른 부정적인 영향을 최소화하는 것이다. 이것이 바로 차원 축소 기법이 필요한 이유이며 머신 러닝 모델의 성능을 높이는 데 매우 강력하게 동작할 수 있다.

4장에서는 여러 가지 차원 축소 기법을 설명하고 가장 중요하고 유용한 방법 가운데 하나인 PCA를 사례로 자세히 설명할 예정이다.

▌ 차원 축소 기법 개요

도입부에서 논의한 바와 같이 모든 차원 축소 기법의 목표는 유용한 정보는 유지하면서 데이터셋의 밀도를 관리하는 것이므로 차원 축소는 일반적으로 분류 단계 전에 사용되는 중요한 사전 처리 단계다. 대부분의 차원 축소 기법은 데이터의 밀도를 높이기 위해 더 높은 차원 공간의 데이터를 더 낮은 차원의 공간으로 조정하는 형상 투영feature projection 프로세스를 사용해 작업을 완료하는 것을 목표로 한다. 투영 프로세스를 시각화하기 위해 3D 공간에 있는 구를 생각해보자. 이 구에서 z 좌표의 값을 손실하면서 원 모양으로 투영할 수 있는데, 이때도 원래의 모양을 설명하는 많은 정보를 유지할 수 있다. 여전히 원점과 반지름, 외형을 알고 있으며 여전히 원이라는 것은 너무 명확하다. 그래서 2D 투명만 갖고도 이를 다시 3D 구로 만들 수도 있을 것이다. 중요한 정보를 유지한 채로 차원을 축소한 것이다.

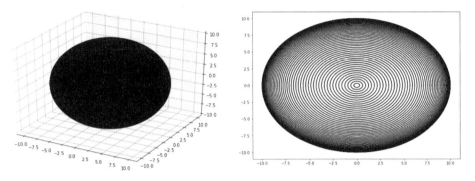

그림 4.6 3D 구를 2D 공간에 투영한 모습

차원 축소를 통해 데이터셋을 사전 처리하면 추가적으로 연산 성능을 개선할 수 있다. 데이터가 더 낮은 차원의 공간에 투영됨에 따라 더 적은 수지만 잠재적으로는 더 강력한 기능을 포함할 수 있다. 더 적은 특징이 존재한다는 것은 이후의 분류 또는 회귀 단계에서 처리되는 데이터셋의 크기가 상당히 작다는 것을 의미한다. 이 덕분에 분류와 반복에 필요한 시스템 자원과 처리 시간이 잠재적으로 줄어들 수 있고 경우에 따라서는 차원 축소 기법을 직접 사용해 분석을 마칠 수도 있다.

이는 또한 차원 축소에 대한 중요한 고려 사항 중 하나를 소개한다. 우리는 더 항상 낮은 차원의 공간으로 투명해 발생하는 정보 손실의 균형을 유지하려고 노력하고 있다. 문제의 성격과 사용 중인 데이터셋에 따라 의외로 쉽게 정확한 균형을 찾아낼 수도 있다. 상황에 따라서는 이 결정을 위해 교차 검증 (특히 지도 학습 문제) 방법이나 해당 분야 전문가의 도움을 받아야 할 수도 있다.

차원 축소 문제의 절충 방안에 관한 좋은 예는 컴퓨터 파일을 압축하거나 이미지를 압축하는 것을 생각해보는 것이다. PCA와 같은 차원 축소 기법은 기본적으로 정보를 더 작은 크기로 압축해 전송하는 방법이며, 다수의 압축 방법에서 그 결과로 데이터의 일부 손실이 발생한다. 상황에 따라 이런 손실은 허용된다. 만일 50MB의 이미지를 전송하기 위해 5MB로 축소해야 한다면 이미지의 주요 내용은 유지되겠지만 덜 중요한 작은 배경 특징

등은 흐려질 수도 있음을 받아들일 수 있다. 또한 압축된 이미지를 갖고 완벽하게 원본을 복원한다는 것은 당연히 기대할 수 없는 일이지만 약간의 기법을 동원하면 제법 원본에 가까운 이미지로 복원하는 것도 기대할 수 있다.

차원 축소와 비지도 학습

차원 축소 기법은 머신 러닝에 많은 도움이 된다. 데이터셋에서 유용한 정보를 추출하는 능력은 많은 머신 러닝 문제에서 성능 향상의 기회를 제공하기 때문이다. 특히 지도 학습보다는 비지도 학습에서 더 유용하다. 이는 비지도 학습에서 사용하는 데이트 세트가 달성해야 할 라벨이나 목표를 포함하지 않기 때문이다. 비지도 학습에서는 일반적으로 훈련 환경은 문제를 해결하기에 적절한 형태(예를 들면 분류 문제에서의 클러스터링)로 데이터를 정리하는 데 사용된다. 차원 축소는 중요한 정보를 추출하는 효과적인 수단을 제공하며 이를 위해 사용 가능한 방법이 다양하므로 적용할 만한 옵션을 미리 검토하는 게 유리하다.

- **선형 판별 분석**LDA, Linear Discriminant Analysis: 차원 축소뿐만 아니라 분류에도 사용할 수 있는 꽤 편리한 기법이다. LDA는 7장, '토픽 모델링'에서 더 자세히 다룰 예정이다.

- **음수 미포함 행렬 분해**NNMF, Non-negative matrix factorization: 다양한 차원 축소 기법처럼 데이터셋의 특징 수를 줄이기 위해 사용되며 선형대수의 특성을 활용한다. NNMF는 7장, '토픽 모델링'에서 좀 더 자세히 다룰 예정이다.

- **특이값 분해**SVD, Singular Value Decomposition: 4장에서 다루는 내용인 PCA와 관련이 깊으며 행렬 분해 과정은 NNMF와 크게 다르지 않다.

- **독립 성분 분석**ICA, Independent Component Analysis: 이 또한 SVD 그리고 PCA와 유사성을 가진다. 하지만 데이터가 가우시안 분포라는 가정을 완화하면 비가우시안 데이터를 분리할 수 있다.

지금까지 설명한 각 방법은 모두 선형 분리를 사용해 초기 구현에서 데이터의 밀도 문제를 해결한다. 이러한 방법 중 일부는 분리 과정에서 비선형 커널 함수를 사용하는 변형을 갖고 있어 비선형 방식으로 밀도 문제를 개선할 수 있는 능력을 제공한다. 사용하는 데이터셋에 따라 비선형 커널은 신호에서 가장 유용한 정보를 추출하는 데 더 효과적일 수 있다.

▌ PCA

앞에서 설명한 바와 같이 PCA는 흔히 사용하는 매우 효과적인 차원 축소 기법으로, 다수의 머신 러닝 모델과 기법의 사전 처리 단계를 형성하는 경우가 많다. 이런 이유로 PCA를 다루는 데 비교적 많은 분량을 할애할 생각이다. PCA는 데이터를 일련의 구성 요소로 분리해 데이터셋의 밀도 문제를 개선한다. 각 구성 요소는 데이터 내에서 표현되는 정보를 의미한다. 이름에서 알 수 있듯이 PCA에서 생성된 첫 번째 구성 요소인 주요 구성 요소는 대부분의 정보 또는 분산을 포함한다. 주요 구성 요소는 종종 평균 외에도 가장 흥미로운 정보로 생각할 수 있다. 각 후속 구성 요소를 사용하면 정보는 적지만 중요한 부분이 압축된 데이터에 포함된다. 만일 우리가 모든 구성 요소를 다 고려한다면 원본 데이터셋이 반환될 것이므로 PCA를 활용하는 장점을 얻을 수 없다. PCA를 사용하는 과정과 반환 정보를 명확히 이해하기 위해 수동으로 PCA 계산을 완료하는 작업 예를 사용할 것이다. 하지만 일단 PCA 계산을 실행하기 위해 필요한 몇 가지 기초 통계 개념부터 살펴보자.

평균

단순히 모든 값을 더한 후 집합의 수로 나눈 값이다.

표준편차

흔히 데이터의 분산이라고 하며 분산과 관련해 표준편차는 평균에 근접한 데이터의 양을 측정한 것이다. 정규분포 데이터 집합에서 데이터 집합의 약 68%의 값들이 평균에서 양쪽으로 1 표준편차 범위에 존재한다.

분산과 표준편차의 관계는 매우 간단하다. 분산은 표준편차의 제곱을 한 값이다.

공분산

표준편차 또는 분산이 단일 차원에서 계산된 데이터의 스프레드일 때 공분산은 한 차원(또는 특징)의 다른 차원(또는 특징)에 대한 분산이다. 자신에 대한 차원의 공분산을 계산한 결과는 단순히 차원의 분산을 계산한 것과 동일하다.

공분산 행렬

공분산 행렬Covariance Matrix은 데이터셋에 대해 계산할 수 있는 가능한 공분산 값을 행렬로 나타낸 것이다. 데이터 탐색에 특히 유용하기도 하지만 데이터셋의 PCA를 실행하는 데도 필요하다. 다른 형상에 대한 한 형상의 분산을 결정하기 위해 공분산 행렬에서 해당 값을 찾으면 된다. 그림 4.7을 보면 1열 2행의 값은 X $(cov(Y, X))$에 대한 데이터셋 Y의 분산임을 알 수 있다. 또한 동일한 형상 또는 데이터셋에 대해 계산된 공분산의 대각선 열이 있음을 알 수 있다. 예를 들면 $cov(X, X)$다. 이 상황에서 값은 단순히 X의 분산이다.

$$\overline{cov} = \begin{bmatrix} cov(X, X) & cov(X, Y) & cov(X, Z) \\ cov(Y, X) & cov(Y, Y) & cov(Y, Z) \\ cov(Z, X) & cov(Z, Y) & cov(Z, Z) \end{bmatrix}$$

그림 4.7 공분산 행렬

일반적으로 각 공분산의 정확한 값은 행렬 내의 각 공분산의 크기와 상대적 크기를 보는 것만큼 흥미롭지 않다. 한 형상이 다른 형상에 대해 공분산 값이 크면 한 형상이 다른 형상의 변화에 그게 영향을 받는 반면, 0에 가까운 값은 거의 영향을 받지 않는다. 공분산의 또 다른 흥미로운 측면은 공분산과 관련된 표식이다. 양수 값은 한 형상이 증가하거나 감소할 때 다른 형상도 마찬가지로 증가하거나 감소함을 의미하고 음수 값은 한 형상이 증가할 때 다른 형상이 감소하고 반대로 한 형상이 감소할 때 다른 형상이 증가함을 의미한다.

고맙게도 numpy와 scipy는 효율적으로 이런 계산을 도와주는 함수를 제공한다. 다음 연습에서는 파이썬을 사용해 이런 값들을 계산해볼 예정이다.

연습 11: 통계의 기본 개념 이해

이번 연습에서는 numpy와 pandas 파이썬 패키지를 사용해 기본적인 통계 개념을 어떻게 계산하는지 살펴볼 예정이다. 영국 생물학자이자 통계학자인 로날도 피셔 경[Sir Ronald Fisher]이 1936년에 만든 다양한 아이리스[Iris] 꽃 종의 측정 데이터셋을 연습용으로 사용할 것이다. 첨부된 소스 코드에서 확인할 수 있는 데이터셋은 세 가지 아이리스 꽃 품종의 네 가지 개별 특성(꽃받침 폭과 길이, 꽃잎 폭과 길이)으로 구성된다. 세 품종의 이름은 아이리스 세토사, 아이리스 시리콜러, 아이리스 비니카다.

> **노트**
>
> 이 데이터셋은 https://archive.ics.uci.edu/ml/machine-learning-databases/iris/에서 가져왔다. 연습 자료는 https://github.com/TrainingByPackt/Applied-Unsupervised-Learning-with-Python/tree/master/Lesson04/Exercise11에서 다운로드할 수 있다.
>
> *UCI 머신 러닝 저장소 [http://archive.ics.uci.edu/ml]. 캘리포니아 어바인: 캘리포니아대학교, 정보 및 컴퓨터 과학부*

이를 위한 각 단계는 다음과 같다.

1. pandas와 numpy, matplotlib 패키지를 불러온다.

```
import pandas as pd
import numpy as np
import matplotlib.pyplot as plt
```

2. 데이터셋을 불러와 처음 다섯 줄을 미리 살펴본다.

```
df = pd.read_csv('iris-data.csv')
df.head()
```

출력은 다음과 같다.

	Sepal Length	Sepal Width	Petal Length	Petal Width	Species
0	5.1	3.5	1.4	0.2	Iris-setosa
1	4.9	3.0	1.4	0.2	Iris-setosa
2	4.7	3.2	1.3	0.2	Iris-setosa
3	4.6	3.1	1.5	0.2	Iris-setosa
4	5.0	3.6	1.4	0.2	Iris-setosa

그림 4.8 데이터 앞 부분

3. 필요한 것은 Sepal Length와 Sepal Width 특성이므로 나머지는 지우자.

```
df = df[['Sepal Length', 'Sepal Width']]
df.head()
```

출력은 다음과 같다.

	Sepal Length	Sepal Width
0	5.1	3.5
1	4.9	3.0
2	4.7	3.2
3	4.6	3.1
4	5.0	3.6

그림 4.9 일부 특성 정리 후

4. 꽃받침 폭과 길이를 사용해 시각화한다.

```
plt.figure(figsize=(10, 7))
plt.scatter(df['Sepal Length'], df['Sepal Width']);
plt.xlabel('Sepal Length (mm)');
plt.ylabel('Sepal Width (mm)');
plt.title('Sepal Length versus Width');
```

출력은 다음과 같다.

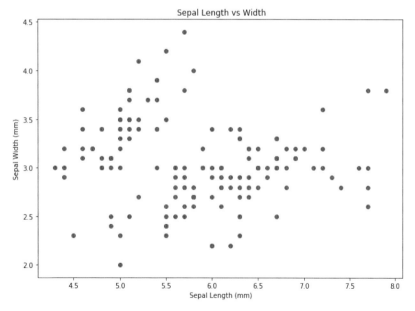

그림 4.10 데이터 도표

5. pandas 메소드를 사용해 평균값을 계산한다.

```
df.mean()
```

계산 결과는 다음과 같다.

```
Sepal Length    5.843333
Sepal Width     3.054000
dtype: float64
```

6. numpy 메소드를 사용해 평균값을 계산한다.

```
np.mean(df.values, axis=0)
```

계산 결과는 다음과 같다.

```
array([5.84333333, 3.054      ])
```

7. pandas 메소드를 사용해 표준편차를 계산한다.

```
df.std()
```

계산 결과는 다음과 같다.

```
Sepal Length    0.828066
Sepal Width     0.433594
dtype: float64
```

8. numpy 메소드를 사용해 표준편차를 계산한다.

```
np.std(df.values, axis=0)
```

계산 결과는 다음과 같다.

```
array([0.82530129, 0.43214658])
```

9. pandas 메소드를 사용해 분산을 계산한다.

```
df.var()
```

계산 결과는 다음과 같다.

```
Sepal Length    0.685694
Sepal Width     0.188004
dtype: float64
```

10. numpy 메소드를 사용해 분산을 계산한다.

```
np.var(df.values, axis=0)
```

계산 결과는 다음과 같다.

```
array([0.68112222, 0.18675067])
```

11. pandas 메소드를 사용해 공분산 행렬을 계산한다.

```
df.cov()
```

계산 결과는 다음과 같다.

	Sepal Length	Sepal Width
Sepal Length	0.685694	-0.039268
Sepal Width	-0.039268	0.188004

그림 4.11 pandas 메소드를 사용한 공분산 행렬

12. numpy 메소드를 사용해 공분산 행렬을 계산한다.

```
np.cov(df.values.T)
```

계산 결과는 다음과 같다.

```
array([[ 0.68569351, -0.03926846],
       [-0.03926846,  0.18800403]])
```

그림 4.12 NumPy 메소드를 사용한 공분산 행렬

이제 기초 통곗값을 계산하는 방법을 알게 됐으니 PCA의 나머지 구성 요소를 살펴보자.

고윳값 및 고유 벡터

고윳값과 고유 벡터의 수학적 개념은 물리학 및 공학 분야에서 매우 중요한 개념이며, 데이터셋의 주요 구성 요소를 계산하는 최종 단계에서 꼭 필요한 내용이기도 하다. 고윳값과 고유 벡터의 정확한 수학적 정의를 내리려면 선형대수를 이해해야 하기에 이 책의 내용을 벗어난다. 데이터 집합(a)을 고윳값(S)과 고유 벡터(U)로 분해하는 선형대수 방정식은 다음과 같다.

$$a = USV^T$$

그림 4.13 고유 벡터/고윳값 분해

그림 4.13에서 알 수 있는 것처럼 U와 V는 데이터셋 a의 값과 관련이 있다. a가 $m \times n$ 형상을 갖고 있는 경우, U는 $m \times m$ 형상의 값을 포함하며, V 형상의 값은 $n \times n$이다.

PCA 관점에서 정의하면 다음과 같다.

- **고유 벡터**Eigenvectors(U)는 주요 구성 요소에 관해 이번 절의 첫 번째 단락에서 설명한 대로 데이터셋에 정보를 제공하는 구성 요소다. 각 고유 벡터는 데이터셋 내에서 어느 정도의 가변성을 설명한다.

- **고윳값**Eigenvalues(S)은 각 고유 벡터가 데이터셋에 얼마나 많은 기여를 제공하는지 설명하는 개별 값이다. 앞에서 설명한 바와 같이 가장 큰 기여를 하는 신호signal 고유 벡터를 주요 성분이라고 하며 이와 같이 가장 큰 고윳값을 가지게 된다. 따라서 가장 작은 고윳값을 갖는 고유 벡터는 데이터에 대한 분산 또는 정보의 최소 기여를 한다.

연습 12: 고윳값 및 고유 벡터 계산

앞서 언급했던 것처럼 고윳값과 고유 벡터를 수동으로 도출하고 계산하는 것은 이 책의 범위를 넘어선다. 다행히 numpy는 이 값들을 계산하는 데 필요한 모든 기능을 제공한다. 아이리스 데이터셋을 다시 사용해보자.

노트

이 데이터셋은 https://archive.ics.uci.edu/ml/machine-learning-databases/iris/에서 가져왔다.

연습 자료는 https://github.com/TrainingByPackt/Applied-Unsupervised-Learning-with-Python/tree/master/Lesson04/Exercise12에서 다운로드할 수 있다.

UCI 머신 러닝 저장소 [http://archive.ics.uci.edu/ml]. 캘리포니아 어바인: 캘리포니아대학교, 정보 및 컴퓨터 과학부

1. pandas와 numpy 패키지를 불러온다.

```
import pandas as pd
import numpy as np
```

2. 데이터셋을 불러온다.

```
df = pd.read_csv('iris-data.csv')
df.head()
```

출력은 다음과 같다.

	Sepal Length	Sepal Width	Petal Length	Petal Width	Species
0	5.1	3.5	1.4	0.2	Iris-setosa
1	4.9	3.0	1.4	0.2	Iris-setosa
2	4.7	3.2	1.3	0.2	Iris-setosa
3	4.6	3.1	1.5	0.2	Iris-setosa
4	5.0	3.6	1.4	0.2	Iris-setosa

그림 4.14 데이터셋의 첫 다섯 행

3. 필요한 특성은 Sepal Length와 Sepal Width뿐이므로 나머지 열은 제거한다.

```
df = df[['Sepal Length', 'Sepal Width']]
df.head()
```

출력은 다음과 같다.

	Sepal Length	Sepal Width
0	5.1	3.5
1	4.9	3.0
2	4.7	3.2
3	4.6	3.1
4	5.0	3.6

그림 4.15 Sepal Length와 Sepal Width 특성

4. NumPy의 선형대수 모듈의 단일 값 분해 함수를 사용해 고윳값 및 고유 벡터를 계산한다.

```
eigenvectors, eigenvalues, _ = np.linalg.svd(df.values, full_matrices=False)
```

5. 고윳값을 보면 첫 번째 값이 가장 크다는 것을 알 수 있으므로 첫 번째 고유 벡터
   가 가장 많은 정보를 제공한다.

```
eigenvalues
```

결과는 다음과 같다.

```
array([81.25483015,  6.96796793])
```

6. 고윳값을 데이터셋 내의 총 분산의 백분율로 볼 수 있는데, 이를 위해 누적 합계
   함수를 사용할 것이다.

```
eigenvalues = np.cumsum(eigenvalues)
eigenvalues
```

결과는 다음과 같다.

```
array([81.25483015, 88.22279808])
```

7. 백분율로 변환하기 위해 마지막 또는 최댓값으로 나눈다.

```
eigenvalues /= eigenvalues.max()
eigenvalues
```

결과는 다음과 같다.

```
array([0.92101851, 1.        ])
```

여기서는 첫 번째 (또는 주) 구성 요소가 데이터 내 변동의 92%를 구성하며, 따라서 대부분의 정보를 구성함을 알 수 있다.

8. 이제 고유 벡터를 살펴보자.

```
eigenvectors
```

출력 결과는 다음과 같다.

```
array([[-0.07553027, -0.11068158],
       [-0.07052087, -0.06007995],
       [-0.06946245, -0.09874988],
       [-0.06780439, -0.09257869],
       [-0.07500106, -0.13001654],
       [-0.08106887, -0.14194824],
       [-0.06949767, -0.13083793],
       [-0.07387221, -0.10451038],
```

그림 4.16 고유 벡터

9. 고유 벡터 행렬의 모양이 # Samples x # Features에 있는지 확인한다. 즉, 이는 150 x 2다.

```
eigenvectors.shape
```

결과는 다음과 같다.

```
(150, 2)
```

10. 그래서 고윳값에서 주성분이 최초의 고유 벡터라는 것을 알게 됐다. 첫 번째 고유 벡터의 값을 보자.

```
P = eigenvectors[0]
P
```

결과는 다음과 같다.

```
array([-0.07553027, -0.11068158])
```

우리는 데이터셋을 주요 구성 요소로 분해했고, 고유 벡터를 사용해 사용 가능한 데이터의 차원을 더욱 줄일 수 있다. 이후 예에서는 PCA를 사용해 예시 데이터셋에 적용할 것이다.

PCA 처리 절차

이제 우리는 데이터셋의 차원 수를 줄이기 위해 PCA를 사용할 준비를 마쳤다.

PCA를 사용하기 위한 전체 알고리즘은 다음과 같다.

1. 필요한 파이썬 패키지를 불러온다(numpy와 pandas).
2. 데이터셋을 불러온다.
3. 데이터로부터 차원 축소에 사용하고자 하는 특성을 선택한다.

노트

예를 들어 데이터셋의 특징 사이에 큰 차이가 있는 경우, 하나의 형상 범위가 0과 1 사이이고 다른 형상 범위는 100과 1,000 사이인 경우, 이런 크기의 차이는 더 작은 형상의 영향을 제거할 수 있기 때문에 형상 중 하나를 표준화해야 한다. 이러한 상황에서는 더 큰 형상을 최댓값으로 나눌 필요가 있다.

다음은 이런 예다.

```
x1 = [0.1, 0.23, 0.54, 0.76, 0.78]
```

```
x2 = [121, 125, 167, 104, 192]
```

```
x2 = x2 / np.max(x2) # x2를 0과 1 사이의 값으로 만들었다.
```

---

4. 선택한 데이터의 공분산 행렬을 계산한다.

5. 공분산 행렬의 고윳값과 고유 벡터를 계산한다.

6. 고윳값(및 그에 상응하는 고유 벡터)을 최댓값에서 최솟값 순서로 정렬한다.

7. 데이터셋 내 총 분산의 백분율로 고윳값을 계산한다.

8. 최소 성분 분산의 사전 결정된 값을 구성하는 데 필요한 고윳값 (및 해당 고유 벡터) 수를 선택한다.

노트

이 단계에서 정렬된 고윳값은 데이터셋 내의 총 분산 비율을 나타낸다. 이와 같이 이러한 값을 사용해 문제 해결에 필요한 고유 벡터의 수를 선택하거나 모델에 적용되고 있는 데이터셋의 크기를 충분히 줄일 수 있다. 예를 들어 최소 분산의 90% 이상이 PCA 출력으로 설명 가능해야 한다고 해보자. 그런 다음 분산의 90% 이상을 구성하는 고윳값 (및 해당 고유 벡터) 수를 선택한다.

9. 선택된 고유 벡터별로 데이터셋을 곱하면 PCA는 완료되며, 데이터 표현 특징의 수는 줄었다.

10. 결과를 출력한다.

다음 연습으로 넘어가기 전 선형대수 용어인 전치transpose를 알아두자. 이는 행과 열을 서로 바꾸는 것을 의미한다. 행렬 X = [1,2,3]이 있을 때 X의 전치는 $X^T = \begin{bmatrix} 1 \\ 2 \\ 3 \end{bmatrix}$이다.

연습 13: PCA 수동 실행

이 연습에서는 Iris 데이터셋을 사용해 PCA를 수동으로 완료할 예정이다. 이 예에서는 가용 분산의 75% 이상을 구성할 수 있도록 데이터셋 내 차원 수를 충분히 줄이려고 한다.

1. pandas와 numpy 패키지를 불러온다.

```
import pandas as pd
import numpy as np
import matplotlib.pyplot as plt
```

2. 데이터셋을 불러온다.

```
df = pd.read_csv('iris-data.csv')
df.head()
```

결과는 다음과 같다.

	Sepal Length	Sepal Width	Petal Length	Petal Width	Species
0	5.1	3.5	1.4	0.2	Iris-setosa
1	4.9	3.0	1.4	0.2	Iris-setosa
2	4.7	3.2	1.3	0.2	Iris-setosa
3	4.6	3.1	1.5	0.2	Iris-setosa
4	5.0	3.6	1.4	0.2	Iris-setosa

그림 4.17 데이터셋의 첫 다섯 행

3. 필요한 특징은 Sepal Length(꽃받침 길이)와 Sepal Width(꽃받침 폭)이므로 다른 열을 제거한다. 이 예에서는 선택한 데이터 집합을 정규화하지 않는다.

```
df = df[['Sepal Length', 'Sepal Width']]
df.head()
```

결과는 다음과 같다.

	Sepal Length	Sepal Width
0	5.1	3.5
1	4.9	3.0
2	4.7	3.2
3	4.6	3.1
4	5.0	3.6

그림 4.18 꽃받침 길이와 꽃받침 폭

4. 선택한 데이터에 대한 공분산 행렬을 계산한다. 공분산 행렬의 전치행렬을 취해
   표본(150)이 아닌 형상(2)의 수를 기반으로 하는지 확인해야 한다.

```
data = np.cov(df.values.T)
# 공분산 행렬이 샘플 데이터가 아닌 특징에 기반하는지를
# 확인하기 위해 전치행렬이 필요하다.
data
```

결과는 다음과 같다.

```
array([[ 0.68569351, -0.03926846],
       [-0.03926846,  0.18800403]])
```

그림 4.19 선택한 데이터에 대한 공분산 행렬

5. 공분산 행렬에 대한 고유 벡터 및 고웃값을 계산하고 full_matrices 함수 인수
   를 사용한다.

```
eigenvectors, eigenvalues, _ = np.linalg.svd(data, full_matrices=False)
```

6. 고윳값은 무엇인가? 이 값은 가장 높은 값에서 가장 낮은 값으로 정렬해 반환된다.

```
eigenvalues
```

결과는 다음과 같다.

```
array([0.6887728 , 0.18492474])
```

7. 대응하는 고유 벡터는 무엇인가?

```
eigenvectors
```

결과는 다음과 같다.

```
array([[-0.99693955,  0.07817635],
       [ 0.07817635,  0.99693955]])
```

그림 4.20 고유 벡터

8. 고윳값을 데이터 집합 내의 분산의 백분율로 계산한다.

```
eigenvalues = np.cumsum(eigenvalues)
eigenvalues /= eigenvalues.max()
eigenvalues
```

결과는 다음과 같다.

```
array([0.78834238, 1.        ])
```

9. 가용 분산의 최소 75%를 가지도록 데이터를 구성해야 하는데 7단계에 따르면 주요 구성 요소는 사용 가능한 분산 중 78%로 구성된다. 따라서 데이터셋의 주요 구성 요소만 필요하다. 주요 구성 요소는 무엇일까?

```
P = eigenvectors[0]
P
```

결과는 다음과 같다.

```
array([-0.99693955,  0.07817635])
```

이제는 차원 축소 과정을 적용할 수 있다. 데이터셋의 전치를 사용해 주요 구성 요소의 행렬 곱셈을 실행한다.

> **노트**
>
> 차원 축소 과정은 선택한 고유 벡터와 변환할 데이터의 행렬 곱셈이다.

10. df.values 행렬의 전치를 취하지 않으면 곱셈을 할 수 없다.

```
x_t_p = P.dot(df.values.T)
x_t_p
```

결과는 다음과 같다.

```
array([-4.81077444, -4.65047471, -4.43545153, -4.34357521, -4.70326285,
       -5.07858577, -4.32012231, -4.71889812, -4.15982257, -4.64265708,
       -5.09422104, -4.51951021, -4.55078076, -4.05231098, -5.46954395,
       -5.33857945, -5.07858577, -4.81077444, -5.38548526, -4.78732154,
       -5.11767394, -4.79513917, -4.30448703, -4.82640971, -4.51951021,
       -4.75016867, -4.71889812, -4.9104684 , -4.91828603, -4.43545153,
       -4.54296312, -5.11767394, -4.86356259, -5.15482681, -4.64265708,
       -4.73453339, -5.20955026, -4.64265708, -4.15200494, -4.81859208,
       -4.71108049, -4.30642234, -4.13636967, -4.71108049, -4.78732154,
```

그림 4.21 행렬 곱셈 결과

다음 예에서 PCA의 출력은 단일 열, 150-표본 데이터 집합이다. 따라서 데이터 내의 분산의 약 79%를 포함하며 초기 데이터 집합의 크기는 절반으로 줄었다.

```
array([-4.81077444, -4.65047471, -4.43545153, -4.34357521, -4.70326285,
       -5.07858577, -4.32012231, -4.71889812, -4.15982257, -4.64265708,
       -5.09422104, -4.51951021, -4.55078076, -4.05231098, -5.46954395,
       -5.33857945, -5.07858577, -4.81077444, -5.38548526, -4.78732154,
       -5.11767394, -4.79513917, -4.30448703, -4.82640971, -4.51951021,
       -4.75016867, -4.71889812, -4.9104684 , -4.91828603, -4.43545153,
       -4.54296312, -5.11767394, -4.86356259, -5.15482681, -4.64265708,
       -4.73453339, -5.20955026, -4.64265708, -4.15200494, -4.81859208,
       -4.71108049, -4.30642234, -4.13636967, -4.71108049, -4.78732154,
       -4.55078076, -4.78732154, -4.33575758, -4.99452708, -4.72671576,
       -6.72841249, -6.13024876, -6.63653617, -5.30336189, -6.26121325,
       -5.46366162, -6.02273717, -4.69738052, -6.35308957, -4.97300948,
       -4.82834502, -5.64741426, -5.80964929, -5.8546198 , -5.35615003,
       -6.43714826, -5.34833239, -5.57117321, -6.0090372 , -5.38742057,
       -5.63177899, -5.86243744, -6.08527825, -5.86243744, -6.15370166,
       -6.34527194, -6.56029512, -6.44496589, -5.75492585, -5.47929689,
```

그림 4.22 PCA 출력 결과

11. 기본 구성 요소 값을 표시한다.

```python
plt.figure(figsize=(10, 7))
plt.plot(x_t_p);
plt.title('Principal Component of Selected Iris Dataset');
plt.xlabel('Sample');
plt.ylabel('Component Value');
```

결과는 다음과 같다.

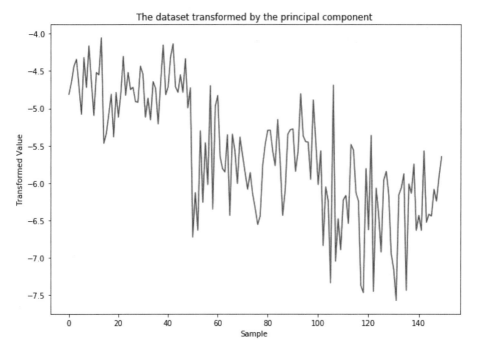

그림 4.23 수동 PCA를 사용해 변환된 Iris 데이터셋

이 연습에서는 미리 데이터셋을 변환하지 않고 데이터셋의 공분산 행렬을 간단히 계산했다. 두 특징들의 평균과 표준편차가 거의 동일하다면 아주 좋은 상태다. 하지만 만일 한 특징이 평균에서 벗어나 매우 큰 값을 갖는다면 구성 요소를 분해할 때 이 특징이 너무 큰 영향을 줄 수 있으며 작은 값을 갖는 특징의 정보를 완전히 제거하는 문제를 가져올 수 있다. 공분산을 계산하기 전 사용할 수 있는 한 가지 간단한 정규화 기법은 각 특징에서 평균을 빼서 데이터셋을 0을 중심으로 상대적 값을 갖도록 만드는 것이다. '연습 15: 수동 PCA로 분산 감소 시각화'에서 시연하며 살펴볼 예정이다.

연습 14: Scikit-Learn PCA

사실 scikit-learn이 축소된 차원 공간으로부터 데이터를 변환할 수 있는 편리하고 최적화된 API를 제공하기 때문에 일반적으로 PCA를 수동으로 완성하지는 않을 것이다. 이번 연습에서는 Iris 데이터셋에 대해 scikit-learn PCA를 사용하는 방법을 좀 더 자세히 살펴볼 생각이다.

노트

이 데이터셋은 https://archive.ics.uci.edu/ml/machine-learning-databases/iris/에서 가져온 것이다.

연습 자료는 https://github.com/TrainingByPackt/Applied-Unsupervised-Learning-with-Python/tree/master/Lesson04/Exercise14에서 다운로드할 수 있다.

UCI 머신 러닝 저장소 [http://archive.ics.uci.edu/ml]. 캘리포니아 어바인: 캘리포니아대학교, 정보 및 컴퓨터 과학부

---

1. pandas와 numpy, PCA 모듈을 sklearn 패키지에서 불러온다.

```
import pandas as pd
import numpy as np
import matplotlib.pyplot as plt
from sklearn.decomposition import PCA
```

2. 데이터셋을 불러온다.

```
df = pd.read_csv('iris-data.csv')
df.head()
```

결과는 다음과 같다.

	Sepal Length	Sepal Width	Petal Length	Petal Width	Species
0	5.1	3.5	1.4	0.2	Iris-setosa
1	4.9	3.0	1.4	0.2	Iris-setosa
2	4.7	3.2	1.3	0.2	Iris-setosa
3	4.6	3.1	1.5	0.2	Iris-setosa
4	5.0	3.6	1.4	0.2	Iris-setosa

그림 4.24 데이터셋의 첫 다섯 행

3. 필요한 특징은 Sepal Length와 Sepal Width이므로 나머지 열은 삭제한다. 이 예제에서 데이터셋의 정규화는 하지 않는다.

```
df = df[['Sepal Length', 'Sepal Width']]
df.head()
```

결과는 다음과 같다.

	Sepal Length	Sepal Width
0	5.1	3.5
1	4.9	3.0
2	4.7	3.2
3	4.6	3.1
4	5.0	3.6

그림 4.25 Sepal Length와 Sepal Width 특징

4. 공분산 데이터의 scikit-learn PCA 모델에 데이터를 맞춘다. 갖고 있는 기본값을 사용해 데이터셋을 위한 최대 고윳값과 최대 고유 벡터를 만든다.

```
model = PCA()
model.fit(df.values)
```

결과는 다음과 같다.

```
PCA(copy=True, iterated_power='auto', n_components=None, random_state=None,
 svd_solver='auto', tol=0.0, whiten=False)
```

그림 4.26 데이터를 PCA 모델에 맞추기

여기서 copy는 어떤 계산도 적용하기 전에 모델 내에 맞는 데이터가 복사됐음을 나타낸다. iterated_power는 Sepal Length와 Sepal Width 특징이 유지해야 하는 기본 구성 요소의 수임을 보여준다. 기본값은 None으로, 표본의 수 또는 특징의 수 중 작은 값보다 1 작은 수를 선택한다. random_state는 사용자가 SVD 솔버solver에서 사용하는 무작위 번호 발생기의 시드를 지정할 수 있도록 한다. svd_solver는 PCA 과정에서 사용할 SVD 솔버를 지정한다. tol은 SVD 솔버가 사용하는 허용 오차 값이다. whiten을 사용하면 성분 벡터에 표본 수의 제곱근을 곱한다. 이렇게 하면 일부 정보가 제거되지만 성능은 개선될 수 있다.

5. 성분(고윳값)에 의해 기술된 분산 비율은 explained_variance_ratio_ 속성 내에 포함돼 있다. explained_variance_ratio_를 표시한다.

```
model.explained_variance_ratio_
```

결과는 다음과 같다.

```
array([0.78834238, 0.21165762])
```

6. components_ 속성을 통해 고유 벡터를 표시한다.

```
model.components_
```

결과는 다음과 같다.

```
array([[ 0.99693955, -0.07817635],
       [ 0.07817635,  0.99693955]])
```

그림 4.27 고유 벡터

7. 이 연습에서는 다시 1차 구성 요소만 사용하므로, 이번에는 1차 구성 요소(고유 벡터/고윳값)의 수를 1로 지정하는 새로운 PCA 모델을 만들 것이다.

```
model = PCA(n_components=1)
```

8. covariance 행렬을 PCA모델에 맞추기 위해 fit 메소드를 사용하고 그에 따른 고윳값/고유 벡터를 생성하자.

```
model.fit(df.values)
```

```
PCA(copy=True, iterated_power='auto', n_components=1, random_state=None,
  svd_solver='auto', tol=0.0, whiten=False)
```

그림 4.28 최대 고윳값 및 고유 벡터 수

모델은 이전 출력에 나열된 여러 기본 매개변수를 사용해 맞춰진다. copy = True 는 PCA가 적용되기 전에 복사돼 fit 메소드에 전달된 데이터다. iterated_power = 'auto'는 내부 SVD 솔버에 의한 반복 횟수를 정의하는 데 사용된다. n_components = 1은 PCA 모델이 기본 구성 요소만 반환하도록 지정한다. random_state = None 은 필요한 경우 내부 SVD 솔버에서 사용할 난수 생성기를 지정한다. svd_solver = 'auto'는 사용된 SVD 솔버의 유형이다. tol = 0.0은 SVD 솔버가 수렴한 것으로 간주되는 공차 값이다. whiten = False는 고유 벡터를 수정하지 않도록 지정한다. True로 설정하면 샘플의 제곱근을 곱하고 특이값으로 나누어 구성 요소를 추가로 수정한다. 이는 이후 알고리즘 단계의 성능을 향상시키는 데 도움이 될 수 있다.

일반적으로 fit 메소드에 전달하는 구성 요소의 수(n_components)를 제외하고는 나머지 매개변수를 조정하는 것에 대해서는 신경 쓰지 않아도 된다. 예를 들면 전달하는 형태는 model.fit(data, n_components=2)와 같다.

9. components_ 프로퍼티를 사용해 고유 벡터를 출력한다.

```
model.components_
```

결과는 다음과 같다.

```
array([[ 0.99693955, -0.07817635]])
```

10. 데이터셋에서 모델의 **fit_transform** 메소드를 사용해 Iris 데이터셋을 더 낮은 공간으로 변환하고 변환된 값을 data_t 변수에 지정한다.

```
data_t = model.fit_transform(df.values)
```

11. 변환된 값을 시각화하기 위해 도표에 표시한다.

```
plt.figure(figsize=(10, 7))
plt.plot(data_t);
plt.xlabel('Sample');
plt.ylabel('Transformed Data');
plt.title('The dataset transformed by the principal component');
```

결과는 다음과 같다.

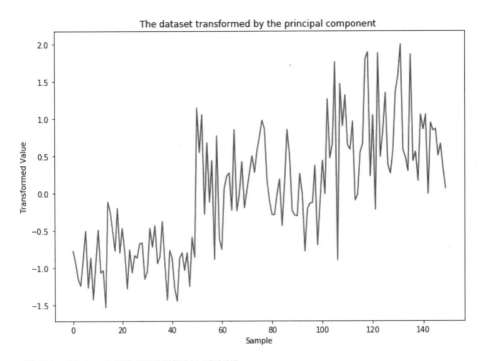

The dataset transformed by the principal component

그림 4.29 scikit-learn PCA를 사용해 변환된 Iris 데이터셋

이제 수동 PCA와 scikit-learn API를 사용해 Iris 데이터셋의 차원을 줄였다. 하지만 아직 축하하기는 이르다. 그림 4.23과 그림 4.29를 비교해보자. 이 두 그림은 동일해야 한다. 우리는 두 가지 다른 방법을 사용해 동일한 데이터셋에서 PCA를 완료하고 주요 구성 요소를 선택했다. 다음 활동에서는 왜 두 결과 사이에 차이가 있는지 살펴볼 예정이다.

활동 6: 수동 PCA와 scikit-learn 비교

PCA를 수동으로 실행하는 오래된 애플리케이션에서 scikit-learn을 사용하는 최신 애플리케이션으로 일부 레거시 코드를 포팅하라는 요청을 받았다고 가정해보자. 포팅 과정 중 수동 PCA와 scikit-learn을 사용해 새로 포팅한 것 사이에 차이를 발견했다면 이 차이는 왜 발생하는 것일까 생각해보자. Iris 데이터셋에 관한 두 가지 접근 방식의 결과를 비교하고 차이를 찾아보자.

1. pandas와 numpy, matplotlib 라이브러리 그리고 scikit-learn PCA 모델을 불러온다.

2. 데이터셋을 불러오고 이전 연습에 따라 꽃받침 특징만 선택하자. 첫 다섯 개 행을 출력한다.

3. 데이터의 covariance 행렬을 계산한다.

4. scikit-learn API와 첫 번째 주요 구성 요소만 사용해 데이터를 변환하고 이렇게 변환된 데이터를 sklearn_pca 변수에 저장한다.

5. 수동 PCA와 첫 번째 주 구성 요소만 사용해 데이터를 변환하고 이렇게 변환된 데이터를 manual_pca 변수에 저장한다.

6. 차이를 살펴보기 위해 sklearn_pca와 manual_pca의 값을 동일한 도표에 표시해본다.

7. 두 값이 거의 동일한 것을 발견할 수 있다. 하지만 중요한 차이가 있으니, 그 차이점을 알아보자.

8. 수동 PCA를 사용한 결과물을 scikit-learn을 사용한 결과물에 맞게 수정할 수 있는지 알아보자.

예상 출력: 이 활동을 완료하면 수동으로 또는 scikit-learn PCA 방식을 사용해 데이터 셋을 변환할 수 있게 된다. 두 데이터셋이 실제로는 동일하다는 것을 증명하는 그림을 만들게 될 것이며 처음에 왜 그것들이 상당히 다르게 보였는지를 이해해야 한다. 최종 도표는 다음과 비슷할 것이다.

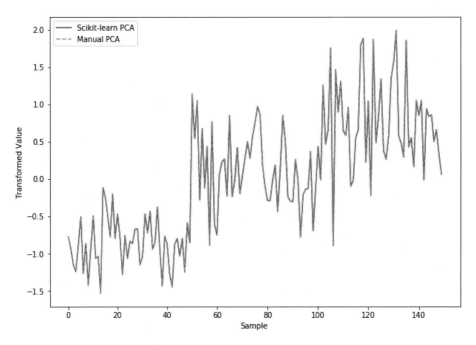

그림 4.30 예상 최종 도표

이 도표는 두 가지 방법의 차원 축소 결과가 사실은 동일하다는 것을 보여준다.

노트

이 활동의 솔루션은 435페이지에서 찾을 수 있다.

압축된 데이터셋 복원

지금까지는 데이터셋을 더 낮은 차원 공간으로 변환하는 몇 가지 다른 예를 다뤘으며 이제는 이 변환이 데이터에 어떤 실질적인 영향을 미쳤는지 고려해야 한다. PCA를 전처리 단계로 사용해 데이터의 특징 수를 줄이면 일부 분산이 삭제된다. 다음 연습에서는 이 과정을 통해 얼마나 많은 정보가 축소됐는지 확인할 수 있다.

연습 15: 수동 PCA로 분산 감소 시각화

차원 축소의 가장 중요한 측면 중 하나는 차원 축소 프로세스의 결과로 데이터셋에서 얼마나 많은 정보가 제거됐는지 이해하는 것이다. 너무 많은 정보를 제거하면 정상적인 데이터 분석이 불가능해질 수 있으며, 너무 적은 정보만 제거하면 제거를 통해 달성하려는 목적을 달성하지 못하게 된다. 이 연습에서는 PCA의 결과로 Iris 데이터셋에서 제거된 정보의 양을 시각화해볼 예정이다.

노트

이 데이터셋은 https://archive.ics.uci.edu/ml/machine-learning-databases/iris/에서 가져왔다.

연습 자료는 https://github.com/TrainingByPackt/Applied-Unsupervised-Learning-with-Python/tree/master/Lesson04/Exercise15에서 다운로드할 수 있다.

UCI 머신 러닝 저장소 [http://archive.ics.uci.edu/ml]. 캘리포니아 어바인: 캘리포니아대학교, 정보 및 컴퓨터 과학부

1. pandas와 numpy, matplotlib 도표 그리기 라이브러리를 불러온다.

```
import pandas as pd
import numpy as np
import matplotlib.pyplot as plt
```

2. Iris 데이터셋으로부터 Sepal 특징을 읽는다.

```
df = pd.read_csv('iris-data.csv')[['Sepal Length', 'Sepal Width']]
df.head()
```

결과는 다음과 같다.

	Sepal Length	Sepal Width
0	5.1	3.5
1	4.9	3.0
2	4.7	3.2
3	4.6	3.1
4	5.0	3.6

그림 4.31 Sepal 특징

3. 각각의 평균을 빼 데이터셋을 0 주위에 놓는다.

> **노트**
>
> '연습 13, PCA 수동 실행'의 마지막에서 논의한 것처럼 공분산 행렬을 계산하기 전 데이터를 중앙에 배치한다.

```
means = np.mean(df.values, axis=0)
means
```

결과는 다음과 같다.

```
array([5.84333333, 3.054      ])
```

다음 코드를 사용해 데이터를 계산하고 결과를 인쇄할 수 있다.

```
data = df.values - means
data
```

출력 섹션은 다음과 같다.

```
array([[-0.74333333,  0.446     ],
       [-0.94333333, -0.054     ],
       [-1.14333333,  0.146     ],
       [-1.24333333,  0.046     ],
       [-0.84333333,  0.546     ],
       [-0.44333333,  0.846     ],
       [-1.24333333,  0.346     ],
       [-0.84333333,  0.346     ],
```

그림 4.32 출력 섹션

4. 첫 번째 주요 구성 요소를 기반으로 데이터를 변환하기 위해 수동 PCA를 사용
한다.

```
eigenvectors, eigenvalues, _ = np.linalg.svd(np.cov(data.T), full_
matrices=False)
P = eigenvectors[0]
P
```

결과는 다음과 같다.

```
array([-0.99693955,  0.07817635])
```

5. 데이터를 저차원 공간으로 변환한다.

```
data_transformed = P.dot(data.T)
```

6. 나중에 사용하기 위해 주요 구성 요소를 재구성한다.

```
P = P.reshape((-1, 1))
```

7. 축소된 데이터셋의 역변환을 계산하려면 선택한 고유 벡터를 더 높은 차원의 공간으로 복원해야 한다. 이를 위해 역행렬을 구해야 한다. 역행렬은 이 책의 범위를 넘어서는 선형대수 이론이므로 아주 간단하게만 언급할 예정이다. 정사각 행렬 A가 있을 때 만일 AB=BA=I를 만족하는 정사각 행렬 B가 존재한다면 역변환이 가능하다고 할 수 있다. 여기에서 I는 단위 행렬이라고 부르는 특수한 행렬로 주 대각 성분이 모두 1이고 나머지는 0인 행렬이다.

```
P_transformed = np.linalg.pinv(P)
P_transformed
```

결과는 다음과 같다.

```
array([[-0.99693955,  0.07817635]])
```

8. 행렬 곱셈에 사용할 변환된 데이터를 준비한다.

```
data_transformed = data_transformed.reshape((-1, 1))
```

9. 축소된 데이터의 역변환을 계산하고 데이터로부터 공분산을 제거하는 효과를 시각화하기 위해 도표에 출력한다.

```
data_restored = data_transformed.dot(P_transformed)
data_restored
```

출력 섹션은 다음과 같다.

```
array([[-7.73550366e-01,  6.06589915e-02],
       [-9.33359508e-01,  7.31906401e-02],
       [-1.14772462e+00,  9.00003684e-02],
       [-1.23931976e+00,  9.71829241e-02],
       [-8.80732922e-01,  6.90638556e-02],
       [-5.06558669e-01,  3.97224787e-02],
       [-1.26270089e+00,  9.90163868e-02],
       [-8.65145502e-01,  6.78415472e-02],
       [-1.42251003e+00,  1.11548035e-01],
       [-9.41153218e-01,  7.38017944e-02],
```

그림 4.33 축소된 데이터의 역변환

10. 변환된 데이터에 다시 means를 더해준다.

```
data_restored += means
```

11. 원본 데이터셋과 변환된 데이터셋을 출력해 시각화한다.

```
plt.figure(figsize=(10, 7))
plt.plot(data_restored[:,0], data_restored[:,1], linestyle=':', label='PCA
restoration');
plt.scatter(df['Sepal Length'], df['Sepal Width'], marker='*',
label='Original');
plt.legend();
plt.xlabel('Sepal Length');
plt.ylabel('Sepal Width');
plt.title('Inverse transform after removing variance');
```

결과는 다음과 같다.

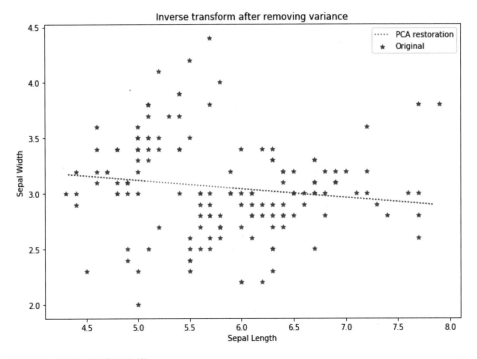

그림 4.34 공분산 제거 후의 역변환

12. 이 데이터셋에는 변형의 두 가지 구성 요소만 있다. 컴포넌트를 제거하지 않으면 역변환의 결과는 무엇일까? 다시, 데이터를 더 낮은 차원의 공간으로 변환하지만 이번에는 모든 고유 벡터를 사용해보자.

```
P = eigenvectors
data_transformed = P.dot(data.T)
```

13. 행렬 곱셈을 위한 모양으로 만들기 위해 data_transformed의 전치를 구한다.

```
data_transformed = data_transformed.T
```

14. 이제 다시 데이터를 높은 차원 공간으로 되돌린다.

```
data_restored = data_transformed.dot(P)
data_restored
```

출력 섹션은 다음과 같다.

```
array([[-0.74333333,  0.446     ],
       [-0.94333333, -0.054     ],
       [-1.14333333,  0.146     ],
       [-1.24333333,  0.046     ],
       [-0.84333333,  0.546     ],
       [-0.44333333,  0.846     ],
       [-1.24333333,  0.346     ],
       [-0.84333333,  0.346     ],
```

그림 4.35 복원 데이터

15. 복원된 데이터에 means를 다시 더한다.

```
data_restored += means
```

16. 원본 데이터셋의 컨텍스트에서 복원된 데이터를 시각화한다.

```
plt.figure(figsize=(10, 7))
plt.scatter(data_restored[:,0], data_restored[:,1], marker='d', label='PCA
restoration', c='k');
plt.scatter(df['Sepal Length'], df['Sepal Width'], marker='o',
label='Original', c='k');
plt.legend();
plt.xlabel('Sepal Length');
plt.ylabel('Sepal Width');
plt.title('Inverse transform after removing variance');
```

결과는 다음과 같다.

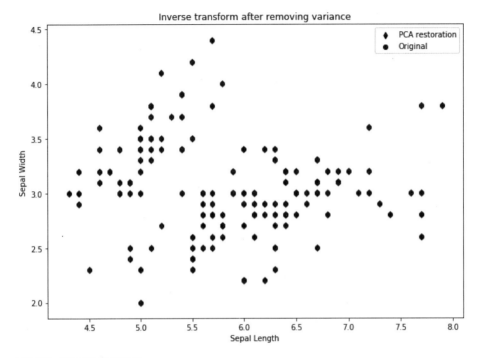

그림 4.36 분산 제거 후의 역변환

이 연습에서 생성된 두 도표를 비교하면 PCA가 감소했으며 복원된 데이터셋이 본질적으로 두 개의 특징 셋two feature sets 사이의 음의 선형 추세선임을 알 수 있다. 이를 사용 가능한 모든 구성 요소에서 복원된 데이터셋과 비교할 수 있으며, 여기서 전체 데이터셋을 다시 생성했다.

연습 16: 분산 감소 시각화

이 연습에서는 데이터셋의 차원을 줄이는 효과를 다시 시각화할 생각이다. 하지만 이번에는 scikit-learn API를 사용할 것이다. 이는 scikit-learn 모델이 갖는 강력한 성능과 단순한 특징 덕분에 실전에서 사용되는 방식이다.

1. pandas와 numpy, matplotlib 플로팅 라이브러리와 PCA 모델을 scikit-learn으로부터 불러온다.

```
import pandas as pd
import numpy as np
import matplotlib.pyplot as plt
from sklearn.decomposition import PCA
```

2. Iris 데이터셋으로부터 Sepal 특징을 읽어온다.

```
df = pd.read_csv('iris-data.csv')[['Sepal Length', 'Sepal Width']]
df.head()
```

결과는 다음과 같다.

	Sepal Length	Sepal Width
0	5.1	3.5
1	4.9	3.0
2	4.7	3.2
3	4.6	3.1
4	5.0	3.6

그림 4.37 Iris 데이터셋의 Sepal 특징

3. scikit-learn API를 사용해 첫 번째 주요 구성 요소를 기반으로 데이터를 변환한다.

```
model = PCA(n_components=1)
data_p = model.fit_transform(df.values)
```

4. 축소된 데이터의 역변환을 계산하고 이 결과를 출력해 데이터에서 분산을 제거할 때 얻을 수 있는 효과를 시각화한다.

```
data = model.inverse_transform(data_p);
plt.figure(figsize=(10, 7))
plt.plot(data[:,0], data[:,1], linestyle=':', label='PCA restoration');
plt.scatter(df['Sepal Length'], df['Sepal Width'], marker='*',
label='Original');
plt.legend();
plt.xlabel('Sepal Length');
plt.ylabel('Sepal Width');
plt.title('Inverse transform after removing variance');
```

결과는 다음과 같다.

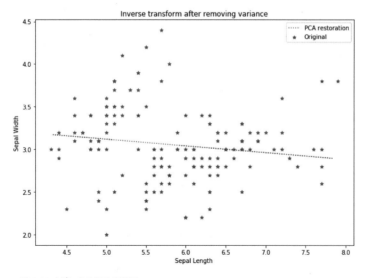

그림 4.38 분산 제거 후의 역변환

5. 이 데이터셋의 변형에는 오직 두 구성 요소만 존재한다. 만일 어떤 구성 요소노 제거하지 않는다면 역변환의 결과는 어떻게 될까?

```python
model = PCA()
data_p = model.fit_transform(df.values)
data = model.inverse_transform(data_p);
plt.figure(figsize=(10, 7))
plt.scatter(data[:,0], data[:,1], marker='d', label='PCA restoration',
c='k');
plt.scatter(df['Sepal Length'], df['Sepal Width'], marker='o',
label='Original', c='k');
plt.legend();
plt.xlabel('Sepal Length');
plt.ylabel('Sepal Width');
plt.title('Inverse transform after removing variance');
```

결과는 다음과 같다.

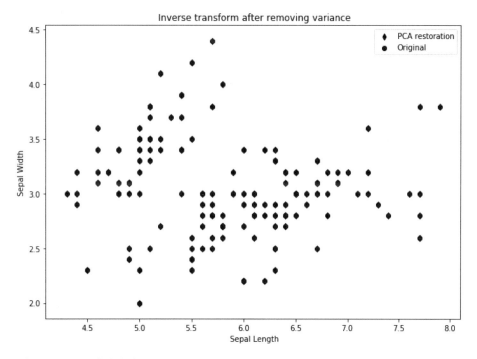

그림 4.39 분산 제거 후의 역변환

다시, 데이터셋에서 정보 제거 후의 효과와 더불어 모든 가용한 고유 벡터들을 사용해 원본 데이터를 재생성하는 과정을 살펴봤다.

이전 연습에서는 PCA를 사용해 좀 더 이해하기 쉬운 시각화를 위해 2차원으로 차원을 축소했다. PCA를 사용하면 원본 데이터셋보다 더 작은 값으로 차원을 축소할 수 있다. 다음 예제는 시각화를 위해 데이터셋을 3차원으로 축소할 때 어떻게 PCA를 사용할 수 있는지 보여준다.

연습 17: Matplotlib에서 3D 도표 그리기

안타깝게도 matplotlib에서 3D 산점도를 만드는 것은 산점도에 일련의 (x, y, z) 좌표를 제공하는 것만큼 간단하지 않다. 이 연습에서는 Iris 데이터셋을 사용해 간단한 3D 플로팅 예제를 살펴볼 생각이다.

1. pandas와 matplotlib을 불러온다. 3D 그리기를 위해 Axes3D도 불러온다.

```
from mpl_toolkits.mplot3d import Axes3D
import pandas as pd
import matplotlib.pyplot as plt
```

2. 데이터셋을 읽어온 후 Sepal Length와 Sepal Width, Petal Width 열을 선택한다.

```
df = pd.read_csv('iris-data.csv')[['Sepal Length', 'Sepal Width', 'Petal
Width']]
df.head()
```

결과는 다음과 같다.

	Sepal Length	Sepal Width	Petal Width
0	5.1	3.5	0.2
1	4.9	3.0	0.2
2	4.7	3.2	0.2
3	4.6	3.1	0.2
4	5.0	3.6	0.2

그림 4.40 데이터의 첫 다섯 행

3. 데이터를 3차원으로 표시하고 add_subplot 메소드에 projection='3d'인자를 사용해 3D 플롯을 만든다.

```
fig = plt.figure(figsize=(10, 7))
ax = fig.add_subplot(111, projection='3d') # Axes3D를 사용함
ax.scatter(df['Sepal Length'], df['Sepal Width'], df['Petal Width']);
ax.set_xlabel('Sepal Length (mm)');
ax.set_ylabel('Sepal Width (mm)');
ax.set_zlabel('Petal Width (mm)');
ax.set_title('Expanded Iris Dataset');
```

출력은 다음과 같다.

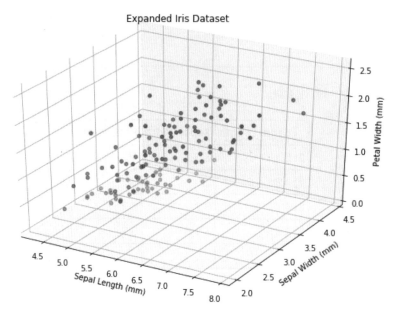

그림 4.41 확장된 Iris 데이터셋

활동 7: 확장된 Iris 데이터셋을 사용한 PCA

이번 활동에서는 전체 Iris 데이터셋을 사용해 PCA 분해에서 선택하는 구성 요소의 수에 따른 효과를 살펴볼 예정이다. 이 활동의 목표는 실제 문제를 해결하는 과정에서 차원 축소와 정보 손실 범위의 균형을 맞추기 위해 최적의 구성 요소 수를 결정하는 과정을 시뮬레이션하는 데 있다. 이제는 scikit-learn PCA 모델을 사용할 예정이다.

1. pandas와 matplotlib를 불러온다. 3D 그리기를 위해서는 Axes3D도 불러와야 한다.

2. 데이터셋을 읽고 Sepal Length와 Sepal Width, Petal Width 열을 선택한다.

3. 3차원에 데이터를 그린다.

4. 구성 요소의 수를 특정하지 않은 채로 PCA 모델을 생성한다.

5. 모델을 데이터셋에 맞춘다.

6. 고윳값 또는 explained_variance_ratio_를 출력한다.

7. 데이터셋의 차원을 축소하고 싶지만 여전히 최소 분산의 90% 이상을 유지하려고 한다. 분산의 90% 이상을 유지하기 위해 필요한 최소 구성 요소의 수는 얼마일까?

8. 새로운 PCA 모델을 생성하고 이번에는 분산의 90% 이상을 유지하는 데 필요한 구성 요소의 수를 지정한다.

9. 새 모델을 사용해 데이터를 변환한다.

10. 변환된 데이터를 그린다.

11. 변환된 데이터를 원본 데이터 공간으로 복원한다.

12. 3차원 공간에 복원된 데이터와 원본 데이터를 각각 그려 시각화한 후 분산 제거 효과를 살펴본다.

```
fig = plt.figure(figsize=(10, 14))
```

```
# 원본 데이터
ax = fig.add_subplot(211, projection='3d')

# 변환 데이터
ax = fig.add_subplot(212, projection='3d')
```

예상 결과: 최종 그림은 다음과 같다.

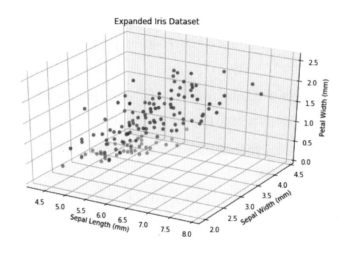

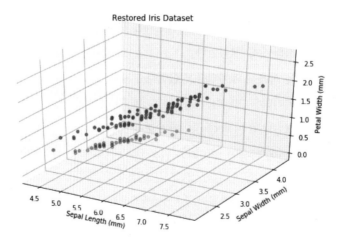

그림 4.42 예상 결과 도표

노트

이 활동의 솔루션은 441페이지에서 찾을 수 있다.

▍요약

4장에서는 차원 축소와 PCA 프로세스를 설명했다. 여러 개의 연습을 거치면서 두 가지 방법인 수동 PCA와 scikit-learn이 제공하는 모델을 사용해 데이터 내에서 가장 중요한 분산 성분만 추출해 데이터셋의 크기를 줄이는 기술을 배웠다. 또한 축소된 데이터셋을 원래의 데이터 공간으로 복원해 원래 데이터에서 분산을 제거할 때 발생하는 현상을 살펴봤다. 마지막으로 PCA 및 기타 차원 축소 프로세스를 위한 여러 잠재적 적용 사례를 논의했다. 5장에서는 신경망 기반 자동 인코더를 소개하고 Keras 패키지를 사용해 구현해 볼 예정이다.

오토인코더

학습 목표

다음은 5장에서 배울 내용이다.

- 오토인코더를 적용할 수 있는 분야와 사용 사례
- 인공 신경망의 구현과 사용에 대한 이해
- Keras 프레임워크를 사용한 인공 신경망 구현
- 차원 축소와 노이즈 감소에 오토인코더를 활용하는 방법
- Keras 프레임워크를 사용해 오토인코더 구현
- 복잡한 신경망을 사용한 오토인코너 모델의 구현

5장에서는 오토인코더와 응용 사례를 살펴볼 예정이다.

▌ 소개

5장에서는 오토인코더를 중심으로 차원 축소 기법에 관해 계속 설명을 이어 갈 생각이다. 오토인코더는 인공 신경망을 기반으로 하는 지도 학습을 사용하지만 비지도 학습 수단도 제공하기에 특히 흥미로운 영역이다. 인공 신경망에 기반을 두고 있는 오토인코더는 특히 효과적인 차원 축소 기능을 제공함과 동시에 추가적인 이점도 제공한다. 1980년대부터 시작된 오토인코더 연구는 최근의 데이터 가용성, 처리 성능, 네트워크 연결성 개선 등의 도움을 받으면서 크게 부활하고 있다. 이는 1960년대부터 연구가 시작된 인공 신경망과도 흐름을 함께 한다. 신경망과 관련한 연구가 얼마나 인기 있는지는 인터넷만 검색해 봐도 쉽게 알 수 있다.

오토인코더는 이미지의 노이즈 감소에 사용될 수 있으며, 재연이나 LSTM^{Long Short-Term Memory} 아키텍처와 같은 다른 방법과 결합해 데이터의 순서를 예측하는 데 필요한 인공 데이터 샘플을 만들 때 사용할 수도 있다. 인공 신경망을 사용하면서 얻을 수 있는 유연함과 강력함은 또한 오토인코더로 하여금 매우 효율적인 데이터 표현을 구성하도록 도와주며 이 데이터는 직접적으로 매우 효과적인 탐색 방법이 될 수도 있고 후처리를 위한 특징 벡터로 사용될 수도 있다.

그림 5.1의 왼쪽 이미지를 사용해 이미지의 노이즈를 감소시키는 데 오토인코더를 사용한다고 생각해보자. 왼쪽 이미지에는 노이즈가 많이 존재함을 쉽게 알아차릴 수 있다. 특별하게 훈련된 오토인코더를 사용하면 그림 5.1의 오른쪽 이미지처럼 노이즈를 감소시킬 수 있다. 노이즈 제거 방법을 배우는 과정에서 오토인코더 또한 중요한 정보를 인코드해 이미지를 만들고 어떻게 이 정보를 재구성(또는 디코드)해 원본보다 선명한 이미지를 만드는지 배운다.

그림 5.1 오토인코더 노이즈 감소 처리

이 예제는 비지도 학습(인코딩 단계)에 유용한 자동 인코더의 한 측면과 새 이미지 생성(디코딩)에 유용한 자동 인코더의 한 측면을 보여준다. 5장 전체에 걸쳐 2가지 측면에서 모두 유용한 오토인코더를 자세히 살펴보고 오토인코더를 CIFAR-10 데이터셋의 클러스터링에 적용해볼 예정이다.

다음은 인코더와 디코더를 나타내는 그림이다.

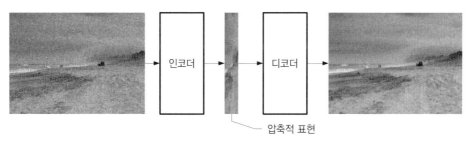

그림 5.2 인코더/디코더

인공 신경망 기초

오토인코더가 인공 신경망을 기반으로 한다고 가정하면, 오토인코더를 이해하기 위해서는 인공 신경망부터 이해해야 한다. 이번 절에서는 인공 신경망의 기초를 간단히 살펴볼 예정이다. 인공 신경망과 관련한 내용은 이 책이 다룰 수 있는 범위를 넘어선다. 인공 신경망 자체를 다루고 있는 책은 이미 많이 있으므로 여기서는 간단하게만 짚고 넘어간다.

앞에서 설명했듯이 인공 신경망은 주로 일련의 이미지와 같은 일련의 입력 정보가 존재하고 이를 특정 분류나 카테고리로 매핑하도록 훈련하는 지도 학습 문제에 주로 사용한다. CIFAR-10 데이터셋(그림 5.3)를 예로 들어보자. 총 6,000개의 이미지가 있고 이들 이미지는 10가지 범주(비행기, 자동차, 새, 고양이, 사슴, 개, 개구리, 말, 배, 트럭) 가운데 하나에 속한다. 신경망을 통해 지도 학습을 할 때 이미지는 카테고리 라벨을 단 상태로 네트워크에 공급된다.

네트워크는 주어진 이미지에 대해 정확한 라벨을 예측하는 능력을 극대화하기 위해 훈련된다.

그림 5.3 CIFAR-10 데이터셋

뉴런

인공 신경망이라는 용어는 뇌에서 일반적으로 발견되는 생물학적 신경망에서 유래한다. 비유의 정확성에 대해서는 의문을 가져볼 수 있지만 인공 신경망의 개념을 이해하는 데는 분명 도움이 된다. 뉴런Neuron은 모든 신경망을 구성하는 데 필요한 기본 구성 요소로, 서로 다른 구성의 많은 뉴런을 서로 연결해 더 강력한 구조를 형성한다. 각 뉴런(그림 5.4)는 4개의 개별 요소로 구성된다. 4개의 구성 요소는 입력값과 조절값(세타), 입력값을 처리하는 활성화 함수, 결괏값이다.

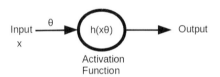

그림 5.4 뉴런의 구조

활성화 함수는 설계하는 신경망의 목적에 따라 구체적으로 선택되며, tanh과 linear, sigmoid 및 ReLU(정류된 선형 단위)를 포함한 다수의 공통 기능이 있다. 5장에서는 sigmoid와 ReLU 활성화 함수를 모두 사용할 것이므로 좀 더 자세히 살펴보자.

Sigmoid 함수

sigmoid 활성화 함수는 입력값을 근사치 이진값으로 이동시키는 능력 덕분에 신경망 분류에서 출력으로 매우 흔히 사용된다. sigmoid 함수는 다음의 출력을 생성한다.

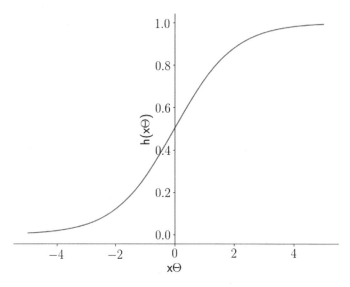

그림 5.5 sigmoid 함수의 출력

그림 5.5에서 x가 증가함에 따라 sigmoid 함수의 출력이 1로 점근(접근하지만 절대 도달하지 않음)하는 것을 알 수 있다. x가 음의 방향으로 0에서 멀어질수록 0으로 접근한다. 이 함수는 이진 출력에 가깝고 클래스 (0)의 멤버가 아니거나 클래스 (1)의 멤버이므로 분류 작업에 사용된다.

정류 선형 단위

정류 선형 단위ReLU는 신경망의 중간 단계에서 흔히 사용되는 매우 유용한 활성화 기능이다. 간단히 말해 0보다 작은 값에 0이 할당되고, 0보다 큰 값은 반환된다.

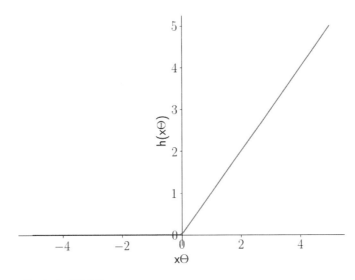

그림 5.6 ReLU의 출력

연습 18: 인공 신경망의 뉴런 모델링

이번 연습에서는 sigmoid 함수를 사용해 NumPy에서 뉴런의 프로그래밍적 표현을 소개할 예정이다. 입력은 고정한 상태에서 조정 가능한 가중치를 조절해 뉴런에 미치는 영향을 조사할 것이다. 또한 이 모델을 로지스틱 회귀의 지도 학습 방식과 매우 유사하다. 다음 과정을 수행하자.

1. numpy와 matplotlib 패키지를 불러온다.

```
import numpy as np
import matplotlib.pyplot as plt
```

2. 이미지 내에 수학적 기호를 사용하기 위해 Latex를 사용할 수 있도록 matplotlib을 설정한다.

```
plt.rc('text', usetex=True)
```

3. 파이썬 함수로 sigmoid 함수를 정의한다.

```
def sigmoid(z):
  return np.exp(z) / (np.exp(z) + 1)
```

노트

여기에서는 sigmoid 함수를 사용했지만 ReLU 함수를 사용할 수도 있다. ReLU 활성화 함수는 인공 신경망 분야에서 강력한 성능을 보이며 정의하기도 쉽다. 단순히 0보다 크면 그 값을 반환하고 그렇지 않으면 0을 반환하면 된다.

```
def relu(x):
  return np.max(0, x)
```

4. 뉴런을 위한 입력값 (x)와 조정 가능한 가중치 (theta)를 정의한다. 이 예제에서 입력값 (x)는 -5에서 5 사이에 일정한 간격을 갖는 100개의 숫자이며 theta는 1이다.

```
theta = 1
x = np.linspace(-5, 5, 100)
x
```

출력은 다음과 같다.

```
array([-5.        , -4.8989899 , -4.7979798 , -4.6969697 , -4.5959596 ,
       -4.49494949, -4.39393939, -4.29292929, -4.19191919, -4.09090909,
       -3.98989899, -3.88888889, -3.78787879, -3.68686869, -3.58585859,
       -3.48484848, -3.38383838, -3.28282828, -3.18181818, -3.08080808,
       -2.97979798, -2.87878788, -2.77777778, -2.67676768, -2.57575758,
       -2.47474747, -2.37373737, -2.27272727, -2.17171717, -2.07070707,
       -1.96969697, -1.86868687, -1.76767677, -1.66666667, -1.56565657,
```

그림 5.7 입력값

5. 뉴런의 출력 (y)를 계산한다.

```python
y = sigmoid(x * theta)
```

6. 뉴런의 입력 대 출력을 그린다.

```python
fig = plt.figure(figsize=(10, 7))
ax = fig.add_subplot(111)

ax.plot(x, y)
ax.set_xlabel('$x$', fontsize=22);
ax.set_ylabel('$h(x\Theta)$', fontsize=22);
ax.spines['left'].set_position(('data', 0));
ax.spines['top'].set_visible(False);
ax.spines['right'].set_visible(False);
ax.tick_params(axis='both', which='major', labelsize=22)
```

결과는 다음과 같다.

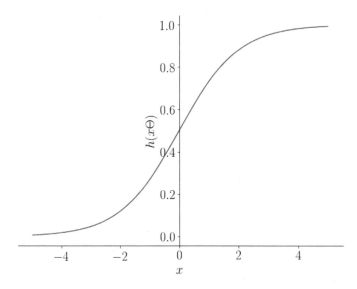

그림 5.8 뉴런과 입력 간의 도표

7. 조절 가능한 파라미터인 theta를 5로 설정하고 다시 계산한 후 뉴런의 출력을 저
장한다.

```
theta = 5
y_2 = sigmoid(x * theta)
```

8. 조절 가능한 파라미터인 theta를 0.2로 설정하고 다시 계산한 후 뉴런의 출력을
저장한다.

```
theta = 0.2
y_3 = sigmoid(x * theta)
```

9. 뉴런의 3가지 서로 다른 출력 커브(theta = 1, theta = 5, theta = 0.2)를 그래프에 그린다.

```
fig = plt.figure(figsize=(10, 7))
ax = fig.add_subplot(111)

ax.plot(x, y, label='$\Theta=1$');
ax.plot(x, y_2, label='$\Theta=5$', linestyle=':');
ax.plot(x, y_3, label='$\Theta=0.2$', linestyle='--');
ax.set_xlabel('$x\Theta$', fontsize=22);
ax.set_ylabel('$h(x\Theta)$', fontsize=22);
ax.spines['left'].set_position(('data', 0));
ax.spines['top'].set_visible(False);
ax.spines['right'].set_visible(False);
ax.tick_params(axis='both', which='major', labelsize=22);
ax.legend(fontsize=22);
```

결과는 다음과 같다.

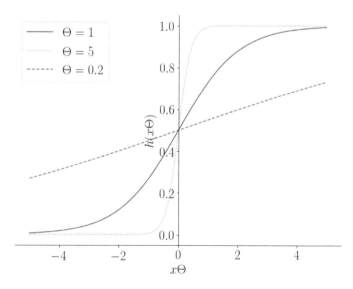

그림 5.9 뉴런의 커브

이번 연습에서 sigmoid 활성화 함수를 사용해 인공 신경망을 구성하는 데 필요한 기본 블록의 모델링을 해봤다. sigmoid 함수를 사용하면 경사도가 변하는 것을 확인할 수 있으며 일부의 x 값만이 0과 1에 가까워지도록 동작함을 볼 수 있다. 비슷하게 theta를 줄이면 뉴런의 민감도가 줄어들어서 0과 1의 값에 가까워지기 위해서는 큰 입력값이 필요해지는 것도 확인할 수 있다. 뉴런의 출력을 잘 조절해보자.

활동 8: ReLU 활성화 함수를 사용한 뉴런 모델링

이번 활동에서는 ReLU 활성화 함수를 살펴보고 조절 가능한 가중치가 ReLU 유닛의 출력에 어떤 영향을 주는지 다룰 예정이다.

1. numpy와 matplotlib을 불러온다.
2. 파이썬 함수로 ReLU 활성화 함수를 정의한다.
3. 뉴런에 대한 입력(x)과 조절 가능한 가중치theta를 정의한다. 이 예제에서 입력(x)은 -5부터 5 사이에 일정한 간격을 갖는 100개의 숫자이며 theta는 1이다.

4. 출력(y)을 계산한다.
5. 입력과 뉴런의 출력의 관계를 도표로 그린다.
6. theta를 5로 설정하고 재계산 후 뉴런 출력을 저장한다.
7. theta를 0.2로 설정하고 재계산 후 뉴런 출력을 저장한다.
8. 그래프에 서로 다른 뉴런 출력 커브(theta = 1, theta = 5, and theta = 0.2)를 그린다.

이번 활동을 마치면 ReLU 활성화 뉴런에 대한 응답 커브의 범위를 찾게 될 것이다. 또한 theta의 변경이 뉴런 출력값에 미치는 영향도 알게 될 것이다. 결과는 다음과 같다.

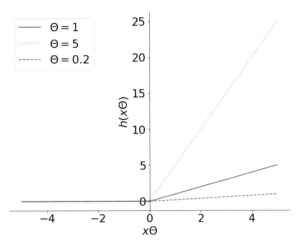

그림 5.10 예상 출력 커브

노트

이 활동의 솔루션은 447페이지에서 찾을 수 있다.

신경망: 구조 정의

개별 뉴런 그 자체로는 크게 유용하지 않다. 활성화 함수를 제공하고 출력을 조절하는 수단을 제공하지만 개별 뉴런 그 자체만으로는 제한된 학습 능력에 머물 수밖에 없다. 뉴런은 네트워크 형태로 다수가 결합되고 연결될 때 훨씬 더 강력해진다. 다수의 서로 다른 뉴런을 사용해 개별 뉴런의 결과를 조합하면 더 복잡한 관계를 만들 수 있고 이를 통해 더 강력한 학습 알고리즘을 구현할 수 있다. 이 절에서는 신경망의 구조를 간략히 살펴보고 Keras 머신 러닝 프레임워크(https://keras.io/)를 사용해 간단한 신경망을 구현해 볼 예정이다.

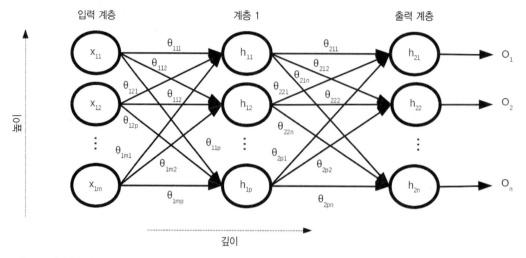

그림 5.11 신경망의 간단한 표현

그림 5.11은 2개의 계층을 가진 완전하게 연결된 신경망 도식이다. 그림을 보면 각 노드가 화살표로 서로 매우 복잡하게 얽혀 있음을 알 수 있다. 그림을 왼쪽부터 살펴보면 신경망으로 들어가는 입력값 (x)를 볼 수 있다. 이 예제에서는 표본당 m개의 입력값을 가지며 첫 표본만 네트워크로 전달된다. 따라서 값은 X_{11}에서 X_{1m}까지다. 이 값들은 다음 뉴런의 활성화 함수에 전달되기 전 신경망 첫 계층 $\theta_{111} - \theta_{1mp}$의 가중치가 곱해진다. 이것은 피드포워드feedforward 신경망으로 알려져 있다. 가중치를 식별하기 위해 그림 5.11에서 사용한 표기법은 θ_{ijk}로, i는 가중치가 속한 계층이며 j는 입력 노드의 번호다. 입력 노드는 가장 위가 1이다. k는 가중치가 전달될 다음 노드 번호다.

계층 1(hidden layer라고도 알려져 있다)의 출력과 출력 계층으로의 입력 간의 상호 연결성을 살펴보자. 입력을 원하는 출력에 매핑하는 데 사용할 수 있는 훈련 가능한 무게weights 같은 다수의 파라미터가 있음을 알 수 있다. 그림 5.11은 네트워크는 n개의 클래스 신경망 분류기를 나타내며, n개의 노드 각각에 대한 출력은 해당 클래스에 속하는 입력의 확률을 나타낸다.

각 계층은 h_1, h_2처럼 서로 다른 활성화 함수를 사용할 수 있다. 따라서 다양한 활성화 함수를 섞어 사용할 수도 있다. 예를 들면 첫 계층은 ReLU, 두 번째 계층은 tanh, 세 번째 계층은 sigmoid로 구성할 수도 있다. 최종 출력은 이전 계층 출력과 해당 가중치의 곱의 합으로 계산된다.

만일 계층 1의 첫 노드의 출력을 생각하면 입력에 해당 가중치를 곱하고 결과를 추가한 후 활성화 함수를 통해 전달해 계산할 수 있다.

$$h_{11}(x_{11}\theta_{111} + x_{12}\theta_{121} + \dots + x_{1m}\theta_{1m1})$$

그림 5.12 마지막 노드의 출력 계산

네트워크의 입력과 출력 사이에 계층의 수를 늘리면 네트워크의 깊이를 증가시킬 수 있다. 깊이의 증가는 훈련 가능한 파라미터의 수를 증가시키며 이는 데이터 내의 관계 복잡도를 증가시킨다. 일반적으로 깊이가 증가하면 입력으로 선택된 특징의 유형이 더 중요해지기 때문에 네트워크를 학습시키기가 더 어렵다. 추가적으로 각 계층에 뉴런을 더 많이 추가할수록 신경망의 높이가 증가한다. 더 많은 뉴런을 추가하면 더 많은 훈련 파라미터를 추가하므로 데이터셋을 표현하는 네트워크의 능력은 증가한다. 너무 많은 뉴런이 추가되면 네트워크는 데이터셋을 기억할 수는 있지만 새 표본을 일반화시키지는 못한다. 신경망을 잘 구성하는 요령은 데이터 내의 관계를 충분히 설명할 수 있을 정도의 높은 복잡도와 훈련 표본을 기억할 수 있을 정도의 낮은 복잡도 사이에서 균형을 찾는 데 있다.

연습 19: Keras 모델 정의

이 연습에서는 Keras 머신 러닝 프레임워크를 사용해 CIFAR-10 데이터셋의 이미지를 분류하는 신경망 아키텍처(그림 5.11과 유사)를 정의한다. 각 입력 이미지의 크기는 32 × 32 픽셀이므로 입력 벡터는 32 * 32 = 1,024 값으로 구성된다. CIFAR-10에서 10개의 개별 클래스를 사용하면 신경망의 출력은 10개의 개별 값으로 구성되며 각 값은 해당 클래스에 속하는 입력 데이터의 확률을 나타낸다.

1. 이 예제를 진행하기 위해 Keras 머신 러닝 프레임워크가 필요하다. Keras는 TensorFlow 또는 Theano와 같은 기존 라이브러리에서 사용되는 고급 신경망 API다. Keras를 사용하면 저수준 프레임워크와 고수준 인터페이스를 자유롭게 오갈 수 있다. 이는 기반 라이브러리에 관계 없이 고수준 인터페이스를 제공하기 때문이다. 이 책에서는 기반 라이브러리로 TensorFlow를 사용할 예정이다. 만일 아직 Keras와 TensorFlow를 설치하지 않았다면 conda를 사용해 설치하자.

```
!conda install tensforflow keras
```

또는 pip를 사용해 설치할 수도 있다.

```
!pip install tensorflow keras
```

2. keras.models과 keras.layers로부터 각각 Sequential과 Dense 클래스가 필요하다. 클래스를 불러온다.

```
from keras.models import Sequential
from keras.layers import Dense
```

3. 앞에서 설명한 것처럼 입력 계층은 1,024개의 값을 받는다. 두 번째 계층(계층 1)에는 500개의 유닛이 있으며 네트워크가 분리해야 하는 클래스는 10개이므로 출력 계층에는 10개의 유닛이 있다. Keras에서는 순서가 지정된 계층 목록을 Sequential 모델 클래스에 전달해 모델을 정의한다. 이 예제는 완전히 연결된 신경망 계층인 Dense 계층 클래스를 사용한다. 첫 번째 계층은 ReLU 활성화 함수를 사용하고 출력은 softmax 함수를 사용해 각 클래스의 확률을 결정한다. 모델을 정의해보자.

```
model = Sequential([
  Dense(500, input_shape=(1024,), activation='relu'),
  Dense(10, activation='softmax')
```

```
])
```

4. 모델이 정의된 상태에서 summary 메소드를 사용해 모델 내의 구조 및 학습 가능한 매개변수(또는 가중치)의 수를 확인할 수 있다.

```
model.summary()
```

결과는 다음과 같다.

```
Layer (type)                 Output Shape              Param #
=================================================================
dense_1 (Dense)              (None, 500)               512500
_____
dense_2 (Dense)              (None, 10)                5010
=================================================================
Total params: 517,510
Trainable params: 517,510
Non-trainable params: 0
_____
```

그림 5.13 모델에서 학습 가능한 매개변수의 구조와 개수

이 테이블은 신경망의 구조를 요약한 것이다. 첫 번째 계층에 500유닛, 두 번째 계층에 10개의 출력 유닛으로 지정한 두 개의 계층이 있음을 알 수 있다. Param # 열에는 해당 레이어에서 사용할 수 있는 훈련 가능한 가중치가 몇 개인지 알려준다. 이 표는 또한 네트워크 내에 총 517,510개의 훈련 가능한 가중치가 있음을 알려준다.

이 연습에서는 CIFAR-10의 이미지를 분류하는 데 사용할 수 있는 500,000개가 넘는 가중치의 네트워크를 포함하는 Keras 신경망 모델을 만들었다. 다음 절에서는 모델을 학습시킬 예정이다.

신경망: 학습

신경망 모델이 정의되면 훈련 과정을 시작할 수 있다. 이 단계에서 오토인코더 학습으로 넘어가기 전에 우선 Keras 프레임 워크에 익숙해지도록 지도 학습 방식으로 모델 학습을

해보자. 지도 학습 모델은 입력 정보와 알려진 결과를 모델에 제공해 학습한다. 훈련의 목표는 입력 정보를 가져와 모델의 매개변수만 사용해 알려진 출력을 반환하는 네트워크를 구성하는 것이다.

CIFAR-10과 같은 지도 학습 분류 예제에서 입력 정보는 이미지이고 알려진 출력은 이미지가 속한 클래스다. 학습하는 동안 각각의 샘플 예측에 대해 피드포워드 네트워크 예측에서의 에러는 지정된 에러 함수를 사용해 계산된다. 그런 다음 모델 내의 각 가중치는 오류를 줄이기 위해 조정된다. 이러한 튜닝 과정을 역전파backpropagation라고 한다. 이는 오류가 네트워크를 통해 출력에서부터 거꾸로 시작 지점으로 전파되기 때문이다.

역전파 동안 각 훈련 가중치는 학습률learning rate이라고 알려진 값을 곱한 전체 오류에 대한 기여도의 비율로 조정되며, 학습률이란 훈련 가중치의 변화율을 제어한다. 그림 5.14를 보면 학습률의 값을 증가시키면 오류가 감소하는 속도가 증가할 수 있지만, 값을 넘어설 때 최소 오류에 수렴되지 않을 위험이 있음을 알 수 있다. 학습률이 너무 낮으면 전체 최솟값을 찾기 위한 시간이 부족해질 수 있다. 따라서 적당한 학습률을 찾는 과정은 시행착오를 필요로 한다. 큰 학습률 값에서 시작해 이를 차츰 줄여 가면서 적당한 값을 찾는 과정은 생산적인 일이 될 수 있다. 다음 그림은 학습률 선택을 보여준다.

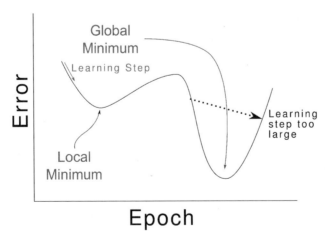

그림 5.14 올바른 학습 속도 선택(하나의 세대는 하나의 학습 단계)

예측 오류가 감소를 멈추거나 개발자의 인내심이 한계에 다다를 때까지 훈련은 반복된다. 훈련 과정을 완료하기 위해 우선 몇 가지 설계 결정을 내려야 한다. 첫 번째 필요한 것은 가장 적절한 오류 함수다. 간단한 평균 제곱 차이 방식부터 더 복잡한 방식에 이르기까지 사용할 수 있는 오류 함수의 범위는 다양하다. 범주형 교차 엔트로피(다음 연습에서 사용된다)는 둘 이상의 클래스를 분류하는 데 매우 유용한 오류 함수다.

오류 기능이 정의된 상태에서 오류 기능을 사용해 훈련 가능한 매개변수를 업데이트하는 방법을 선택해야 한다. 가장 메모리 효율이 높은 효과적인 업데이트 방법 중 하나는 확률적 경사 하강^{SGD}이다. SGD에는 여러 가지 변형이 있으며, 계산 오류에 대한 개별 기여도에 따라 각 가중치를 조정해야 한다. 최종 훈련 설계 결정은 아키텍처와 성능 지표에 따라 하면 된다.

분류 문제 관점에서 볼 때 이것은 모델의 분류 정확도 또는 회귀 문제에서 가장 낮은 오류 점수를 생성하는 모델의 분류 정확도일 수 있다. 이러한 비교는 일반적으로 교차 검증 방법을 사용해 이뤄진다.

연습 20: Keras 신경망 훈련

고맙게도 Keras 프레임워크가 모든 걸 대신해주기 때문에 역전파 같은 신경망 구성 요소를 직접 프로그래밍하는 것을 걱정하지 않아도 된다. 이번 연습에서는 이전 연습에서 사용한 CIFAR-10 데이터셋을 Keras를 사용해 신경망의 분류 훈련을 시킬 예정이다. 모든 머신 러닝에 있어서 데이터셋의 이해도를 최대한 높이는 것은 가장 중요한 일이다.

> **노트**
>
> the data_batch_1과 batches.meta 파일은 https://github.com/TrainingByPackt/Applied-Unsupervised-Learning-with-Python/tree/master/Lesson05/Exercise20에서 받을 수 있다.

1. pickle과 numpy, matplotlib, Sequential 클래스를 keras.models에서 불러오고 Dense를 keras.layers에서 불러오자.

```
import pickle
import numpy as np
import matplotlib.pyplot as plt
from keras.models import Sequential
from keras.layers import Dense
```

2. data_batch_1 파일 내의 소스 코드와 함께 제공되는 CIFAR-10 데이터셋을 불러온다.

```
with open('data_batch_1', 'rb') as f:
  dat = pickle.load(f, encoding='bytes')
```

3. 데이터는 딕셔너리로 불러온다. 딕셔너리의 키를 출력하자.

```
dat.keys()
```

결과는 다음과 같다.

```
dict_keys([b'batch_label', b'labels', b'data', b'filenames'])
```

4. 키는 b'로 표시된 이진 문자열로 저장된다는 점을 알아두자. 우리가 관심 갖는 부분은 데이터의 내용과 라벨이니, 라벨부터 살펴보자.

```
labels = dat[b'labels']
labels
```

결과는 다음과 같다.

```
                                    [6,
                                     9,
                                     9,
                                     4,
                                     1,
                                     1,
                                     2,
                                     7,
                                     8,
                                     3,
                                     4,
                                     7,
```

그림 5.15 라벨 출력

5. 라벨이 값 0~9의 목록임을 알 수 있으며, 각 표본이 어떤 종류에 속하는지 알 수 있다. 이제 data 키의 내용을 보자.

```
dat[b'data']
```

결과는 다음과 같다.

```
array([[ 59,  43,  50, ..., 140,  84,  72],
       [154, 126, 105, ..., 139, 142, 144],
       [255, 253, 253, ...,  83,  83,  84],
       ...,
       [ 71,  60,  74, ...,  68,  69,  68],
       [250, 254, 211, ..., 215, 255, 254],
       [ 62,  61,  60, ..., 130, 130, 131]], dtype=uint8)
```

그림 5.16 data 키의 내용

6. 데이터 키는 모든 이미지 데이터를 배열에 저장된 상태로 NumPy 배열을 제공한다. 이미지 데이터의 모습을 알아보자.

```
dat[b'data'].shape
```

결과는 다음과 같다.

```
(1000, 3072)
```

7. 샘플의 수는 1,000개인데 단일 차원의 수는 3,072개다. 이미지의 크기가 32×32 지만 RGB 3개의 컬러 채널을 가지기 때문에 $32 \times 32 \times 3$으로 계산하면 3,072 가 된다. 이 데이터를 갖고 이미지로 재구성하면 1,000개의 이미지 샘플을 시각화할 수 있다. CIFAR-10 문서에 따르면 샘플의 첫 1,024는 red, 두 번째 1,024 는 green, 세 번째 1,024는 blue 정보를 담고 있다.

```python
images = np.zeros((10000, 32, 32, 3), dtype='uint8')

for idx, img in enumerate(dat[b'data']):
  images[idx, :, :, 0] = img[:1024].reshape((32, 32)) # Red
  images[idx, :, :, 1] = img[1024:2048].reshape((32, 32)) # Green
  images[idx, :, :, 2] = img[2048:].reshape((32, 32)) # Blue
```

8. 첫 12개의 이미지를 라벨과 함께 출력한다.

```python
plt.figure(figsize=(10, 7))
for i in range(12):
  plt.subplot(3, 4, i + 1)
  plt.imshow(images[i])
  plt.title(labels[i])
  plt.axis('off')
```

결과는 다음과 같다.

그림 5.17 첫 12개 이미지

182

9. 라벨의 실제 의미를 찾으려면 batches.meta 파일을 열면 된다.

```
with open('batches.meta', 'rb') as f:
  label_strings = pickle.load(f, encoding='bytes')

label_strings
```

결과는 다음과 같다.

```
{b'num_cases_per_batch': 10000,
 b'label_names': [b'airplane',
  b'automobile',
  b'bird',
  b'cat',
  b'deer',
  b'dog',
  b'frog',
  b'horse',
  b'ship',
  b'truck'],
 b'num_vis': 3072}
```

그림 5.18 라벨의 의미

10. 실제 라벨을 얻기 위해 이진 문자열을 디코딩한다.

```
actual_labels = [label.decode() for label in label_strings[b'label_names']]
actual_labels
```

결과는 다음과 같다.

```
['airplane',
 'automobile',
 'bird',
 'cat',
 'deer',
 'dog',
 'frog',
 'horse',
 'ship',
 'truck']
```

그림 5.19 실제 라벨 출력

11. 첫 12개 이미지의 라벨을 출력한다.

```
for lab in labels[:12]:
  print(actual_labels[lab], end=', ')
```

결과는 다음과 같다.

```
frog, truck, truck, deer, automobile, automobile, bird, horse, ship, cat,
deer, horse,
```

그림 5.20 첫 12개 이미지의 라벨

12. 이제 모델 훈련에 필요한 데이터를 준비해야 한다. 첫 단계는 출력 자료 준비로, 숫자 0부터 9 사이의 목록이지만, 이전 모델에 따라 각 샘플이 10개의 벡터로 표시돼야 한다. 인코딩된 출력은 형상이 10000 × 10인 NumPy 배열이 될 것이다.

> **노트**
>
> 이를 원 핫 인코딩이라고 하며, 각 샘플에 대해 가능한 종류의 수만큼 열이 있고 식별된 종류에 맞는 열에는 1을 표시한다. 예를 들어 4개의 종류가 가능하고 라벨 [3, 2, 1, 3, 1]이 있을 때, 해당 핫 인코딩 값은 다음과 같다.
>
> ```
> array([[0., 0., 0., 1.],
>
>        [0., 0., 1., 0.],
>
>        [0., 1., 0., 0.],
>
>        [0., 0., 0., 1 ],
>
>        [0., 0., 1., 0.]])
> ```

```
one_hot_labels = np.zeros((images.shape[0], 10))

for idx, lab in enumerate(labels):
  one_hot_labels[idx, lab] = 1
```

13. 첫 12개 샘플에 대한 원 핫 인코딩 값을 출력한다.

```
one_hot_labels[:12]
```

출력은 다음과 같다.

```
array([[0., 0., 0., 0., 0., 0., 1., 0., 0., 0.],
       [0., 0., 0., 0., 0., 0., 0., 0., 0., 1.],
       [0., 0., 0., 0., 0., 0., 0., 0., 0., 1.],
       [0., 0., 0., 0., 1., 0., 0., 0., 0., 0.],
       [0., 1., 0., 0., 0., 0., 0., 0., 0., 0.],
       [0., 1., 0., 0., 0., 0., 0., 0., 0., 0.],
       [0., 0., 1., 0., 0., 0., 0., 0., 0., 0.],
       [0., 0., 0., 0., 0., 0., 0., 1., 0., 0.],
       [0., 0., 0., 0., 0., 0., 0., 0., 1., 0.],
       [0., 0., 0., 1., 0., 0., 0., 0., 0., 0.],
       [0., 0., 0., 0., 1., 0., 0., 0., 0., 0.],
       [0., 0., 0., 0., 0., 0., 0., 1., 0., 0.]])
```

그림 5.21 첫 12개 샘플에 대한 원 핫 인코딩 값

14. 이 모델은 32×32 그레이스케일 이미지를 예상하기 때문에 1,024개의 입력을 갖고 있다. 각 이미지에 대해 RGB로 변환할 세 채널의 평균을 구하자.

```
images = images.mean(axis=-1)
```

15. 첫 12개 이미지를 다시 출력한다.

```
plt.figure(figsize=(10, 7))
for i in range(12):
  plt.subplot(3, 4, i + 1)
  plt.imshow(images[i], cmap='gray')
  plt.title(labels[i])
  plt.axis('off')
```

출력은 다음과 같다.

그림 5.22 첫 12개의 이미지를 다시 출력

16. 최종적으로 이미지를 0과 1 사이로 스케일 처리를 하자. 이는 신경망으로 들어가는 모든 입력에 필요한 조건이다. 이미지의 최댓값이 255이므로 간단히 255로 나누면 된다.

```
images /= 255.
```

17. 또한 10,000 × 1,024의 형태를 갖춰야 한다.

```
images = images.reshape((-1, 32 ** 2))
```

18. '연습 19, Keras 모델 정의'와 동일한 아키텍처로 모델을 재정의한다.

```
model = Sequential([
  Dense(500, input_shape=(1024,), activation='relu'),
```

```
    Dense(10, activation='softmax')
])
```

19. 이제 Keras를 훈련시킬 수 있다. 우선 훈련 파라미터를 특정하기 위해 메소드를 컴파일해야 한다. 확률적 경사 강하 및 분류 정확도의 성능 지표를 포함하는 범주형 교차 엔트로피를 사용할 것이다.

```
model.compile(loss='categorical_crossentropy',
              optimizer='sgd',
              metrics=['accuracy'])
```

20. 역전파를 사용해 100세대 동안 모델과 모델의 fit 메소드를 훈련한다.

```
model.fit(x_train, y_train, epochs=100, validation_data=(x_test, y_test))
```

결과는 다음과 같다.

```
Epoch 97/100
10000/10000 [==============================] - 2s 178us/step - loss: 0.4526 - acc: 0.8824
Epoch 98/100
10000/10000 [==============================] - 2s 176us/step - loss: 0.4488 - acc: 0.8871
Epoch 99/100
10000/10000 [==============================] - 2s 174us/step - loss: 0.4384 - acc: 0.8940
Epoch 100/100
10000/10000 [==============================] - 2s 170us/step - loss: 0.4322 - acc: 0.8955

<keras.callbacks.History at 0x7f12b3c7b978>
```

그림 5.23 모델 훈련

21. 우리는 이 신경망을 사용해 1,000개의 샘플에 대해 약 90%의 분류 정확도를 달성했다. 처음 12개 표본에 관해 수행한 예측을 다시 검사하자.

```
predictions = model.predict(images[:12])
predictions
```

결과는 다음과 같다.

```
array([[2.72101886e-03, 2.82521220e-03, 5.80681080e-04, 2.00835592e-03,
        4.87272721e-03, 1.73771027e-02, 9.62930799e-01, 5.69747109e-03,
        7.23911216e-04, 2.62686226e-04],
       [3.00214946e-04, 1.14106536e-01, 4.17048521e-02, 1.38805415e-02,
        4.82545962e-04, 3.11067980e-02, 1.02459533e-04, 2.45292974e-03,
        6.33396162e-03, 7.89529204e-01],
       [1.38785226e-05, 7.90050399e-05, 4.03187078e-05, 1.66309916e-03,
        3.49369337e-04, 3.01616683e-06, 5.77264291e-06, 3.29075777e-03,
        2.98287741e-05, 9.94524956e-01],
```

그림 5.24 예측 출력

22. 각 샘플에 대해 가장 유사한 분류를 argmax 메소드를 사용해 판단할 수 있다.

```
np.argmax(predictions, axis=1)
```

결과는 다음과 같다.

```
array([6, 9, 9, 4, 1, 1, 2, 7, 8, 3, 2, 7])
```

23. 라벨과 비교해보자.

```
labels[:12]
```

결과는 다음과 같다.

```
[6, 9, 9, 4, 1, 1, 2, 7, 8, 3, 4, 7]
```

이 네트워크는 샘플에서 하나의 에러를 발생시켰다. 뒤에서 두 번째 샘플을 4(사슴)가 아닌 2(새)로 판단했다. 축하한다! Keras를 사용해 신경망 모델을 성공적으로 훈련시켰다. 신경망 훈련 스킬을 좀 더 강화하기 위해 다음 활동을 완료하자.

활동 9: MNIST 신경망

이번 활동에서는 MNIST 데이터셋의 이미지를 식별하기 위한 신경망 훈련을 진행하고 이를 통해 신경망 훈련 기술을 강화하자. 이번 활동은 다양한 분류 문제, 특히 컴퓨터 비전과 관련한 문제를 해결하기 위한 신경망 아키텍처의 기본 형태를 이룬다. 물체 감지 및 식별에서부터 분류에 이르기까지, 이 일반적인 구조는 다양한 용도에 사용된다.

다음 단계를 따라 이번 활동을 완료하자.

1. `pickle`, `numpy`, `matplotlib`을 불러오고 Keras에서 `Sequential`, `Dense` 클래스를 불러온다.
2. 소스 코드와 함께 제공되는 MNIST 데이터셋에서 첫 10,000개의 이미지와 라벨을 담고 있는 mnist.pkl 파일을 불러온다. MNIST 데이터셋은 손으로 쓴 숫자 0부터 9까지의 28 × 28 크기의 흑백 이미지를 담고 있다. 이미지와 라벨을 추출하자.

> **노트**
>
> https://github.com/TrainingByPackt/Applied-Unsupervised-Learning-with-Python/tree/master/Lesson05/Activity09에서 mnist.pkl 파일을 찾을 수 있다.

3. 첫 10개의 샘플을 해당하는 라벨과 함께 그린다.
4. 원 핫 인코딩을 사용해 라벨을 인코드한다.
5. 신경망 입력으로 사용할 이미지들을 준비한다. 참고로 이 과정에는 2개의 단계가 존재한다.
6. ReLU 활성화 함수, 분류의 수와 동일한 출력 수를 갖는 600개의 히든 계층으로 구성된 Keras 신경망 모델을 만들자. 이 신경망 모델을 준비된 이미지를 입력으로 받는다. 출력 계층은 `softmax` 활성화 함수를 사용한다.

7. 다중 클래스 교차 엔트로피, 확률적 경사 하강 및 정확도 성능 메트릭을 사용해 모델을 컴파일하자.

8. 모델을 훈련시키자. 훈련 데이터에 대해 최소 95%의 정확도를 달성하려면 얼마나 많은 세대가 필요할까?

이 활동을 완료하면 손으로 쓴 숫자 0부터 9까지를 식별할 수 있는 간단한 신경망 훈련이 완료된다. 또한 분류 문제를 처리하는 신경망 구성을 위한 일반적인 프레임워크를 개발했다. 이 프레임워크를 사용해 다양한 문제를 처리하도록 확장하거나 수정할 수 있다.

노트

이 활동의 솔루션은 451페이지에서 찾을 수 있다.

▌ 오토인코더

이제 Keras로 지도 학습을 위한 신경망을 개발하는 것은 쉽게 할 수 있다. 지금부터는 원래 5장에서 다루려고 했던 비지도 학습과 관련한 오토인코더로 돌아가자. 오토인코더는 신경망 아키텍처를 위해 특별히 설계된 것으로 정보를 최대한 유지하면서 효율적으로 낮은 차원 공간으로 압축하는 걸 목표로 한다. 오토인코더 네트워크는 2개의 개별 서브 네트워크 또는 단계로 구분할 수 있는데, 하나는 인코딩encoding 단계이고 나머지는 디코딩decoding 단계다. 인코딩 단계에서는 입력 정보를 압축해 입력 샘플의 크기보다 더 작은 유닛을 가진 계층으로 보낸다. 디코딩 단계에서는 이렇게 압축된 내용을 다시 원래의 형태로 복원한다. 이렇게 하면 네트워크의 입력과 원하는 출력은 동일해진다. CIFAR-10 데이터셋의 이미지를 입력으로 넣고 출력에서 동일한 이미지를 얻으려고 시도한다. 이 네트워크 이기텍처는 그림 5.25를 참고하자.

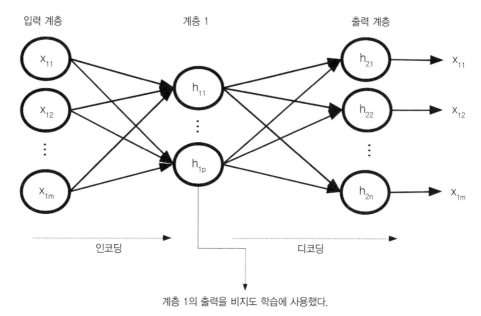

입력 계층   계층 1   출력 계층

인코딩   디코딩

계층 1의 출력을 비지도 학습에 사용했다.

그림 5.25 간단한 오토인코더 네트워크 아키텍처

연습 21: 간단한 오토인코더

이번 연습에서는 CIFAR-10 데이터셋을 처리하기 위한 간단한 오토인코더를 구성할 예정이다. 나중에 사용하기 위해 이미지에 저장된 정보를 압축한다.

> **노트**
>
> https://github.com/TrainingByPackt/Applied-Unsupervised-Learning-with-Python/tree/master/Lesson05/Exercise21에서 data_batch_1 파일을 받을 수 있다.

1. pickle, numpy, matplotlib을 불러온다. keras.models에서 Model 클래스를 불러오고 keras.layers에서 Input과 Dense를 불러온다.

```
import pickle
import numpy as np
import matplotlib.pyplot as plt
from keras.models import Model
from keras.layers import Input, Dense
```

2. 데이터를 불러온다.

```
with open('data_batch_1', 'rb') as f:
    dat = pickle.load(f, encoding='bytes')
```

3. 이는 비지도 학습 방식이므로, 이미지 데이터에만 관심을 두면 된다. 이전 연습에서 사용한 이미지 데이터를 불러오자.

```
images = np.zeros((10000, 32, 32, 3), dtype='uint8')

for idx, img in enumerate(dat[b'data']):
    images[idx, :, :, 0] = img[:1024].reshape((32, 32)) # 빨강
    images[idx, :, :, 1] = img[1024:2048].reshape((32, 32)) # 녹색
    images[idx, :, :, 2] = img[2048:].reshape((32, 32)) # 파랑
```

4. 이미지를 흑백으로 변환하고 0과 1 사이에서 스케일링한 후 각각을 1,024 길이 벡터 하나로 평탄화한다.

```
images = images.mean(axis=-1)
images = images / 255.0
images = images.reshape((-1, 32 ** 2))
images
```

5. 오토인코더 모델을 정의한다. 인코더 단계의 출력에 접근할 수 있어야 하므로 기존에 사용한 형태와는 조금 다른 방식을 사용해 모델을 정의해야 한다. 1024 유닛으로 구성된 입력 계층을 정의하자.

```
input_layer = Input(shape=(1024,))
```

6. 인코딩 단계를 위해 256 유닛(압축 비율은 1024/256=4)으로 구성된 Dense 계층과 ReLU 활성화 함수를 정의한다. 계층을 변수에 할당하고 이전 계층을 클래스에 대한 호출 메소드에 전달했다는 점을 알아두자.

```
encoding_stage = Dense(256, activation='relu')(input_layer)
```

7. sigmoid 함수를 활성화 함수로 사용해 후속 디코더 계층으로 정의하고 입력 계층은 동일한 모습을 유지한다. 네트워크로의 입력값이 0과 1 사이이므로 sigmoid 함수를 사용하는 게 적당하다.

```
decoding_stage = Dense(1024, activation='sigmoid')(encoding_stage)
```

8. 네트워크의 첫 계층과 마지막 계층을 Model 클래스로 전달하는 모델을 구성한다.

```
autoencoder = Model(input_layer, decoding_stage)
```

9. 바이너리 크로스 엔트로피 손실 함수 및 Adadelta 그라데이션 하강을 사용해 자동 인코더를 컴파일한다.

```
autoencoder.compile(loss='binary_crossentropy', optimizer='adadelta')
```

10. 이제 모델을 맞추자. 다시 훈련 데이터와 원하는 출력으로 사용할 이미지를 전달하고 100세대를 훈련한다.

```
autoencoder.fit(images, images, epochs=100)
```

결과는 다음과 같다.

```
Epoch 95/100
10000/10000 [==============================] - 4s 416us/step - loss: 0.5779
Epoch 96/100
10000/10000 [==============================] - 4s 418us/step - loss: 0.5777
Epoch 97/100
10000/10000 [==============================] - 4s 434us/step - loss: 0.5778
Epoch 98/100
10000/10000 [==============================] - 4s 428us/step - loss: 0.5776
Epoch 99/100
10000/10000 [==============================] - 4s 438us/step - loss: 0.5775
Epoch 100/100
10000/10000 [==============================] - 4s 404us/step - loss: 0.5775

<keras.callbacks.History at 0x7fb44d6fe8d0>
```

그림 5.26 모델 훈련

11. 첫 5개의 샘플에 관한 인코딩 단계의 출력을 계산하고 저장한다.

```
encoder_output = Model(input_layer, encoding_stage).predict(images[:5])
```

12. 인코더 출력을 16 × 16(16 × 16 = 256)픽셀로 바꾸고 255를 곱한다.

```
encoder_output = encoder_output.reshape((-1, 16, 16)) * 255
```

13. 첫 5개의 샘플에 관한 디코딩 단계의 출력을 계산하고 저장한다.

```
decoder_output = autoencoder.predict(images[:5])
```

14. 디코더의 출력을 32 × 32로 변경하고 255를 곱한다.

```
decoder_output = decoder_output.reshape((-1, 32,32)) * 255
```

15. 원본 이미지를 재가공한다.

```
images = images.reshape((-1, 32, 32))

plt.figure(figsize=(10, 7))
for i in range(5):
  plt.subplot(3, 5, i + 1)
  plt.imshow(images[i], cmap='gray')
  plt.axis('off')

  plt.subplot(3, 5, i + 6)
  plt.imshow(encoder_output[i], cmap='gray')
  plt.axis('off')

  plt.subplot(3, 5, i + 11)
  plt.imshow(decoder_output[i], cmap='gray')
  plt.axis('off')
```

결과는 다음과 같다.

그림 5.27 간단한 오토인코더 출력

그림 5.27에서 3개 열의 이미지를 볼 수 있다. 첫 열은 원본 흑백 이미지이며 두 번째 열은 원본 이미지에 대한 오토인코더 출력이고 마지막 세 번째 열은 인코딩된 입력으로부터 원본 이미지를 재구성한 것이다. 그림에서 보다시피 세 번째 열의 디코딩된 이미지는 기본적인 주요 정보를 담고 있음을 알 수 있다. 개구리와 사슴의 기본 형체뿐만 아니라 트럭과 자동차의 외형도 확인할 수 있다. 100개의 샘플만 갖고 모델을 훈련시킨 결과이며 훈련 세대를 길게 하면 인코더와 디코더의 성능이 더 좋아질 것이다. 이제 오토인코더 훈련을 마쳤으니 이를 K-평균이나 K-최근접 이웃과 같은 비지도 학습 알고리즘의 특징 벡터로 사용할 수 있다.

활동 10: 간단한 MNIST 오토인코더

이 활동에서는 소스 코드와 함께 제공되는 MNIST 데이터셋을 위한 오토인코더 네트워크를 만들 예정이다.

이번 활동에서 만든 것과 같은 오토인코더 네트워크는 비지도 학습의 사전 처리 단계에서 매우 유용할 수 있다. 네트워크가 생성한 인코딩된 정보는 이미지 기반 웹 검색과 같은 분야에서 분류 작업을 할 때 사용할 수 있다.

1. pickle, numpy, matplotlib를 불러오고 Keras에서 Model, Input, Dense 클래스를 불러온다.
2. 소스 코드와 함께 제공되는 MNIST 데이터셋(mnist.pkl)의 샘플에 포함된 이미지를 불러온다.

> **노트**
>
> mnist.pkIP-code 파일은 https://github.com/TrainingByPackt/Applied-Unsupervised-Learning-with-Python/tree/master/Lesson05/Activity10에서 받을 수 있다.

3. 신경망의 입력 자료로 사용할 이미지를 준비한다. 참고로, 이 과정은 2단계로 구성된다.
4. 인코딩 단계에서 이미지의 크기를 10 × 10으로 줄이는 간단한 오토인코더 네트워크를 구성한다.
5. 이진 크로스 엔트로피 손실 함수와 adadelta 경사 하강법을 사용해 오토인코더를 컴파일한다.
6. 인코더 모델을 피팅한다.
7. 첫 5개의 샘플에 대한 인코딩 단계의 출력을 계산하고 저장한다.
8. 인코더 출력을 10 × 10 (10 × 10 = 100)픽셀로 만들고 255를 곱한다.

9. 첫 5개의 샘플에 대한 디코딩 단계의 출력을 계산하고 저장한다.

10. 디코더 출력을 28 × 28 크기로 만들고 255를 곱한다.

11. 원본 이미지, 인코더 출력, 디코더 출력을 그린다.

이 활동을 마치면 데이터셋에서 이후 처리에 사용할 핵심 정보를 추출하는 오토인코더 네트워크의 훈련을 성공적으로 마칠 수 있다. 출력 결과는 다음과 유사할 것이다.

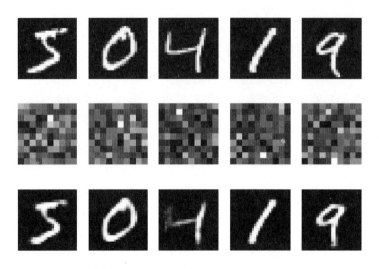

그림 5.28 원본 이미지, 인코더 출력, 디코더 출력 예상

> **노트**
> 이 활동의 솔루션은 454페이지에서 찾을 수 있다.

연습 22: 다중 계층 오토인코더

이번 연습에서는 CIFAR-10 데이터셋의 샘플을 위한 다중 계층 오토인코더를 구성할 예정이다. 나중의 사용을 위해 이미지 내의 정보를 압축해보자.

> **노트**
>
> https://github.com/TrainingByPackt/ Applied-Unsupervised-Learning-with-Python/tree/
> master/Lesson05/Exercise22에서 data_batch_1 파일을 다운로드할 수 있다.

1. pickle, numpy, matplotlib을 불러온다. keras.models에서 Model 클래스를 불러오고 keras.layers에서 Input과 Dense를 불러온다.

```
import pickle
import numpy as np
import matplotlib.pyplot as plt
from keras.models import Model
from keras.layers import Input, Dense
```

2. 데이터를 불러온다.

```
with open('data_batch_1', 'rb') as f:
    dat = pickle.load(f, encoding='bytes')
```

3. 비지도 학습이므로, 이미지 데이터에만 관심 가지면 된다. 이전 연습에 사용한 이미지 데이터를 불러오자.

```
images = np.zeros((10000, 32, 32, 3), dtype='uint8')

for idx, img in enumerate(dat[b'data']):
    images[idx, :, :, 0] = img[:1024].reshape((32, 32)) # 빨강
    images[idx, :, :, 1] = img[1024:2048].reshape((32, 32)) # 녹색
    images[idx, :, :, 2] = img[2048:].reshape((32, 32)) # 파랑
```

4. 이미지를 흑백으로 변경하고 0과 1 사이로 스케일을 조정한 후 1,024 길이의 단일 벡터로 평탄화한다.

```
images = images.mean(axis=-1)
images = images / 255.0
images = images.reshape((-1, 32 ** 2))
images
```

5. 다중 계층 오토인코더 모델을 정의한다. 간단한 오토인코더 모델에서와 사용했던 것과 동일한 모양을 사용한다.

```
input_layer = Input(shape=(1024,))
```

6. 256 오토인코더 단계 전에 512개의 뉴런을 가진 계층을 하나 추가하자.

```
hidden_encoding = Dense(512, activation='relu')(input_layer)
```

7. 이전 예제와 동일한 크기의 오토인코더를 사용한다. 하지만 이번에는 계층으로의 입력이 hidden_encoding 계층이다.

```
encoding_stage = Dense(256, activation='relu')(hidden_encoding)
```

8. 디코딩 히든 계층을 추가한다.

```
hidden_decoding = Dense(512, activation='relu')(encoding_stage)
```

9. 이전 예제와 동일한 출력 단계를 사용한다. 이번에는 히든 디코딩 단계와 연결된다.

```
decoding_stage = Dense(1024, activation='sigmoid')(hidden_decoding)
```

10. Model 클래스에 네트워크의 처음과 마지막 계층을 전달해 모델을 구성한다.

```
autoencoder = Model(input_layer, decoding_stage)
```

11. 이진 크로스 엔트로피 손실 함수와 adadelta 경사 하강법을 사용해 오토인코더를 컴파일한다.

```
autoencoder.compile(loss='binary_crossentropy', optimizer='adadelta')
```

12. 이제 모델을 피팅하자. 훈련 데이터이자 원하는 출력으로 사용할 이미지들을 전달하고 100세대에 걸쳐 훈련을 진행한다.

```
autoencoder.fit(images, images, epochs=100)
```

결과는 다음과 같다.

```
Epoch 93/100
10000/10000 [==============================] - 9s 945us/step - loss: 0.5805
Epoch 94/100
10000/10000 [==============================] - 10s 965us/step - loss: 0.5806
Epoch 95/100
10000/10000 [==============================] - 10s 969us/step - loss: 0.5807
Epoch 96/100
10000/10000 [==============================] - 10s 968us/step - loss: 0.5804
Epoch 97/100
10000/10000 [==============================] - 10s 1ms/step - loss: 0.5803
Epoch 98/100
10000/10000 [==============================] - 10s 971us/step - loss: 0.5804
Epoch 99/100
10000/10000 [==============================] - 10s 970us/step - loss: 0.5802
Epoch 100/100
10000/10000 [==============================] - 10s 972us/step - loss: 0.5799
```

그림 5.29 모델 훈련

13. 첫 5개 샘플에 대해 인코딩 단계의 출력을 계산하고 저장한다.

```
encoder_output = Model(input_stage, encoding_stage).predict(images[:5])
```

14. 인코더 출력을 10×10 ($10 \times 10 = 100$)픽셀로 만들고 255를 곱한다.

```
encoder_output = encoder_output.reshape((-1, 10, 10)) * 255
```

15. 첫 5개 샘플에 대한 디코딩 단계의 출력을 계산하고 저장한다.

```
decoder_output = autoencoder.predict(images[:5])
```

16. 디코더의 출력을 28×28로 만들고 255를 곱한다.

```
decoder_output = decoder_output.reshape((-1, 28, 28)) * 255
```

17. 원본 이미지, 인코더 출력, 디코더 출력을 그린다.

```
images = images.reshape((-1, 28, 28))

plt.figure(figsize=(10, 7))
for i in range(5):
  plt.subplot(3, 5, i + 1)
  plt.imshow(images[i], cmap='gray')
  plt.axis('off')

  plt.subplot(3, 5, i + 6)
  plt.imshow(encoder_output[i], cmap='gray')
  plt.axis('off')

  plt.subplot(3, 5, i + 11)
  plt.imshow(decoder_output[i], cmap='gray')
  plt.axis('off')
```

출력은 다음과 같다.

그림 5.30 다중 계층 오토인코더 출력

간단한 오토인코더와 다중 계층 오토인코더가 생성한 에러 점수를 살펴보고 그림 5.27과 그림 5.30을 비교해보면 두 인코더 출력 결과에 약간의 차이가 있음을 알아챌 수 있다. 두 그림의 가운데 행은 두 모델이 학습한 기능이 실제로 다르다는 것을 보여준다. 이 두 모델의 성능을 개선하기 위해 훈련 세대를 더 길게 하거나 각 계층에 다른 수의 유닛 또는 뉴런을 사용하거나 다양한 수의 계층을 사용하는 등 다양한 선택이 존재한다. 이 연습은 오토인코더를 만들고 사용하는 방법을 보여주기 위한 목적으로 만들어졌지만 최적화는 종종 체계적인 시행착오의 결과다. 직접 모델의 파라미터들을 조절해보면서 다른 결과를 얻어내기 위한 노력을 해보길 바란다.

컨볼루셔널 신경망

이전 신경망 모델을 구축할 때 이미지에서 모든 색상 정보를 제거해 흑백으로 만든 후 이를 1,024 길이의 벡터로 평탄화한 것을 기억할 것이다. 이렇게 함으로써 필요할 수도 있는 많은 정보가 사라졌다. 이미지의 색상은 오브젝트 혹은 종류에 따라 중요한 의미를 가질 수도 있다. 게다가, 이미지에 대한 많은 공간 정보를 잃어버렸다. 예를 들어 트럭 이미지에 있는 트레일러의 위치나 머리를 기준으로 한 사슴의 다리 위치 등이다. 컨볼루셔널 신경망Convolutional Neural Networks은 이런 정보 손실에 영향을 받지 않는다. 이는 훈련 가능한 매개변수의 평탄화된 구조를 이용하기보다는 가중치를 그리드나 행렬에 저장하면서 각 매개변수 그룹은 많은 계층을 가질 수 있기 때문이다. 그리드에 가중치를 구성하면 가중치가 이미지에 슬라이딩 방식으로 적용되므로 공간 정보의 손실을 방지할 수 있다. 또한 다중 계층을 가지면서 이미지와 관련한 색상 채널을 유지할 수 있다.

컨볼루셔널 신경망 기반의 오토인코더를 개발할 때 MaxPooling2D와 Upsampling2D 계층은 매우 중요하다. MaxPooling2D 계층은 입력창 내에서 최댓값을 선택해 2차원으로 입력 행렬의 크기를 줄인다. 3개의 셀은 값이 1이고 나머지 하나는 값이 2인 2 × 2행렬이 있다고 해보자.

1	1
1	2

그림 5.31 샘플 행렬

이 행렬을 MaxPooling2D 계층에 제공하면 단일 값 2를 반환하므로 양방향으로 입력 크기를 절반으로 줄인다.

UpSampling2D 계층은 MaxPooling2D 계층과 반대 효과를 가지므로 입력을 줄이지 않고 입력의 크기를 늘린다. 업 샘플링 프로세스는 데이터의 행과 열을 반복하므로 입력 행렬의 크기가 두 배로 늘어난다.

연습 23: 컨볼루셔널 오토인코더

이번 연습에서는 컨볼루셔널 신경망 기반의 오토인코더를 개발하고 이의 성능을 기존의 완전히 연결된 신경망 오토인코더와 비교해보자.

> **노트**
>
> data_batch_1 파일은 https://github.com/TrainingByPackt/Applied-Unsupervised-Learning-with-Python/tree/master/Lesson05/Exercise23에서 받을 수 있다.

1. pickle, numpy, matplotlib를 불러오고, keras.models에서 Model 클래스 그리고 keras.layers에서 Input, Conv2D, MaxPooling2D, UpSampling2D를 불러온다.

```
import pickle
import numpy as np
import matplotlib.pyplot as plt
from keras.models import Model
from keras.layers import Input, Conv2D, MaxPooling2D, UpSampling2D
```

2. 데이터를 불러온다.

```
with open('data_batch_1', 'rb') as f:
  dat = pickle.load(f, encoding='bytes')
```

3. 비지도 학습 방식이므로 이미지 데이터에만 관심을 가지면 된다. 이전 예제에서 사용한 이미지 데이터를 불러온다.

```
images = np.zeros((10000, 32, 32, 3), dtype='uint8')

for idx, img in enumerate(dat[b'data']):
  images[idx, :, :, 0] = img[:1024].reshape((32, 32)) # 빨강
  images[idx, :, :, 1] = img[1024:2048].reshape((32, 32)) # 초록
  images[idx, :, :, 2] = img[2048:].reshape((32, 32)) # 파랑
```

4. 컨볼루셔널 네트워크를 사용하고 있으므로 이미지의 스케일만 변경하면 된다.

```
images = images / 255.
```

5. 컨볼루셔널 오토인코더 모델을 정의한다. 동일한 형태의 이미지 입력을 사용할
   예정이다.

```
input_layer = Input(shape=(32, 32, 3,))
```

6. 32 계층 또는 필터를 갖는 컨볼루셔널 단계와 3 × 3 가중치 행렬, ReLU 활성화
   함수를 추가하고 동일한 패딩padding을 사용한다. 이는 출력이 입력 이미지와 동
   일한 길이임을 의미한다.

> **노트**
>
> Conv2D 컨볼루셔널 계층은 완전히 연결된 신경망에서 2차원 가중치다. 가중치는 일련의 2D 가중
> 치 필터 또는 계층에 존재하며 계층의 입력과 관련이 있다.

```
hidden_encoding = Conv2D(
    32, # 가중치 행렬 내의 계층이나 필터의 수
    (3, 3), # 가중치 행렬의 형태
    activation='relu',
    padding='same', # 이미지에 가중치 적용하는 방법
)(input_layer)
```

7. 2 × 2 커널로 인코더에 최대 풀링 계층을 추가하자. MaxPooling은 2 × 2 행렬을
   스캔하면서 이미지의 모든 값을 찾는다. 각 2 × 2 영역의 최댓값이 반환되므로
   인코딩된 계층의 크기가 절반으로 줄어든다.

```
encoded = MaxPooling2D((2, 2))(hidden_encoding)
```

8. 디코딩 컨볼루셔널 계층을 추가하자. 이 계층은 이전 컨볼루셔널 계층과 동일해
   야 한다.

```
hidden_decoding = Conv2D(
    32, # 가중치 행렬의 계층 또는 필터의 수
    (3, 3), # 가중치 행렬의 형태
    activation='relu',
    padding='same', # 이미지에 가중치를 적용하는 방법
)(encoded)
```

9. 이제 이미지를 원래 크기로 되돌려야 한다. MaxPooling2D와 동일한 크기로 업 샘
   플링한다.

```
upsample_decoding = UpSampling2D((2, 2))(hidden_decoding)
```

10. 이미지의 RGB 채널을 위한 3개의 계층을 사용해 최종 컨볼루셔널 단계를 추가
    한다.

```
decoded = Conv2D(
    3, # 가중치 행렬의 계층 또는 필터의 수
    (3, 3), # 가중치 행렬의 형태
    activation='sigmoid',
    padding='same', # 이미지에 가중치를 적용하는 방법
)(upsample_decoding)
```

11. Model 클래스에 네트워크의 처음과 마지막 계층을 전달해 모델을 구성한다.

```
autoencoder = Model(input_layer, decoded)
```

12. 모델의 구조를 출력한다.

```
autoencoder.summary()
```

이전 오토인코더 예제와 비교할 때 훈련 가능한 매개변수가 훨씬 적다. 이는 예제가 광범위한 하드웨어에서 실행되도록 하기 위한 디자인 결정이다. 컨볼루셔널 네트워크에는 일반적으로 훨씬 더 많은 처리 능력과 그래픽 처리 장치(GPU)와 같은 특수 하드웨어가 필요하다.

13. 이진 크로스 엔트로피 손실 함수와 adadelta 경사 하강법을 사용해 오토인코더를 컴파일한다.

```
autoencoder.compile(loss='binary_crossentropy',
            optimizer='adadelta')
```

14. 이제 모델을 피팅하자. 훈련용 이미지 데이터와 원하는 결과를 전달하고 20세대만 훈련하자. 이는 컨볼루셔널 네트워크가 연산 시간이 훨씬 오래 걸리기 때문이다.

```
autoencoder.fit(images, images, epochs=20)
```

결과는 다음과 같다.

```
Epoch 1/20
10000/10000 [==============================] - 21s 2ms/step - loss: 0.5934
Epoch 2/20
10000/10000 [==============================] - 21s 2ms/step - loss: 0.5687
Epoch 3/20
10000/10000 [==============================] - 22s 2ms/step - loss: 0.5633
Epoch 4/20
10000/10000 [==============================] - 21s 2ms/step - loss: 0.5602
Epoch 5/20
10000/10000 [==============================] - 21s 2ms/step - loss: 0.5590:
Epoch 6/20
10000/10000 [==============================] - 21s 2ms/step - loss: 0.5581
Epoch 7/20
10000/10000 [==============================] - 21s 2ms/step - loss: 0.5578
Epoch 8/20
10000/10000 [==============================] - 21s 2ms/step - loss: 0.5572
Epoch 9/20
10000/10000 [==============================] - 21s 2ms/step - loss: 0.5566
Epoch 10/20
10000/10000 [==============================] - 21s 2ms/step - loss: 0.5557
Epoch 11/20
10000/10000 [==============================] - 21s 2ms/step - loss: 0.5553
Epoch 12/20
10000/10000 [==============================] - 21s 2ms/step - loss: 0.5552
Epoch 13/20
10000/10000 [==============================] - 21s 2ms/step - loss: 0.5551
Epoch 14/20
10000/10000 [==============================] - 22s 2ms/step - loss: 0.5543
Epoch 15/20
10000/10000 [==============================] - 22s 2ms/step - loss: 0.5544
Epoch 16/20
10000/10000 [==============================] - 22s 2ms/step - loss: 0.5548
Epoch 17/20
10000/10000 [==============================] - 22s 2ms/step - loss: 0.5541
Epoch 18/20
10000/10000 [==============================] - 22s 2ms/step - loss: 0.5539
Epoch 19/20
10000/10000 [==============================] - 22s 2ms/step - loss: 0.5538
Epoch 20/20
10000/10000 [==============================] - 22s 2ms/step - loss: 0.5539
```

그림 5.32 모델 훈련

두 번째 세대부터 이미 이전 오토인코더에 비해 오류가 적어 더 나은 인코딩/디코딩 모델을 보여준다. 이는 컨볼루셔널 신경망이 데이터를 많이 버리지 않은 덕분이다. 인코딩 이미지가 $16 \times 16 \times 32$로 이전의 16×16에 비해 훨씬 크다. 또한 이미지가 이제 더 적은 픽셀 $(16 \times 16 \times 32 = 8,192)$을 포함하기 때문에 이미지 자체를 압축하지 않았지만 이전보다 깊이$(32 \times 32 \times 3,072)$가 더 크다. 이 정보는 좀 더 효과적인 인코딩/디코딩 프로세스를 위해 재배열됐다.

15. 첫 5개 샘플에 대한 인코딩 단계의 출력을 계산하고 저장한다.

```
encoder_output = Model(input_layer, encoded).predict(images[:5])
```

16. 각각의 인코딩된 이미지는 컨볼루셔널 단계를 위해 선택된 필터의 수로 인해 $16 \times 16 \times 32$의 형상을 갖는다. 따라서 이를 수정해야만 시각화할 수 있다. 시각화를 위해 크기를 256×32 크기로 바꾸자.

```
encoder_output = encoder_output.reshape((-1, 256, 32))
```

17. 첫 5개의 이미지에 대한 디코더 결과를 얻는다.

```
decoder_output = autoencoder.predict(images[:5])
```

18. 원본 이미지, 평균 인코더 출력, 디코더 출력을 그린다.

```
plt.figure(figsize=(10, 7))
for i in range(5):
  plt.subplot(3, 5, i + 1)
  plt.imshow(images[i], cmap='gray')
  plt.axis('off')

  plt.subplot(3, 5, i + 6)
  plt.imshow(encoder_output[i], cmap='gray')
  plt.axis('off')

  plt.subplot(3, 5, i + 11)
  plt.imshow(decoder_output[i])
  plt.axis('off')
```

결과는 다음과 같다.

그림 5.33 원본 이미지, 인코더 출력, 디코더 출력

활동 11: MNIST 컨볼루셔널 오토인코더

이번 활동에서는 MNIST 데이터셋을 사용해 컨볼루셔널 오토인코더의 지식을 강화해보자. 컨볼루셔널 오토인코더는 일반적으로 합리적 수준의 이미지 크기를 사용할 때 성능이 크게 향상된다. 이는 특히 인공적인 이미지 샘플을 생성하기 위해 오토인코더를 사용할 때 유용하다.

1. pickle, numpy, matplotlib을 불러오고 keras.models에서 Model 클래스 그리고 keras.layers에서 Input, Conv2D, MaxPooling2D, UpSampling2D를 불러온다.

2. 함께 제공되는 소스 코드에서 사용할 수 있는 MNIST 데이터셋의 첫 10,000개 이미지와 해당 라벨을 포함하는 mnist.pkl 파일을 불러온다.

3. 이미지의 스케일을 0과 1 사이로 조절한다.

4. 컨볼루셔널 단계와 함께 사용하기 위해 단일 깊이 채널을 추가하려면 이미지를 재구성해야 한다. 28 × 28 × 1 형태가 되도록 이미지의 모양을 변경하자.

5. 입력 계층을 정의한다. 이미지와 동일한 입력 형태를 사용할 예정이다.

6. 16개의 계층 또는 필터, 3 × 3 가중치 행렬, ReLU 활성화 함수를 갖는 컨볼루셔널 단계를 추가하고 동일한 패딩을 사용한다. 이는 출력의 길이가 입력 이미지와 동일하다는 의미다.

7. 인코더에 2 × 2 커널로 최대 풀링 계층을 추가한다.

8. 디코딩 컨볼루셔널 계층을 추가한다.

9. 업샘플링 계층을 추가한다.

10. 초기 이미지 깊이에 따라 1개의 계층을 사용해 최종 컨볼루셔널 단계를 추가하자.

11. Model 클래스에 네트워크의 처음과 마지막 계층을 전달해 모델을 구성한다.

12. 모델의 구조를 출력한다.

13. 이진 크로스 엔트로피 손실 함수와 adadelta 경사 하강법을 사용해 오토인코더를 컴파일한다.

14. 이제 모델을 피팅하자. 훈련용 이미지 데이터와 원하는 결과를 전달하고 20세대만 훈련하자. 이는 컨볼루셔널 네트워크가 연산 시간이 훨씬 오래 걸리기 때문이다.

15. 첫 5개의 샘플에 대한 인코딩 단계의 출력을 계산하고 저장한다.

16. 시각화를 위해 인코더 출력의 모양을 각 이미지가 X*Y 크기를 갖도록 변경하자.

17. 첫 5개 이미지에 대한 디코더 출력을 얻자.

18. 28 × 28 크기가 되도록 디코더 출력의 모양을 변경한다.

19. 원본 이미지의 크기가 28 × 28이 되도록 모양을 변경한다.

20. 원본 이미지, 평균 인코더 출력과 디코더 출력을 그린다.

이 활동을 마치면 신경망 내에 컨볼루셔널 계층으로 구성된 오토인코더를 개발하게 된다. 디코더가 개선된 사실도 알아두자. 출력은 다음과 유사한 형태가 될 것이다.

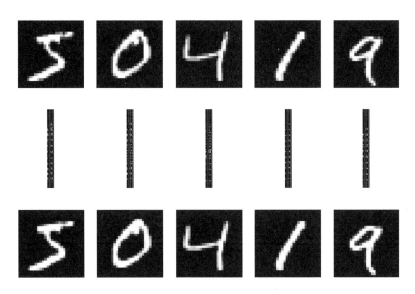

그림 5.34 원본 이미지, 인코더 출력, 디코더 출력 예상

노트

이 활동의 솔루션은 458페이지에서 찾을 수 있다.

▌ 요약

5장은 인공 신경망에 대한 소개, 네트워크 구성 방법 및 특정 작업을 완료하는 방법을 배우는 과정으로 시작했다. 지도 학습 예제로 시작해 CIFAR-10 데이터셋 내에서 대상을 식별하기 위해 인공 신경망 분류기를 만들었다. 그다음, 신경망의 오토인코더 아키텍처를 진행하면서 이를 비지도 학습 문제에 적용하는 방법을 살펴봤다. 마지막으로 컨볼루셔널 신경망을 살펴보고 이 추가적인 계층이 제공하는 이점을 살펴보면서 오토인코더와 관련한 조사를 마무리했다. 5장은 t-분산 최근접 이웃t-SNE으로 인코딩된 데이터를 사용하고 시각화하는 것을 보면서 차원 축소의 최종 과정을 잘 마무리했다. t-SNE는 PCA와 같은 축소 기술을 적용한 후에도 고차원 데이터를 시각화하는 매우 효과적인 방법을 제공한다. 특히 비지도 학습에 유용하다.

t-분포 확률적 이웃 임베딩

학습 목표

다음은 6장에서 배울 내용이다.

- t-SNE의 동기 설명과 이해
- SNE와 T-SNE의 파생 설명
- scikit-learn에서 t-SNE 모델 구현
- t-SNE의 한계 설명

6장에서는 고차원 데이터셋의 시각화 수단인 확률적 이웃 임베딩(SNE)과 t-분포 확률적 이웃 임베딩 (t-SNE)에 관해 살펴볼 예정이다.

▌ 소개

6장은 차원 축소 기술 및 변형에 관한 작은 시리즈의 마지막이다. 이 시리즈의 이전 장에서는 데이터를 정리하거나 계산 효율을 높이기 위해 크기를 줄이거나 데이터셋 내에서 사용 가능한 가장 중요한 정보를 추천하기 위한 방법으로 데이터셋의 차원을 줄이는 여러 방법을 설명했다. 고차원 데이터셋을 줄이는 여러 방법을 시연했지만 데이터의 품질을 과하게 줄이지 않으면서 시각화 가능한 2~3차원으로 줄이기 어려운 경우가 많았다. 5장, '오토인코더'에서 사용된 MNIST 데이터셋을 생각해보자. 이 숫자는 0에서 9까지의 숫자로 디지털화된 필기 숫자 모음이다. 각 이미지의 크기는 28 × 28 픽셀이며 784개의 개별 차원 또는 기능을 제공한다. 시각화 목적으로 이 784를 2 또는 3으로 줄이면 사용 가능한 정보가 거의 모두 손실된다.

6장에서는 고차원 데이터셋의 시각화 수단인 확률적 이웃 임베딩SNE과 t-분포 확률적 이웃 임베딩t-SNE을 살펴볼 예정이다. 이 기법은 데이터 시각화에 강력한 도구이므로 비지도 학습 및 머신 러닝 시스템 설계에 매우 유용하다. 데이터를 시각화할 수 있으면 관계를 탐색하고 그룹을 식별하면서 결과를 확인할 수 있다. t-SNE 기법은 관심 있는 30개 이상의 특성을 가진 암세포핵을 시각화하는 데 사용돼 온 반면, 문서 데이터는 PCA와 같은 기법을 적용한 후에도 수천 개의 차원을 가질 수 있다.

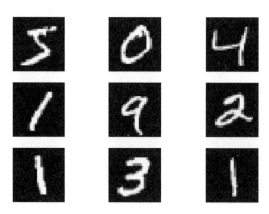

그림 6.1 MNIST 데이터 샘플

6장 전체에 걸쳐서 실습 예제의 기초로 함께 제공되는 소스 코드와 함께 제공된 MNIST 데이터셋을 사용해 SNE와 t-SNE를 살펴볼 예정이다. 내용을 진행하기에 앞서 MNIST와 그 안에 담긴 데이터를 빠르게 검토하자. 완전한 MNIST 데이터셋은 0에서 9까지의 숫자로 이뤄진 60,000개의 훈련 및 10,000개의 테스트 예제 모음으로 28 × 28 픽셀 크기(784 차원 또는 특징)의 흑백 이미지로 표시된다. 데이터의 양이 많고 품질이 좋아서 MNIST는 머신 러닝 분야에서 널리 사용되는 데이터셋 중 하나가 됐으며 종종 머신 러닝의 많은 연구 논문에서 참조 데이터셋으로 사용됐다. MNIST 사용해 SNE와 t-SNE를 작업할 때 생기는 장점 중 하나는 샘플에 많은 수의 차원이 포함돼 있지만 이미지로 표현될 수 있기 때문에 차원 축소 후에도 시각화할 수 있다는 것이다. 그림 6.1은 MNIST 데이터셋의 샘플이고, 그림 6.2는 PCA를 사용해 30개 구성 요소로 축소한 동일 샘플이다.

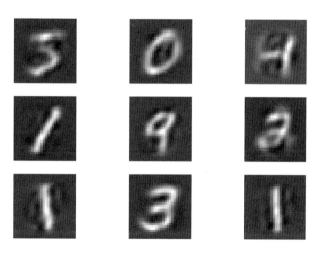

그림 6.2 PCA를 사용해 30개의 구성 요소로 축소된 MNIST

▍확률적 이웃 임베딩

확률적 이웃 임베딩SNE, Stochastic Neighbor Embedding은 매니폴드 학습manifold learning 분야에 속하는 여러 방법 중 하나이며, 이 방법은 고차원 공간을 저차원 매니폴드 또는 경계 영역 내에서 표현하는 걸 목표로 한다. 처음에 이것은 불가능한 일처럼 보인다. 기능이 30개 이상인 데이터 집합을 어떻게 2차원 데이터로 보여줄 수 있을까 궁금하겠지만 SNE를 진행하면서 이것이 어떻게 가능한지 이해하게 될 것이다. 자세한 수학적인 내용은 여기에서 다룰 수 있는 내용의 범위를 넘어서기에 생략하며, 다음 단계를 따라 SNE를 구성해보자.

1. 고차원 공간 내의 데이터 지점 간 거리를 조건부 확률로 변환한다. 고차원 공간에 두 지점 X_i와 X_j가 있고 X_j가 X_i의 이웃이 될 확률을 $(p_{i|j})$로 결정하고 싶다고 해보자. 이 확률을 정의하기 위해 가우시안 커브를 사용하자. 가까운 점은 확률이 높고 먼 점은 확률이 낮음을 알 수 있다.

2. 가우시안 커브의 폭이 확률 선택 속도를 제어하므로 이를 결정해야 한다. 넓은 폭의 커브는 점들이 멀리 떨어져 있음을 나타내고 좁은 커브는 점들이 가까이 있음을 나타낸다.

3. 데이터를 저차원 공간으로 투영하면 해당하는 저차원 데이터 y_i와 y_j 간의 확률 $(q_{i|j})$를 정의할 수 있다.

4. SNE가 목표로 하는 것은 모든 데이터 지점에 걸쳐 $(p_{i|j})$와 $(q_{i|j})$ 사이의 차이를 최소화하기 위해 저차원 내에서 데이터의 위치를 잡는 것이다. 이때 사용하는 비용 함수 (C)는 쿨백 레블러Kullback-Leibler 확산으로 알려져 있다.

$$C = \sum_i \sum_j p_{i|j} \log \frac{p_{i|j}}{q_{i|j}}$$

그림 6.3 쿨백 레블러 확산

가우스 분포는 데이터를 저차원 공간에 매핑한다. 이를 위해 SNE는 5장에서 다룬 신경망 및 오토인코더의 학습 속도 및 세대 표준 매개변수를 통해 C를 최소화하기 위해 경사 하강 프로세스를 사용한다. SNE는 훈련 과정에 새로운 개념인 퍼플렉서티^{perplexity}를 구현한다. 퍼플렉서티는 비교에 사용된 유효 이웃의 수에 대한 선택이며 5에서 50 사이의 값은 비교적 안정적임을 의미한다. 실제로 이 범위 내에 있는 퍼플렉서티 값을 사용한 시행 착오를 권장한다.

SNE는 크라우딩 문제$^{crowding\ problem}$로 알려진 이슈에도 저차원 공간에서 고차원 데이터를 시각화하는 효과적인 방법을 제공한다. 크라우딩 문제는 일부 지점들이 점 i로부터 비슷한 거리에 존재할 때 발생한다. 이런 점들이 저차원 공간에서 시각화될 때 서로 겹치는 문제로 인해 시각화가 어려워진다. 만일 이렇게 붐비는 지점들 사이에 더 많은 공간을 두려고 하면 문제가 더 악화되는데, 이는 더 멀리 있는 지점들은 저차원 공간에서는 더 멀리 배치되기 때문이다. 본질적으로 더 멀리 떨어진 지점에서 제공하는 정보를 잃지 않으면서도 가까운 지점을 시각화할 수 있는 균형을 맞추려고 노력해야 한다.

▌ t-분포 확률적 이웃 임베딩

약어로 t-SNE라고도 한다. t-SNE는 저차원 공간에서 수정된 버전의 KL 발산 비용 함수를 사용하고 가우시안 분포를 스튜던트Student t-분포로 대체 사용해 크라우딩 문제를 해결함을 목표로 한다. 스튜던트 t-분포는 표본 크기가 작고 모집단 표준편차를 알 수 없을 때 사용하는 연속 분포다. 이는 종종 스튜던트 t-시험에 사용된다.

수정된 KL 비용 함수는 저차원 공간에서의 양방향 거리를 동일하게 고려하는 반면, 스튜던트 분포는 크라우딩 문제를 피하기 위해 저차원 공간에서 두꺼운 꼬리를 사용한다. 더 높은 차원의 확률 계산에서 가우시안 분포는 여전히 더 높은 차원에서 적당한 거리가 낮은 차원에서도 적당한 거리로 표현되도록 보장하는 데 사용된다. 각각의 공간에서 서로 다른 분포의 이러한 조합은 짧은 거리와 중간 거리로 분리된 데이터 지점을 잘 표현하도록 도와준다.

노트

스튜던트 t-분포를 재현하는 방법에 대한 파이썬 예제 코드는 https://github.com/TrainingBy Packt/Applied-Unsupervised-Learning-with-Python/blob/master/Lesson06/StudentTDist. ipynb에 있는 주피터 노트북을 참고하기 바란다.

다행히 우리가 직접 t-SNE를 구현하지는 않아도 된다. scikit-learn은 간단한 API로 매우 효과적인 구현을 제공하기 때문이다. 기억해야 할 점은 SNE와 t-SNE 모두 고차원과 저차원 공간에서 두 점이 이웃이 될 확률을 계산하며 두 공간 사이의 확률 차이를 최소화하는 걸 목표로 한다.

연습 24: t-SNE MNIST

이 연습에서는 MNIST 데이터셋(소스 코드와 함께 제공)를 사용해 t-SNE에 대한 scikit-learn 구현을 살펴보기로 한다. 앞에서 설명한 것처럼 MNIST를 사용하면 보스턴 주택 가격^{Boston Housing Price} 또는 Iris 데이터셋 등 다른 데이터셋에서는 불가능한 부분을 고차원 공간에서 시각화할 수 있다.

1. scikit-learn에서 pickle, numpy, PCA, TSNE를 임포트하고 matplotlib도 임포트한다.

```
import pickle
import numpy as np
import matplotlib.pyplot as plt
from sklearn.decomposition import PCA
from sklearn.manifold import TSNE
```

2. 함께 제공되는 소스 코드와 함께 제공되는 MNIST 데이터셋을 로드하고 시각화한다.

> **노트**
>
> mnist.pkl 파일은 https://github.com/TrainingByPackt/Applied-Unsupervised-Learning-with-Python/tree/master/Lesson06/Exercise24에서 찾을 수 있다.

```
with open('mnist.pkl', 'rb') as f:
  mnist = pickle.load(f)

plt.figure(figsize=(10, 7))
for i in range(9):
  plt.subplot(3, 3, i + 1)
  plt.imshow(mnist['images'][i], cmap='gray')
  plt.title(mnist['labels'][i])
  plt.axis('off')
plt.show()
```

결과는 다음과 같다.

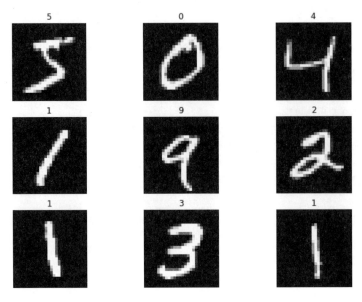

그림 6.4 데이터셋 로딩 결과

이것은 MNIST가 성공적으로 로드됐음을 나타낸다.

3. 이 연습에서는 데이터셋에 PCA를 사용해 처음 30개의 구성 요소만 추출할 수 있다.

노트

scikit-learn PCA API를 사용하려면 fit 메소드에 전달된 데이터가 양식(샘플 수, 기능 수)에 맞아야 한다. 따라서 먼저 MNIST 이미지를 형식(샘플 수, 기능 1, 기능 2)에 맞게 재가공하자. 다음 소스 코드에서 reshape 메소드를 사용할 예정이다.

```
model_pca = PCA(n_components=30)
mnist_pca = model_pca.fit(mnist['images'].reshape((-1, 28 ** 2)))
```

4. 데이터셋을 30개 구성 요소로 축소한 결과를 시각화하자. 이를 위해 먼저 데이터셋을 낮은 차원 공간으로 변환한 후 출력을 위해 inverse_transform 메소드를 사용해 데이터를 원래 크기로 되돌려야 한다. 당연히 변환 프로세스 전후에 데이터를 재구성해야 한다.

```python
mnist_30comp = model_pca.transform(mnist['images'].reshape((-1, 28 ** 2)))
mnist_30comp_vis = model_pca.inverse_transform(mnist_30comp)
mnist_30comp_vis = mnist_30comp_vis.reshape((-1, 28, 28))

plt.figure(figsize=(10, 7))
for i in range(9):
  plt.subplot(3, 3, i + 1)
  plt.imshow(mnist_30comp_vis[i], cmap='gray')
  plt.title(mnist['labels'][i])
  plt.axis('off')
```

결과는 다음과 같다.

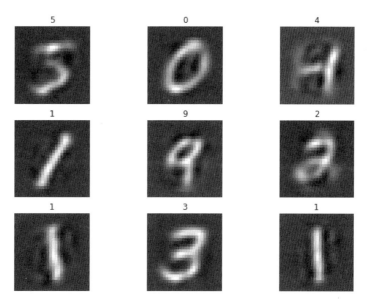

그림 6.5 데이터셋 축소의 결과 시각화

이미지의 선명함은 잃었지만 차원 축소 후에도 숫자는 명확하게 식별 가능한 수준이다. 다만 숫자 4는 제법 큰 영향을 받은 것으로 보인다. PCA 프로세스에서 사라진 정보의 대부분은 숫자 4와 관련한 것일 가능성이 높다.

5. 이제 PCA 변환 데이터에 t-SNE를 적용해 2차원 공간에서 30개의 구성 요소를 시각화하자. 표준 모델 API 인터페이스를 사용하면 scikit-learn에서 t-SNE 모델을 구성할 수 있다. 처음 시작은 30개의 차원, 30의 퍼플렉서티, 200의 학습 속도, 1,000회의 반복을 기본값으로 해 진행하자. random_state 값을 0으로 정하고 verbose를 1로 설정한다.

```
model_tsne = TSNE(random_state=0, verbose=1)
model_tsne
```

결과는 다음과 같다.

```
TSNE(angle=0.5, early_exaggeration=12.0, init='random', learning_rate=200.0,
    method='barnes_hut', metric='euclidean', min_grad_norm=1e-07,
    n_components=2, n_iter=1000, n_iter_without_progress=300,
    perplexity=30.0, random_state=None, verbose=0)
```

그림 6.6 PCA 변환 데이터에 t-SNE 적용

이전 스크린샷에서 t-분산 확률적 이웃 임베딩 모델에 사용 가능한 여러 구성 옵션을 볼 수 있다. 특히 이 중에서 learning_rate, n_components, n_iter, perplexity, random_state, verbose 값들을 집중적으로 살펴보자. 앞에서도 논의한 것처럼 t-SNE는 고차원 데이터를 저차원 공간에 투영하기 위해 확률적 경사 하강법을 사용한다. 이때 learning_rate가 너무 빠르면 모델이 솔루션이 수렴하지 못할 가능성이 있고 너무 느리면 도달하는 데 시간이 오래 걸릴 수 있다. 경험상 가장 좋은 방법은 기본값으로 시작하는 것이다. 만일 NaN(not a number)을 생성하면 학습 속도를 줄여야 한다. 모델에 만족하면 학습 속도를 줄이고 다음과 같이 더 길게(n_iter 증가) 실행되도록 하는 게 좋다. 실제로 좀 더 나은 결과를 얻을 수 있다. n_components는 포함 (또는 시각화 공간) 차원 수다. 보통 2차원 데이터를 원하므로 기본값은 2로 하자. n_iter는 경사 하강법의 최대 반복 횟수다. 퍼플렉서티는 앞서 논의한 것처럼 데이터 시각화에 사용할 이웃의 수다.

이 값은 일반적으로 5에서 50 사이의 값이 적합하며 큰 데이터셋은 일반적으로 작은 데이터셋보다 더 높은 퍼플렉서티 값이 필요하다. random_state는 훈련을 시작할 때 임의로 값을 초기화하는 모든 모델 또는 알고리즘에 중요한 변수다. 컴퓨터의 하드웨어나 소프트웨어가 제공하는 난수 생성기는 실제로는 무작위 난수를 생성하지 않으며 무작위성에 대한 근사치를 제공하기 때문에 정확하게는 의사 난수 생성기라고 불러야 한다. 컴퓨터 내의 난수는 시드seed로 알려진 값으로 시작한 후 복잡한 방식으로 생성된다. 프로세스 시작 시 동일한 시드를 제공하면 프로세스가 실행될 때마다 동일한 "난수"가 생성된다. 이는 직관적이지 않은 것처럼 들리지만 난수가 일정하게 생성되면 매개변수의 차이에 따른 성능의 차이를 난수에 따른 추가적 변수 없이 동일하게 재현할 수 있기 때문에 머신 러닝을 개발하는 과정에서는 오히려 큰 도움이 된다. 이는 성능의 변화가 난수의 도움을 받은 우연이 아닌, 신경망의 구조와 같은 모델이나 훈련에 의한 변화라는 확신을 갖도록 하는 데 도움을 준다.

노트

진정한 무작위 시퀀스를 생성하는 것은 실제로 컴퓨터로 달성하기 가장 어려운 작업 중 하나다. 컴퓨터 소프트웨어나 하드웨어는 제공된 명령이 실행될 때마다 정확히 동일한 방식으로 실행돼 동일한 결과를 얻을 수 있도록 설계됐다. 진정한 임의의 숫자 시퀀스를 만드는 게 이상적으로 보일 수도 있지만 작업 자동화와 디버깅 문제 측면에서는 오히려 진정한 난수가 악몽이 될 수도 있다.

verbose는 모델의 상세 수준이며 모델 피팅 프로세스 중 화면에 인쇄되는 정보의 양을 나타낸다. 0 값은 출력이 없음을 의미하고 1 이상은 출력의 세부 수준이 높아짐을 의미한다.

6. t−SNE를 사용해 MNIST의 분해된 데이터 집합을 변환한다.

```
mnist_tsne = model_tsne.fit_transform(mnist_30comp)
```

결과는 다음과 같다.

```
[t-SNE] Computing 91 nearest neighbors...
[t-SNE] Indexed 10000 samples in 0.016s...
[t-SNE] Computed neighbors for 10000 samples in 5.454s...
[t-SNE] Computed conditional probabilities for sample 1000 / 10000
[t-SNE] Computed conditional probabilities for sample 2000 / 10000
[t-SNE] Computed conditional probabilities for sample 3000 / 10000
[t-SNE] Computed conditional probabilities for sample 4000 / 10000
[t-SNE] Computed conditional probabilities for sample 5000 / 10000
[t-SNE] Computed conditional probabilities for sample 6000 / 10000
[t-SNE] Computed conditional probabilities for sample 7000 / 10000
[t-SNE] Computed conditional probabilities for sample 8000 / 10000
[t-SNE] Computed conditional probabilities for sample 9000 / 10000
[t-SNE] Computed conditional probabilities for sample 10000 / 10000
[t-SNE] Mean sigma: 304.998835
[t-SNE] KL divergence after 250 iterations with early exaggeration: 85.546951
[t-SNE] KL divergence after 1000 iterations: 1.696535
```

그림 6.7 분해된 데이터셋 변환

피팅 과정에서 제공되는 출력은 scikit−learn의 계산 방식에 관한 통찰력을 제공한다. 이 출력을 보면 모든 샘플에 대한 이웃을 색인화하고 계산하고 있음을 알수 있다. 그러고 나서 10개 단위 묶음으로 데이터에 대해 이웃이 될 수 있는지에 대한 조건부 확률을 결정하고 있음을 알 수 있다. 모든 과정을 마치면 250회와 1,000회의 경사 하강법 반복 후 KL 발산과 함께 평균 표준편차(분산) 값 304.9988을 제공한다.

7. 이제 반환된 데이터셋의 차원 수를 시각화하자.

```
mnist_tsne.shape
```

결과는 다음과 같다.

```
1000,2
```

시각화를 위해 784개의 차원을 성공적으로 2개로 줄였다. 모습을 살펴보자.

8. 모델이 생성한 2차원 데이터의 산포도를 생성한다.

```
plt.figure(figsize=(10, 7))
plt.scatter(mnist_tsne[:,0], mnist_tsne[:,1], s=5)
plt.title('Low Dimensional Representation of MNIST');
```

결과는 다음과 같다.

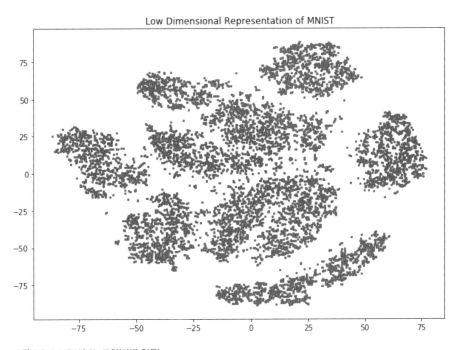

그림 6.8 MNIST의 2D 표현(라벨 없음)

그림 6.8에서 2차원으로 표현된 MINST 데이터를 확인할 수 있으며 동시에 그룹화가 된 모습도 볼 수 있다. 여러 개의 서로 다른 클러스터 또는 데이터 덩어리가 모여서 다른 클러스터와 흰 공간에 의해 분리된 모습이다. 이런 모습을 보면 개별 클러스터 내부 그리고 클러스터 간에 어떠한 관계가 존재함을 미루어 짐작할 수 있다.

9. 해당 이미지 라벨로 그룹화된 2차원 데이터를 표시하고 마커를 사용해 개별 라벨을 구분하고, 데이터와 함께 이미지 라벨을 그림에 추가해 데이터의 구조를 분석한다.

```
MARKER = ['o', 'v', '1', 'p' ,'*', '+', 'x', 'd', '4', '.']
plt.figure(figsize=(10, 7))
plt.title('Low Dimensional Representation of MNIST');
for i in range(10):
  selections = mnist_tsne[mnist['labels'] == i]
  plt.scatter(selections[:,0], selections[:,1], alpha=0.2, marker=MARKER[i],
s=5);
  x, y = selections.mean(axis=0)
  plt.text(x, y, str(i), fontdict={'weight': 'bold', 'size': 30})
```

결과는 다음과 같다.

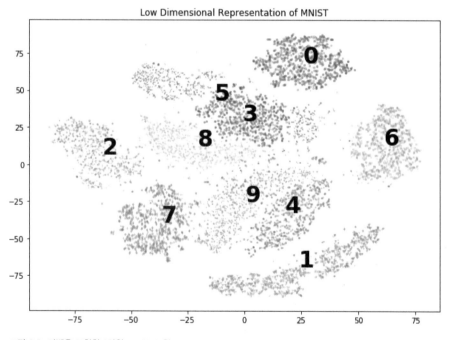

그림 6.9 라벨을 포함한 2차원 MNIST 표현

그림 6.9는 매우 흥미롭다. 이미지 분류(0번에서 9번까지)에 따라 클러스터가 만들어진 모습을 볼 수 있다. 비지도 학습 방식으로, 즉 라벨을 미리 제공하지 않고 PCA와 t-SNE의 조합을 사용해 MNIST 데이터셋 내에서 데이터를 분리하고 그룹화할 수 있었다. 특히 흥미로운 점은 숫자 4와 9 간에 그리고 숫자 5와 3 간에 약간의 불명확성이 있는 것으로 보인다. 이 두 클러스터는 다소 영역이 겹치는데 단계 4, '연습 24, t-SNE MNIST'에서 추출한 PCA 이미지에서 숫자 9와 4를 살펴보면 왜 그런지 이해가 간다.

그림 6.10 숫자 9의 PCA 이미지

사실 이 둘은 상당히 비슷해 보인다. 아마도 숫자 4의 모양이 불확실성을 가지기 때문일 것이다. 다음 이미지를 보면 왼쪽 이미지는 두 개의 세로선이 거의 연결되는 모습이지만, 오른쪽 이미지는 두 개의 세로선이 거의 평행인 모습이다.

그림 6.11 숫자 4의 모양

그림 6.9에서 주목해야 하는 흥미로운 기능은 주피터 노트북에서 색상으로 더 잘 표시되는 가장자리다. 각 클러스터의 가장자리를 보면 전통적인 지도 학습 관점으로 볼 때는 잘못 분류된 것으로 보이는 샘플이 있지만, 자신이 속한 클러스터보다 다른 클러스터와 더 많은 공통점을 갖는 샘플을 나타낸다. 예를 보면 정확한 클러스터와는 거리가 멀지만, 숫자 3과 관련한 샘플이 다수 존재한다.

10. 데이터셋의 모든 숫자 3의 인덱스를 가져오자.

```
threes = np.where(mnist['labels'] == 3)[0]
threes
```

결과는 다음과 같다.

```
array([   7,   10,   12, ..., 9974, 9977, 9991])
```

그림 6.12 데이터셋에서 숫자 3의 인덱스

11. x가 0보다 작은 값으로 표시된 3을 찾아보자.

```
tsne_threes = mnist_tsne[threes]
far_threes = np.where(tsne_threes[:,0]< 0)[0]
far_threes
```

결과는 다음과 같다.

```
array([   0,    1,    6,   11,   13,   14,   17,   18,   19,   21,   22,
          23,   25,   29,   30,   31,   32,   34,   35,   37,   38,   39,
          41,   42,   43,   45,   50,   51,   52,   54,   55,   56,   57,
          58,   59,   60,   61,   62,   63,   66,   67,   68,   71,   72,
```

그림 6.13 x가 0보다 작은 숫자 3

12. 클러스터 3으로부터 거리가 먼 지점을 찾기 위해 좌표들을 출력한다.

```
tsne_threes[far_threes]
```

결과는 다음과 같다.

```
array([[-16.126516 ,  35.23472  ],
       [ -4.217844 ,  31.871649 ],
       [ -2.3769686,  35.472614 ],
       ...,
       [ -6.4078546,  38.2851   ],
       [-10.40415  ,  45.599823 ],
       [ -8.813534 ,  39.997196 ]], dtype=float32)
```

그림 6.14 클러스터 3으로부터의 거리가 먼 좌표들

13. 상당히 큰 음수 값을 갖는 x 좌표를 선택한다. 이 예에서는 네 번째 샘플인 샘플 10을 선택한다. 샘플 이미지를 출력하자.

```
plt.imshow(mnist['images'][10], cmap='gray')
plt.axis('off');
plt.show()
```

결과는 다음과 같다.

그림 6.15 샘플 10의 이미지

이 샘플 이미지와 해당 t-SNE 좌표를 보면, 대략 (−8, 47)이며, 이 이미지의 두 숫자에 공통적인 특징들이 꽤 있기 때문에 이 샘플이 8과 5 클러스터 근처에 있다는 것은 놀라운 일이 아니다. 이 예에서는 단순화된 SNE를 적용해 효율성을 시연했으며 혼선이 생길 수 있는 원인도 알아봤고 비지도 학습의 결과도 살펴봤다.

노트

동일한 시드를 제공하더라도 t-SNE는 선택 확률을 기반으로 동작하기 때문에 실행할 때마다 출력이 다르다. 이 때문에 제공된 예시와 실제 직접 구현한 결과물에는 차이가 발생할 수 있다. 세부적인 내용에서는 차이가 발생할 수 있으나 전체적인 원칙과 기법은 여전히 유효하다. 데이터로부터 중요한 정보를 식별하기 위해서는 프로세스를 여러 차례 반복하는 것이 좋다.

활동 12: 와인 t-SNE

이번 활동에서는 와인^{Wine} 데이터셋을 사용해 t-SNE와 관련한 지식을 강화해보자. 이번 활동을 마치면 직접 SNE 모델을 만들 수 있게 될 것이다. 와인 데이터셋(https://archive. ics.uci.edu/ml/datasets/Wine)은 이탈리아산 와인의 화학적 분석에 관한 속성의 모음이지만, 각 생산자의 와인은 같은 유형이다. 이 정보는 이탈리아의 특정 지역에서 생산된 포도로 만든 와인 한 병의 유효성을 입증하는 예로 사용될 수 있다. 13가지 속성은 알코올, 말산, 애쉬, 애쉬의 알카리니티, 마그네슘, 총페놀, 플라보노이드, 비플라보노이드, 프로안토시아닌, 색강도, 색조, 희석 와인의 OD280/OD315, 프롤린이다.

각 샘플은 1-3의 분류 유형을 가진다.

> **노트**
>
> 이 데이터셋은 https://archive.ics.uci.edu/ml/machine-learning-databases/wine/에서 가져왔다. 이 활동의 자료는 https://github.com/TrainingByPackt/Applied-Unsupervised-Learning-with-Python/tree/master/Lesson06/Activity12에서 다운로드할 수 있다.
>
> *UCI 머신 러닝 저장소 [http://archive.ics.uci.edu/ml]. 캘리포니아 어바인: 캘리포니아대학교, 정보 및 컴퓨터 과학부*

다음 단계를 따라 이 활동을 완료할 수 있다.

1. `pandas`, `numpy`, `matplotlib`를 임포트하고 scikit-learn에서 **t-SNE**와 **PCA** 모델을 임포트한다.

2. 소스 코드와 함께 제공되는 wine.data 파일을 사용해 와인 데이터셋을 불러오고 첫 다섯 행을 출력한다.

> **노트**
>
> del 키워드를 사용해 Pandas DataFrames 내의 열을 삭제할 수 있다. DataFrame과 제곱근 내에서 선택된 열에 간단히 del을 전달하면 된다.

3. 첫 열은 라벨을 포함한다. 이 열을 추출하고 데이터셋에서 제거한다.

4. PCA를 실행해 데이터셋을 첫 6개 구성 요소로 축소한다.

5. 이 6가지 구성 요소로 표현되는 데이터 내의 변동량을 결정한다.

6. 특정 랜덤 상태와 verbose 값 1을 사용해 t-SNE 모델을 생성한다.

7. PCA 데이터를 t-SNE 모델에 피팅한다.

8. t-SNE 피팅 데이터의 형태가 2차원인지 확인한다.

9. 2차원 데이터의 산포도를 생성한다.

10. 존재하는 모든 클러스터를 시각화하기 위해 라벨이 적용된 상태로 2차 산점도 를 생성한다.

이 활동을 마치면 6가지 구성 요소를 사용해 와인 데이터셋의 t-SNE 시각화를 하고 도 표 내 데이터 위치로 일부 관계를 확인할 수 있을 것이다. 최종 그림은 다음과 유사한 형 태가 될 것이다.

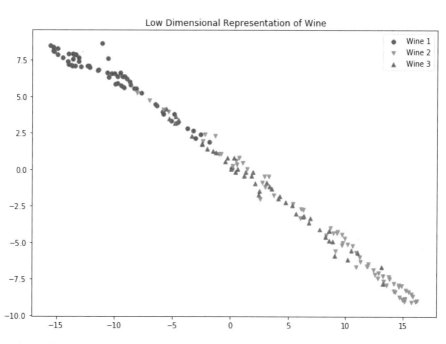

그림 6.16 예상 도표

이번 절에서는 SNE 도표 생성의 기초를 다뤘다. 다루고 있는 데이터를 철저히 이해하기 위해 고차원 데이터를 저차원 공간에 표현하는 능력은 매우 중요하다. 가끔은 정확한 관계가 모순적으로 표현될 때도 있어서 이런 도표를 해석하는 일이 어려울 때도 있다.

▌ t-SNE 도표 해석

이제 t-분산 SNE를 사용해 고차원 데이터를 시각화할 수 있게 됐으니 이 방식의 한계를 이해하고 이런 도표를 해석할 때 어떤 부분에 주의해야 하는지 아는 게 중요하다. 6장에서는 t-SNE가 갖고 있는 몇 가지 중요한 특징을 강조하고 시각화 기법을 사용할 때 주의해야 하는 점을 설명할 생각이다.

퍼플렉서티

t-SNE 소개에도 설명한 것처럼 퍼플렉서티 값은 조건부 확률을 계산하는 데 사용할 가장 가까운 이웃의 수를 지정한다. 이 값을 어떻게 선택하느냐에 따라 최종 결과는 크게 달라질 수 있다. 낮은 값을 사용하면 샘플의 수가 적어지므로 데이터의 부분적인 변화에 취약해진다. 반대로 높은 값을 사용하면 계산에 더 많은 샘플이 사용되므로 부분적인 변화에 크게 영향을 받지 않게 된다. 일반적으로 여러 값에 따른 영향을 확인하기 위해 다양한 값을 시도해봐야 하며 5에서 50 사이의 값이 대체로 잘 작동하는 경향이 있다.

연습 25: t-SNE MNIST와 퍼플렉서티

이번 연습에서 다양한 값의 퍼플렉서티를 사용해보고 시각화된 도표를 통해 그 영향을 살펴보기로 하자.

1. pickle, numpy, matplotlib를 임포트하고 scikit-learn에서 PCA와 t-SNE를 임포트하자.

```
import pickle
import numpy as np
import matplotlib.pyplot as plt
from sklearn.decomposition import PCA
from sklearn.manifold import TSNE
```

2. MNIST 데이터셋을 불러온다.

노트

mnist.pkl 파일을 https://github.com/TrainingByPackt/Applied-Unsupervised-Learning-with-Python/tree/master/Lesson06/Exercise25에서 찾을 수 있다.

```
with open('mnist.pkl', 'rb') as f:
  mnist = pickle.load(f)
```

3. PCA를 사용해 이미지 데이터에서 분산의 처음 30개 구성 요소만 선택한다.

```
model_pca = PCA(n_components=30)
mnist_pca = model_pca.fit_transform(mnist['images'].reshape((-1, 28 ** 2)))
```

4. 이 연습에서 t-SNE 매니폴드에 대한 퍼플렉서티의 영향을 조사하고 있다. 3과 30, 300의 퍼플렉서티 값을 사용해 model/plot 루프를 반복하자.

```python
MARKER = ['o', 'v', '1', 'p' ,'*', '+', 'x', 'd', '4', '.']
for perp in [3, 30, 300]:
  model_tsne = TSNE(random_state=0, verbose=1, perplexity=perp)
  mnist_tsne = model_tsne.fit_transform(mnist_pca)

  plt.figure(figsize=(10, 7))
  plt.title(f'Low Dimensional Representation of MNIST (perplexity = {perp})');
  for i in range(10):
    selections = mnist_tsne[mnist['labels'] == i]
    plt.scatter(selections[:,0], selections[:,1], alpha=0.2, marker=MARKER[i],
s=5);
    x, y = selections.mean(axis=0)
    plt.text(x, y, str(i), fontdict={'weight': 'bold', 'size': 30})
```

결과는 다음과 같다.

```
[t-SNE] Computing 10 nearest neighbors...
[t-SNE] Indexed 10000 samples in 0.018s...
[t-SNE] Computed neighbors for 10000 samples in 3.438s...
[t-SNE] Computed conditional probabilities for sample 1000 / 10000
[t-SNE] Computed conditional probabilities for sample 2000 / 10000
[t-SNE] Computed conditional probabilities for sample 3000 / 10000
[t-SNE] Computed conditional probabilities for sample 4000 / 10000
[t-SNE] Computed conditional probabilities for sample 5000 / 10000
[t-SNE] Computed conditional probabilities for sample 6000 / 10000
[t-SNE] Computed conditional probabilities for sample 7000 / 10000
[t-SNE] Computed conditional probabilities for sample 8000 / 10000
[t-SNE] Computed conditional probabilities for sample 9000 / 10000
[t-SNE] Computed conditional probabilities for sample 10000 / 10000
[t-SNE] Mean sigma: 165.134196
[t-SNE] KL divergence after 250 iterations with early exaggeration: 96.804878
[t-SNE] KL divergence after 1000 iterations: 1.850921
[t-SNE] Computing 91 nearest neighbors...
[t-SNE] Indexed 10000 samples in 0.014s...
[t-SNE] Computed neighbors for 10000 samples in 5.129s...
[t-SNE] Computed conditional probabilities for sample 1000 / 10000
[t-SNE] Computed conditional probabilities for sample 2000 / 10000
[t-SNE] Computed conditional probabilities for sample 3000 / 10000
[t-SNE] Computed conditional probabilities for sample 4000 / 10000
[t-SNE] Computed conditional probabilities for sample 5000 / 10000
[t-SNE] Computed conditional probabilities for sample 6000 / 10000
[t-SNE] Computed conditional probabilities for sample 7000 / 10000
[t-SNE] Computed conditional probabilities for sample 8000 / 10000
[t-SNE] Computed conditional probabilities for sample 9000 / 10000
[t-SNE] Computed conditional probabilities for sample 10000 / 10000
[t-SNE] Mean sigma: 283.586365
[t-SNE] KL divergence after 250 iterations with early exaggeration: 85.399399
[t-SNE] KL divergence after 1000 iterations: 1.696069
[t-SNE] Computing 901 nearest neighbors...
[t-SNE] Indexed 10000 samples in 0.013s...
[t-SNE] Computed neighbors for 10000 samples in 7.993s...
[t-SNE] Computed conditional probabilities for sample 1000 / 10000
[t-SNE] Computed conditional probabilities for sample 2000 / 10000
[t-SNE] Computed conditional probabilities for sample 3000 / 10000
[t-SNE] Computed conditional probabilities for sample 4000 / 10000
[t-SNE] Computed conditional probabilities for sample 5000 / 10000
[t-SNE] Computed conditional probabilities for sample 6000 / 10000
[t-SNE] Computed conditional probabilities for sample 7000 / 10000
[t-SNE] Computed conditional probabilities for sample 8000 / 10000
[t-SNE] Computed conditional probabilities for sample 9000 / 10000
[t-SNE] Computed conditional probabilities for sample 10000 / 10000
[t-SNE] Mean sigma: 393.939776
[t-SNE] KL divergence after 250 iterations with early exaggeration: 67.932961
[t-SNE] KL divergence after 1000 iterations: 1.193975
[t-SNE] Computing 9001 nearest neighbors
```

그림 6.17 모델 순회

평균 표준편차(분산)의 증가와 함께 3가지 다른 퍼플렉서티 값 각각의 KL 발산에 주목하자. 클래스 라벨이 있는 다음 세 개의 t-SNE 그림을 보면 퍼플렉서티 값이 낮으면 클러스터가 겹치는 부분이 상대적으로 적음을 알 수 있다. 하지만 클러스터 사이에는 거의 공간이 없다. 퍼플렉서티 값을 30으로 증가시키면 클러스터 간의 공간은 좀 더 명확해진다. 퍼플렉서티를 300으로 증가시키면 클러스터 8과 5, 9와 4, 7이 겹치는 모습을 볼 수 있다.

낮은 퍼플렉서티 값에서 출발하자.

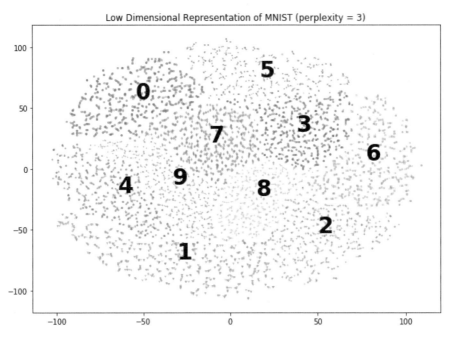

그림 6.18 낮은 퍼플렉서티 값 사용

퍼플렉서티를 10배 증가시키면 훨씬 명확한 클러스터가 나타난다.

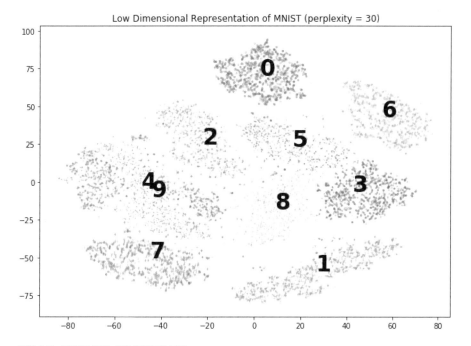

그림 6.19 퍼플렉서티를 10배 증가시킨 결과

퍼플렉서티를 300으로 증가시키면 여러 라벨이 겹치기 시작한다.

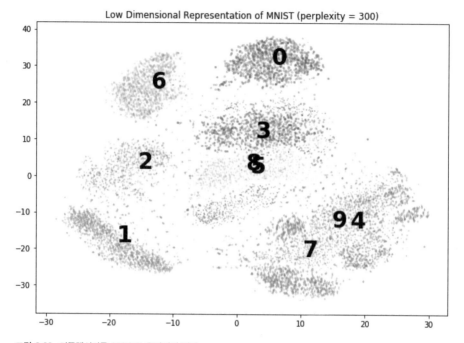

그림 6.20 퍼플렉서티를 300으로 증가시킨 결과

이번 연습에서는 퍼플렉서티의 효과를 이해했고, 이 값을 변경했을 때 미치는 영향의 민감도를 살펴봤다. 작은 퍼플렉서티 값은 공간이 거의 없는 좀 더 균일한 위치 조합을 생성하며 이 값을 증가시키면 클러스터가 더욱 효과적으로 분리되지만 값이 너무 크면 클러스터가 겹치는 문제가 발생한다.

활동 13: t-SNE 와인과 퍼플렉서티

이번 활동에서는 와인 데이터셋을 사용해 퍼플렉서티가 t-SNE 시각화 과정에 어떤 영향을 주는지 살펴보자. 화학 성분을 바탕으로 와인의 종류를 파악할 수 있는지 판단하기 위해 노력 중으로, t-SNE 프로세스는 종류를 식별할 수 있는 효과적인 수단을 제공한다.

1. `pandas`, `numpy`, `matplotlib`를 임포트하고 scikit-learn에서 t-SNE와 PCA를 임포트한다.
2. 와인 데이터셋을 불러와 첫 5개 행을 조사한다.
3. 첫 열은 라벨을 제공한다. 이를 DataFrame에서 추출해 별도의 변수에 저장한다. 이후 DataFrame에서 해당 열을 제거해야 한다.
4. 데이터셋에 PCA를 실행하고 첫 6개 구성 요소를 추출한다.
5. 다양한 퍼플렉서티 값(1, 5, 20, 30, 80, 160, 320)에 대한 반복 실행을 구성한다. 각 반복 실행에 대해 t-SNE 모델을 생성하고 라벨링된 와인 종류의 산포도를 그려보고 그 영향을 살펴본다.

이 활동을 마치면 와인 데이터셋을 2차원으로 표현하고 클러스터 또는 데이터 그룹화의 결과를 시각적으로 확인할 수 있다.

노트

이 활동의 솔루션은 468페이지에서 찾을 수 있다.

이터레이션

마지막으로 살펴볼 매개변수는 이터레이션Iterations으로, 이는 지금까지 살펴본 오토인코더에 따르면 경사 하강법을 실행할 때 적용할 훈련 세대의 값을 말한다. 다행히도 반복 횟수는 아주 간단히 조절 가능한 매개변수로 몇 번의 시행착오만 거치면 대체로 쉽게 저차원 공간에서 점들의 분포가 안정화되기 때문에 약간의 인내심만 있으면 별 문제없이 적당한 값을 찾아낼 수 있다.

연습 26: t-SNE MNIST와 반복

이 연습에서는 다양한 이터레이션 매개변수가 t-SNE 모델에 어떤 영향을 미치는지 살펴보고 더 많은 훈련이 필요한 일부 지표를 강조할 것이다. 다시 말하지만 이러한 매개변수의 가치는 훈련에 사용할 수 있는 데이터셋과 데이터의 양에 크게 의존한다. 이 예제에서도 MNIST를 사용할 것이다.

1. pickle, numpy, matplotlib를 임포트하고 scikit-learn에서 PCA와 t-SNE를 임포트한다.

```
import pickle
import numpy as np
import matplotlib.pyplot as plt
from sklearn.decomposition import PCA
from sklearn.manifold import TSNE
```

2. MNIST 데이터셋을 불러온다.

> **노트**
>
> mnist.pkl 파일은 https://github.com/TrainingByPackt/Applied-Unsupervised-Learning-with-Python/tree/master/Lesson06/Exercise25에서 찾을 수 있다.

```
with open('mnist.pkl', 'rb') as f:
    mnist = pickle.load(f)
```

3. PCA를 사용해 이미지 데이터 분산의 첫 30개 구성 요소만 선택한다.

```
model_pca = PCA(n_components=30)
mnist_pca = model_pca.fit_transform(mnist['images'].reshape((-1, 28 ** 2)))
```

4. 이 연습에서는 t-SNE 매니폴드에 대한 이터레이션의 효과를 살펴보고 있다. 250과 500, 1000의 반복 횟수로 model/plot 루프를 수행하자.

```
MARKER = ['o', 'v', '1', 'p' ,'*', '+', 'x', 'd', '4', '.']
for iterations in [250, 500, 1000]:
  model_tsne = TSNE(random_state=0, verbose=1, n_iter=iterations, n_iter_
without_progress=iterations)
  mnist_tsne = model_tsne.fit_transform(mnist_pca)
```

5. 결과를 출력한다.

```
plt.figure(figsize=(10, 7))
plt.title(f'Low Dimensional Representation of MNIST (iterations =
{iterations})');
for i in range(10):
  selections = mnist_tsne[mnist['labels'] == i]
  plt.scatter(selections[:,0], selections[:,1], alpha=0.2, marker=MARKER[i],
s=5);
  x, y = selections.mean(axis=0)
  plt.text(x, y, str(i), fontdict={'weight': 'bold', 'size': 30})
```

반복 횟수가 감소하면 알고리즘이 관련 인접 항목을 찾을 수 있는 범위가 제한돼 정의되지 않은 클러스터가 생성된다.

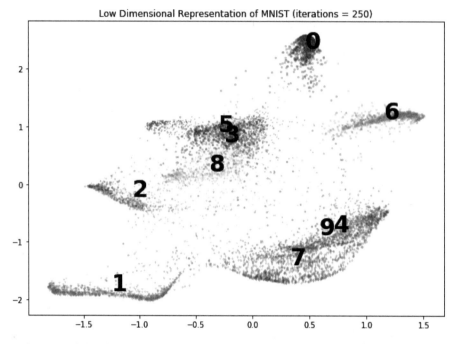

그림 6.21 250회 반복 결과

반복 횟수를 늘리면 알고리즘이 데이터를 적절히 투영할 수 있는 충분한 시간을
제공한다.

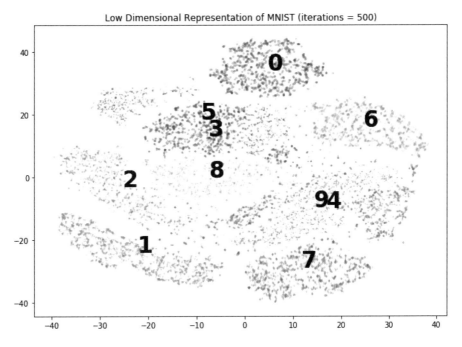

그림 6.22 500회 반복 결과

클러스터가 안정화된 후에는 반복이 증가하더라도 미치는 영향은 매우 적고 훈련 시간만 증가한다.

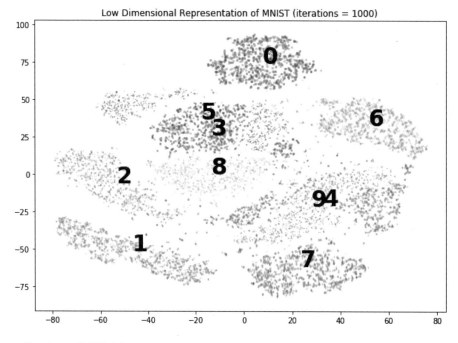

그림 6.23 1000회 반복 결과

그림을 보면 반복 횟수가 500과 1000일 때 클러스터 위치가 크게 변하지 않고 안정된 모습이다. 250회 반복일 때는 클러스터들이 여전히 최종 위치로 이동하는 모습을 보인다. 따라서 500회의 반복이 적당한 값이라는 충분한 근거를 확보할 수 있다.

활동 14: t-SNE 와인과 이터레이션

이번 활동에서는 와인 데이터셋의 시각화에 대한 이터레이션의 영향을 조사할 생각이다. 이 프로세스는 데이터 처리와 정리, 데이터 내 관계 이해 단계에서 일반적으로 사용하는 과정이다. 데이터셋과 분석 유형에 따라 여러 가지 다양한 반복을 수행해야 할 수도 있다.

> **노트**
>
> 이 데이터셋은 https://archive.ics.uci.edu/ml/machine-learning-databases/wine/에서 가져왔다. 활동 자료는 https://github.com/TrainingByPackt/Applied-Unsupervised-Learning-with-Python/tree/master/Lesson06/Activity14에서 받을 수 있다.
>
> *UCI 머신 러닝 저장소 [http://archive.ics.uci.edu/ml]. 캘리포니아 어바인: 캘리포니아대학교, 정보 및 컴퓨터 과학부*

다음은 이 활동을 수행하기 위한 과정이다.

1. pandas, numpy, matplotlib을 임포트하고 scikit-learn에서 t-SNE와 PCA 모델을 임포트한다.
2. 와인 데이터셋을 불러오고 첫 5개 행을 조사한다.
3. 첫 열은 라벨을 제공한다. 이를 DataFrame에서 추출하고 별도의 변수에 저장한다. 해당 열은 DataFrame에서 반드시 제거한다.
4. 데이터셋에 PCA를 실행하고 첫 6개 구성 요소를 추출한다.
5. 이터레이션 값(250, 500, 1000)을 사용해 루프를 구성한다. 각 루프에 대해 해당 횟수의 반복으로 t-SNE 모델을 생성하고 또 진행률 값 없이 동일한 횟수의 반복을 수행한다.
6. 라벨이 있는 와인 분류에 대한 산점도를 구성하고, 서로 다른 이터레이션 값에 의한 영향을 살펴본다.

이 활동을 마치면 모델의 이터레이션 파라미터를 수정할 때 발생하는 영향을 살펴볼 수 있다. 이는 저차원 공간 내에서 데이터가 안정화됐는지 확인하는 데 있어서 중요한 매개변수다.

> **노트**
> 이 활동의 솔루션은 476페이지에서 찾을 수 있다.

시각화에 대한 최종 의견

t-분산 확률적 이웃 임베딩에 관한 6장의 내용을 마무리하면서 시각화와 관련해 주목할 몇 가지 중요한 사항이 있다. 첫째는 클러스터의 크기나 클러스터 간의 상대적 거리가 실제 유사성과 관련한 지표가 되지 않을 수도 있다는 사실이다. 지금까지 살펴본 것처럼 가우시안과 스튜던트 t-분산의 조합으로 고차원 데이터를 저차원 공간에 표현했다. t-SNE가 지역적 데이터와 전체적 데이터 구조의 위치 간 밸런스를 잡기 때문에 거리에 따른 선형적 관계가 보장되지는 않는다. 지역 구조에서 점 간의 실제 거리가 시각적으로 매우 가깝다고 해도 고차원 공간에서는 여전히 멀리 떨어져 있을 수도 있다.

또한 이 속성은 때때로 임의의 데이터가 마치 어떤 구조를 가진 것처럼 존재할 수 있고, 종종 서로 다른 퍼플렉서티, 학습률, 반복 횟수, 랜덤 시드값을 사용해 다양한 시각화를 해야 할 때도 있다.

▌ 요약

6장에서는 PCA나 오토인코더와 같은 이전 과정에서 생성됐을 고차원 정보를 시각화하기 위한 수단으로 t−분산 확률형 이웃 임베딩, 즉 t−SNE 같은 기법을 소개했다. t−SNE가 이런 형태를 구성하는 방법을 논의했고 MNIST와 와인 데이터셋, scikit−learn을 사용해 다수의 표현을 만들었다. 6장에서는 PCA와 t−SNE를 사용해 사전 정보가 없음에도 비지도 학습의 힘을 사용해 이미지를 분류하는 과정을 살펴봤다. 7장에서는 비지도 학습과 더불어 바스켓 분석^{basket analysis}과 토픽 모델링^{topic modeling}을 살펴볼 계획이다.

07

토픽 모델링

학습 목표

다음은 7장에서 배울 내용이다.

- 텍스트 데이터에 대한 기본적인 클리닝 기법
- 잠재된 디리클레 할당 모델 평가
- 음이 아닌 행렬 인수분해 모델 실행
- 토픽 모델 결과 해석
- 주어진 시나리오에 대한 최상의 토픽 모델 식별

7장에서는 토픽 모델링이 어떻게 문서의 기반 구조에 대한 이해를 제공하는지 살펴볼 생각이다.

▌ 소개

토픽 모델링은 컴퓨터와 인간 언어의 관계를 탐구하는 컴퓨터 과학 분야인 자연 언어 처리NLP의 한 부분으로, 텍스트 데이터셋의 가용성이 증가하면서 인기를 끌고 있다. NLP는 텍스트, 음성 및 이미지를 포함해 거의 모든 형태의 언어를 다룰 수 있다. 토픽 모델링 외에도 감성 분석, 객체 문자 인식, 어휘 의미론 등은 주목할 만한 NLP 알고리즘이다. 최근에 수집돼 분석을 필요로 하는 데이터들은 표준 테이블 형식보다는 문서나 이미지, 오디오 파일을 포함하는 덜 구조화된 형태일 때가 많다. 이에 따라 데이터 과학 실무자들은 이런 다양한 데이터셋을 처리하는 데 사용하는 여러 방법론을 알고 있어야 한다.

다음은 텍스트에서 단어를 인식하고 이를 토픽에 추가하는 예시다.

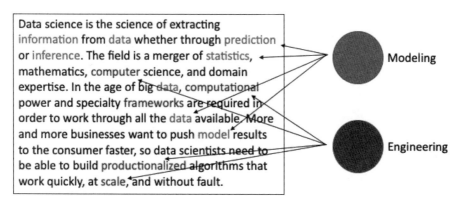

그림 7.1 문서에서 단어를 식별하고 이를 주제에 할당하는 예시

여기에서 쉽게 나올 질문은 아마도 토픽이 대체 무엇인가일 것이다. 예를 들어 선거나 자연재해 또는 스포츠 선수권 대회와 같은 주요 행사가 열리는 날에는 소셜 미디어에 올라온 글이 이런 행사에 집중되는 경향이 있다는 점은 쉽게 상상이 가능할 것이다. 일반적으로 게시물들은 최근의 이벤트를 반영하게 되며 다양한 관점이 그 안에 드러날 것이다. 만일 우리가 월드컵 결승전 트윗 데이터를 확보했다면, 이 트윗의 주제는 심판의 판정부터 팬들의 행동까지 다양할 것이다. 미국에서 대통령은 1월 중순에서 하순까지 연방정부에

252

서 연례 연설을 하는데, 소셜 미디어 게시물의 수가 충분하면 그 안에 포함된 키워드를 그룹화함으로써 연설의 주제나 연설 관련 반응이 어떠했는지 유추하는 일이 가능할 것이다.

토픽 모델

토픽 모델Topic Models은 거의 대부분 주제를 사전에 알지 못하기 때문에 비지도 학습 영역에 속한다. 따라서 회귀분석이나 분류 모델링의 대상이 아니다. 비지도 학습의 관점에서 토픽 모델은 클러스터링 알고리즘, 특히 k-평균 클러스터링과 가장 유사하다. k-평균 클러스터링에서는 클러스터의 수가 먼저 설정되고 모델이 각 데이터 지점을 미리 결정한 클러스터 중 하나에 할당한다는 사실을 기억하자. 토픽 모델에서도 비슷하다. 시작할 때 주제의 수를 선택한 후 모델에서 해당 주제를 구성하는 단어를 추출한다. 이런 접근은 높은 수준의 토픽 모델링을 위한 훌륭한 출발점이다.

시작 전에 다음의 환경 구성과 필수 라이브러리 설치 여부를 확인하자.

라이브러리	용도
langdetect	언어 종류 감지
matplotlib.pyplot	기본 도표 그리기
nltk	다양한 자연어 처리 작업
numpy	배열과 행렬 작업
pandas	데이터 프레임 작업
pyLDAvis	잠재 디리클레 할당 모델의 결과 시각화
pyLDAvis.sklearn	pyLDAvis를 sklearn 모델과 함께 실행
regex	정규표현식 작성 및 실행
sklearn	머신 러닝 모델 구축

그림 7.2 용도에 따른 라이브러리

연습 27: 환경 설정

토픽 모델링 진행을 위한 환경 설정부터 살펴보기 위해 몇 단계 확인이 필요하다. 첫 단계는 필요한 모든 라이브러리를 불러오는 일이다.

> **노트**
>
> 만일 이 모든 라이브러리가 제대로 설치되지 않았다면 pip를 사용해 명령줄 방식으로 필요한 패키지를 설치하자. pip install langdetect처럼 말이다.

1. 새로운 주피터 노트북을 연다.
2. 필요한 라이브러리를 임포트한다.

```
import langdetect
import matplotlib.pyplot
import nltk
import numpy
import pandas
import pyLDAvis
import pyLDAvis.sklearn
import regex
import sklearn
```

이들 패키지가 모두 데이터 클리닝에 사용되는 것은 아니며, 일부는 실제 모델링에 사용된다. 하지만 한 번에 모두 임포트하는 편이 좋다.

3. 설치되지 않은 라이브러리는 다음과 같은 에러를 발생시킨다.

```
---------------------------------------------------------------
ModuleNotFoundError                    Traceback (most recent call last)
<ipython-input-3-a62286ae48f9> in <module>
      4 import numpy
      5 import pandas
----> 6 import pyLDAvis
      7 import pyLDAvis.sklearn
      8 import regex

ModuleNotFoundError: No module named 'pyLDAvis'
```

그림 7.2 라이브러리 미설치 에러

만일 에러가 발생하면 앞에서 설명한 방법에 따라 관련 라이브러리를 설치하자. 라이브러리 설치 후 import를 사용해 해당 라이브러리 임포트 과정을 재실행한다.

4. 텍스트 데이터 클리닝과 전처리 과정은 단어 사전을 필요로 한다. 이 단계에서는 2개의 사전을 설치할 예정이다. nltk 라이브러리를 임포트하면 다음 코드를 실행할 수 있다.

```
nltk.download('wordnet')
nltk.download('stopwords')
```

결과는 다음과 같다.

```
[nltk_data] Downloading package wordnet to
[nltk_data]     C:\Users\rutujay\AppData\Roaming\nltk_data...
[nltk_data]   Unzipping corpora\wordnet.zip.
[nltk_data] Downloading package stopwords to
[nltk_data]     C:\Users\rutujay\AppData\Roaming\nltk_data...
[nltk_data]   Unzipping corpora\stopwords.zip.
True
```

그림 7.4 라이브러리 임포트하고 딕셔너리 다운로드

5. 노트북에 도표를 그리기 위해 matplotlib을 inline을 지정해 실행한다.

이제 데이터를 불러오기 위해 노트북과 환경 설정을 마쳤다.

토픽 모델 개요

잠재적으로 관련이 있는 대량의 텍스트 데이터를 분석할 때 토픽 모델이 좋은 해법이 될 수 있다. 여기에서 연관된 데이터라는 것은 이상적으로 동일한 출처의 문서를 의미한다. 설문 결과나 트위터의 글, 신문 기사 등은 일반적으로 함께 섞어서 분석하지 않는다. 물론 이들을 모두 섞어서 분석을 할 수도 있지만 대체로 그 결과가 모호할 가능성이 높고 무의

미한 결과가 나올 수도 있다. 토픽 모델을 실행할 때 유일하게 관심을 갖는 데이터는 문서 그 자체이며 추가적인 데이터를 필요로 하지 않는다.

가장 간단한 용어로 토픽 모델은 문서 모음으로부터 말뭉치corpus라 부르는 여기에 포함된 단어들을 사용해 추상적인 주제(테마)를 식별한다. 즉, 문장에 급여나 직원, 회의라는 단어가 포함돼 있다면 그 문장은 일에 관한 것이라고 가정해도 무방할 것이다. 말뭉치를 구성하는 문서들이 전통적인 형태의 문서일 필요는 없으며 편지나 계약서, 트윗이나 뉴스 헤드라인, 연설 등을 포함해 텍스트가 포함된 모든 것이 대상이 될 수 있다.

토픽 모델은 동일한 문서에 있는 단어가 연관돼 있다고 가정하고 그 가정을 사용해 반복적으로 유사하게 나타나는 단어 그룹을 찾아 추상적인 주제를 정의한다. 이와 같이 이러한 모델들은 감지되는 패턴이 단어로 구성돼 있는 고전적인 패턴 인식 알고리즘이다. 일반적인 토픽 모델링 알고리즘에는 네 가지 주요 단계가 있다.

1. 토픽의 수를 정의한다.
2. 문서를 스캔하면서 동시에 등장하는 단어나 구절을 인식한다.
3. 문서의 특성을 나타내는 단어의 그룹(또는 클러스터)을 스스로 학습한다.
4. 말뭉치를 단어 그룹으로 특성화하는 추상 토픽을 출력한다.

1단계 참고 사항에 따르면 모델을 피팅하기 전에 주제의 수를 선택해야 한다. 적절한 수의 주제를 선택하는 것은 어려울 수 있지만 대부분의 머신 러닝 모델에서와 마찬가지로 이 매개변수는 다른 수의 주제를 사용해 여러 개의 모델을 피팅하고 일부 성능 지표에 기반한 최상의 모델을 선택함으로써 최적화할 수 있다. 이 과정은 나중에 다시 다룰 예정이다.

다음은 일반적인 토픽 모델링 작업 흐름이다.

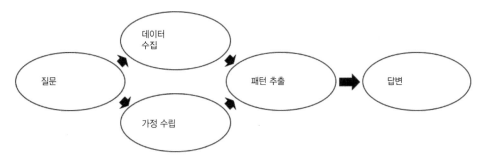

그림 7.5 일반적인 토픽 모델링 작업 흐름

이 매개변수가 주제 일관성에 큰 영향을 미칠 수 있으므로 가능한 최적의 주제 수를 선택하는 것이 중요하다. 이는 모델이 미리 정의된 주제 수의 제약하에 말뭉치에 가장 적합한 단어 그룹을 찾기 때문이다. 주제 수가 너무 많으면 주제가 부적절하게 좁아진다. 지나치게 세분화된 주제는 오버쿡드^{over-cooked}라고 말한다. 마찬가지로 주제 수가 너무 적으면 주제가 일반적으로 모호해지고, 언더쿡드^{under-cooked}라고 말한다. 이런 두 분류의 문제는 각각 주제의 수를 줄이거나 증가시킴으로써 개선할 수 있다. 빈번하게 발생하고 피하기 어려운 토픽 모델이 갖는 결과는 적어도 하나 이상의 주제에 문제가 발생하는 것이다.

토픽 모델의 주요 특징은 특정한 단어 또는 한 구절의 주제를 생성하지 않고 각각 추상 주제를 나타내는 단어 모음을 생성한다는 것이다. 조금 전에 다룬 일과 관련한 문장을 떠올려보면 주제를 식별하기 위해 만들어진 토픽 모델은 단어 작업을 하나의 주제로 되돌려주지 않는다. 대신 급여나 직원, 상사 등의 단어 모음과 주제를 기술하고 단어나 단어의 주제를 유추할 수 있는 단어들을 반환한다. 토픽 모델은 문맥이 아닌 단어 근접성을 이해하기 때문이다. 이 모델은 급여나 직원, 상사가 무엇을 의미하는지 전혀 알지 못한다. 일반적으로 이런 단어들이 나타날 때마다 서로 가까이에서 나타난다는 것을 알 뿐이다.

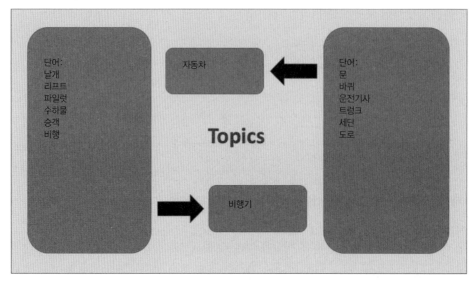

그림 7.6 단어 그룹에서 주제 추론

토픽 모델을 사용하면 직접 내용을 확인하지 않은 문서에 대해서도 주제를 예측해낼 수 있다. 하지만 만일 예측하려는 경우 토픽 모델은 학습하는 데 사용된 단어만 알고 있다는 점을 인지하고 있어야 한다. 즉, 문서에 학습 데이터에 없는 단어가 있는 경우 모델은 학습 데이터에서 식별된 주제 중 하나에 연결된 경우에도 해당 단어를 처리할 수가 없다. 이런 이유로 인해 토픽 모델은 예측보다는 탐색 분석 및 추론에 더 많이 사용되는 경향이 있다.

각 토픽 모델은 2개의 행렬을 출력한다. 첫 번째 행렬에는 주제와 관련된 단어가 담겨 있다. 각 주제와 관련된 단어를 관계의 정량화와 함께 나열한다. 모델이 고려하는 단어의 수를 고려할 때 각 주제는 상대적으로 적은 수의 단어로만 설명된다. 단어는 하나의 주제 또는 다수의 여러 주제에 할당될 수 있다. 단어를 둘 이상의 주제에 할당할지 여부는 알고리즘에 따라 달라진다. 마찬가지로 두 번째 행렬에는 주제와 관련된 문서가 들어 있다. 주제와 관련된 각 문서를 나열하고 각 문서가 해당 주제와 얼마나 관련이 있는지 정량화한다.

258

토픽 모델링을 논의할 때 주제를 나타내는 단어 그룹이 개념적으로 연관된 것이 아니고 근접성으로만 연관된 것이라는 사실을 지속적으로 강화하는 것이 중요하다. 동일 문서에 등장하는 모든 단어는 관련이 있다는 가정에 따르면 자주 근접하는 단어는 주제를 정의하기에 충분하다. 하지만 이 가정은 사실이 아니거나 일관된 주제를 형성하기에 너무 일반적일 수도 있다. 추상적인 주제를 해석하려면 텍스트 데이터의 고유 특성과 생성된 단어 그룹을 균형 있게 조정해야 한다. 텍스트 데이터와 언어라는 것은 매우 가변적이고 복잡하며 문맥적 의미를 담고 있기에 일반화된 결과는 주의해서 사용해야 한다. 이것이 모델의 결과를 과소평가하거나 무효하다는 것을 말하지는 않는다. 철저하게 정리된 문서와 적절한 수의 주제가 주어진다면, 단어 그룹화는 말뭉치에 포함된 내용에 대한 좋은 가이드가 될 수 있으며 더 큰 데이터 시스템에 효과적으로 통합될 수 있다.

토픽 모델이 갖는 제약 사항을 이미 논의했지만 추가로 고려할 점이 있다. 텍스트 데이터가 갖는 기본적인 노이즈 특성으로 인해 토픽 모델이 주제 중 하나와 관련이 없는 단어를 해당 주제에 지정할 수도 있다. 다시 전에 다뤘던 일과 관련한 문장을 생각해보자. 작업work이라는 주제를 나타내는 단어 그룹에 회의meeting라는 단어가 나타날 수 있다. 또한 길다long라는 단어도 해당 그룹에 나타날 수 있지만 이 단어는 작업work과 직접 관련이 없다. 길다long라는 단어는 아마도 회의meeting와 근접성이 있어서 그룹에 포함됐을 수 있다. 따라서 길다long라는 단어는 작업work과 직접적인 관련이 없으므로 주제 그룹에서 제거하는 게 바람직하다. 만일 이렇게 관련이 없는 단어가 포함되면 분석 작업이 어려워질 수 있다.

이를 모델의 결함이라고 볼 필요는 없으며, 주어진 노이즈 데이터가 있는 경우 데이터에서 결과에 부정적인 영향을 줄 수 있는 요소를 추출할 수 있는 모델을 특성으로 볼 수 있다. 상관관계는 데이터의 수집 방법, 장소, 시기에 따른 결과일 수 있다. 문서가 특정 지역에서만 수집된 경우 실수로 해당 지역과 연관된 단어가 모델에서 출력된 하나 이상의 단어 그룹과 잘못 연결될 가능성이 있는 것이다. 단어 그룹에 추가적인 단어가 있으면 해당 주제에 첨부할 수 있는 것보다 더 많은 문서를 첨부할 수 있다. 주제에 속하는 단어의 수를 줄이면 해당 주제를 포함하는 문서의 수도 줄어든다. 이것이 나쁜 것이 아님은 알아두

자. 적절한 주제를 적절한 문서에 연결할 수 있도록 각 단어 그룹이 주제와 관련한 단어만 포함하는 게 좋다.

토픽 모델링 알고리즘의 종류는 다양하다. 하지만, 최선으로 알려준 2개의 알고리즘으로 잠재 디리클레 할당LDA, Latent Dirichlet Allocation과 음수 미포함 행렬 분해NMF, Non-negative Matrix Factorization가 있다. 이 두 가지는 나중에 자세히 살펴볼 예정이다.

비즈니스 활용

제약 사항이 있음에도 토픽 모델링은 적당한 곳에 제대로만 사용하면 사업적인 가치를 이끌어낼 수 있는 실행 가능한 통찰을 제공한다. 지금부터 토픽 모델을 활용할 수 있는 가장 큰 사례 가운데 하나를 살펴보자.

사용 사례 중 하나는 데이터셋의 구조를 알 수 없는 새로운 텍스트 데이터에 대한 탐색적 데이터 분석이다. 이는 정교한 분석을 합리적으로 수행하기 전에 특성을 이해해야 하는 숫자나 범주형 변수가 있는 데이터 집합에 대한 요약 통계를 그리고 계산하는 것과 동일하다. 토픽 모델링의 결과를 통해 향후 모델링 실습에서 이 데이터셋의 유용성을 확인할 수 있다. 토픽 모델이 명확하고 뚜렷한 주제를 반환한다면 해당 데이터셋은 추가 클러스터링 유형 분석의 훌륭한 후보가 된다.

사실상 주제를 결정하는 것은 데이터를 정렬하고 분류하는 데 사용할 수 있는 추가 변수를 만드는 일이다. 토픽 모델이 자동차와 농업, 전자제품을 추상 주제로 반환하면 큰 텍스트 데이터셋을 주제가 농업인 문서로 필터링할 수 있다. 필터링 후에는 감정 분석이나 다른 주제 모델링 등을 사용해 추가 분석을 수행할 수 있다. 말뭉치에 있는 주제를 정의하는 것 외에도 토픽 모델링은 큰 데이터셋을 분류하고 그 특성을 이해하는 데 사용 가능한 많은 정보를 간접적으로 제공한다.

문서 정렬 표현은 다음과 같다.

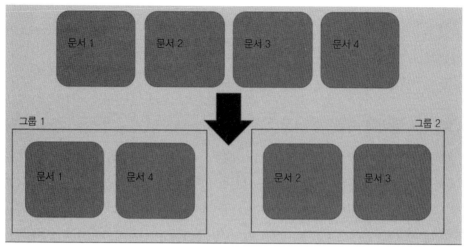

그림 7.7 문서 정렬과 분류

이러한 특성 중에는 주제 보급이라는 게 있다. 제품에 대한 응답을 측정하도록 설계된 개방형 응답 설문 조사 분석을 수행한다고 해보자. 토픽 모델이 감정의 형태로 주제를 반환할거라고 쉽게 생각할 수 있다. 한 단어 그룹은 훌륭하고 품질이 좋으며, 나머지 그룹은 쓰레기이고 엉성하고 실망스럽다고 할 수 있다. 이런 형태의 설문 조사에서 주제 자체보다는 각 주제를 포함하는 문서의 수를 세는 것에 흥미를 가져야 한다. 조사 결과 설문 응답자의 x퍼센트는 긍정의 답변을, y퍼센트는 부정의 답변을 했다고 정리할 수 있다. 본질적으로 이는 감정 분석의 형태다.

현재 토픽 모델은 추천 엔진의 구성 요소로 가장 자주 사용한다. 최근에는 개인화를 강조하고 있다. 각각의 고객을 위해 특별히 설계되고 선별된 고객에게 제품을 제공한다. 기사를 전파하기 위해 노력하는 웹사이트나 뉴스를 살펴보자. 야후Yahoo나 미디엄Medium과 같은 회사는 비즈니스를 유지하기 위해서는 고객이 계속 글을 읽어야 하며 이를 위한 좋은 방법은 더 읽기 편한 글을 제공하는 것이다. 바로 여기에 토픽 모델링이 중요한 역할을 한다. 개인이 이전에 읽은 글을 토대로 구성된 모음을 사용해 토픽 모델은 독자가 읽기 원하는 글의 유형을 알려준다. 이는 참여를 유지하면서 단순성과 사용 편의성을 높여주는 맞춤형 큐레이션이다.

모델 데이터를 준비하기 전에 데이터를 빠르게 불러오고 탐색하도록 해보자.

연습 28: 데이터 로딩

이번 연습에서는 데이터셋에서 데이터를 불러오고 형식을 지정한다. 7장에서 앞으로 진행할 모든 실습과 관련한 데이터는 UCI[California of University, Irvine]가 제공하는 머신 러닝 저장소에서 가져왔다. 데이터는 https://github.com/TrainingByPackt/Applied-Unsupervised-Learning-with-Python/tree/master/Lesson07/Exercise27-Exercise%2038에서 받을 수 있다.

> **노트**
>
> 이 데이터는 https://archive.ics.uci.edu/ml/datasets/News+Popularity+in+Multiple+Social+Media+Platforms에서 가져왔다. 연습 자료는 https://github.com/TrainingByPackt/Applied-Unsupervised-Learning-with-Python/tree/master/Lesson07/Exercise27-Exercise%2038에서 찾을 수 있다. Nuno Moniz와 LuÃs Torgo (2018), 온라인 뉴스피드의 멀티 소스 소셜 피드백, CoRR
>
> *UCI 머신 러닝 저장소 [http://archive.ics.uci.edu/ml]. 캘리포니아 어바인: 캘리포니아대학교, 정보 및 컴퓨터 과학부*

이것이 이번 연습에 필요한 유일한 파일이다. 로컬에 다운로드해 저장하면 데이터를 노트북에 불러올 수 있다.

1. 데이터의 경로를 정의하고 pandas를 사용해 불러온다.

```
path = "News_Final.csv"
df = pandas.read_csv(path, header=0)
```

2. 다음 코드를 실행해 간단히 데이터를 검사한다.

```
def dataframe_quick_look(df, nrows):
  print("SHAPE:\n{shape}\n".format(shape=df.shape))
  print("COLUMN NAMES:\n{names}\n".format(names=df.columns))
  print("HEAD:\n{head}\n".format(head=df.head(nrows)))

dataframe_quick_look(df, nrows=2)
```

이 사용자 정의 함수는 데이터의 형상(행과 열의 수)과 열 이름, 처음 2개의 행을
반환한다.

```
SHAPE:
(93239, 11)

COLUMN NAMES:
Index(['IDLink', 'Title', 'Headline', 'Source', 'Topic', 'PublishDate',
       'SentimentTitle', 'SentimentHeadline', 'Facebook', 'GooglePlus',
       'LinkedIn'],
      dtype='object')

HEAD:
    IDLink                                              Title  \
0  99248.0  Obama Lays Wreath at Arlington National Cemetery
1  10423.0          A Look at the Health of the Chinese Economy

                                            Headline      Source    Topic  \
0  Obama Lays Wreath at Arlington National Cemete...  USA TODAY    obama
1  Tim Haywood, investment director business-unit...  Bloomberg  economy

           PublishDate  SentimentTitle  SentimentHeadline  Facebook  \
0  2002-04-02 00:00:00        0.000000          -0.053300        -1
1  2008-09-20 00:00:00        0.208333          -0.156386        -1

   GooglePlus  LinkedIn
0          -1        -1
1          -1        -1
```

그림 7.8 원시 데이터

이는 토픽 모델을 실행하는 데 필요한 것보다 기능 측면에서 훨씬 더 큰 데이터
셋이다.

3. Topic이라는 열에는 실제로 토픽 모델이 확인하려는 정보가 포함돼 있다. 자체적
   으로 주제를 생성한 후 이를 제공된 주제 데이터와 서로 결과를 비교할 수 있다.
   다음을 실행해 고유한 주제와 발생 횟수를 출력하자.

```
print("TOPICS:\n{topics}\n".format(topics=df["Topic"].value_counts()))
```

결과는 다음과 같다.

```
TOPICS:
economy 33928
obama 28610
```

```
microsoft 21858
palestine 8843
Name: Topic, dtype: int64
```

4. 이제 헤드라인 데이터를 추출하고 추출된 데이터를 목록 오브젝트로 변환한다.
   목록의 처음 5개 요소와 목록 길이를 인쇄해 추출에 성공했는지 확인하자.

```
raw = df["Headline"].tolist()
print("HEADLINES:\n{lines}\n".format(lines=raw[:5]))
print("LENGTH:\n{length}\n".format(length=len(raw)))
```

```
HEADLINES:
['Obama Lays Wreath at Arlington National Cemetery. President Barack Obama has laid a wreath at the Tomb of the Unknowns to hon
or', 'Tim Haywood, investment director business-unit head for fixed income at Gam, discusses the China beige book and the state
of the economy.', "Nouriel Roubini, NYU professor and chairman at Roubini Global Economics, explains why the global economy is
n't facing the same conditions", "Finland's economy expanded marginally in the three months ended December, after contracting i
n the previous quarter, preliminary figures from Statistics Finland showed Monday. ", 'Tourism and public spending continued to
boost the economy in January, in light of contraction in private consumption and exports, according to the Bank of Thailand dat
a. ']

LENGTH:
93239
```

그림 7.9 헤드라인 리스트

데이터를 불러와서 제대로 형식을 잡았다면, 텍스트 데이터 정리에 관해 이야기하고 실제 정리와 전처리 과정을 살펴보자. 교육 목적으로 첫 헤드라인에 대해서만 정리 과정을 수행할 것이다. 프로세스를 설정하고 예제 헤드라인에서 테스트한 후에는 모든 헤드라인에 관해 이 과정을 다시 실행해야 한다.

▌ 텍스트 데이터 정리

모든 성공적인 모델링 연습의 핵심 구성 요소 중 하나는 분석을 위해 적절하고 충분하게 데이터셋이 정리돼 있어야 한다는 점이다. 텍스트 데이터는 원시 형식으로는 사실상 사용할 수 없으므로 예외가 아니며, 어떤 알고리즘을 사용할 것인가는 이와 관계가 없다. 데이터가 올바르게 준비되지 않으면 결과는 의미가 없고 최악의 결과를 초래할 수 있다. "쓰레기가 들어가면 쓰레기가 나온다"라는 말처럼, 토픽 모델링의 경우 데이터 정리의 목표는 방해가 될 수 있는 모든 것을 제거해 각 문서에서 관련 단어를 분리해내는 것이다.

데이터의 정리와 전처리는 일반화된 방법이 존재하지 않으며 데이터셋마다 고유한 방식의 처리 과정이 필요하다. 텍스트 데이터를 정리하고 전처리하기 위해서는 언어 필터링이나 URL 및 화면 이름 제거, 분류 작업 등이 필요하다. 다음 연습에서는 토픽 모델링을 위해 뉴스 헤드라인이 포함된 데이터셋을 정리할 예정이다.

데이터 정리 기법

앞서 소개한 핵심을 다시 반복하자면 토픽 모델링을 위한 텍스트 정리의 목표는 말뭉치의 추상적 주제를 찾는 데 관련이 있는 단어들을 분리하는 것이다. 이를 위해서는 일반적인 단어나 짧은 단어, 숫자, 문장 부호 등을 제거해야 한다. 데이터 정리를 위해 일반화된 방법이 존재하는 것이 아니기에 다룰 데이터의 특징을 잘 이해한 후, 그에 맞는 광범위한 탐색 작업을 진행해야 한다.

이제 사용할 텍스트 데이터 정리 기술 중 일부를 살펴보자. 텍스트와 관련된 모델링 작업을 수행할 때 가장 먼저 해야 할 작업 중 하나는 텍스트의 언어를 결정하는 것이다. 이 데이터셋에서 대부분의 헤드라인은 영어이므로 영어 이외의 헤드라인은 간단하게 제거한다. 영어 이외의 텍스트 데이터로 모델을 작성하려면 추가 기술 세트가 필요하며, 최소한 모델링할 언어에 대해서는 잘 알고 있어야 한다.

데이터 정리에서 다음으로 중요한 단계는 단어 기반 모델과 관련이 없거나 결과를 모호하게 만들 수 있는 잠재적인 노이즈를 제거하는 일이다. 제거가 필요한 요소에는 웹사이트 주소, 문장 부호, 숫자 및 단어가 포함될 수 있다. 모든 문장에서 흔하게 등장하는 일반적인 단어들은 제거 대상이며 토픽 모델에서는 추상적인 주제를 설명하기에 충분하고 흔하게 등장하지 않은 단어를 식별해야 한다.

웹사이트 주소도 동일한 목적으로 제거해야 한다. 특정 웹사이트 주소가 주제와 연결될 만큼 가까울 수도 있지만 대체로 웹사이트 주소는 단어와 같은 방식으로 해석할 수는 없다. 문서에서 관련이 없는 정보를 제거하면 모델 수렴을 방해하거나 결과를 모호하게 만들 가능성이 있는 노이즈가 줄어든다.

표제어 추출Lemmatization은 텍스트와 관련된 모든 모델링 활동의 중요한 구성 요소다. 모든 단어를 기본형으로 줄여서 동일하게 만드는 과정이다. 예를 들면 '달리는, 달림, 달린' 등의 단어를 생각해보면 된다. 이 세 단어는 기본적으로 기본형 '달리다'에서 파생된 단어다. 표제어 추출이 가진 장점은 각 단어를 변경하는 방법을 결정하기 전에 문장의 모든 단어를 보거나 문맥을 고려한다는 점이다. 앞에서 언급한 대부분의 정리 기술과 마찬가지로 표제어 추출은 데이터의 노이즈 양을 줄이므로 깨끗하고 해석 가능한 주제를 식별하는 데 도움이 된다.

이제 텍스트 정리 기술에 관한 기본 지식을 바탕으로 실제 데이터에 적용해보자.

연습 29: 단계별 데이터 정리

이번 연습에서는 텍스트 데이터 정리를 위한 몇 가지 주요 기술을 구현하는 방법을 알아보자. 각 기술은 실습을 진행하면서 설명할 생각이다. 모든 정리 단계 후 헤드라인 예제를 출력함으로써 원시 데이터에서 모델링 준비 데이터로 진화하는 모습을 확인할 수 있다.

1. 정리 프로세스를 구축하고 테스트 예제로 5번째 헤드라인을 선택하자. 5번째 헤드라인은 무작위 선택이 아니며 정리 과정에서 해결할 특정 문제가 포함돼 있기 때문에 선택했다.

```
example = raw[5]
print(example)
```

출력 결과는 다음과 같다.

```
Over 100 attendees expected to see latest version of Microsoft Dynamics SL and Dynamics GP (PRWeb February 29, 2016) Read the f
ull story at http://www.prweb.com/releases/2016/03/prweb13238571.htm
```

그림 7.10 5번째 헤드라인

2. langdetect 라이브러리를 사용해 각 헤드라인의 언어를 감지한다. 만일 언어가
   영어("en")가 아니라면 데이터셋에서 해당 헤드라인은 제거한다.

```python
def do_language_identifying(txt):
  try: the_language = langdetect.detect(txt)
  except: the_language = 'none'
  return the_language

print("DETECTED LANGUAGE:\n{lang}\n".format(
lang=do_language_identifying(example)
))
```

결과는 다음과 같다.

```
DETECTED LANGUAGE:
en
```

그림 7.11 언어 감지

3. 공백을 사용해 헤드라인이 포함된 문자열을 토큰이라고하는 조각으로 나눈다.
   반환된 개체는 헤드라인을 구성하는 단어와 숫자의 목록이다. 헤드라인 문자열
   을 토큰으로 나누면 정리와 전처리 과정이 더 간단해진다.

```python
example = example.split(" ")
print(example)
```

출력은 다음과 같다.

```
['Over', '100', 'attendees', 'expected', 'to', 'see', 'latest', 'version', 'of', 'Microsoft', 'Dynamics', 'SL', 'and', 'Dynamic
s', 'GP', '(PRWeb', 'February', '29,', '2016)', 'Read', 'the', 'full', 'story', 'at', 'http://www.prweb.com/releases/2016/03/pr
web13238571.htm', '']
```

그림 7.12 공백을 사용한 문자열 분리

268

4. http:// 또는 https://를 포함하는 토큰을 정규표현식으로 검색해 모든 URL을 식별한 후 해당 URL을 'URL'이라는 문자열로 바꾸자.

```
example = ['URL' if bool(regex.search("http[s]?://", i))else i for i in
example]
print(example)
```

결과는 다음과 같다.

```
['Over', '100', 'attendees', 'expected', 'to', 'see', 'latest', 'version', 'of', 'Microsoft', 'Dynamics', 'SL', 'and', 'Dynamic
s', 'GP', '(PRWeb', 'February', '29,', '2016)', 'Read', 'the', 'full', 'story', 'at', 'URL', '']
```

그림 7.13 URL들이 URL이라는 문자열로 교체됨

5. 정규표현식을 사용해 모든 문장 부호와 줄 바꾸기 기호(\n)를 빈 문자열로 바꾸자.

```
example = [regex.sub("[^\\w\\s]|\n", "", i) for i in example]
print(example)
```

결과는 다음과 같다.

```
['Over', '100', 'attendees', 'expected', 'to', 'see', 'latest', 'version', 'of', 'Microsoft', 'Dynamics', 'SL', 'and', 'Dynamic
s', 'GP', 'PRWeb', 'February', '29', '2016', 'Read', 'the', 'full', 'story', 'at', 'URL', '']
```

그림 7.14 개행 문자로 교체된 문장 부호

6. 정규표현식을 사용해 모든 숫자를 빈 문자열로 교체한다.

```
example = [regex.sub("^[0-9]*$", "", i) for i in example]
print(example)
```

결과는 다음과 같다.

```
['Over', '', 'attendees', 'expected', 'to', 'see', 'latest', 'version', 'of', 'Microsoft', 'Dynamics', 'SL', 'and', 'Dynamics',
'GP', 'PRWeb', 'February', '', '', 'Read', 'the', 'full', 'story', 'at', 'URL', '']
```

그림 7.15 빈 문자열로 교체된 숫자

7. 모든 대문자는 소문자로 변경한다. 모두 소문자로 변경하는 일은 필수 과정은 아니지만 복잡도를 줄이는 데 도움이 된다. 모두 소문자 상태면 추적할 내용이 줄어들기에 오류 가능성도 줄어든다.

```
example = [i.lower() if i not in "URL" else i for i in example]
print(example)
```

결과는 다음과 같다.

```
['over', '', 'attendees', 'expected', 'to', 'see', 'latest', 'version', 'of', 'microsoft', 'dynamics', 'sl', 'and', 'dynamics',
'gp', 'prweb', 'february', '', '', 'read', 'the', 'full', 'story', 'at', 'URL', '']
```
그림 7.16 대문자는 모두 소문자로 변경

8. 4단계에서 추가된 "URL"이라는 문자열을 제거하자. 이전에 추가된 "URL" 문자열은 실제로 모델링에 필요가 없다. 그대로 두어도 괜찮지 않느냐고 생각할 수도 있겠으나 "URL"이라는 문자열이 헤드라인에 실제로 포함된 경우도 있을 수 있음을 생각하자. "URL"이라는 문자열이 모든 헤드라인이 등장하는 것은 아니므로 이를 그대로 두면 "URL"이라는 문자열과 주제 사이에 연결이 발생할 가능성이 있다.

```
example = [i for i in example if i not in "URL"]
print(example)
```

결과는 다음과 같다.

```
['over', 'attendees', 'expected', 'to', 'see', 'latest', 'version', 'of', 'microsoft', 'dynamics', 'sl', 'and', 'dynamics', 'g
p', 'prweb', 'february', 'read', 'the', 'full', 'story', 'at']
```
그림 7.17 문자열 URL 제거

9. nltk에서 스톱워드(stopwords) 사전을 불러와 출력한다.

```
list_stop_words = nltk.corpus.stopwords.words("English")
list_stop_words = [regex.sub("[^\\w\\s]", "", i) for i in list_stop_words]
print(list_stop_words)
```

결과는 다음과 같다.

```
['i', 'me', 'my', 'myself', 'we', 'our', 'ours', 'ourselves', 'you', 'youre', 'youve', 'youll', 'youd', 'your', 'yours', 'yours
elf', 'yourselves', 'he', 'him', 'his', 'himself', 'she', 'shes', 'her', 'hers', 'herself', 'it', 'its', 'its', 'itself', 'the
y', 'them', 'their', 'theirs', 'themselves', 'what', 'which', 'who', 'whom', 'this', 'that', 'thatll', 'these', 'those', 'am',
'is', 'are', 'was', 'were', 'be', 'been', 'being', 'have', 'has', 'had', 'having', 'do', 'does', 'did', 'doing', 'a', 'an', 'th
e', 'and', 'but', 'if', 'or', 'because', 'as', 'until', 'while', 'of', 'at', 'by', 'for', 'with', 'about', 'against', 'betwee
n', 'into', 'through', 'during', 'before', 'after', 'above', 'below', 'to', 'from', 'up', 'down', 'in', 'out', 'on', 'off', 'ov
er', 'under', 'again', 'further', 'then', 'once', 'here', 'there', 'when', 'where', 'why', 'how', 'all', 'any', 'both', 'each',
'few', 'more', 'most', 'other', 'some', 'such', 'no', 'nor', 'not', 'only', 'own', 'same', 'so', 'than', 'too', 'very', 's',
't', 'can', 'will', 'just', 'don', 'dont', 'should', 'shouldve', 'now', 'd', 'll', 'm', 'o', 're', 've', 'y', 'ain', 'aren', 'a
rent', 'couldn', 'couldnt', 'didn', 'didnt', 'doesn', 'doesnt', 'hadn', 'hadnt', 'hasn', 'hasnt', 'haven', 'havent', 'isn', 'is
nt', 'ma', 'mightn', 'mightnt', 'mustn', 'mustnt', 'needn', 'neednt', 'shan', 'shant', 'shouldn', 'shouldnt', 'wasn', 'wasnt',
'weren', 'werent', 'won', 'wont', 'wouldn', 'wouldnt']
```

그림 7.18 스톱워드 목록

사전을 사용하기 전에 헤드라인의 형식과 일치하도록 단어의 형식을 바꾸는 것
이 중요하다. 여기에는 모든 것이 소문자이고 구두점이 없는지 확인하는 것이 포
함된다.

10. stopwords 사전 형식을 제대로 맞췄으므로 이를 사용해 헤드라인에서 모든 스톱
워드를 제거하자.

```
example = [i for i in example if i not in list_stop_words]
print(example)
```

결과는 다음과 같다.

```
['attendees', 'expected', 'see', 'latest', 'version', 'microsoft', 'dynamics', 'sl', 'dynamics', 'gp', 'prweb', 'february', 're
ad', 'full', 'story']
```

그림 7.19 스톱워드가 헤드라인에서 제거됨

11. 각 헤드라인에 적용할 수 있는 함수를 정의해 표제어 추출을 수행한다. 표제어 추
출을 수행하기 위해 wordnet 사전을 불러온다.

```
def do_lemmatizing(wrd):
    out = nltk.corpus.wordnet.morphy(wrd)
    return (wrd if out is None else out)

example = [do_lemmatizing(i) for i in example]
print(example)
```

결과는 다음과 같다.

```
['attendee', 'expect', 'see', 'latest', 'version', 'microsoft', 'dynamics', 'sl', 'dynamics', 'gp', 'prweb', 'february', 'read', 'full', 'story']
```

그림 7.20 표제어 추출 수행 결과

12. 토큰 목록에서 길이가 4 미만인 단어를 모두 제거한다. 이는 대체로 짧은 단어는 일반적인 단어이고 주제와 관련이 적다는 가정을 전제로 한다. 여기까지가 데이터 정리와 전처리의 마지막 단계다.

```
example = [i for i in example if len(i) >= 5]
print(example)
```

결과는 다음과 같다.

```
['attendee', 'expect', 'latest', 'version', 'microsoft', 'dynamics', 'dynamics', 'prweb', 'february', 'story']
```

그림 7.21 헤드라인 5개 정리 후

이제 정리와 전처리 단계를 개별 헤드라인에 대해 수행했으므로 이를 약 100,000개의 헤드라인에 모두 적용해야 한다. 하지만 지금 처리한 방식처럼 수작업으로 이 많은 헤드라인의 정리 작업을 한다는 것은 불가능한 일이다.

연습 30: 데이터 정리 마무리

이번 연습에서는 '연습 29: 단계별 데이터 정리'에서의 단계 2부터 12까지를 하나의 기능으로 통합한다. 이 함수는 문자열 형식으로 하나의 헤드라인을 입력으로 취하고 하나의 정리된 헤드라인을 토큰 목록으로 출력한다. 토픽 모델에서는 문서가 토큰 목록 대신 문자열로 형식화돼야 하므로 4단계에서 토큰 목록이 다시 문자열로 변환된다.

272

1. '연습 29: 단계별 데이터 정리'에서 다뤘던 데이터 정리의 모든 과정을 포함하는 함수를 하나 정의한다.

```python
def do_headline_cleaning(txt):
# 트윗의 언어 인지
# 만일 언어가 영어가 아니라면 null 반환
  lg = do_language_identifying(txt)
  if lg != 'en':
    return None
# 공백을 기준으로 문자열 분리
  out = txt.split(" ")
# url 인식
# url을 'URL'로 대체
  out = ['URL' if bool(regex.search("http[s]?://", i)) else i for i in out]
# 모든 문장부호 제거
  out = [regex.sub("[^\\w\\s]|\n", "", i) for i in out]
# 모든 숫자 제거
  out = [regex.sub("^[0-9]*$", "", i) for i in out]
# 키워드가 아닌 모든 단어를 소문자로 변경
  out = [i.lower() if i not in "URL" else i for i in out]
# URL 제거
  out = [i for i in out if i not in "URL"]
# 스톱워드(stopwords) 제거
  list_stop_words = nltk.corpus.stopwords.words("English")
  list_stop_words = [regex.sub("[^\\w\\s]", "", i) for i in list_stop_words]
  out = [i for i in out if i not in list_stop_words]
# 표제어 추출(lemmatizing)
  out = [do_lemmatizing(i) for i in out]
# 5자 이상의 단어만 유지
  out = [i for i in out if len(i) >= 5]
  return out
```

2. 각 헤드라인에 대해 함수를 실행한다. 파이썬의 map 함수는 사용자 정의 함수를 목록의 각 요소에 적용하는 좋은 방법이다. map 오브젝트를 목록으로 변환하고 clean 변수에 지정한다. clean 변수는 목록의 목록이다.

```python
clean = list(map(do_headline_cleaning, raw))
```

3. do_headline_cleaning에서 헤드라인의 언어가 영어가 아니면 None이 반환된다. 최종적으로 정리된 목록에 None은 포함되지 말아야 하므로 모든 None 타입은 제거한다. 첫 5개의 정리된 헤드라인과 clean 변수의 길이를 출력하기 위해 print를 사용하자.

```python
clean = list(filter(None.__ne__, clean))
print("HEADLINES:\n{lines}\n".format(lines=clean[:5]))
print("LENGTH:\n{length}\n".format(length=len(clean)))
```

결과는 다음과 같다.

```
HEADLINES:
[['obama', 'wreath', 'arlington', 'national', 'cemetery', 'president', 'barack', 'obama', 'wreath', 'unknown', 'honor'], ['hayw
ood', 'investment', 'director', 'businessunit', 'income', 'discus', 'china', 'beige', 'state', 'economy'], ['nouriel', 'roubin
i', 'professor', 'chairman', 'roubini', 'global', 'economics', 'explain', 'global', 'economy', 'facing', 'conditions'], ['finla
nd', 'economy', 'expand', 'marginally', 'three', 'month', 'december', 'contracting', 'previous', 'quarter', 'preliminary', 'fig
ure', 'statistics', 'finland', 'monday'], ['tourism', 'public', 'spending', 'continue', 'boost', 'economy', 'january', 'light',
'contraction', 'private', 'consumption', 'export', 'accord', 'thailand']]

LENGTH:
92948
```

그림 7.22 헤드라인과 길이

4. 모든 개별 헤드라인에 대해 공백을 사용해 토큰을 연결한다. 이제 헤드라인은 단어의 모음이 됐다. 사람이 읽을 수는 없지만 토픽 모델링에는 최적화된 형태다.

```python
clean_sentences = [" ".join(i) for i in clean]
print(clean_sentences[0:10])
```

정리된 헤드라인의 형태는 다음과 같을 것이다.

```
['obama wreath arlington national cemetery president barack obama wreath unknown honor', 'haywood investment director businessu
nit income discus china beige state economy', 'nouriel roubini professor chairman roubini global economics explain global econo
my facing conditions', 'finland economy expand marginally three month december contracting previous quarter preliminary figure
statistics finland monday', 'tourism public spending continue boost economy january light contraction private consumption expor
t accord thailand', 'attendee expect latest version microsoft dynamics dynamics prweb february story', 'ramallah february pales
tine liberation organization sectretarygeneral erekat thursday express concern kenyan president uhuru kenyattas visit jerusalem
jordan valley', 'first michelle obama speak state white house washington wednesday interactive student workshop musical legacy
charles student school community organization across country participate quotin performance white housequot series', 'hancock c
ounty early monday morning family years', 'delhi feb29 technology giant microsoft target rival apple series focusing windows gr
oss windows machine']
```

그림 7.23 모델링을 위해 정리된 헤드라인

정리하자면, 정리 및 전처리 작업이 효과적으로 수행하는 작업은 데이터에서 노이즈를 제거해 모델이 실제로 통찰력을 발휘할 수 있는 데이터 요소를 다듬을 수 있도록 하는 것이다. 예를 들어 어떤 주제에 무관한 단어(또는 스톱워드)가 실수로 남게 되면 주제를 파악하는 데 방해가 될 수 있다. "가짜 신호"라고 부르는 것을 피하기 위해 이런 단어를 제거하자. 마찬가지로 토픽 모델을 문맥을 식별할 수 없으므로 문장 부호는 제거해야 한다. 모델이 데이터에서 노이즈를 제거하지 않고 주제를 찾을 수 있더라도 정리되지 않은 데이터는 말뭉치의 문서 수에 따라 구문 분석을 하는 데 있어서 계산 요구량을 크게 증가시킬 수 있다. 따라서 데이터 정리는 토픽 모델링에서 필수적으로 해야 하는 과정이다.

활동 15: 트위터 데이터 로딩 및 정리

이번 활동에서는 후속 활동에서 수행된 모델링을 위해 트위터Twitter 데이터를 불러와 정리한다. 헤드라인 데이터 사용이 진행 중이므로 별도의 주피터 노트북에서 이 활동을 진행하자. 요구 사항과 임포트해야 하는 라이브러리는 모두 동일하다.

목표는 원시 트위터 데이터를 가져와 정리하고 이전 연습의 4단계에서 했던 것과 동일한 결과를 만들어내는 것이다. 해당 출력은 길이가 원시 데이터 파일의 행 수와 유사한 목록이어야 한다. 트위터 글이 영어가 아닐 수 있는 등의 이유로 정리 과정에서 삭제되는 글이 있기 때문에 길이는 행 수와 동일하지 않을 수 있다. 목록의 각 요소는 하나의 트윗을 나타내야 하며 주제 구성과 관련될 수 있는 단어만 트윗에 포함해야 한다.

다음은 이 활동을 완료하는 데 필요한 과정이다.

1. 필요한 라이브러리를 임포트한다.
2. 「LA Times」 건강 관련 트위터 데이터(latimeshealth.txt)를 https://github.com/TrainingByPackt/Applied-Unsupervised-Learning-with-Python/tree/master/Lesson07/Activity15-Activity17에서 불러온다.

3. 빠른 탐색 분석을 실행해 데이터 크기 및 구조를 확인한다.

4. 트윗 텍스트를 추출하고 이를 리스트 객체로 변환한다.

5. 언어 감지, 공백 토큰화를 수행하고 화면 이름과 웹사이트 주소를 SCREENNAME 과 URL로 각각 변경하는 함수를 작성하자. 또한 이 함수는 문장 부호, 숫자, SCREENNAME, URL을 제거해야 한다. SCREENNAME과 URL를 제외한 모든 문자를 소문자로 변경하자. 모든 스톱워드를 제거하고 표제어 추출을 수행하고 5자 이상의 단어를 유지해야 한다.

6. 단계 5에서 정의한 함수를 모든 트윗에 반영한다.

7. 출력 리스트 중에서 None 항목은 제거한다.

8. 각 트윗의 요소를 공백으로 연결해 하나의 문자열로 변경한다.

9. 나중의 모델링을 위해 노트북을 연 상태로 둔다.

노트

7장의 모든 활동은 동일한 노트북에서 실행해야 한다.

10. 출력은 다음과 같다.

```
['running shoes extra', 'class crunch intense workout pulley system', 'thousand natural product', 'natural product ex
plore beauty supplement', 'fitness weekend south beach spark activity', 'kayla harrison sacrifice', 'sonic treatment
alzheimers disease', 'ultrasound brain restore memory alzheimers needle onlyso farin mouse', 'apple researchkit reall
y medical research', 'warning chantix drink taking might remember']
```

그림 7.24 모델링을 위해 정리된 트윗들

노트

이 활동의 솔루션은 481페이지에서 찾을 수 있다.

▌ 잠재 디리클레 할당

2003년 데이비드 비엘David Biel과 앤드류 응Andrew Ng, 마이클 조던Michael Jordan은 잠재 디리
클레 할당LDA, Latent Dirichlet Allocation이라는 토픽 모델링 알고리즘 기사를 발표했다. LDA는
생식 확률 모델이다. 즉, 확률로 표현된 데이터를 생성한 프로세스를 알고 있다고 가정한
다음 데이터로부터 이를 생성한 매개변수를 역으로 찾는 작업이다. 이 경우 관심 있는 데
이터를 생성한 것은 주제다. 여기서 논의된 과정은 가장 기본적인 형태의 LDA지만, 학습
에 있어서는 가장 이해하기 쉬운 형태다.

말뭉치의 각 문서에 관해 예상되는 생성 프로세스는 다음과 같다.

1. $N \sim Poisson(\lambda)$를 선택한다. 여기에서 N은 단어의 수다.
2. $\theta \sim Dirichlet(\alpha)$를 선택한다. 여기에서 θ는 주제의 분포다.
3. 각 N개의 단어 w_n에 대해 주제 $z_n \sim Multinomial(\theta)$를 선택하고 w_n에서 단어 $P(w_n|z_n, \beta)$를 선택한다.

생성 과정을 조금 더 자세히 살펴보자. 말뭉치의 모든 문서에 대해 앞의 3단계가 반복된
다. 초기 단계는 대부분의 경우 포아송 분포에서 샘플링해 문서의 단어 수를 선택하는 것

07장 토픽 모델링 | 277

이다. N은 다른 변수와 독립적이므로 생성과 관련된 임의성은 알고리즘의 파생에서 대부분 무시된다. N을 선택한 이후에는 주제 혼합의 생성 또는 각 문서마다 고유한 주제의 분포를 생각해야 한다. 이것을 각 항목으로 대표되는 문서의 양을 나타내는 확률을 가진 문서별 주제 목록이라고 생각해보자. 3가지 주제 A와 B, C가 있다고 생각해보자. 예시 문서는 100% 주제 A, 75% 주제 B, 25% 주제 C 또는 무한히 많은 기타 조합이 될 수 있다. 마지막으로 문서의 특정 단어는 선택된 주제에 관해 조건화된 확률문과 해당 주제에 대한 단어 분포를 통해 선택된다. 문서가 실제로 이런 방식으로 생성되는 것은 아니지만, 합리적인 대안으로 생각할 수 있다.

이 과정은 분포에 대한 또 다른 분포로 생각할 수 있다. 문서는 문서들의 컬렉션으로부터 선택되며 디리클레 분포에 의해 생성된 문서에 대한 주제의 확률 분포로부터 다항분포를 통해 하나의 주제가 선택된다.

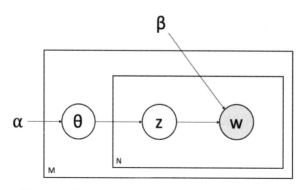

그림 7.25 LDA의 그래픽적 표현

LDA 솔루션을 나타내는 공식을 작성하는 가장 간단한 방법은 그래픽 표현을 사용하는 것이다. 이 특정 표현은 플레이트를 사용해 프로세스의 두 반복 단계를 나타내기 때문에 플레이트 표기 그래픽 모델이라고 한다. 생성 프로세스는 말뭉치의 모든 문서에 대해 실행됐으므로 M으로 표시된 가장 바깥쪽 플레이트는 각 문서에 대한 반복을 나타낸다. 마찬가지로 단계 3에서 단어에 대한 반복은 N으로 표기된 다이어그램의 가장 안쪽 플레이트로 표시된다. 원은 매개변수와 분포, 결과를 나타낸다. w로 표시된 음영 처리된 원은 선택된 단어로, 유일하게 알고 있는 데이터 조각이므로 생성 과정을 역으로 엔지니어링하는 데 사용된다. w 외에도 다이어그램의 다른 네 가지 변수는 다음과 같이 정의된다.

- α: 주제 문서 디리클레 배포용 하이퍼파라미터
- β: 각 주제에 대한 단어의 분포
- Z: 주제에 대한 잠재 변수
- θ: 각 문서의 주제 배포를 위한 잠재 변수

α와 β는 문서 내 주제와 주제 내 단어의 빈도를 제어한다. 만일 α가 증가하면 각 문서의 주제 수가 증가함에 따라 문서가 점점 유사해진다. 반면 α가 줄어들면 각 문서의 주제 수가 감소함에 따라 문서의 유사성이 낮아진다. β 파라미터도 비슷하게 동작한다.

변분 추론

LDA가 가진 큰 문제는 조건부 확률, 분포의 평가를 관리할 수 없으므로 직접 계산하는 대신 확률을 추정한다는 점이다. 변분 추론Variational Inference은 더 간단한 근사 알고리즘 중 하나지만 확률에 관한 상당한 지식을 필요로 하는 광범위한 파생이 존재한다. LDA 적용에 더 많은 시간을 할애하기 위해 이 절에서는 이런 상황에서 변분 추론이 적용되는 방법에 관한 자세한 내용을 제공하지만, 알고리즘 자체를 깊이 다루진 않는다.

변분 추론 알고리즘을 직관적으로 살펴보자. 말뭉치에 있는 각 문서의 각 단어를 주제 중 하나에 무작위로 할당해 시작하자. 그런 다음 각 문서와 각 문서의 각 단어에 대한 두 비율을 계산한다. 이 두 비율 중 하나는 문서에 대한 주제의 비율 $P(Topic|Document)$이며, 나머지 하나는 주제에 대한 단어의 비율 $P(Word|Topic)$이다. 이 두 비율을 곱하고 결과 비율을 사용해 단어를 새 주제에 할당하자. 주제 할당이 크게 변하지 않는 정상 상태에 도달할 때까지 이 과정을 반복하자. 이후에 이는 문서 내 주제 혼합 및 주제 내 단어 혼합을 추정하는 데 사용된다.

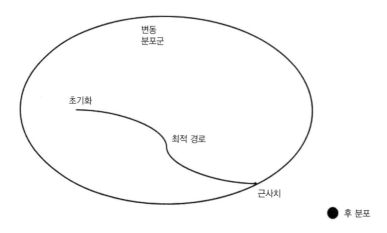

그림 7.26 변분 추론 프로세스

변분 추론의 목적은 실제 분포가 다루기 어려운 형태일 때, 초기 분포와 매우 유사하면서도 다루기 쉬운 간단한 변형 분포를 사용하려는 데 있다.

시작하기 위해 새로운 변형 매개변수를 조건으로 하는 분포 계열 q를 선택하자. 매개변수는 베이지안Bayesian 통계에 익숙한 사람들의 사후 분포인 원래의 분포와 가변 분포가 가능한 한 근접하도록 최적화된다. 변이 분포는 원래의 사후 분포에 충분히 가까워 프록시로 사용될 수 있으며, 이에 대한 추론은 원래 사후 분포에 적용할 수 있다. 분포 계열 q의 일반 공식은 다음과 같다.

$$q(\theta, z | \gamma, \phi) = q(\theta | \gamma) \prod_{n=1}^{N} q(z_n | \phi_n)$$

그림 7.27 분포 계열 공식 q

사후 분포에 대한 근사치로 사용할 수 있는 잠재적 변동 분포의 커다란 모음이 있다. 이 모음에서 초기 변이 분포를 신택한다. 이 분포는 최적 분포에 반복적으로 근접하는 최적

280

화 프로세스의 시작점 역할을 한다. 최적의 매개변수는 사후 분포에 가장 가까운 분포의 매개변수다.

두 분포의 유사성은 KL^Kullback-Leibler 발산을 사용해 측정된다. KL 발산은 상대 엔트로피라고도 한다. 원래의 사후 분포 p에 대한 최상의 변이 분포 q를 찾으려면 KL 발산을 최소화해야 한다. 발산을 최소화하는 매개변수를 찾는 기본 방법은 반복 고정 소수점 방법이며 여기에서 자세한 내용을 다루진 않는다.

최적 분포가 식별되면 (다시 말해 최적의 파라미터가 식별되면) 이를 이용해 출력 행렬을 생성하고 필요한 추론을 수행할 수 있다.

백오브워즈

텍스트는 머신 러닝 알고리즘으로 직접 전달될 수 없다. 먼저 숫자 형태로 인코딩을 해야 한다. 머신 러닝에서 텍스트를 사용하는 간단한 방법은 백오브워즈^bag of words 모델을 사용하는 것이다. 이 모델은 단어 순서에 관한 모든 정보를 제거하고 각 단어의 존재 정도(횟수 또는 빈도)에 중점을 둔다. 파이썬 sklearn 라이브러리를 사용해 이전 연습에서 정리한 벡터를 LDA 모델에 필요한 구조로 변환할 수 있다. LDA는 확률론적 모델이므로 단어 등장의 스케일링 또는 가중치를 적용하지 않는다. 대신 원시 횟수만 입력하도록 선택한다.

백오브워즈 모델의 입력은 '연습 30: 데이터 정리 마무리'에서 만든 정리된 문자열의 목록이 될 것이다. 출력은 문서 번호, 숫자로 인코딩된 단어, 문서 내에 단어 등장 횟수가 될 것이다. 이 3가지 항목은 튜플^tuple과 정수로 제공될 것이다. 튜플은 (0, 325)와 같은 형태이며 여기에서 0은 문서 번호이고 325는 숫자로 인코딩된 단어다. 참고로 325는 문서 전체에 걸쳐 동일한 단어를 의미한다. 그러면 정수가 카운트된다. 7장에서 사용할 백오브워즈 모델은 sklearn에서 가져왔으며 CountVectorizer와 TfIdfVectorizer라고 부른다. 첫 번째 모델은 원시 카운트를 반환하고 두 번째 모델은 스케일된 값을 반환한다. 이 내용은 잠시 후 다룰 예정이다.

중요한 점은 7장에서 다루는 두 가지 토픽 모델의 결과는 임의성으로 인해 데이터가 동일한 경우에도 실행마다 다를 수 있다는 사실이다. LDA의 확률이나 최적화 알고리즘 모두 결정적이지 않으므로 실행 결과가 여기에 표시된 결과와 다소 다를 수 있으니 참고하자.

연습 31: 카운트 벡터라이저를 사용한 백오브워즈 모델 생성

이 연습에서는 앞에서 만든 정리된 헤드라인 벡터를 백오브워즈 데이터 구조로 변환하기 위해 sklearn의 CountVectorizer를 실행할 예정이다. 또한 모델링 프로세스를 통해 사용할 변수를 정의할 계획이다.

1. number_words, number_docs, number_features를 정의한다. 첫 두 개의 변수는 LDA 결과의 시각화를 제어하며 number_features 변수는 특징 공간에 유지할 단어의 수를 제어한다.

   ```
   number_words = 10
   number_docs = 10
   number_features = 1000
   ```

2. 카운트 벡터라이저^{count vectorizer}를 실행하고 결과를 출력한다. 이때 중요한 입력값 세 가지는 max_df, min_df, max_features다. 이들 매개변수는 말뭉치의 단어 수를 모델에 영향을 줄 수 있는 수준까지 추가 필터링을 한다. 적은 수의 문서에만 등장하는 단어는 주제에 속하기는 너무 드물기 때문에 이를 제거하기 위해 min_df는 지정된 수보다 적은 수의 문서에 등장하는 단어를 버리는 데 사용된다. 너무 많은 문서에 나타나는 단어는 특정 주제와 연결될 만큼 구체적이지 않으므로 max_df는 지정된 백분율보다 더 많은 문서에 등장하는 단어를 버리기 위해 사용된다. 마지막으로, 너무 과한 모델 피팅을 원치는 않으므로 모델에 맞는 단어의 수는 가장 자주 발생하는 지정된 수(max_features)로 제한한다.

```
vectorizer1 = sklearn.feature_extraction.text.CountVectorizer(
  analyzer="word",
  max_df=0.5,
  min_df=20,
  max_features=number_features
)
clean_vec1 = vectorizer1.fit_transform(clean_sentences)
print(clean_vec1[0])
```

결과는 다음과 같다.

```
(0, 407)      1
(0, 88)       1
(0, 643)      1
(0, 557)      1
(0, 572)      2
```

그림 7.28 백오브워즈 데이터 구조

3. 벡터라이저에서 형상 이름과 단어를 추출한다. 모델은 단어를 숫자로 인코딩된 형
   태로만 제공하므로 형상 이름 벡터를 결과와 병합하면 해석이 쉬워진다.

```
feature_names_vec1 = vectorizer1.get_feature_names()
```

퍼플렉서티

모델에는 일반적으로 성능을 평가하는 데 활용할 수 있는 지표가 있다. 성능에 대한 정의
가 살짝 다르기는 하지만 토픽 모델의 경우도 마찬가지다. 회귀 및 분류에서 예측값은 성
과에 대한 명확한 측정값을 계산할 수 있는 실제값과 비교할 수 있다. 토픽 모델을 사용하
면 모델이 학습한 단어만 알기 때문에 동일한 주제를 사용하더라도 새 문서에 해당 단어
가 포함되지 않을 수 있으므로 예측의 신뢰성이 떨어진다. 이런 차이로 인해 토픽 모델은
퍼플렉서티라는 언어 모델에 특화된 지표를 사용해 평가한다. 퍼플렉서티는 PP라고 줄
여 부르기도 하는데, 주어진 단어를 평균적으로 따를 수 있는 가장 가능성이 높은 다른 단

어들의 수를 측정한다. 두 단어 the와 announce를 생각해보자. 단어 the를 뒤따를 수 있는 단어는 엄청나게 많은 반면, announce를 뒤따를 수 있는 단어의 수는 상대적으로 상당히 적을 것이다.

평균적으로 가장 가능성이 높은 소수의 단어들이 뒤따를 수 있는 단어가 더 구체적이고 주제와 더 밀접하게 연관될 수 있다는 생각에서 출발한다.

평균적으로 높은 확률로 소수의 단어가 뒤따를 수 있는 단어들이 더 구체적이고 주제와 더 밀접하게 연관될 수 있다고 생각할 수 있다. 이와 같이 낮은 퍼플렉서티 점수는 더 나은 언어 모델임을 의미한다. 퍼플렉서티는 엔트로피와 매우 유사하지만, 일반적으로 해석하기가 더 쉬워서 더 널리 사용된다. 잠시 후 살펴볼 텐데, 이는 최적의 주제 수를 선택하는 데 사용할 수 있다. m이 단어의 나열에 속한 단어의 수를 의미하므로 퍼플렉서티는 다음처럼 정의할 수 있다.

$$PP = \hat{P}(w_1, \ldots, w_m)^{-1/m}$$

그림 7.29 퍼플렉서티 공식

연습 32: 주제의 수 선택

앞에서 언급한 것처럼 LDA는 2개의 입력을 가진다. 첫 번째는 문서 자체이며 두 번째는 주제의 수다. 적당한 수의 주제를 선택하는 일은 제법 까다로운 작업이 될 수 있다. 최적의 주제 수를 찾는 한 가지 방법은 여러 개의 주제를 검색하고 가장 퍼플렉서티 값이 작은 주제 수를 선택하는 것이다. 머신 러닝에서는 이 접근 방식을 '격자 검색'이라고 한다.

이 연습에서는 다양한 주제 수에 맞는 LDA 모델의 퍼플렉서티 점수를 사용해 주제 수를 결정한다. 원본 데이터셋은 헤드라인을 4개이 항목으로 정렬했다는 것을 기억하고 있을 것이다. 이번 접근 방식에서도 네 가지 주제를 반환하는지 확인해보자.

1. 다양한 주제에 LDA 모델을 피팅하는 함수를 정의하고 퍼플렉서티 점수를 계산한다. 두 항목을 반환하는데 하나는 주제와 퍼플렉서티 점수의 데이터 프레임이고 나머지는 최소 퍼플렉서티 점수를 갖는 주제의 수 데이터 프레임이다.

```python
def perplexity_by_ntopic(data, ntopics):
  output_dict = {
    "Number Of Topics": [],
    "Perplexity Score": []
  }

  for t in ntopics:
    lda = sklearn.decomposition.LatentDirichletAllocation(
      n_components=t,
      learning_method="online",
      random_state=0
    )
    lda.fit(data)

    output_dict["Number Of Topics"].append(t)
    output_dict["Perplexity Score"].append(lda.perplexity(data))

  output_df = pandas.DataFrame(output_dict)

  index_min_perplexity = output_df["Perplexity Score"].idxmin()
  output_num_topics = output_df.loc[
    index_min_perplexity,  # 인덱스
    "Number Of Topics"  # 칼럼
  ]

  return (output_df, output_num_topics)
```

2. 단계 1에서 정의한 함수를 실행한다. 입력 ntopics는 주제의 수에 대한 목록으로 길이와 담을 수 있는 값에 제약이 없다. 데이터 프레임을 출력하자.

```python
df_perplexity, optimal_num_topics = perplexity_by_ntopic(
  clean_vec1,
  ntopics=[1, 2, 3, 4, 6, 8, 10]
```

```
)
print(df_perplexity)
```

결과는 다음과 같다.

```
   Number Of Topics  Perplexity Score
0                 1        510.011710
1                 2        464.310162
2                 3        413.054650
3                 4        431.545934
4                 6        511.728157
5                 8        542.678576
6                10        572.124718
```

그림 7.30 데이터 프레임은 주제의 수와 퍼플렉서티 점수를 담고 있다.

3. 주제 수의 함수로 퍼플렉서티 점수를 출력한다. 이는 단지 단계 2의 데이터 프레임을 시각적으로 확인하는 다른 방법이다.

```
df_perplexity.plot.line("Number Of Topics", "Perplexity Score")
```

다음 그림을 참고하자.

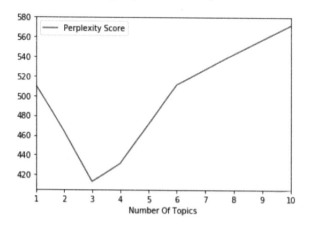

그림 7.31 주제 수 함수로서의 퍼플렉서티 선 그래프

데이터 프레임과 그림에서 볼 수 있는 것처럼 퍼플렉서티를 통한 최적의 주제 수는 3개다. 4개의 주제 수는 두 번째로 낮은 퍼플렉서티 점수로 원래 데이터셋에 포함된 정보와 일치하지는 않지만 최적의 주제 수를 식별하기 위한 그리드 검색 접근 방식에 대한 신뢰도를 높일 수 있을 정도로 결과가 근접했다. 그리드 검색이 4개가 아닌 3개를 반환한 것에는 몇 가지 이유가 있다. 이후 연습에서 자세히 다룰 예정이다.

연습 33: 잠재 디리클레 할당 실행

이번 연습에서 LDA를 구현하고 결과를 살펴봤다. LDA는 2가지 지표를 반환한다. 첫 번째는 주제-문서 행렬, 두 번째는 단어-토픽 행렬이다. 모델에서 반환한 행렬보다 좀 더 쉽게 활용할 수 있는 개선된 형식의 테이블을 살펴볼 생각이다.

1. '연습 32: 주제의 수 선택'에서 찾은 최적의 주제 수를 사용해 LDA 모델을 피팅하자.

```
lda = sklearn.decomposition.LatentDirichletAllocation(
  n_components=optimal_num_topics,
  learning_method="online",
  random_state=0
)
lda.fit(clean_vec1)
```

출력 결과는 다음과 같다.

```
LatentDirichletAllocation(batch_size=128, doc_topic_prior=None,
          evaluate_every=-1, learning_decay=0.7,
          learning_method='online', learning_offset=10.0,
          max_doc_update_iter=100, max_iter=10, mean_change_tol=0.001,
          n_components=3, n_jobs=None, n_topics=None, perp_tol=0.1,
          random_state=0, topic_word_prior=None,
          total_samples=1000000.0, verbose=0)
```

그림 7.32 LDA 모델

2. 주제-문서 행렬과 그 모양을 출력해 주제 수와 문서 수가 일치하는지 확인한다. 행렬의 각 행은 주제의 문서별 분포를 나타낸다.

```
lda_transform = lda.transform(clean_vec1)
print(lda_transform.shape)
print(lda_transform)
```

출력은 다음과 같다.

```
(92948, 3)
[[0.90423071 0.04761949 0.0481498 ]
 [0.0449056  0.04292327 0.91217113]
 [0.0435693  0.0441942  0.91223649]
 ...
 [0.20977116 0.03942095 0.75080789]
 [0.09239268 0.07121637 0.83639094]
 [0.20062764 0.41458136 0.384791  ]]
```

그림 7.33 주제-문서 행렬 및 해당 차원

3. 입력 주제의 수와 '연습 31: 카운트 벡터라이저를 사용한 백오브워즈 모델 생성' 에서의 특징(단어)의 수와 일치하는지 확인하기 위해 단어-주제 행렬과 그 형태 를 출력하자. 각 행의 값이 정확한 계산 결과는 아니지만, 각 단어가 해당 주제에 할당된 수를 의미한다. 이는 단어의 주제별 분포에 따라 달라질 수 있다.

```
lda_components = lda.components_
print(lda_components.shape)
print(lda_components)
```

결과는 다음과 같다.

```
(3, 1000)
[[3.67812459e-01 3.83046413e-01 3.79939561e-01 ... 3.48448881e-01
  1.18665576e+02 4.62012727e+02]
 [3.36269915e-01 2.72144107e+02 2.61257455e+01 ... 3.35946774e-01
  2.05558903e+02 3.94048139e-01]
 [2.74795972e+02 4.27720110e-01 1.89390109e+02 ... 2.31713244e+02
  1.79236579e+02 4.10569467e-01]]
```

그림 7.34 단어-주제 행렬과 차원

4. 두 개의 출력 행렬을 읽기 쉬운 테이블로 만들어주는 함수를 정의하자.

```python
def get_topics(mod, vec, names, docs, ndocs, nwords):
    # 단어-주제 행렬
    W = mod.components_
    W_norm = W / W.sum(axis=1)[:, numpy.newaxis]
    # 주제-문서 행렬
    H = mod.transform(vec)
    W_dict = {}
    H_dict = {}
    for tpc_idx, tpc_val in enumerate(W_norm):
        topic = "Topic{}".format(tpc_idx)
        # w 포매팅
        W_indices = tpc_val.argsort()[::-1][:nwords]
        W_names_values = [
            (round(tpc_val[j], 4), names[j])
            for j in W_indices
        ]
        W_dict[topic] = W_names_values
        # h 포매팅
        H_indices = H[:, tpc_idx].argsort()[::-1][:ndocs]
        H_names_values = [
            (round(H[:, tpc_idx][j], 4), docs[j])
            for j in H_indices
        ]
        H_dict[topic] = H_names_values
    W_df = pandas.DataFrame(
        W_dict,
        index=["Word" + str(i) for i in range(nwords)]
    )
    H_df = pandas.DataFrame(
        H_dict,
        index=["Doc" + str(i) for i in range(ndocs)]
    )
    return (W_df, H_df)
```

이 함수는 이해하기 다소 어려울 수 있으므로 간단히 살펴보자. W의 할당 카운트를 단어의 주제별 분포로 변환하는 것을 포함해 W와 H 행렬을 만드는 것으로 시작하자. 그런 다음 주제를 반복한다. 각 반복 내에서 각 주제와 관련된 주요 단어와 문서를 식별하고 결과를 두 개의 데이터 프레임으로 변환한다.

5. 단계 4에서 정의한 함수를 실행한다.

```
W_df, H_df = get_topics(
  mod=lda,
  vec=clean_vec1,
  names=feature_names_vec1,
  docs=raw,
  ndocs=number_docs,
  nwords=number_words
)
```

6. 단어-주제 데이터 프레임을 출력하자. 각 주제와 연관된 분배 값에 따라 상위 10개 단어를 표시한다. 이 데이터 프레임에서 단어 그룹이 나타내는 추상 주제를 식별할 수 있다. 추상 주제는 앞으로 더 다룰 예정이다.

```
print(W_df)
```

결과는 다음과 같다.

```
                         Topic0                 Topic1                  Topic2
Word0           (0.1009, obama)    (0.1025, microsoft)     (0.0874, economy)
Word1        (0.0874, president)     (0.0235, windows)    (0.0301, economic)
Word2           (0.0502, barack)     (0.0229, company)   (0.0161, palestine)
Word3           (0.0157, obamas)  (0.0185, microsofts)      (0.0152, growth)
Word4       (0.015, washington)     (0.0155, announce)      (0.0129, global)
Word5            (0.014, state)        (0.014, today)  (0.0126, palestinian)
Word6            (0.013, house)      (0.0105, release)  (0.011, government)
Word7           (0.0119, white)     (0.0088, business)    (0.0103, minister)
Word8   (0.0117, administration)      (0.0088, update)      (0.0101, world)
Word9            (0.0087, visit)     (0.0075, surface)        (0.01, china)
```

그림 7.35 단어-주제 테이블

290

7. 주제–문서 데이터 프레임을 출력하면 각 주제가 가장 밀접하게 관련된 10개 문서를 보여주며 이때 값은 주제의 문서별 분포에서 가져온다.

```
print(H_df)
```

결과는 다음과 같다.

```
                                          Topic0  \
Doc0  (0.9776, March 13 marked the 75th anniversary ...
Doc1  (0.9776, Preying on the minds of financial mar...
Doc2  (0.9772, Obama has narrowed his list to 3 nomi...
Doc3  (0.9768, Member nations of the Organization of...
Doc4  (0.9767, Malia Obama is 17 and probably wants ...
Doc5  (0.9765, Democratic presidential front-runner ...
Doc6  (0.9758, Chinese Premier Li Keqiang pledged th...
Doc7  (0.9756, UNITED NATIONS """ France said Friday...
Doc8  (0.9756, French Foreign Minister Laurent Fabiu...
Doc9  (0.9755, KANSAS CITY """ Missouri Republican a...

                                          Topic1  \
Doc0  (0.9776, That appears to be the thinking behin...
Doc1  (0.9764, Arundhati Bhattacharya recognises tha...
Doc2  (0.9757, France's fragile economy has cooled i...
Doc3  (0.9755, Software maker Microsoft Corp is sell...
Doc4  (0.9755, WASHINGTON (AP) — President Barack Ob...
Doc5  (0.9754, France's Palestine peace plan is part...
Doc6  (0.9752, Patent trolls drain $1.5 billion a we...
Doc7  (0.9751, Rancho Mirage, California (CNN) Presi...
Doc8  (0.975, 2 economy could be sucked into a Japan...
Doc9  (0.975, Economist with the University of Ghana...

                                          Topic2
Doc0  (0.9783, President Barack Obama drinks water a...
Doc1  (0.9781, Ifo economist Klaus Wohlrabe told Reu...
Doc2  (0.978, Microsoft's latest Windows Phone, the ...
Doc3  (0.978, Microsoft CEO Satya Nadella discussed ...
Doc4  (0.9779, People's Bank of China Governor Zhou ...
Doc5  (0.9778, President Obama welcomed the Super Bo...
Doc6  (0.9778, The UK is facing a digital skills cri...
Doc7  (0.9778, Microsoft said Monday that it is buyi...
Doc8  (0.9778, Microsoft has been on the acquisition...
Doc9  (0.9777, Twitter, Microsoft, Facebook and YouT...
```

그림 7.36 주제–문서 테이블

단어-주제 데이터 프레임의 결과는 추상 주제가 버락 오바마^Barack Obama^, 경제, 마이크로소프트^Microsoft^임을 보여준다. 흥미로운 점은 경제를 설명하는 단어 그룹에 팔레스타인에 관한 언급이 포함돼 있다는 사실이다. 원래 데이터셋에 지정된 4개의 주제는 모두 단어-주제 데이터 프레임 출력으로 표시되지만 완전히 다른 방식은 아니다. 우리는 두 가지 문제 중 하나에 마주칠 수 있다. 첫째는 경제와 팔레스타인을 모두 언급하는 주제를 제대로 처리하지 못할 수 있다. 이는 주제의 수를 늘리면 문제가 해결된다. 다른 잠재적인 문제는 LDA가 관련이 있는 주제를 제대로 처리하지 못한다는 점이다. '연습 35: 4개 주제 시도'에서 주제 수를 늘려 왜 관련이 없어 보이는 단어들이 동일 주제에 섞이게 됐는지 살펴볼 예정이다.

연습 34: LDA 시각화

시각화는 토픽 모델의 결과를 살펴볼 때 유용한 도구다. 이번 연습에서는 3가지 형태의 시각화를 관찰할 예정이다. 기본 히스토그램과 t-SNE와 PCA를 사용한 특수 시각화가 여기에 해당한다.

시각화를 위해 pyLDAvis 라이브러리를 사용할 것이다. 이 라이브러리는 서로 다른 프레임워크를 사용한 토픽 모델과도 잘 어울려 동작한다. 이번에는 sklearn 프레임워크를 사용할 예정이다. 이 시각화 도구는 각 주제와 가장 밀접하게 관련된 단어와 PCA에서 자주 사용되는 바이플롯^biplot^을 보여주는 히스토그램을 반환하며, 각 원은 주제에 해당한다. 바이플롯을 통해 우리는 얼마나 각 주제가 전체 말뭉치에 걸쳐 얼마나 퍼져 있는지 알 수 있으며 이는 원의 영역으로 반영된다. 또한 원의 근접성을 통해 주제의 유사성을 알 수 있다. 이상적인 시나리오는 원이 전체에 퍼져 있고 크기가 적당해야 한다. 즉, 주제가 명확하고 말뭉치 전체에 일관되게 나타나야 한다.

1. PyLDAvis를 실행하고 표시하자. 이 도표는 대화형으로 동작한다. 각 원을 클릭하면 히스토그램이 업데이트돼 특정 주제와 관련된 최상위 단어가 표시된다. 다음은 이 대화형 그림의 한 보기다.

```
lda_plot = pyLDAvis.sklearn.prepare(lda, clean_vec1, vectorizer1, R=10)
pyLDAvis.display(lda_plot)
```

도표는 다음과 같다.

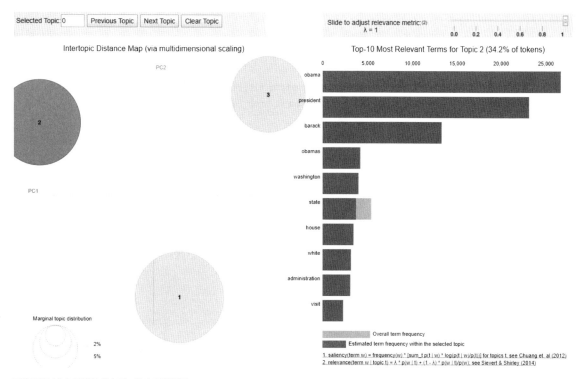

그림 7.37 LDA 모델의 히스토그램과 바이플롯

2. t-SNE 모델을 피팅하는 함수를 정의하고 결과를 도표로 그리자.

```
def plot_tsne(data, threshold):
    # 임곗값에 따라 데이터를 필터링한다.
```

```python
index_meet_threshold = numpy.amax(data, axis=1) >= threshold
lda_transform_filt = data[index_meet_threshold]
# tsne 모델을 피팅한다.
# x-d -> 2-d, x = 주제의 수
tsne = sklearn.manifold.TSNE(
    n_components=2,
    verbose=0,
    random_state=0,
    angle=0.5,
    init='pca'
)
tsne_fit = tsne.fit_transform(lda_transform_filt)
# 각 헤드라인에서 가장 유력한 화제
most_prob_topic = []
for i in range(tsne_fit.shape[0]):
    most_prob_topic.append(lda_transform_filt[i].argmax())
print("LENGTH:\n{}\n".format(len(most_prob_topic)))
unique, counts = numpy.unique(
    numpy.array(most_prob_topic),
    return_counts=True
)
print("COUNTS:\n{}\n".format(numpy.asarray((unique, counts)).T))
# 도표 그리기
color_list = ['b', 'g', 'r', 'c', 'm', 'y', 'k']
for i in list(set(most_prob_topic)):
    indices = [idx for idx, val in enumerate(most_prob_topic) if val == i]
    matplotlib.pyplot.scatter(
        x=tsne_fit[indices, 0],
        y=tsne_fit[indices, 1],
        s=0.5,
        c=color_list[i],
        label='Topic' + str(i),
        alpha=0.25
    )

matplotlib.pyplot.xlabel('x-tsne')
matplotlib.pyplot.ylabel('y-tsne')
matplotlib.pyplot.legend(markerscale=10)
```

이 기능은 입력 임곗값을 사용해 주제−문서 행렬을 필터링하는 것으로 시작한다. 수만 개의 헤드라인이 있고 모든 헤드라인을 포함하는 어떤 도표도 해석하기 어려울 것이며 도움이 되지 않을 수 있다. 따라서 이 함수는 분포값 중 하나가 입력 임곗값보다 크거나 같은 경우에만 문서를 표시한다. 일단 데이터를 걸러내면 t−SNE를 실행하는데, 여기에서 구성 요소의 수는 2개이므로 그 결과를 2차원으로 표현할 수 있다. 그런 후 각 문서와 가장 관련이 있는 주제를 나타내는 벡터를 생성한다. 이 벡터는 주제별로 색상을 달리 표시하는 데 사용된다. 말뭉치 전체에 걸친 주제의 분포와 임곗값 필터링의 영향을 이해하기 위해, 함수는 주제 벡터의 길이뿐만 아니라 주제가 가장 큰 분포값을 갖는 문서의 수와 함께 주제 자체를 반환한다. 함수의 마지막 단계는 그림을 만들고 반환하는 것이다.

3. 함수를 실행한다.

```
plot_tsne(data=lda_transform, threshold=0.75)
```

결과는 다음과 같다.

```
LENGTH:
56455

COUNTS:
[[      0 18477]
 [      1 15766]
 [      2 22212]]
```

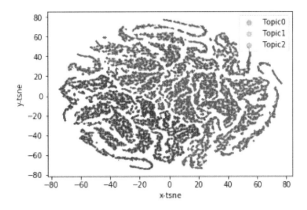

그림 7.38 말뭉치에 대한 주제의 분포를 지표로 표시한 t−SNE 그림

시각화는 3가지 주제를 가진 LDA 모델이 전반적으로 양호한 결과를 내고 있음을 보여준다. 바이플롯에서 원은 중간 크기로 돼 있는데, 이는 여러 주제가 말뭉치에 걸쳐 일관되게 등장하며 원의 간격도 양호하다. t-SNE 그림은 바이플롯에 표시된 원들 사이의 분리를 지원하는 명확한 군집을 보여준다. 이전에 논의했던 유일한 문제는 주제 중 하나가 해당 주제에 속하지 않는 단어들을 갖고 있다는 것이다. 다음 연습에서는 네 가지 주제를 사용해 LDA를 다시 실행해보자.

연습 35: 4개 주제 시도

이 연습에서 LDA는 주제 수를 4로 설정한 상태로 실행된다. 이렇게 해보는 이유는 팔레스타인 및 경제와 관련된 단어가 포함된 3가지 주제 LDA 모델에서 문제가 될 수 있는 부분을 개선하고자 하는 것이다. 먼저 각 단계를 수행한 후 결과를 살펴보기로 하자.

1. 주제 수 4개로 LDA 모델을 실행하자.

```
lda4 = sklearn.decomposition.LatentDirichletAllocation(
  n_components=4,  # number of topics data suggests
  learning_method="online",
  random_state=0
)
lda4.fit(clean_vec1)
```

결과는 다음과 같다.

```
LatentDirichletAllocation(batch_size=128, doc_topic_prior=None,
          evaluate_every=-1, learning_decay=0.7,
          learning_method='online', learning_offset=10.0,
          max_doc_update_iter=100, max_iter=10, mean_change_tol=0.001,
          n_components=4, n_jobs=None, n_topics=None, perp_tol=0.1,
          random_state=0, topic_word_prior=None,
          total_samples=1000000.0, verbose=0)
```

그림 7.39 LDA 모델

2. 앞의 코드에 정의된 **get_topics** 함수를 실행해 좀 더 읽기 쉬운 단어–주제와 주제–문서 테이블을 생성하자.

```
W_df4, H_df4 = get_topics(
    mod=lda4,
    vec=clean_vec1,
    names=feature_names_vec1,
    docs=raw,
    ndocs=number_docs,
    nwords=number_words
)
```

3. 단어–주제 테이블을 출력한다.

```
print(W_df4)
```

결과는 다음과 같다.

```
                     Topic0                      Topic1                   Topic2  \
Word0      (0.0344, palestine)           (0.1332, obama)         (0.1062, economy)
Word1     (0.0283, washington)       (0.1155, president)       (0.0365, economic)
Word2     (0.0269, palestinian)         (0.0664, barack)         (0.0185, growth)
Word3          (0.0244, house)          (0.0208, obamas)           (0.017, world)
Word4          (0.0225, white)  (0.0154, administration)        (0.0157, global)
Word5        (0.0214, tuesday)           (0.0122, state)       (0.0126, minister)
Word6         (0.0185, people)           (0.0107, trump)         (0.0122, china)
Word7       (0.0162, american)      (0.0102, republican)        (0.0114, percent)
Word8          (0.0149, unite)           (0.0087, union)    (0.0106, government)
Word9          (0.0146, state)           (0.0087, visit)         (0.0103, market)

                     Topic3
Word0      (0.1155, microsoft)
Word1        (0.0265, windows)
Word2        (0.0259, company)
Word3     (0.0209, microsofts)
Word4       (0.0171, announce)
Word5          (0.0158, today)
Word6        (0.0115, release)
Word7         (0.0099, update)
Word8       (0.0091, business)
Word9        (0.0084, surface)
```

그림 7.40 4개의 주제 LDA 모델을 사용한 단어–주제 테이블

4. 문서–주제 테이블을 출력한다.

---

print(H_df4)

결과는 다음과 같다.

```
                                             Topic0  \
Doc0   (0.9618, President Barack Obama on Friday will...
Doc1   (0.9494, NEW YORK (Reuters) - Facing a hostile...
Doc2   (0.9459, The Personalization Gallery offers a ...
Doc3   (0.9459, In the budget he plans to release tom...
Doc4   (0.9458, When Microsoft introduced its new on-...
Doc5   (0.9369, President Barack Obama speaks at the ...
Doc6   (0.9369, In an email interview, Adam Fforde, p...
Doc7   (0.9358, A panel of Fox Business pundits excor...
Doc8   (0.9317, President Obama talked about efforts ...
Doc9   (0.9315, An Israeli soldier takes aim during c...


                                             Topic1  \
Doc0   (0.9686, Artists including Missy Elliott, Kell...
Doc1   (0.9686, President Barack Obama has chosen a n...
Doc2   (0.9686, WASHINGTON — President Barack Obama h...
Doc3   (0.9671, Plouffe, who managed President Obama'...
Doc4   (0.9671,  is dragging the economy through the ...
Doc5   (0.967, President Obama challenged the content...
Doc6   (0.9578, While many people opt for social medi...
Doc7   (0.9558, WASHINGTON """ President Barack Obama...
Doc8   (0.9558, KIEV, March 16. /TASS/. Overwhelming ...
Doc9   (0.9557, Premier Li Keqiang said Wednesday tha...


                                             Topic2  \
Doc0   (0.9739, WASHINGTON """ President Obama on Sat...
Doc1   (0.9739, TULKARM, November 29, 2015 (WAFA) """...
Doc2   (0.9729, Chris Christie boasted that he banned...
Doc3   (0.9729, CHANTILLY, Va. """ President Barack O...
Doc4   (0.9728, As Microsoft's mobile platform contin...
Doc5   (0.9714, Its growth estimate for 2015-16 has j...
Doc6   (0.9709, The rivalry between Sony and Microsof...
Doc7   (0.9706, Kuwait's economy contracted last year...
Doc8   (0.9706, Kuwait's economy contracted last year...
Doc9   (0.9698, The economic situation in Europe is 1...


                                             Topic3
Doc0   (0.9749, US President Barack Obama has been at...
Doc1   (0.9729, US President Barack Obama on Wednesda...
Doc2   (0.9721, 2 economy could be sucked into a Japa...
Doc3   (0.9721, """When I began working on this conce...
Doc4   (0.9721, The Estonian economy was also positiv...
Doc5   (0.9718, Japan's surprise, albeit modest, meas...
Doc6   (0.9711, The importance of a first good impres...
Doc7   (0.971, The Obama administration on Friday ask...
Doc8   (0.9698, REDMOND, Wash., Dec. 9, 2015 /PRNewsw...
Doc9   (0.9696, The controversial move by Brazil's pr...
```

그림 7.41 4개의 주제 LDA 모델을 사용한 문서–주제 테이블

5. `pyLDAvis`를 사용해 LDA 모델의 결과를 출력한다.

```
lda4_plot = pyLDAvis.sklearn.prepare(lda4, clean_vec1, vectorizer1, R=10)
pyLDAvis.display(lda4_plot)
```

결과는 다음과 같다.

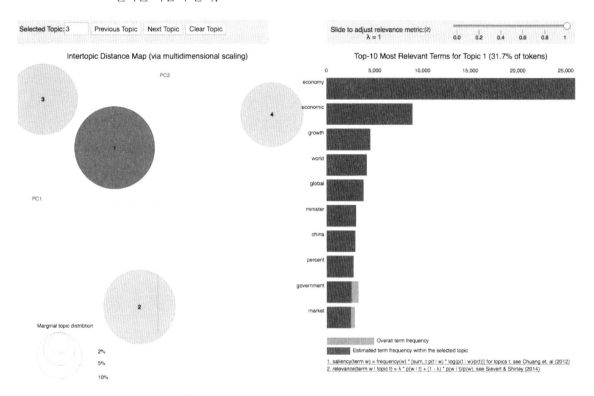

그림 7.42 4개의 주제 LDA 모델의 히스토그램과 바이플롯

단어-주제 테이블을 보면 이 모델에서 발견된 4가지 주제가 원래 데이터셋에 지정된 4개 주제와 일치함을 알 수 있다. 이 주제들은 버락 오바마, 팔레스타인, 마이크로소프트, 경제다. 그렇다면 왜 4개의 주제를 사용해 만들어진 모델이 3개의 주제를 가진 모델보다 더 높은 퍼플렉서티 점수를 갖는 걸까? 그 대답은 5단계에서 만든 시각화에서 찾을 수 있다.

이 바이플롯은 적당한 크기의 원을 갖고 있지만 그중 2개의 원은 상당히 밀접하게 연결돼 있는데 이는 마이크로소프트와 경제라는 2가지 주제가 매우 유사하다는 것을 의미한다. 이 유사성은 직관적으로 쉽게 이해할 수 있다. 마이크로소프트는 경제에 영향을 미치고 또 경제에 의해 영향을 받는 글로벌 기업이다. 다음 단계로 t–SNE 도표를 실행해 클러스터가 중복되는지 확인해보자. 이제 LDA에 대한 지식을 다른 데이터셋에 적용해보자.

활동 16: 잠재 디리클레 할당과 건강 트윗

이번 활동에서는 '활동 15: 트위터 데이터 로딩 및 정리'에서 불러와 정리했던 건강[Health] 관련 트윗에 LDA를 적용할 생각이다. 해당 활동에서 사용한 것과 동일한 노트북을 사용하자. 일단 단계를 실행하고 모델의 결과에 대해 그룹화가 잘 됐는지 논의해보자.

이번 활동을 위해 주요 공중 보건 주제에 대한 높은 수준의 이해를 얻는 일에 관심이 있다고 상상해보자. 즉, 건강과 관련한 세계를 이야기하고 있는 것이다. 이 조사를 통해 밝혀낼 수 있는 몇 가지 자료를 수집했다. 앞서 논의한 바와 같이 데이터셋의 주요 주제를 식별하는 가장 쉬운 방법은 토픽 모델링이다.

다음 단계를 따라 이번 활동을 진행해보자.

1. number_words, number_docs, number_features 변수를 지정한다.
2. 백오브워즈 모델을 생성하고 나중에 사용하기 위해 별도의 변수에 특징 이름을 할당한다.
3. 최적의 주제 수를 식별한다.
4. 최적의 주제 수를 사용해 LDA 모델 피팅을 한다.
5. 단어–주제 테이블을 생성하고 출력한다.
6. 문서–주제 테이블을 출력한다.
7. 바이플롯 시각화를 생성한다.

8. 모델링을 위해 노트북을 열린 상태로 유지한다.

결과는 다음과 같다.

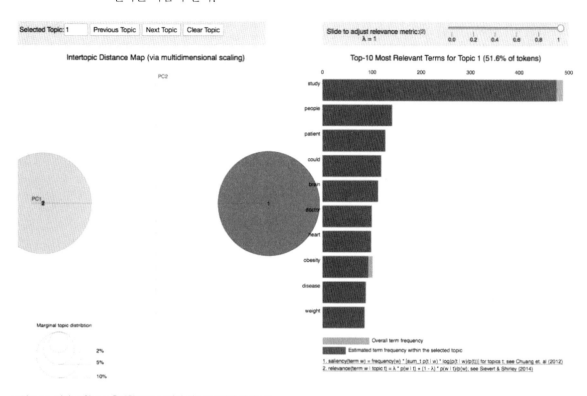

그림 7.43 건강 트윗으로 훈련한 LDA 모델의 히스토그램과 바이플롯

> **노트**
>
> 이 활동의 솔루션은 485페이지에서 찾을 수 있다.

백오브워즈 추가 사항

LDA 모델을 실행할 때 단어의 빈도를 세어 벡터화하는 백오브워즈 모델이 사용됐지만, 이것만이 유일한 백오브워즈 모델은 아니다. 단어 빈도-역문서 빈도(TF-IDF)는 LDA 알고리즘에 사용된 빈도를 세어 벡터화하는 카운트 벡터라이저와 유사하지만 TF-IDF는 원시 카운트를 반환하는 대신 말뭉치 내 문서에서 주어진 단어의 중요도를 반영한 가중치를 반환한다. 이 가중치의 핵심 구성 요소에는 전체 말뭉치에 대해 주어진 단어가 얼마나 자주 나타나는지에 대한 정규화 구성 요소가 있다. 해당 단어를 고려해보자.

해당 단어는 단일 문서 내에서 여러 번 발생할 수 있으며, 이는 문서에서 주제를 분리하는 것이 중요할 수 있음을 시사한다. 하지만 대부분의 문서는 아니더라도 많은 문서에서 발생할 수 있으며, 주제 분리용이 아닌 한 잠재적으로 해당 문서를 렌더링할 수 있다. 본 질적으로 이는 추상적인 주제를 식별하는 데 도움이 될 수 있는 단어들을 초기에 식별하기 위한 노력으로 문서에 있는 단어들의 원시 수를 반환하는 것보다 한 단계 더 나아간다. TF-IDF 벡터라이저는 sklearn의 TfidfVectorizer를 사용해 실행된다.

연습 36: TF-IDF를 사용한 백오브워즈 생성

이번 연습에서는 TF-IDF를 사용해 백오브워즈를 생성해볼 예정이다.

1. TF-IDF 벡터라이저를 실행하고 처음 몇 개 행을 출력한다.

```
vectorizer2 = sklearn.feature_extraction.text.TfidfVectorizer(
    analyzer="word",
    max_df=0.5,
    min_df=20,
    max_features=number_features,
    smooth_idf=False
)
clean_vec2 = vectorizer2.fit_transform(clean_sentences)
print(clean_vec2[0])
```

결과는 다음과 같다.

```
(0, 572)    0.4507592105469774
(0, 557)    0.4666029379072775
(0, 643)    0.2348310160024775
(0, 88)     0.2807099986206347
(0, 407)    0.667198713308869
```

그림 7.44 TF-IDF 벡터라이저 결과

2. 결과를 분석할 때 사용할 특징 이름, 즉 말뭉치 사전의 실제 단어를 반환한다. '연습 31: 카운트 벡터라이저를 사용한 백오브워즈 모델 생성'에서 카운트 벡터라이저를 실행할 때도 동일한 일을 했던 걸 기억할 것이다.

```
feature_names_vec2 = vectorizer2.get_feature_names()
feature_names_vec2
```

결과는 다음과 같다.

```
['abbas',
 'ability',
 'accelerate',
 'accept',
 'access',
 'accord',
 'account',
 'accused',
 'achieve',
 'acknowledge',
 'acquire',
 'acquisition',
 'across',
 'action',
 'activist',
 'activity',
 'actually',
```

음수 미포함 행렬 분해

LDA와 달리 음수 미포함 행렬 분해NMF, Non-negative Matrix Factorization는 확률론적 모델이 아니다. 대신 이는 이름에서 짐작할 수 있듯, 선형대수학을 사용한 접근 방식이다. 토픽 모델링에 행렬 분해를 사용한 접근 방법은 1999년 대니얼 리Daniel D. Lee와 세바스찬 승H. Sebastian Seung이 소개한 방식이다. 이 접근 방식은 4장, '차원 축소와 PCA'에서 소개한 모델링 기법인 PCA를 포함하는 모델의 일종에 속한다.

PCA와 NMF의 주요 차이점은 PCA는 구성 요소가 양수 또는 음수이면서 직교여야 하며, NMF는 구성 요소가 음수가 아니어야 한다. 이는 데이터의 맥락에서 생각해보면 이해 가능한 부분이다. 주제는 문서와 부정적으로 관련될 수 없고 단어는 주제와 부정적으로 관련될 수 없다. 확신이 서지 않으면 주제를 문서와 연관시키는 부정적인 가중치를 해석하려 노력해야 한다. 이는 주제 T가 문서 D의 −30%를 차지하는 것이 될 수 있는데 과연 이게 무슨 의미일까? 이는 논리적이지 않기 때문에 NMF는 모든 행렬 분해 요소가 음수가 아니어야 한다.

분해할 행렬을 정의하자. 행은 단어이고 열은 문서인 단어−문서 행렬을 X라고 하자. 행렬 X의 각 요소는 문서 j(j^{th}번째 열)의 단어 i(i^{th}번째 행)의 발생 횟수 또는 단어 i와 문서 j 사이의 관계에 대한 다른 정량화 수다. 행렬 X는 단어−문서 행렬의 대부분 요소가 0이므로 자연적으로 희소 행렬이다. 이는 각 문서가 제한된 수의 단어만 포함하기 때문이다. 나중에 이 행렬의 생성 및 정량화 도출과 관련한 추가 내용을 다룰 예정이다.

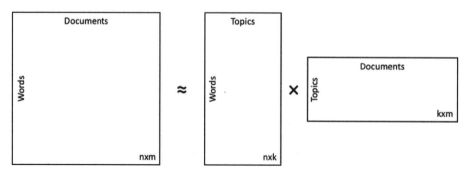

그림 7.45 행렬 분해

행렬 인수분해는 $X_{nxm} \approx W_{nxk}H_{kxm}$의 형태를 가진다. 여기에서 2개의 요소 W와 H는 각각 단어 모음으로서의 주제와 각 문서의 주제 가중치를 의미한다. 좀 더 자세히 살펴보면 W_{nxk}는 단어-주제 행렬, H_{kxm}는 주제-문서 행렬 그리고 앞에서 언급한 것처럼 X_{nxm}는 단어-문서 행렬이다. 이러한 행렬 인수분해를 위한 좋은 방법은 추상적인 주제를 정의하는 단어 집합의 가중치 합으로 하는 것이다. 행렬 인수분해 공식에서 등가 기호는 인수분해 WH가 근사값임을 나타내므로 두 행렬의 곱은 원래의 단어-문서 행렬을 정확하게 다시 만들지 못한다. 목표는 LDA와 마찬가지로 원래 행렬에 가장 가까운 근사치를 찾는 것이다. X와 같이, W와 H는 둘 다 희소 행렬인데, 각 주제는 단지 몇 단어와 관련이 있고 각 문서는 소수의 주제(하나의 주제일 때가 많다)만 혼합돼 있기 때문이다.

프로베니우스 놈

NMF의 목표는 최선의 근사치를 찾는 것으로 LDA와 동일하다. 입력 행렬과 근사치 사이의 거리를 측정하기 위해 NMF는 거의 모든 거리 측정을 사용할 수 있지만 표준은 프로베니우스 놈Frobenius norm으로, 유클리드 놈Euclidean norm이라고도 한다. 프로베니우스 놈은 연산 요소별 정방 에러의 합으로 수학적으로는 $\|A\|_F = \sqrt{\sum_{i=1}^{m} \sum_{j=1}^{n} |a|}$로 표현할 수 있다.

거리 측정을 선택한 상태에서 다음 단계는 목표 함수를 정의하는 것이다. 프로베니우스 놈의 최소화는 원래의 단어-문서 행렬에 대한 최선의 근사치를 반환할 것이며 가장 납득할 만한 주제가 될 것이다. W와 H에 대해 목표 함수가 최소화돼 두 행렬이 음수가 되지 않는다는 점에 유의하자. 표현은 $min_{w \geq 0, H \geq 0}|X - WH|_F^2$와 같다.

증배 갱신

1999년 리와 승이 발표한 논문에서 NMF를 해결하기 위해 사용한 최적화 알고리즘은 증배 갱신Multiplicative Update 알고리즘으로 현재도 널리 사용되는 솔루션 중 하나로 7장 후반부에 나오는 연습과 활동에서 구현할 예정이다. W와 H에 대한 업데이트 규칙은 목적 함수를 확장하고 W와 H에 대한 부분 미분을 취함으로써 파생된다. 미분이 그리 어렵지는 않지만 상당히 광범위한 선형대수 지식을 필요로 하고 이 내용을 다루기에는 시간이 부족하므로 미분 내용은 생략하고 단지 업데이트만 설명한다. 업데이트 규칙에서 i는 현재 반복이고 T는 행렬의 전치를 의미한다. 첫 업데이트 규칙은 다음과 같다.

$$H^{i+1} \leftarrow H^i \frac{(W^i)^T X}{(W^i)^T W^i H^i}$$

그림 7.46 첫 업데이트 규칙

두 번째 업데이트 규칙은 다음과 같다.

$$w^{i+1} \leftarrow w^i \frac{X(H^{i+1})^T}{W^i H^{i+1}(H^{i+1})^T}$$

그림 7.47 두 번째 업데이트 규칙

알고리즘이 수렴될 때까지 W와 H가 반복적으로 업데이트된다. 목적 함수는 증가하지 않는 것으로 표시될 수도 있다. 즉, W와 H의 반복 업데이트마다 목적 함수가 최소에 가까워진다는 의미다. 업데이트 규칙이 재구성되는 경우 증배 갱신 최적화 프로그램은 크기가 조정된 경사 하강 알고리즘이다.

성공적인 NMF 알고리즘 구축의 마지막 구성 요소는 W 및 H 구성 요소 행렬을 초기화해 증배 갱신이 빠르게 작동하도록 하는 것이다. 행렬 초기화에 대한 일반적인 접근 방식은 SVD^{Singular Value Decomposition}이며 이는 아이겐^{Eigen} 분해를 일반화한 것이다. 앞으로 진행할 연습에서 수행할 NMF의 구현에서 행렬은 음수가 아닌 DSVD^{Double Singular Value Decomposition}를 사용해 초기화되는데, 이는 기본적으로 엄격한 음수를 사용하는 SVD보다 개선된 방식이다. 이런 초기화 알고리즘과 관련한 세부 사항은 NMF를 이해하는 데 있어서 중요한 부분은 아니다. 초기화 알고리즘은 최적화 알고리즘의 시작점으로 사용되며 획기적으로 수렴 속도를 높일 수 있다는 사실만 알아두면 된다.

연습 37: 음수 미포함 행렬 분해

이 연습에서는 NMF 알고리즘을 피팅하고 이전에 LDA로 진행한 동일한 2개의 결과 테이블을 출력한다. 이 표들은 각 주제와 관련된 상위 10개 단어를 보여주는 단어—주제 테이블과 각 주제와 관련된 상위 10개 문서를 보여주는 문서—주제 테이블이다. NMF 알고리즘 기능에는 이전에 논의하지 않았던 두 개의 추가 파라미터가 있는데, 이는 alpha와 l1_ratio다. 오버핏 모델에 문제가 있는 경우, 이 매개변수는 (l1_ratio) 및 (alpha) 정규화가 목적 함수에 적용되는 정도를 제어한다. 자세한 내용은 scikit-learn library(https://scikitlearn.org/stable/modules/generated/sklearn.decomposition.NMF.html) 문서를 참고하자.

1. NMF 모델을 정의하고 TF-IDF 벡터라이저의 출력을 사용해 fit 함수를 호출하자.

```
nmf = sklearn.decomposition.NMF(
  n_components=4,
  init="nndsvda",
  solver="mu",
  beta_loss="frobenius",
  random_state=0,
  alpha=0.1,
  l1_ratio=0.5
)
nmf.fit(clean_vec2)
```

출력은 다음과 같다.

```
NMF(alpha=0.1, beta_loss='frobenius', init='nndsvda', l1_ratio=0.5,
  max_iter=200, n_components=4, random_state=0, shuffle=False, solver='mu',
  tol=0.0001, verbose=0)
```

그림 7.48 NMF 모델 정의

2. 2개의 출력 테이블을 생성하기 위해 get_topics 함수를 실행하자.

```
W_df, H_df = get_topics(
    mod=nmf,
    vec=clean_vec2,
    names=feature_names_vec2,
    docs=raw,
    ndocs=number_docs,
    nwords=number_words
)
```

3. W 테이블을 출력한다.

```
print(W_df)
```

출력은 다음과 같다.

```
                       Topic0                Topic1                  Topic2  \
Word0         (0.0696, obama)     (0.0628, economy)    (0.0869, microsoft)
Word1     (0.0646, president)    (0.0212, economic)      (0.0306, windows)
Word2         (0.0484, barack)     (0.0179, growth)      (0.0196, company)
Word3     (0.0157, washington)    (0.0144, global)      (0.0162, announce)
Word4         (0.0149, house)      (0.0128, china)    (0.0124, microsofts)
Word5         (0.0144, white)     (0.0111, percent)      (0.0118, update)
Word6        (0.0127, obamas)      (0.0109, world)      (0.0106, release)
Word7         (0.0109, state)     (0.0097, quarter)         (0.01, today)
Word8  (0.0096, administration)   (0.0093, market)      (0.0096, surface)
Word9         (0.0081, first)     (0.0086, country)      (0.0085, cloud)
                       Topic3
Word0      (0.0881, palestine)
Word1     (0.0766, palestinian)
Word2        (0.0309, israeli)
Word3         (0.0278, israel)
Word4          (0.0172, state)
Word5  (0.0094, international)
Word6       (0.0092, ramallah)
Word7       (0.0089, minister)
Word8         (0.0079, unite)
Word9         (0.0078, force)
```

그림 7.49 확률을 포함하는 단어-주제 테이블

4. H 테이블을 출력한다.

```
print(H_df)
```

```
                                              Topic0  \
Doc0   (0.0844, NCRI - The Iranian regime's former Mi...
Doc1   (0.0844, South Africa's economy shrank sharply...
Doc2   (0.0844, Horacio Gutierrez, Microsoft's genera...
Doc3   (0.0844, A Microsoft recruiting event at the U...
Doc4   (0.0844, The Federal Reserve's recent rate hik...
Doc5   (0.0844, President Barack Obama received a chi...
Doc6   (0.0844, President Obama met with gun control ...
Doc7   (0.0844, (CNN) """Leaders gathered in Paris to...
Doc8   (0.0844, Fears have returned that China's debt...
Doc9   (0.0844, Russia is not ready to share US Presi...

                                              Topic1  \
Doc0   (0.0677, Both China's central bank and a respe...
Doc1   (0.0677, TAMPA -- Sen. Marco Rubio (R-Fla.) sa...
Doc2   (0.0677, WASHINGTON - President Barack Obama i...
Doc3   (0.0677, The U.S. Supreme Court on Friday agre...
Doc4   (0.0677, WASHINGTON"""President Barack Obama w...
Doc5   (0.0677, One of the challenges for writing app...
Doc6   (0.0677, President Barack Obama speaks during ...
Doc7      (0.0677, The U.S. economy is humming again. )
Doc8   (0.0677, WASHINGTON — President Barack Obama s...
Doc9   (0.0677, Microsoft to shut down portal site MS...

                                              Topic2  \
Doc0   (0.0836, Colin Fenton, managing partner at Bla...
Doc1   (0.0836, As I study in Canada, I am exposed to...
Doc2   (0.0836, Ban Ki Mun: Sramota me zbog Izraela i...
Doc3   (0.0836, But the argument that Microsoft is wi...
Doc4   (0.0836, 6:55 p.m. On the heels of Donald Trum...
Doc5   (0.0836, Colorado's economy had the fourth str...
Doc6   (0.0836, Back in September 2014 I wrote an art...
Doc7   (0.0836, During its developer conference, Micr...
Doc8   (0.0836, Speaking in Japan after a summit with...
Doc9   (0.0836, Korea's exports marked the worst slum...

                                              Topic3
Doc0   (0.1078, SYDNEY, April 18 (Xinhua) -- Australi...
Doc1   (0.1078, It's both fascinating and ironic how ...
Doc2   (0.0856, German government spending on refugee...
Doc3   (0.0852, President Barack Obama, center, walks...
Doc4   (0.0842, The gig economy tends to divide opini...
Doc5   (0.0828, I hope the Committee on the Future Ec...
Doc6   (0.0815, President Obama has spent the last se...
Doc7   (0.0815, OTTAWA -- Barack Obama has arrived in...
Doc8   (0.0815, For Max Wolff, chief economist at Man...
Doc9   (0.0815, Just over a year ago, Microsoft annou...
```

그림 7.50 확률을 포함하는 문서−주제 테이블

단어-주제 테이블은 단어 그룹을 포함하고 있다. 단어 그룹은 '연습 35: 4개 주제 시도'에서 만든 4개 주제 LDA 모델과 동일한 추상 주제를 제안한다. 하지만 이 비교에서 흥미로운 부분은 이번 그룹들에 포함된 개별 단어들 중 일부는 새로운 것이거나 다른 그룹에 포함됐다는 점이다. 이는 서로 다른 방법론을 사용했기에 그리 놀라운 일은 아니며 원본 데이터셋에서 주제를 분류할 때 이 두 방법론 모두 말뭉치에서 주제의 구조를 추출하는 데 효과적인 도구임을 확인했다.

연습 38: NMF 시각화

이번 연습의 목표는 NMF의 결과를 시각화하는 것이다. 결과를 시각화하면 주제를 분류하고 말뭉치 내에서 각 주제의 분포를 쉽게 확인할 수 있다. 이번 연습에서는 6장, 't-분포 확률적 이웃 임베딩'에서 자세히 다뤘던 t-SNE를 사용해 시각화를 할 생각이다.

1. 정리된 데이터에 관해 transform을 실행해 주제-문서 정보를 얻는다. 데이터의 모양과 예제를 모두 출력한다.

```
nmf_transform = nmf.transform(clean_vec2)
print(nmf_transform.shape)
print(nmf_transform)
```

결과는 다음과 같다.

```
(92948, 4)
[[5.12543656e-02 3.63195740e-15 3.10455307e-34 7.82654193e-16]
 [7.41162473e-04 2.04135415e-02 6.83519643e-15 2.13620923e-03]
 [2.96652472e-15 1.94116773e-02 4.78856726e-21 1.20646716e-18]
 ...
 [9.58970155e-06 3.41045363e-03 6.15591120e-04 3.23909905e-02]
 [6.37006094e-07 1.31884850e-07 3.39453370e-08 6.14080053e-02]
 [4.46386338e-05 1.15780717e-04 1.84769162e-02 2.00666640e-03]]
```

그림 7.51 데이터의 모양과 예제

2. plot_tsne 함수를 실행해 t–SNE 모델을 피팅하고 결과를 그린다.

---

plot_tsne(data=nmf_transform, threshold=0)

그림은 다음과 같다.

```
LENGTH:
92946

COUNTS:
[[     0  28977]
 [     1  32946]
 [     2  22146]
 [     3   8877]]
```

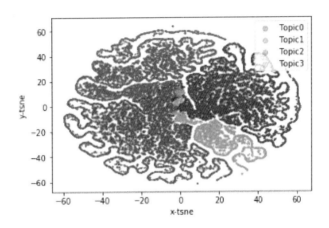

그림 7.52 말뭉치 내 주제 분포를 요약한 t–SNE 도표

임곗값이 지정되지 않은 t–SNE 도표는 일부 주제 겹침 문제와 말뭉치 내 주제 빈
도의 명확한 불일치를 보여준다. 이 두 사실은 왜 그리고 언제 퍼플렉서티를 사
용해 최적의 주제 수 3개를 사용해야 하는지 설명한다. 모델이 제대로 분류하지
못한 주제 간에는 약간의 상관관계가 있어 보인다. 이런 관계가 있음에도 모델은
주제를 4개로 나누려고 시도한다.

다시 요약하면 NMF는 LDA가 찾으려는 것과 동일한 답을 찾는 비확률적 토픽 모델이다. 이는 데이터에 대한 많은 질문에 답하기 위해 활용할 수 있는 행렬 인수화라고 알려진 선형대수의 일반 개념을 사용하는데, 행렬 인수화는 크고 복잡한 행렬을 더 작고 쉽게 해석할 수 있는 행렬로 분해하는 과정이다. 음이 아니어야 한다는 요구 사항은 수학에 기반을 둔 내용이 아니고 데이터 그 자체에 기반을 둔 것이다. 어떤 문서의 구성 요소가 음이라는 건 이치에 맞지 않기 때문이다. 많은 경우 LDA는 주제 단어 그룹의 분류와 관련한 사전 정보를 제공하는 추가 계층을 두기 때문에 NMF보다 더 좋은 결과를 보여준다. 하지만 주제들이 높은 상관관계를 갖는 경우라면 NMF가 더 나은 선택이다. 이런 사례 중 하나는 헤드라인 데이터였다.

활동 17: 음수 미포함 행렬 분해

이 활동은 건강 트윗 데이터를 불러와 정리했던 활동 1과 LDA를 사용한 활동 2의 토픽 모델링 분석의 요약이다. NMF의 실행은 간단하고 코딩도 간단하므로, NMF의 한계와 이점을 잘 이해하고 고려하면 제대로 활용할 수 있다.

다음은 이번 활동을 수행하기 위한 단계다.

1. 적당한 백오브워즈 모델을 생성하고 다른 변수로 특징 이름을 출력한다.
2. 활동 2의 주제의 수(n_components)를 사용해 NMF 알고리즘을 정의하고 피팅한다.
3. 주제-문서와 단어-주제 결과 테이블을 가져와 잠시 단어 그룹을 살펴본 후 추상 주제를 정의하려 노력해보자. 단어 그룹의 수를 정할 수 있겠는가? 그렇게 나눈 그룹이 의미를 갖는가? 결과가 LDA를 사용해 생성한 것과 유사한가?
4. 모델 파라미터를 조정한 후 단계 3과 단계 4를 다시 실행한다. 결과가 어떻게 변하는가?
   결과는 다음과 같다.

```
                      Topic0                    Topic1
Word0    (0.3726, study)         (0.5974, latfit)
Word1    (0.0259, cancer)        (0.0477, steps)
Word2    (0.0208, people)        (0.0448, today)
Word3    (0.0185, health)     (0.0404, exercise)
Word4    (0.0184, obesity)  (0.0274, healthtips)
Word5    (0.0182, brain)        (0.0257, workout)
Word6    (0.0173, suggest)      (0.0204, getting)
Word7    (0.0167, weight)       (0.0193, fitness)
Word8    (0.0159, woman)          (0.0143, great)
Word9    (0.0131, death)        (0.0132, morning)
```

그림 7.53 확률이 있는 단어-주제 테이블

노트

이 활동의 솔루션은 492페이지에서 찾을 수 있다.

요약

아직 확인하지 않은 대량의 문서로부터 정보를 추출해야 하는 작업을 진행할 때 토픽 모델링은 매우 좋은 접근법으로 문서의 기반 구조에 대한 이해를 도와준다. 즉, 토픽 모델은 문맥이 아닌 근접성을 사용해 단어 그룹을 찾아낸다. 7장에서는 가장 일반적으로 널리 사용되는 토픽 모델링 알고리즘 2가지를 적용하는 방법을 배웠다. 하나는 잠재 디리클레 할당이고 나머지는 비음수 행렬 인수분해다. 이제는 다양한 기법을 사용해 원본 텍스트 문서를 정리하는 일이 어렵지 않게 느껴져야 한다. 또한 백오브워즈 모델을 적용해 정리된 말뭉치를 문서별 원시 단어 수 또는 단어 가중치의 적절한 데이터 구조로 변환하는 방법을 배웠다. 7장에서 다룬 핵심 내용은 두 토픽 모델을 피팅하는 것이었으며 주제의 수 최적화와 이해하기 쉬운 테이블로의 변환 그리고 결과 시각화와 관련된 내용을 다뤘다. 이런 정보를 토대로 완전하게 동작하는 토픽 모델을 적용해 사업의 성공에 도움이 되는 결과와 통찰을 얻을 수 있을 것이다.

8장에서는 주제를 크게 변경해 시장 바구니 분석을 깊게 다룰 예정이다.

장바구니 분석

학습 목표

다음은 8장에서 배울 내용이다.

- 트랜잭션 수준 데이터 작업
- 적당한 컨텍스트에 장바구니 분석 사용하기
- Apriori 알고리즘 실행 및 관련 규칙 구성
- 관련 규칙에 대한 기본 시각화 수행
- 장바구니 분석의 주요 지표 분석

8장에서는 트랜잭션 데이터를 분석하기 위한 기본적이고 신뢰할 수 있는 알고리즘을 살펴본다.

▌ 소개

8장에서는 지금까지와는 크게 다른 내용을 다룰 예정이다. 7장에서는 자연어 처리, 텍스트 데이터 처리에 집중한 토픽 모델을 살펴봤고 상대적으로 최신 개발된 알고리즘을 적용했다. 대부분의 데이터 과학자들은 아마도 토픽 모델을 포함해 자연어 처리가 데이터 과학 분야에서 최첨단에 속하는 내용이고 활발한 연구가 이뤄지는 분야라는 것에 동의할 것이다. 토픽 모델로 할 수 있는 일이 무엇인지 이해했으니 이를 소셜 미디어 분석이나 추천엔진, 뉴스 필터링 등에 적극 활용하면 통찰이나 성장을 이끌어 내는 데 도움이 될 것이다.

8장에서는 거래 데이터를 분석하기 위한 기초적이고 신뢰할 수 있는 알고리즘을 살펴보기위해 소매업 영역으로 안내한다. 이 알고리즘은 최첨단이거나 가장 인기 있는 머신 러닝알고리즘은 아니지만, 널리 사용되며 특히 소매업 분야에는 큰 영향을 미친다. 이 알고리즘이 제공하는 통찰은 해석하기 쉬우며 즉시 실행 가능하고 다음 단계를 위한 분석에 도움을 준다. 만일 소매업 분야에서 일하거나 거래 데이터를 다루는 일을 한다면 장바구니 분석에 깊이 파고들 수 있을 것이다.

▌ 장바구니 분석

당신이 수많은 제품을 판매하는 소매업 분야에서 일하고 있는데 사장이 당신에게 다음의 질문을 한다고 생각해보자.

- 어떤 제품들이 가장 높은 빈도로 함께 판매됐는가?
- 매장 내에 제품의 정리와 진열 위치는 어떻게 정해야 하는가?
- 쿠폰으로 할인하기에 가장 좋은 상품이 무엇인지 어떻게 찾을 수 있는가?

이런 질문을 받으면 아마도 순간적으로 당황하게 될 것이다. 이는 단순한 하나의 알고리즘이나 데이터셋만 갖고 쉽게 답을 얻을 수 있는 게 아니기 때문이다. 하지만 장바구니 분석을 사용하면 이런 류의 질문에 답하는 게 가능해진다. 장바구니 분석의 기본적인 아이디어는 고객의 행동 패턴이나 제품 간의 관계에 대한 통찰을 끌어낼 수 있을 정도로 충분하게 함께 판매되는 제품 또는 제품 그룹 간의 관계와 빈도를 분석하는 데 있다.

분석을 시작하기 전에 장바구니라는 용어부터 확실히 정의하자. 장바구니는 경제 시스템 내에 존재하는 유지되는 상품의 집합이다. 유지된다는 말은 카탈로그에서 없애기 전까지는 계속 구매가 가능하다는 말로 이해하면 된다. 제품에는 일반적인 모든 상품이나 서비스가 속할 수 있으며 경제 시스템은 하나의 회사나 행동 주체, 심지어 국가도 이에 해당할 수 있다. 장바구니를 이해하는 데 가장 쉬운 모델은 동네 상점으로 다양한 음식이나 음료를 파는 곳이다.

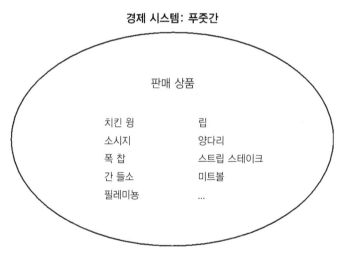

그림 8.1 경제 시스템이 푸줏간일 때의 장바구니와 판매 유지 제품 예시

특별한 모델이나 분석을 사용하지 않더라도 제품 간의 관계는 명확하다. 고기와 채소 간의 관계를 생각해보자. 일반적으로 장바구니 분석 모델은 고기와 야채보다 좀 더 구체적인 관계를 반환하지만 이해를 돕기 위해 고기와 야채로 일반화해보자. 그렇다면 고기와 야채의 관계에 대해 생각해보자. 일반적으로 이 둘은 자주 함께 판매되는 상품으로 쉽게

생각할 수 있다. 이 정보를 잘 활용해 고기와 야채를 판매하는 장소를 가장 먼 곳에 두어 고객들이 매장을 가로질러 걸어가게 만든다면 추가적인 제품을 판매할 확률이 당연히 더 높아질 것을 기대해볼 수 있다.

또 하나 소매점이 고민하는 것 중 하나는 효과적인 할인 판매 전략이다. 또 다른 관계로 땅콩 버터와 젤리를 생각해보자. 미국에서는 특히 어린이들에게 땅콩 버터와 젤리 샌드위치는 매우 인기가 높다. 만일 땅콩 버터가 장바구니에 담긴 상태라면 젤리도 함께 있을 가능성이 높다. 땅콩 버터와 젤리가 함께 판매된다는 사실을 알고 있기에 이 둘을 동시에 할인하는 것은 그리 좋은 전략이 아니다. 이 둘을 함께 구매하도록 유도하려면 두 아이템 중 하나만 할인하는 게 효과적이다. 하나를 할인해 구매를 유도하면 나머지 하나는 정가로도 쉽게 판매할 수 있기 때문이다.

그림 8.2 장바구니 분석의 시각화

7장에서 다룬 토픽 모델과 마찬가지로 장바구니 분석도 모두 자주 발생하는 그룹을 식별하는 방식을 따른다. 토픽 모델에서는 자주 발생하는 단어 그룹을 찾았다면 이번에는 자주 발생하는 제품 그룹을 찾는 형태다. 따라서 토픽 모델에서의 단어 클러스터링이 장바구니 분석에 활용될 수 있다. 가장 큰 차이는 장바구니에서의 클러스터는 몇 개의 제품만 포함하는 작은 단위라는 점이며 클러스터 내 항목의 순서가 확률적 지표를 계산할 때 중요하다는 점이다. 8장에 걸쳐 이런 지표가 무엇을 의미하고 어떻게 계산하는지를 자세히 살펴볼 예정이다.

이전 두 예제를 통해 명확하게 얻을 수 있는 정보는 장바구니 분석을 통해 소매점에서 고객이 구매하는 제품 간의 관계를 확인할 수 있다는 사실이다. 이렇게 얻은 정보를 토대로 제품 간의 관계를 파악하고 나면 좀 더 나은 의사 결정을 내릴 수 있다. 장바구니 분석은 그 이름에서 알 수 있듯이 소매상 분야에서 가장 잘 활용할 수 있지만 그 외의 다양한 분야 사업에도 다양하게 적용할 수 있는 기법이다.

이 분석 방법을 사용할 때 필요한 유일한 요구 사항은 아이템의 컬렉션으로 구성된 리스트 형태의 데이터다. 소매업 분야라면 함께 구매된 제품들의 거래 리스트가 이에 해당한다. 소매업 분야가 아닌 다른 분야로의 적용과 관련한 한 예제로 웹사이트 트래픽 분석을 생각해볼 수 있다. 개별 유저가 정해진 기간 동안 방문한 사이트의 목록을 소매점에서 함께 구매하는 제품 목록으로 생각할 수 있다. 이처럼 장바구니 분석은 소매업 분야가 아닌 다른 다양한 분야에도 적용 가능한 기법이다.

활용 사례

전통적인 소매업에 적용할 수 있는 3가지 분야가 있는데 바로 가격 개선, 쿠폰과 할인 추천, 매장 배치다. 앞에서 잠시 이야기한 것처럼 모델을 사용해 제품 간의 관계를 알아내면 이를 전략적으로 활용해 제품을 배치하면 고객들이 더 많은 제품을 구매하도록 유도할 수 있다. 둘 이상의 제품 간 관계가 충분히 강하고 단독으로는 잘 구매되지 않는 특성을 가진 제품이라면 이를 매장에서 서로 먼 곳에 배치하더라도 고객들은 이 두 제품을 함께 구매할 가능성이 매우 높다. 이렇게 둘 이상의 제품의 배치를 멀게 유지함으로써 고객들은 매장을 더 많이 돌아다니게 되고 이를 통해 추가 구매의 기회가 발생할 수 있다. 반대로 관계가 약한 두 제품을 옆에 나란히 배치하면 이를 통해도 추가적인 구매를 유도하는 게 가능하다. 매장 배치를 더 유리하게 결정하는 데 사용할 수 있는 기법은 다양하겠지만 장바구니 분석도 그중 유용한 하나의 기법이다.

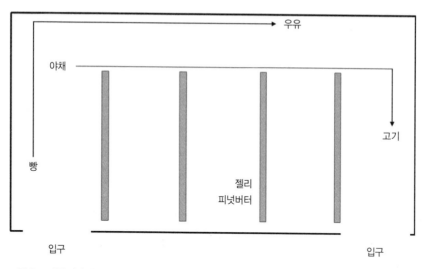

그림 8.3 제품 간의 관계를 활용한 효율적이고 수익성이 좋은 매장 배치

가격 개선과 쿠폰 및 할인 추천은 모두 상품의 가격을 다룬다는 측면에서 유사한 전략이다. 다시 말하면 어떤 제품의 가격은 올리고 어떤 제품의 가격은 내릴 것인가로 설명할 수 있다. 연관성이 높은 두 제품을 생각해보면 이 두 제품은 함께 구매될 가능성이 높기 때문에 두 제품 중 하나의 가격을 올리더라도 함께 구매가 이뤄지면서 수익성이 개선될 수 있다. 일반적으로 제품의 가격을 올리면 구매 빈도가 감소할 가능성이 있지만 연관성이 높은 상품이라면 그 위험성은 줄어든다. 비슷한 방식으로 관련이 별로 없는 제품에 대해서는 한 제품을 구매할 때 나머지 제품의 할인이나 쿠폰을 제공해 구매를 유도할 수도 있다.

예를 들어 소매상은 장바구니 분석을 사용해 개별 고객의 구매 기록을 비교해 다른 고객들이 대체로 함께 구매한 상품 중 해당 고객이 아직 함께 구매하지 않은 상품이 무엇인지 찾아볼 수 있다. 이런 상품은 잠재적으로 함께 구매할 가능성이 높기 때문에 해당 고객에게 할인 쿠폰을 제공해 구매를 유도할 수 있다. 만일 앞서 말한 해당 상품과 관련한 거래의 영수증 하단에 할인 쿠폰을 출력해 제공한다면 구매 가능성을 더 높일 수 있다.

장바구니 분석은 소매점 외에도 온라인 광고나 검색엔진 최적화에도 활용할 수 있다. 개별 사용자가 접속한 웹사이트 리스트에 접근할 수 있다고 생각해보자. 장바구니 분석을 활용하면 웹사이트 간의 관계를 찾아낼 수 있고 이를 잘 활용하면 검색 결과를 전략적으로 정렬하고 관련이 높은 사이트를 함께 보여주는 게 가능해진다. 이는 결국 매장 내 제품 배치와 비슷한 이야기다.

장바구니 분석의 일반적인 내용과 활용 사례를 바탕으로 이 모델에서 사용한 데이터를 살펴보자.

중요한 확률 지표

장바구니 분석은 다양한 확률 지표를 기반으로 계산한다. 여기서 다루는 5가지 주요 지표는 지지도, 신뢰도, 향상도^{lift}, 레버리지^{leverage}, 확신^{conviction}이다. 거래 데이터를 분석하고 Apriori 알고리즘 또는 연관 규칙$^{association\ rules}$과 같은 구체적인 장바구니 분석 모델로 들어가기 전 미리 구성된 간단한 거래 데이터를 준비해야 한다. 일단 데이터 구성부터 진행하자.

연습 39: 샘플 거래 데이터 생성

이 연습은 8장의 첫 언습이므로 환경 구성부터 하자. 8장은 7장, '토픽 모델링'에서 사용한 것과 동일한 환경을 사용할 예정이다. 만일 불러오지 않은 패키지가 있다면 pip을 사용해 명령줄로 설치하면 된다. 앞으로 필요한 라이브러리로 mlxtend라는 게 있는데 이는 익숙하지 않겠지만 머신 러닝과 관련한 유용한 도구들을 포함하고 있는 확장 라이브러리로 데이터를 합치거나 쌓거나 하는 작업은 물론 장바구니 분석 모델도 지원한다. 이번 연습은 단순히 앞으로의 연습에 필요한 예시 거래 데이터셋을 만드는 것이다.

1. 파이썬 3으로 주피터 노트북을 연다.

2. 모델의 결과를 그리기 위해 라이브러리 `matplotlib.pyplot`을 설치하자. 모델을 실행하기 위해 `mlxtend.frequent_patterns`를 설치하자. 모델이 사용한 데이터를 인코드하고 준비하기 위해 `mlxtend.preprocessing`을 설치하자. 배열을 사용하기 위해 `numpy`를 설치하자. DataFrames을 사용하기 위해 `pandas`를 설치하자.

> **노트**
>
> mlxtend를 설치하기 위해 Anaconda 프롬프트에서 pip install mlxtend를 실행하자.

```
import matplotlib.pyplot as plt
import mlxtend.frequent_patterns
import mlxtend.preprocessing
import numpy
import pandas
```

3. 식품점 상품 대상으로 10개의 가상 거래를 생성한다. 데이터는 목록들의 목록 형태이며 이는 나중에 모델이 사용할 거래 데이터의 형태로 앞으로 더 살펴볼 예정이다.

```
example = [
  ['milk', 'bread', 'apples', 'cereal', 'jelly',
   'cookies', 'salad', 'tomatoes'],
  ['beer', 'milk', 'chips', 'salsa', 'grapes',
   'wine', 'potatoes', 'eggs', 'carrots'],
  ['diapers', 'baby formula', 'milk', 'bread',
   'chicken', 'asparagus', 'cookies'],
  ['milk', 'cookies', 'chicken', 'asparagus',
   'broccoli', 'cereal', 'orange juice'],
  ['steak', 'asparagus', 'broccoli', 'chips',
   'salsa', 'ketchup', 'potatoes', 'salad'],
  ['beer', 'salsa', 'asparagus', 'wine', 'cheese',
   'crackers', 'strawberries', 'cookies'],
```

```
    ['chocolate cake', 'strawberries', 'wine', 'cheese',
     'beer', 'milk', 'orange juice'],
    ['chicken', 'peas', 'broccoli', 'milk', 'bread',
     'eggs', 'potatoes', 'ketchup', 'crackers'],
    ['eggs', 'bread', 'cheese', 'turkey', 'salad',
     'tomatoes', 'wine', 'steak', 'carrots'],
    ['bread', 'milk', 'tomatoes', 'cereal', 'chicken',
     'turkey', 'chips', 'salsa', 'diapers']
]
```

이렇게 간단한 데이터셋을 사용하면 확률 지표를 설명하고 이해하는 게 한결 쉬워진다.

지지도

지지도는 단순히 아이템 세트가 데이터 내에 나타날 확률로 전체 거래 횟수에 대한 해당 아이템 세트의 거래 횟수 비중으로 간단하게 계산할 수 있다. 참고로 아이템 세트는 단일 아이템일 수도 있고 아이템 묶음일 수도 있다. 지지도는 매우 단순하지만 신뢰도 및 연관의 강도를 판단하는 데 있어서 중요한 지표다. 만일 어떤 두 아이템이 딱 한 번만 등장하고 동시에 등장했다면 연관도가 매우 높다고 판단할 수도 있겠지만 100번의 거래가 있다고 가정할 때 이는 총 거래에서 고작 2%에 해당하므로 섣불리 이 둘의 연관도가 높다고 판단할 수는 없다. 따라서 이런 데이터는 의사 결정에 사용할 수 없다.

지지도는 확률이므로 값의 범위는 [0,1]이다. 전체 거래 횟수가 N이고 두 아이템을 각각 X와 Y라고 할 때 공식은 다음과 같다.

$$Support(X \Rightarrow Y) = Support(X,Y) = P(X,Y) = \frac{Frequency(X,Y)}{N}$$

그림 8.4 지지도 공식

잠시 '연습 39: 샘플 거래 데이터 생성'에서 만든 데이터로 돌아가 우유와 빵이 함께 나온 횟수를 세어보면 4번 동시에 판매됐음을 쉽게 확인할 수 있다. 10번의 거래 중 4번 함께 등장했으므로 지지도는 4를 10으로 나눈 값인 0.4로 쉽게 계산할 수 있다. 이 수치가 충분히 큰지 여부는 데이터셋에 따라 달라지며 이후에 더 자세히 다룰 예정이다.

신뢰도

신뢰도 지표는 기본적으로 제품 A의 구매에 따른 제품 B의 구매 확률이기 때문에 조건부 확률 측면에서 생각할 수 있다. 신뢰도는 일반적으로 A => B로 표기하며, A가 포함된 거래에 B가 포함되는 거래의 비율로 표현한다. 따라서 A가 포함된 거래까지 전체 거래 세트를 필터링한 다음 B가 포함된 거래의 비율을 계산해 신뢰도를 구한다. 지지도처럼 신뢰도도 확률이므로 범위는 [0,1]이다. 지지도에서 사용한 것과 동일한 변수 정의를 사용할 때 공식은 다음과 같다.

$$Confidence(X \Rightarrow Y) = P(Y|X) = \frac{Support(X,Y)}{P(X)} = \frac{\frac{Frequency(X,Y)}{N}}{\frac{Frequency(X)}{N}}$$

그림 8.5 신뢰도 공식

신뢰도를 살펴보기 위해 맥주와 와인 아이템을 사용할 생각이다. 특히 맥주 => 와인의 신뢰도를 계산해보자. 일단, 맥주를 포함하는 거래를 식별해야 한다. 거래는 3건이며 거래 2, 6, 7이 이에 해당한다. 이제 해당 거래 중에서 얼마나 와인이 많이 포함됐는지를 살펴보면 되는데 결과는 모든 거래에 와인이 포함돼 있다. 따라서 맥주 => 와인의 신뢰도는 1이다. 고객이 맥주를 살 때 항상 와인을 함께 샀다는 의미다.

향상도와 레버리지

다음 2개의 지표인 향상도Lift와 레버리지Leverage를 함께 살펴보자. 두 지표의 계산은 따로 이뤄지지만 모두 동일한 질문의 답을 찾고 있다. 신뢰도처럼 향상도와 레버리지도 A => B 로 표현한다. 여기에서 답을 찾는 질문은 하나의 항목 A가 다른 항목 B와 관련된 항목을 결정하는 데 사용할 수 있는가 여부다. 다시 말하면 어떤 소비자가 제품 A를 구매하는 경우에 제품 B를 구매할지 여부를 어느 정도의 확신을 갖고 말할 수 있는가다. 이 질문은 A 와 B가 독립적이지 않은 것으로 가정되는 표준 사례에서 A와 B의 지지도와 두 제품이 독립적으로 가정될 때를 비교함으로써 답을 찾을 수 있다. 향상도는 두 사례의 비율로 계산되기 때문에 가질 수 있는 값의 범위는 [0, Infinity]다. 만일 향상도의 값이 1이면 두 제품은 서로 독립적이라는 의미이며, 제품 A의 구매가 제품 B의 구매에 미치는 영향은 없다.

$$Lift(X \Rightarrow Y) = \frac{Support(X,Y)}{Support(X) * Support(Y)} = \frac{P(X,Y)}{P(X) * P(Y)}$$

그림 8.6 향상도 공식

레버리지는 두 케이스 간의 차이를 계산하기 때문에 범위는 [−1, 1]이다. 레버리지가 0이 라면 향상도가 1일 때와 같은 상황이다.

$$Leverage(X \Rightarrow Y) = Support(X,Y) - \left(Support(X) * Support(Y)\right) = P(X,Y) - \left(P(X) * P(Y)\right)$$

그림 8.7 레버리지 공식

지표의 값은 아이템 간의 관계 강도나 방향을 측정한다. 만일 향상도 값이 0.1이라면 두 아이템 간의 관계는 부정적인 방향으로 강하다고 할 수 있다. 다시 말하면 한 아이템을 구매하면 나머지는 잘 구매하지 않는다는 의미다. 양과 음의 관계는 독립성과는 분리된다. 긍정적 및 부정적 연관성은 독립된 지점에 의해 분리되는데, 앞에서 언급한 바와 같이 향상도의 경우 1, 레버리지의 경우 0이다. 이 값으로부터 멀어질수록 연관성이 강해진다.

확신

마지막으로 살펴볼 지표는 확신conviction으로, 다른 지표에 비해 덜 직관적이다. 확신은 X와 Y가 부정확한 예측 빈도와 무관한 경우, Y의 발생과 무관하게 X가 발생하는 예상 빈도의 비율이다. 부정확한 예측 빈도는 1에서 X => Y의 신뢰도를 뺀 값이다. 신뢰도의 정의는 $P(Y|X)$이므로 확신은 $1 - P(Y|X) = P(Not\ Y|X)$가 된다. 분자도 $1 - P(Y|X) = P(Not\ Y|X)$라고 생각할 수 있다. 둘 간의 유일한 차이는 분자는 X와 Y의 독립성을 가정하는 반면, 분모는 그렇지 않다는 점이다. 1보다 큰 값이 이상적이다. 이는 아이템 X와 Y 사이의 연관성이 무작위인 경우 더 자주 부정확함을 의미하기 때문이다. 연관성이 무작위라는 말은 다시 말하면 X와 Y가 독립적이라는 의미다. 반복해 이야기하자면, 이것은 X와 Y 사이의 연관성이 의미 있다는 것을 명시하고 있다. 값이 1이면 독립성이 적용되고 값이 1보다 작으면 랜덤 확률 X와 Y 관계가 X => Y로 정의된 X와 Y 관계보다 더 자주 정확함을 나타낸다. 이 상황에서 관계는 다른 방향으로 갈 수 있다 (즉, Y => X). 확신이 갖는 값의 범위는 [0, Inf]이며 다음과 같은 형식이다.

$$Conviction(X \Rightarrow Y) = \frac{1 - Support(Y)}{1 - Confidence(X \Rightarrow Y)}$$

그림 8.8 확신의 공식

다시 맥주와 와인으로 돌아가자. 다만 이번 설명을 위해 반대의 관계인 와인 => 맥주를 생각해보자. Support(Y), 이번 경우라면 Support(맥주)는 3/10이고 확신(Confidence) X => Y, 이번 경우라면 신뢰도 와인 => 맥주는 3/4이다. 따라서 확신(conviction) 와인 => 맥주는 [ ]다. 만일 와인과 맥주가 독립적이라면 와인 => 맥주는 2.8배 더 부정확할 것이라고 말할 수 있다. 따라서 이전에 언급한 와인과 맥주 사이의 연관성은 성립한다.

연습 40: 지표 계산

이번 연습에서는 '연습 39: 샘플 거래 데이터 생성'에서 만든 가짜 데이터를 사용해 지금까지 설명한 5가지 지표를 계산해볼 예정이다. 이 지표들은 Apriori 알고리즘과 연관 규칙association rules에서 다시 사용할 예정이다. 이들 지표가 평가할 연관성은 Milk => Bread다.

> **노트**
>
> 8장에서 사용할 모든 연습은 동일한 주피터 노트북에서 실행해야 한다.

1. 모든 5개 지표의 기반이 되는 빈도를 정의하고 출력하자. Frequency(Milk), Frequency(Bread) 그리고 Frequency(Milk, Bread)가 될 것이다. 또한 데이터셋에서 전체 거래의 수를 N으로 정의하자.

```
N = len(example)
f_x = sum(['milk' in i for i in example]) # milk
f_y = sum(['bread' in i for i in example]) # bread
f_x_y = sum([
    all(w in i for w in ['milk', 'bread'])
    for i in example
])

print(
    "N = {}\n".format(N) +
    "Freq(x) = {}\n".format(f_x) +
    "Freq(y) = {}\n".format(f_y) +
    "Freq(x, y) = {}".format(f_x_y)
)
```

결과는 다음과 같다.

```
N = 10
Freq(x) = 7
Freq(y) = 5
Freq(x, y) = 4
```

그림 8.9 빈도 스크린샷

2. Support(Milk ⇒ Bread)를 계산하고 출력한다.

```
support = f_x_y / N
print("Support = {}".format(round(support, 4)))
```

x에서 y로의 지지도는 0.4다. 경험에 따르면 전체 거래 데이터셋을 갖고 작업을 하는 상황이라면 이 정도의 지지도 값은 대부분 매우 큰 값으로 생각할 수 있다.

3. Confidence(Milk ⇒ Bread)를 계산하고 출력한다.

```
confidence = support / (f_x / N)
print("Confidence = {}".format(round(confidence, 4)))
```

x에서 y로의 confidence는 0.5714다. 이는 고객이 x를 구매했을 때 y도 구매할 확률이 50%를 살짝 넘긴다는 의미다.

4. Lift(Milk ⇒ Bread)를 계산하고 출력한다.

```
lift = confidence / (f_y / N)
print("Lift = {}".format(round(lift, 4)))
```

x에서 y로의 lift는 1.1429다.

5. Leverage(Milk ⇒ Bread)를 계산하고 출력한다.

```
leverage = support - ((f_x / N) * (f_y / N))
print("Leverage = {}".format(round(leverage, 4)))
```

x에서 y로의 leverage는 0.05다. life와 leverage 모두 x에서 y로의 연관이 존재하지만 약하다는 걸 말하고 있다. 두 값이 각각 1과 0에 가깝기 때문이다.

6. Conviction(Milk ⇒ Bread)를 계산하고 출력한다.

```
conviction = (1 - (f_y / N)) / (1 - confidence)
print("Conviction = {}".format(round(conviction, 4)))
```

conviction 값이 1.1667이라는 말은 Milk ⇒ Bread 연관이 독립적이라고 가정했을 때에 비해 1.1667배만큼 부정확하다는 걸 의미한다.

실제 데이터를 사용해 Apriori 알고리즘과 연관 규칙을 본격적으로 살펴보기 전, 거래 데이터를 살펴보고 소매 판매 데이터를 불러와 모델링을 위한 준비를 하자.

▌ 거래 데이터의 특징

장바구니 분석에서 사용된 데이터는 거래 데이터 또는 거래 데이터와 닮은 형태의 데이터다. 가장 기본적인 형태의 거래 데이터는 영수증 번호나 거래 번호와 같은 거래 식별자와 함께 구매한 제품의 목록을 가진다. 이 두 개의 기본 요소만 있으면 장바구니 분석을 수행할 수 있다. 하지만 대체로 거래 데이터의 형태가 이런 기본 구조를 갖지 않을 때가 많다. 거래 데이터는 일반적으로 가격, 날짜와 시간, 고객 식별자 등을 포함한다.

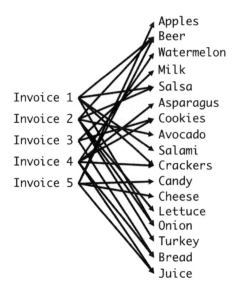

그림 8.10 판매되는 각 제품이 여러 송장 번호로 다시 매핑됨

거래 데이터가 복잡성을 가지기 때문에 정리 작업이 필수적이다. 장바구니 분석에 사용할 데이터 정리의 목표는 불필요한 정보와 문제가 있는 거래를 모두 제거하는 것이다. 이 두 정리 단계에 사용하는 기법은 거래 데이터 파일에 따라 달라진다. 데이터 정리 과정에서 문제가 생기지 않도록 하기 위해 이 연습에서는 UCI 머신 러닝 저장소에서 제공하는 온라인 소매 데이터셋의 서브셋을 사용할 예정이며 활동에서는 전체 데이터셋을 사용할 예정이다. 이 두 가지 모두 데이터 정리 논의를 제한적으로 만들지만 데이터셋의 크기가 변할 때 결과가 어떻게 변하는지 논의할 기회를 제공한다. 만일 당신이 소매업 분야에서 일하고 장바구니 분석을 실행한다면 더 많은 데이터를 갖고 분석을 수행할 때 더 명확한 결과를 얻을 수 있다는 것을 이해하는 게 중요하다. 구체적인 데이터셋 정리 과정을 논의하기에 앞서 온라인 소매 판매 데이터부터 불러오자.

연습 41: 데이터 불러오기

이 연습에서는 온라인 소매 데이터셋을 불러와 살펴보자. 이 데이터셋은 원래 UCI 머신 러닝 저장소에 있으며 https://github.com/TrainingByPackt/Applied-Unsupervised-Learning-with-Python/tree/master/Lesson08/Expertion39-Expertion45에서 확인할 수 있다. 데이터셋을 다운로드했으면 저장하고 경로를 기록해두자. 이 연습의 산출물은 앞으로의 모델링 연습에 사용될 거래 데이터와 앞으로 다룰 데이터를 더 잘 이해하는 데 도움이 되는 몇 가지 탐색적 수치들이다.

노트

이 데이터셋은 http://archive.ics.uci.edu/ml/datasets/online+retail#에서 가져왔다. 연습 자료는 https://github.com/TrainingByPackt/Applied-Unsupervised-Learning-with-Python/tree/master/Lesson08/Exercise39-Exercise45에서 받을 수 있다.

Daqing Chen, Sai Liang Sain, Kun Guo. 온라인 소매 산업을 위한 데이터 마이닝: 데이터 마이닝을 사용한 RFM 모델 기반 고객 분류의 사례 분석, 데이터베이스 마케팅과 고객 전략 관리 (Database Marketing and Customer Strategy Management), Vol. 19, No. 3, pp. 197-208, 2012.

UCI 머신 러닝 저장소 [http://archive.ics.uci.edu/ml]. 캘리포니아 어바인: 캘리포니아대학교, 정보 및 컴퓨터 과학부

1. pandas의 read_excel 함수를 사용해 데이터를 불러온다. 엑셀 파일의 첫 두 행은 열 이름을 담고 있다.

```
online = pandas.read_excel(
  io="Online Retail.xlsx",
  sheet_name="Online Retail", header=0
)
```

노트

Online Retail.xlsx의 경로는 사용 중인 시스템에서의 파일 경로로 변경해야 한다.

2. DataFrame의 첫 10개 행을 출력한다. 일부 열은 장바구니 분석과 관련이 없다는 점에 주의하자.

```
online.head(10)
```

결과는 다음과 같다.

	InvoiceNo	StockCode	Description	Quantity	InvoiceDate	UnitPrice	CustomerID	Country
0	536365	85123A	WHITE HANGING HEART T-LIGHT HOLDER	6	2010-12-01 08:26:00	2.55	17850.0	United Kingdom
1	536365	71053	WHITE METAL LANTERN	6	2010-12-01 08:26:00	3.39	17850.0	United Kingdom
2	536365	84406B	CREAM CUPID HEARTS COAT HANGER	8	2010-12-01 08:26:00	2.75	17850.0	United Kingdom
3	536365	84029G	KNITTED UNION FLAG HOT WATER BOTTLE	6	2010-12-01 08:26:00	3.39	17850.0	United Kingdom
4	536365	84029E	RED WOOLLY HOTTIE WHITE HEART.	6	2010-12-01 08:26:00	3.39	17850.0	United Kingdom
5	536365	22752	SET 7 BABUSHKA NESTING BOXES	2	2010-12-01 08:26:00	7.65	17850.0	United Kingdom
6	536365	21730	GLASS STAR FROSTED T-LIGHT HOLDER	6	2010-12-01 08:26:00	4.25	17850.0	United Kingdom
7	536366	22633	HAND WARMER UNION JACK	6	2010-12-01 08:28:00	1.85	17850.0	United Kingdom
8	536366	22632	HAND WARMER RED POLKA DOT	6	2010-12-01 08:28:00	1.85	17850.0	United Kingdom
9	536367	84879	ASSORTED COLOUR BIRD ORNAMENT	32	2010-12-01 08:34:00	1.69	13047.0	United Kingdom

그림 8.11 온라인 소매 판매 데이터 원본

3. DataFrame에서 각 열의 데이터 타입을 출력한다. 이 정보는 특정 정리 작업을 진행할 때 유용하게 사용할 수 있다.

```
online.dtypes
```

결과는 다음과 같다.

```
InvoiceNo              object
StockCode              object
Description            object
Quantity                int64
InvoiceDate    datetime64[ns]
UnitPrice             float64
CustomerID            float64
Country                object
dtype: object
```

그림 8.12 데이터셋 내 각 열의 데이터 타입

4. DataFrame의 차원과 고유 송장 번호 및 고객 식별 번호를 확인한다.

```
print(
"Data dimension (row count, col count): {dim}"
.format(dim=online.shape)
)
print(
"Count of unique invoice numbers: {cnt}"
.format(cnt=online.InvoiceNo.nunique())
)
print(
"Count of unique customer ids: {cnt}"
.format(cnt=online.CustomerID.nunique())
)
```

결과는 다음과 같다.

```
Data dimension (row count, col count): (541909, 8)
Count of unique invoice numbers: 25900
Count of unique customer ids: 4372
```

이 연습에서는 데이터를 불러오고 몇 가지 탐색 작업을 수행했다.

데이터 정리 및 형식화

데이터셋을 불러왔으면 좀 더 구체적인 데이터 정리 과정을 살펴보자. 앞으로 사용할 데이터는 송장 번호와 판매 상품 정보이므로 이 두 열을 기준으로 데이터를 정리하면 된다. 장바구니 분석은 시간이 지남에 따라 모든 고객이 구매한 상품 간의 연관성을 식별한다는 사실을 기억하자. 따라서 양수가 아닌 상품 거래 항목은 제거를 해야 한다. 거래 품목이 양수가 아닌 거래는 환불 거래 또는 관리자의 작업에 의한 기록 등이 포함될 수 있다. 이런 유형의 거래는 두 가지 방식으로 제거할 수 있다. 첫째로, 취소된 거래에는 "C"로 표기된 송장 번호가 있으므로 이를 확인해 삭제하면 된다. 그 외에는 거래 수량이 0이거나 음수인 모든 거래를 제거하면 된다. 이 두 단계를 수행하고 나면 송장 번호와 아이템 명세 열만 갖는 서브셋 데이터를 만들 수 있으며 하나 이상의 값이 누락된 행도 제거된다.

데이터 정리 연습의 다음 단계는 데이터를 모델링에 적당한 형식으로 만드는 것이다. 이번과 앞으로 진행할 연습에서는 전체 데이터의 세브셋을 사용할 예정이다. 서브셋은 처음 5,000개의 고유 송장 번호를 가져와 만들 것이다. 데이터를 처음 5,000개의 고유 송장 번호로 줄여 데이터 구조를 모델 실행에 필요한 구조로 변경한다. 데이터는 아직 각 아이템이 자신의 행에 있는 긴 형식이다. 희망하는 형식은 이전에 직접 만든 데이터 형식처럼 목록들의 리스트다. 각 서브셋 목록은 고유한 송장 번호를 나타내므로, 이 경우 외부 리스트는 5,000개의 하위 리스트를 포함해야 한다. 서브 리스트의 요소는 모두 서브 리스트가 나타내는 송장 번호에 속하는 아이템이다. 정리 과정을 설명하고 연습을 진행하자.

연습 42: 데이터 정리 및 포매팅

이번 연습에서는 앞에서 언급한 정리 작업을 진행할 예정이다. 이 과정을 진행하면서 데이터의 현재 상태를 출력하고 몇 가지 기본적인 요약 지표를 계산함으로써 데이터의 진화를 확인하자. 이미 데이터를 불러온 동일한 노트북에서 데이터 정리 작업을 진행하자.

1. 송장 번호가 "C"로 시작하는지를 지정하는 열을 만든다.

```
online['IsCPresent'] = (
  online['InvoiceNo']
  .astype(str)
  .apply(lambda x: 1 if x.find('C') != -1 else 0)
)
```

2. 0 또는 음수의 아이템 수를 갖는 모든 거래를 제거하고 1단계에서 생성한 열을 사용해 "C"로 시작하는 모든 송장 번호를 제거한 후 DataFrame을 InvoiceNo와 Description만 갖는 서브셋으로 만들고 마지막으로 하나 이상의 값이 누락된 모든 행을 제거한다. DataFrame의 이름을 online1으로 변경한다.

```
online1 = (
  online
  # filter out non-positive quantity values
  .loc[online["Quantity"] > 0]
  # remove InvoiceNos starting with C
  .loc[online['IsCPresent'] != 1]
  # column filtering
  .loc[:, ["InvoiceNo", "Description"]]
  # dropping all rows with at least one missing value
  .dropna()
)
```

3. 필터링된 DataFrame인 online1에서 첫 10개의 행을 출력한다.

```
online1.head(10)
```

	InvoiceNo	Description
0	536365	WHITE HANGING HEART T-LIGHT HOLDER
1	536365	WHITE METAL LANTERN
2	536365	CREAM CUPID HEARTS COAT HANGER
3	536365	KNITTED UNION FLAG HOT WATER BOTTLE
4	536365	RED WOOLLY HOTTIE WHITE HEART.
5	536365	SET 7 BABUSHKA NESTING BOXES
6	536365	GLASS STAR FROSTED T-LIGHT HOLDER
7	536366	HAND WARMER UNION JACK
8	536366	HAND WARMER RED POLKA DOT
9	536367	ASSORTED COLOUR BIRD ORNAMENT

그림 8.13 정리된 온라인 소매 판매 데이터셋

4. 정리된 DataFrame의 차원과 고유한 송장 번호의 수를 출력한다.

```
print(
  "Data dimension (row count, col count): {dim}"
  .format(dim=online1.shape)
)
```

08장 장바구니 분석 | 335

```
print(
  "Count of unique invoice numbers: {cnt}"
  .format(cnt=online1.InvoiceNo.nunique())
)
```

결과는 다음과 같다.

```
Data dimension (row count, col count): (530693, 2)
Count of unique invoice numbers: 20136
```

이미 약 10,000개의 행과 5,800개의 송장 번호를 제거한 사실을 참고하자.

5. DataFrame에서 송장 번호들을 리스트 형태로 추출한다. 고유한 송장 번호로 구성된 목록을 만들기 위해 중복 요소는 제거한다. 고유한 송장 번호의 길이를 출력해 작업이 성공적이었는지 확인한다. 출력 결과를 단계 4와 비교한다.

```
invoice_no_list = online1.InvoiceNo.tolist()
invoice_no_list = list(set(invoice_no_list))
print(
  "Length of list of invoice numbers: {ln}"
  .format(ln=len(invoice_no_list))
)
```

출력은 다음과 같다.

```
Length of list of invoice numbers: 20136
```

6. 단계 5에서의 목록을 가져와 첫 5,000개만 포함하도록 잘라낸다. 새 목록의 길이를 출력해 실제로 예상 길이가 5,000인지 확인하자.

```
subset_invoice_no_list = invoice_no_list[0:5000]
print(
  "Length of subset list of invoice numbers: {ln}"
  .format(ln=len(subset_invoice_no_list))
)
```

결과는 다음과 같다.

```
Length of subset list of invoice numbers: 5000
```

7. 이전 단계의 송장 번호만 리스트에 유지하기 위해 online1 DataFrame을 필터
링한다.

```
online1 = online1.loc[online1["InvoiceNo"].isin(subset_invoice_no_list)]
```

8. online1의 첫 10개 행을 출력한다.

```
online1.head(10)
```

결과는 다음과 같다.

	InvoiceNo	Description
229435	557056	SET OF 4 KNICK KNACK TINS DOILEY
229436	557057	RED POLKADOT BEAKER
229437	557057	BLUE POLKADOT BEAKER
229438	557057	DAIRY MAID TOASTRACK
229439	557057	BLUE EGG SPOON
229440	557057	RED EGG SPOON
229441	557057	MODERN FLORAL STATIONERY SET
229442	557057	FLORAL FOLK STATIONERY SET
229443	557057	CERAMIC BOWL WITH LOVE HEART DESIGN
229444	557057	WOOD STAMP SET THANK YOU

그림 8.14 5,000개의 고유 송장 번호만 있는 정리된 데이터셋

9. DataFrame의 차원과 고유 송장 번호의 수를 출력해 필터링 및 정리 프로세스가
성공적이었는지 확인하자.

```
print(
    "Data dimension (row count, col count): {dim}"
    .format(dim=online1.shape)
```

```
)
print(
    "Count of unique invoice numbers: {cnt}"
    .format(cnt=online1.InvoiceNo.nunique())
)
```

출력은 다음과 같다.

```
Data dimension (row count, col count): (129815, 2)
Count of unique invoice numbers: 5000
```

10. online1의 데이터를 앞서 언급한 항목의 리스트인 invoice_ item_list로 변환한다. 이 작업을 수행하는 과정으로 고유한 송장 번호에 대해 반복하면서 항목 설명을 목록으로 추출해 더 큰 리스트인 invoice_item_list에 추가한다. 목록의 구성 요소 1부터 4를 출력하자.

```
invoice_item_list = []
for num in list(set(online1.InvoiceNo.tolist())):
    # filter data set down to one invoice number
    tmp_df = online1.loc[online1['InvoiceNo'] == num]
    # extract item descriptions and convert to list
    tmp_items = tmp_df.Description.tolist()
    # append list invoice_item_list
    invoice_item_list.append(tmp_items)

print(invoice_item_list[1:5])
```

결과는 다음과 같다.

```
[['RED POLKADOT BEAKER ', 'BLUE POLKADOT BEAKER ', 'DAIRY MAID TOASTRACK', 'BLUE EGG SPOON', 'RED  EGG  SPOON', 'MODERN FLORAL
STATIONERY SET', 'FLORAL FOLK STATIONERY SET', 'CERAMIC BOWL WITH LOVE HEART DESIGN', 'WOOD STAMP SET THANK YOU', 'WOOD STAMP S
ET HAPPY BIRTHDAY', 'PENS ASSORTED SPACEBALL', 'PENS ASSORTED FUNNY FACE', 'PENS ASSORTED FUNKY JEWELED ', 'SCOTTIE DOGS BABY B
IB', 'CHARLIE AND LOLA TABLE TINS', 'CHARLIE & LOLA WASTEPAPER BIN FLORA', 'CHARLIE & LOLA WASTEPAPER BIN BLUE', 'CHARLIE AND L
OLA FIGURES TINS', 'TV DINNER TRAY DOLLY GIRL', 'SET/20 RED RETROSPOT PAPER NAPKINS ', 'MINT KITCHEN SCALES', 'RED KITCHEN SCAL
ES', '36 FOIL HEART CAKE CASES', '36 FOIL STAR CAKE CASES ', 'ILLUSTRATED CAT BOWL ', 'POTTING SHED TEA MUG', 'CERAMIC STRAWBER
RY DESIGN MUG', 'RED RETROSPOT SHOPPER BAG', 'BUTTON BOX ', 'MINI CAKE STAND  HANGING STRAWBERY', 'LUNCH BAG DOILEY PATTERN ',
'JUMBO BAG STRAWBERRY', 'STRAWBERRY SHOPPER BAG', 'SUKI  SHOULDER BAG', 'JUMBO BAG ALPHABET', 'SKULL SHOULDER BAG', 'LUNCH BAG
BLACK SKULL.', 'TRADITIONAL WOODEN CATCH CUP GAME ', '10 COLOUR SPACEBOY PEN', 'JUMBO BAG SPACEBOY DESIGN', 'LUNCH BAG SPACEBOY
DESIGN ', "CHILDREN'S APRON DOLLY GIRL ", 'LUNCH BAG DOLLY GIRL DESIGN', 'TEATIME ROUND PENCIL SHARPENER ', 'SILVER HEARTS TABL
E DECORATION', 'PARISIENNE KEY CABINET ', 'PARISIENNE JEWELLERY DRAWER ', 'BUNDLE OF 3 SCHOOL EXERCISE BOOKS ', 'JUMBO BAG DOI
LEY PATTERNS', 'DOILEY STORAGE TIN', 'SET OF 4 KNICK KNACK TINS POPPIES', 'SET OF 4 KNICK KNACK TINS DOILEY ', 'SET OF 3 REGEN
Y CAKE TINS', 'SET OF 3 WOODEN HEART DECORATIONS', 'SPACEBOY CHILDRENS BOWL', 'DOLLY GIRL CHILDRENS CUP', 'DOLLY GIRL CHILDRENS
BOWL', 'SPACE BOY CHILDRENS CUP', 'GARDENERS KNEELING PAD CUP OF TEA', 'GARDENERS KNEELING PAD KEEP CALM ', 'CARTOON  PENCIL S
HARPENERS', 'POPART RECT PENCIL SHARPENER ASST', 'PIECE OF CAMO STATIONERY SET', 'POPART WOODEN PENCILS ASST', 'ORIGAMI VANILLA
INCENSE/CANDLE SET ', 'ORIGAMI JASMINE INCENSE/CANDLE SET', 'FRENCH FLORAL CUSHION COVER ', 'FRENCH LATTICE CUSHION COVER '],
['SET OF TEA COFFEE SUGAR TINS PANTRY', 'SET OF 3 CAKE TINS PANTRY DESIGN '], ['JUMBO BAG PINK VINTAGE PAISLEY', 'JUMBO  BAG BA
ROQUE BLACK WHITE', 'RIBBON REEL STRIPES DESIGN ', 'RIBBON REEL LACE DESIGN ', 'RIBBON REEL POLKADOTS ', 'TRAVEL CARD WALLET TR
ANSPORT', 'TRAVEL CARD WALLET FLOWER MEADOW', 'TRAVEL CARD WALLET VINTAGE LEAF', 'TRAVEL CARD WALLET VINTAGE TICKET', 'VINTAGE
2 METER FOLDING RULER', 'IVORY WICKER HEART LARGE', 'BUNDLE OF 3 ALPHABET EXERCISE BOOKS', 'BUNDLE OF 3 RETRO NOTE BOOKS', '20
DOLLY PEGS RETROSPOT', 'CLOTHES PEGS RETROSPOT PACK 24 ', 'VICTORIAN  METAL POSTCARD SPRING', 'ROLL WRAP VINTAGE CHRISTMAS', 'R
OLL WRAP VINTAGE SPOT ', 'ENAMEL MEASURING JUG CREAM', 'JUMBO BAG VINTAGE CHRISTMAS ', "JUMBO BAG 50'S CHRISTMAS ", 'SET OF 4 K
NICK KNACK TINS DOILY', 'SET OF 4 KNICK KNACK TINS POPPIES', 'IVORY WICKER HEART LARGE', 'JINGLE BELL HEART ANTIQUE GOLD', 'SE
T OF 4 NAPKIN CHARMS CUTLERY', 'SET OF 4 NAPKIN CHARMS HEARTS', 'SET OF 4 KNICK KNACK TINS LEAF', 'MADRAS NOTEBOOK MEDIUM', 'SE
T OF 3 WOODEN HEART DECORATIONS', 'FAMILY ALBUM WHITE PICTURE FRAME', 'REX CASH+CARRY JUMBO SHOPPER'], ['COFFEE MUG PEARS  DESI
GN', 'TRAVEL CARD WALLET VINTAGE TICKET', 'AIRLINE BAG VINTAGE JET SET RED', 'AIRLINE BAG VINTAGE JET SET WHITE', 'GREY HEART H
OT WATER BOTTLE', 'LOVE HOT WATER BOTTLE', 'TRAVEL CARD WALLET I LOVE LONDON', 'KNITTED UNION FLAG HOT WATER BOTTLE', 'HOT WATE
R BOTTLE I AM SO POORLY', 'AIRLINE BAG VINTAGE WORLD CHAMPION ', 'AIRLINE BAG VINTAGE TOKYO 78', 'HOT WATER BOTTLE TEA AND SYMP
ATHY', 'BLUE PAISLEY POCKET BOOK', 'ABSTRACT CIRCLES POCKET BOOK', 'HAND WARMER RED RETROSPOT', 'PLASTERS IN TIN WOODLAND ANIMA
LS', 'PLASTERS IN TIN VINTAGE PAISLEY ', 'HAND WARMER SCOTTY DOG DESIGN', 'HAND WARMER BIRD DESIGN', 'PLASTERS IN TIN STRONGMA
N', 'PLASTERS IN TIN CIRCUS PARADE ']]
```

그림 8.15 항목들의 리스트 중 4개의 구성 요소. 각 하위 리스트는 개별 송장에 포함된 모든 아이템을 담고 있다.

> **노트**
>
> 이 단계는 완료하는 데 다소 시간이 걸릴 수 있다.

데이터 인코딩

데이터를 정리하는 작업도 중요하지만 데이터 준비에 가장 중요한 부분은 정확한 형태로 데이터를 만드는 일이다. 모델을 실행하기 전 현재의 데이터는 항목들의 리스트 형태이며 DataFrame으로 인코딩하고 다시 작성해야 한다. 이를 위해 mlxtend의 preprocessing 모듈이 지원하는 TransactionEncoder를 사용할 예정이다. 인코더의 출력은 다차원 배열로 각 행은 거래 데이터셋의 총 고유 항목 수 길이이며 구성 요소는 불린^{Boolean} 변수로서 해당 항목이 행이 나타내는 송장 번호와 연결됐는지 여부를 나타낸다. 데이터가 인코딩되면 행은 송장 번호이며 열은 거래 데이터셋의 고유한 항목인 DataFrame으로 다시 표시할 수 있다.

다음 연습에서 데이터 인코딩은 mlxtend를 사용하겠지만, 별도의 패키지를 사용하지 않더라도 매우 쉽게 데이터를 인코딩할 수 있다. 첫 번째 단계는 항목들의 목록을 해제하고 원래 목록의 모든 값을 가진 하나의 목록을 반환하는 것이다. 다음으로 중복 제품을 걸러 낸 후 원한다면 데이터를 알파벳 순서로 정렬한다. 실제 인코딩을 수행하기 전에 데이터셋의 송장 번호와 동일한 수의 행 및 중복되지 않은 제품 이름 목록과 동일한 열 이름을 가진 모든 요소를 false로 설정해 최종 DataFrame을 초기화한다.

이번 사례에서는 5,000개의 거래와 3,100개가 넘는 고유한 제품이 있다. 그리하여 DataFrame은 15,000,000개가 넘는 항목을 가진다. 실제 인코딩은 각 거래와 각 거래에 속한 각 아이템을 순회하면서 진행된다. 만일 i^{th} 거래가 j^{th} 제품을 포함하고 있으면 i행, j열의 값을 false에서 true로 변경한다. 15,000,000개가 넘는 셀을 순회해야 하기에는 시간이 제법 걸린다. mlxtend가 제공하는 기능을 사용하면 성능을 개선할 수 있지만 기본 동작 원리를 이해하기 위해서는 이중 반복문을 사용해보는 게 도움이 된다. 다음 예제는 pandas를 제외한 그 어떤 패키지가 제공하는 기능도 사용하지 않고 처음부터 직접 인코딩을 구현하고 있다.

```
def manual_encoding(ll):
    # 항목들의 목록을 풀어서
    # 모든 항목을 담고 있는 하나의 리스트로 만든다.
    list_dup_unsort_items = [element for sub in ll for element in sub]
    # 두 단계의 정리 과정:
    #     1. 중복 아이템 제거해 리스트에 하나의 아이템만 유지
    # 2. 알파벳 순서로 아이템 정렬
    list_nondup_sort_items = sorted(list(set(list_dup_unsort_items)))
```

```
# 모든 요소의 값이 False가 되도록 DataFrame 초기화
# list_dup_unsort_items의 항목으로 열 이름 작성
manual_df = pandas.DataFrame(
  False,
  index=range(len(ll)),
  columns=list_dup_unsort_items
)

# 항목이 거래 목록에 존재하면 False를 True로 변경
# 각 행은 개별 거래에 포함된 항목을 나타낸다.
# (원본 항목들의 리스트로 만든 서브리스트)
for i in range(len(ll)):
  for j in ll[i]:
    manual_df.loc[i, j] = True

# True/False DataFrame 반환
return manual_df
```

연습 43: 데이터 인코딩

이번 연습에서는 앞서 생성한 항목들의 목록을 갖고 데이터 준비 작업을 진행할 생각이며
모델을 실행하는 데 필요한 특별한 형태로 데이터를 인코딩할 것이다.

1. 거래 인코더를 초기화하고 피팅한다. 결과 데이터의 예제를 출력한다.

```
online_encoder = mlxtend.preprocessing.TransactionEncoder()
online_encoder_array = online_encoder.fit_transform(invoice_item_list)
print(online_encoder_array)
```

결과는 다음과 같다.

```
[[False False False ... False False False]
 [False False False ... False False False]
 [False False False ... False False False]
 ...
 [False False False ... False False False]
 [False False False ... False False False]
 [False False False ... False False False]]
```

그림 8.16 각 거래에 제품이 존재하는지를 불린 값으로 표현하는 다차원 배열

2. 인코딩된 배열을 DataFrame으로 만들고 이름을 `online_encoder_df`로 정한다.
   사전 정의된 DataFrame의 서브셋을 출력하자.

```
online_encoder_df = pandas.DataFrame(
  online_encoder_array,
  columns=online_encoder.columns_
)


# 이것은 매우 큰 테이블이므로 좀 더 보기 쉽게 하기 위해
# 서브셋만 출력한다.
online_encoder_df.loc[
  4970:4979,
  online_encoder_df.columns.tolist()[0:8]
]
```

결과는 다음과 비슷한 형태가 될 것이다.

	4 PURPLE FLOCK DINNER CANDLES	50'S CHRISTMAS GIFT BAG LARGE	DOLLY GIRL BEAKER	I LOVE LONDON MINI BACKPACK	NINE DRAWER OFFICE TIDY	OVAL WALL MIRROR DIAMANTE	RED SPOT GIFT BAG LARGE	SET 2 TEA TOWELS I LOVE LONDON
4970	False	False	False	False	False	False	False	False
4971	False	False	True	False	False	False	False	False
4972	False	False	False	False	False	False	False	False
4973	False	False	False	False	False	False	False	False
4974	False	False	False	False	False	False	False	False
4975	False	False	False	False	False	False	False	False
4976	False	False	False	False	False	False	False	False
4977	False	False	False	False	False	False	False	False
4978	False	False	False	False	False	False	False	False
4979	False	False	False	False	False	False	False	False

그림 8.17 인코딩된 데이터를 DataFrame으로 만든 내용 중 일부

3. 인코딩된 DataFrame의 차원을 출력한다. 고유한 5,000개의 송장 번호를 갖고 생성한 데이터이므로 행의 수도 5,000개가 될 것이다.

```
print(
    "Data dimension (row count, col count): {dim}"
    .format(dim=online_encoder_df.shape)
)
```

결과는 다음과 비슷한 형태가 될 것이다.

```
Data dimension (row count, col count): (5000, 3334)
```

이제 모델링에 사용할 데이터 준비를 마쳤다. 다음 절에서는 Apriori 알고리즘을 다룬다.

활동 18: 전체 온라인 소매 데이터의 로딩과 준비

이번 활동에서는 모델링에 사용할 큰 거래 데이터셋을 불러와 준비해야 한다. 최종 결과물은 데이터셋의 각 고유 거래에 대해 하나의 행이 있고 데이터셋의 각 고유 항목에 대해 하나의 열이 있는 인코딩된 데이터셋이 될 것이다. 만일 아이템이 개별 거래에 등장하면 DataFrame의 요소는 true로 표시될 것이다.

이번 활동은 지난번 활동과 거의 유사하지만 완전한 온라인 소매 판매 데이터를 사용한다는 차이가 있다. 새로 데이터를 다운로드할 필요는 없으며 파일을 다운로드한 저장 경로만 있으면 된다. 이 활동은 별도의 주피터 노트북에서 진행하자.

다음은 이 활동을 위한 각 단계다.

1. 온라인 소매 판매 데이터셋 파일을 불러온다.

2. 모델링을 위해 데이터를 정리하고 준비하자. 정리된 데이터를 항목들의 리스트로 변환해야 한다.

3. 데이터를 인코드하고 이를 DataFrame으로 변환한다.

노트

이 활동의 솔루션은 494페이지에서 찾을 수 있다.

결과는 다음과 비슷한 형태가 될 것이다.

	6 CHOCOLATE LOVE HEART T-LIGHTS	6 EGG HOUSE PAINTED WOOD	6 GIFT TAGS 50'S CHRISTMAS	6 GIFT TAGS VINTAGE CHRISTMAS	6 RIBBONS ELEGANT CHRISTMAS	6 RIBBONS EMPIRE	6 RIBBONS RUSTIC CHARM	6 RIBBONS SHIMMERING PINKS	6 ROCKET BALLOONS	60 CAKE CASES DOLLY GIRL DESIGN
20125	False	False	False	False	False	False	False	False	False	False
20126	False	False	False	False	False	False	False	False	False	False
20127	False	False	False	False	False	False	False	False	False	False
20128	False	False	False	False	False	False	False	False	False	False
20129	False	False	False	False	False	False	False	False	False	False
20130	False	False	False	False	False	False	False	False	False	False
20131	False	False	False	False	False	False	False	False	False	False
20132	False	False	False	False	False	False	False	False	False	False
20133	False	False	False	False	False	False	False	False	False	False
20134	False	False	False	False	False	False	False	False	False	False
20135	False	False	False	False	False	False	False	False	False	False

그림 8.18 전체 온라인 소매 판매 데이터셋을 정리 및 인코딩 후 DataFrame으로 변환한 서브셋

Apriori 알고리즘

Apriori 알고리즘은 거래 데이터에서 빈번한 항목 집합을 식별하고 정량화하기 위한 데이터 마이닝 방법론이며, 연관 규칙 학습의 기본 구성 요소다. Apriori 알고리즘의 결과를 연관 규칙 학습으로 확장하는 것은 다음 절에서 논의할 예정이다. Apriori 알고리즘에서 기준 빈도로 사용할 수 있는 최솟값은 모델로의 입력값으로 조정 가능하다. 여기서 빈도는 지지도로 정량화되므로, 모델에 입력된 값은 수행 중인 분석에 허용되는 최소 지지도가 된다. 이후 모델은 최소 지지도보다 같거나 큰 모든 아이템 세트를 식별한다. Apriori 알고리즘을 위한 평가 지표가 존재하지 않기 때문에 그리드 탐색을 통해 최적화된 최소 지지도 파라미터를 찾을 수는 없다. 대신 최소 지지도는 데이터, 사용 사례, 해당 분야 전문 지식 등을 활용해 설정할 수 있다.

Apriori 알고리즘의 이면에 있는 주요 아이디어는 Apriori 원리로, 빈도가 높은 항목 집합의 어떤 부분 집합도 그 자체가 높은 빈도를 가져야 한다는 것이다.

마찬가지로 빈도가 낮은 항목 집합의 어떤 부분도 높은 빈도를 가질 수 없다는 점도 상식적인 내용이므로 참고하자.

몇 가지 예를 들어 보자. 항목 집합 {해머, 톱, 못}의 빈도가 높다면, Apriori 원칙에 따라 덜 복잡한 항목 집합(예: {해머, 톱})도 빈번하게 나타난다. 반대로 같은 항목 집합인 {해머, 톱, 못}이 드물다면, 항목 집합 {해머, 톱, 못, 나무}처럼 나무가 추가된 항목은 빈번하게 나올 수 없다.

거래 데이터베이스에 설정된 모든 항목에 대한 지지도 값을 계산하고, 사전에 정해진 최소 지지도 임곗값보다 크거나 같은 항목 집합만 반환하는 것은 계산 효율을 생각했을 때 반드시 필요한 일이다. 만일 10개의 고유 아이템을 가진 아이템 세트가 있다고 가정하면 이때는 지지도를 계산해야 하는 개별 아이템 세트의 수가 1,023개가 된다. 우리가 작업 중인 데이터셋은 3,135개의 고유 아이템을 갖고 있으므로 추론해보면 매우 많은 수의 계산이 필요해진다. 계산 효율은 중요한 문제다.

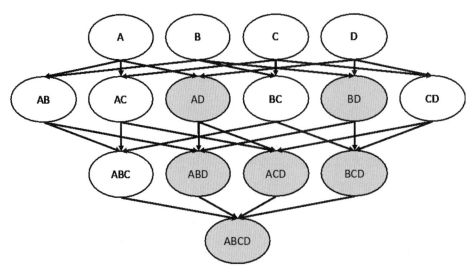

그림 8.19 아이템 세트의 매핑 구축 방법과 Apriori 원칙을 통한 계산 효율 증가(모든 회색 노드는 빈도가 낮다)

계산적 요구를 해결하기 위해 Apriori 알고리즘은 두 단계를 가진 상향식 모델로 정의된다. 이러한 단계에는 이미 빈도가 높은 아이템 세트에 아이템을 추가해 후보 아이템 세트를 생성하고 이런 후보 아이템 세트를 데이터셋에 대해 테스트해 높은 빈도를 갖는지 확인하는 과정이 포함된다. 빈도가 낮은 아이템 세트를 포함하는 아이템 세트에 대해서는 지지도가 계산되지 않는다. 이 과정은 추가 후보 아이템 세트가 없을 때까지 반복된다.

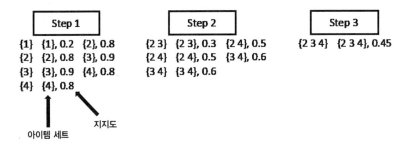

그림 8.20 최소 지지도 임계점이 0.4라고 할 때, 도표는 일반적인 Apriori 알고리즘 구조를 보여준다.

346

앞의 구조에는 아이템 세트 설정, 지지도 계산, 낮은 빈도 아이템 세트 필터링, 새 아이템 세트 생성 및 과정의 반복이 포함된다.

후보 아이템 세트를 식별하는 경로 역할을 하는 명확한 트리 구조가 있다. 트리와 같은 데이터 구조를 순회하기 위해 사용된 특정 검색 기술을 너비 우선breadth-first 검색이라고 한다. 이 방식은 아래 단계로 내려가기 전 동일한 레벨의 모든 가지를 우선적으로 탐색한다.

알고리즘 수행 단계는 다음과 같다.

1. 빈도가 높은 아이템 세트를 정의한다. 시작은 일반적으로 개별 아이템의 세트다.
2. 빈도가 높은 아이템 세트를 합쳐서 후보 아이템 세트를 만든다. 한 번에 하나씩만 크기를 늘린다. 즉, 하나에서 둘, 둘에서 셋으로 늘려 간다.
3. 각 후보 아이템 세트에 대한 지지도를 계산한다.
4. 후보 아이템 세트 중 지정된 임계점을 초과하는 지지도를 갖는 항목으로 새로운 아이템 세트를 생성한다.

단계 1부터 4를 더 이상의 높은 빈도 아이템 세트가 없을 때까지 반복한다. 즉, 모든 조합을 완료할 때까지 반복한다.

다음은 Apriori 알고리즘의 슈도pseudo 코드다.

```
L1 = {frequent items}

For k = 1 and L1 != empty set do
  Ck+1 = candidate item sets derived from Lk

  For each transaction t in the dataset do
    Increment the count of the candidates in Ck+1 that appear in t

  Compute the support for the candidates in Ck+1 using the appearance counts
  Lk+1 = the candidates in Ck+1 meeting the minimum support requirement
    End

Return L = UkLk = all frequent item sets with corresponding support values
```

Apriori 원칙이 주는 이점에도, 이 알고리즘은 거래 데이터셋의 크기에 따라 여전히 심각한 연산 문제에 직면할 수 있다. 연산 비용을 더 줄이기 위한 몇 가지 전략이 더 존재한다.

계산 수정

거래 수량 자체를 줄이는 것은 연산 비용을 줄이는 쉬운 방법이다. 각 후보 아이템 세트의 후보 세트가 생성된 후에, 각 후보 아이템 세트의 출현 횟수를 세기 위해 거래 데이터 전체를 스캔할 필요가 있다. 만일 거래 데이터셋의 크기를 줄일 수 있다면 스캔할 데이터셋의 크기는 현저히 줄어든다. 거래 데이터셋의 축소는 i번째 반복에서 빈도가 높지 않은 아이템 세트가 후속 반복에서도 빈도가 높은 아이템 세트를 포함하지 않는다는 사실을 인지해 처리된다. 따라서 각 거래에 빈도가 높은 아이템 세트가 없으면 이후 스캔에 사용된 거래 데이터셋에서 제거할 수 있다.

거래 데이터셋을 샘플링하고 각 후보 아이템 세트를 테스트하는 것은 거래 데이터셋을 스캔해 각 아이템 세트의 지지도를 계산하는 것과 관련된 계산 요구 사항을 줄이는 또 다른 방법이다. 이 방식을 구현할 때는 최종 데이터에 있어야 할 아이템 세트가 빠지지 않도록 최소 지지도 요구 사항을 낮추는 게 중요하다. 샘플링 거래 데이터셋이 지지도를 더 작게 만들기 때문에 최소 지지도를 원래 값으로 유지하면 모델 출력에서 빈도가 높은 아이템 세트를 잘못 제거하게 된다.

유사한 접근 방식으로 파티셔닝partitioning이 존재한다. 이는 전체 데이터셋을 여러 개의 개별 데이터셋으로 나눠 평가를 진행하며 개별 파티션에서 빈도가 높다면 전체에서도 빈도가 높은 걸로 간주한다. 아이템 세트의 빈도가 설정될 때까지 각 파티션의 스캔을 연속적으로 진행한다.

어떤 기법을 사용했느냐와 무관하게 Apriori 알고리즘과 관련해 연산 요구 사항은 매우 중요하다. 분명히 알 수 있듯, 알고리즘의 본질인 지지도 계산은 이 책에서 다룬 다른 모델과 비교할 때 그리 복잡하지 않다.

연습 44: Apriori 알고리즘 실행

mlxtend의 도움을 받으면 그리 어렵지 않게 Apriori 알고리즘을 사용할 수 있다. 결과적으로 이번 연습은 출력된 데이터셋을 다루고 결과를 해석하는 데 중점을 둘 예정이다. 정리되고 인코드된 거래 데이터를 online_encoder_df로 정의했던 걸 기억하자. 지금까지의 환경과 데이터 그리고 결과를 그대로 사용할 것이므로 기존 연습에서 사용하던 노트북에서 이번 연습을 수행하자. 참고로 해당 환경은 5,000개로 크기를 줄인 데이터셋을 가진 노트북이다.

1. 기본 파라미터를 그대로 유지한 채 mlxtend를 사용해 Apriori 알고리즘을 실행한다.

```
mod = mlxtend.frequent_patterns.apriori(online_encoder_df)
mod
```

출력은 빈 DataFrame이다. 기본 최소 지지도는 0.5이며 모든 아이템 세트의 지지도가 0.5보다 작기 때문에 빈 DataFrame이 반환됐다. 거래의 수와 사용 가능한 아이템의 다양성에 따라 0.5보다 큰 지지도를 갖는 아이템 세트가 없는 일은 흔하다.

2. 최소 지지도를 0.01로 설정하고 Apriori 알고리즘을 다시 실행하자. 이 최소 지지도 값이 의미하는 것은 5,000건의 거래를 분석할 때 아이템 세트가 최소 50회 이상 등장해야 빈도가 높다고 판정할 수 있다는 사실이다. 앞에서도 이야기한 것처럼 최소 지지도는 [0,1] 범위의 어떤 값도 가능하다. 최선의 지지도라는 건 존

재하지 않으며 주관적인 판단의 영역에 있는 수치다. 각 산업 분야마다 고유한 임계치를 갖고 있기는 하지만 업계 표준이나 최적의 값을 찾는 기법이 존재하지는 않는다.

```
mod_minsupport = mlxtend.frequent_patterns.apriori(
  online_encoder_df,
  min_support=0.01
)
mod_minsupport.loc[0:6]
```

결과는 다음과 유사한 형태가 될 것이다.

	support	itemsets
0	0.0168	(2)
1	0.0150	(10)
2	0.0116	(15)
3	0.0144	(18)
4	0.0210	(19)
5	0.0144	(20)
6	0.0138	(21)

그림 8.21 mlxtend를 사용해 Apriori 알고리즘을 실행할 때 기본 출력

아이템 세트는 숫자 형식으로 출력되기 때문에 결과를 해석하는 일이 어렵다.

3. 단계 2에서와 동일한 최소 지지도로 Apriori 알고리즘을 다시 실행하자. 하지만 이번에는 use_colnames를 True로 설정한다. 이렇게 하면 숫자는 실제 아이템 이름으로 대체된다.

```
mod_colnames_minsupport = mlxtend.frequent_patterns.apriori(
  online_encoder_df,
  min_support=0.01,
  use_colnames=True
)
mod_colnames_minsupport.loc[0:6]
```

결과는 다음과 유사한 형태가 된다.

	support	itemsets
0	0.0168	(DOLLY GIRL BEAKER)
1	0.0150	(10 COLOUR SPACEBOY PEN)
2	0.0116	(12 MESSAGE CARDS WITH ENVELOPES)
3	0.0144	(12 PENCILS SMALL TUBE SKULL)
4	0.0210	(12 PENCILS TALL TUBE POSY)
5	0.0144	(12 PENCILS TALL TUBE RED RETROSPOT)
6	0.0138	(12 PENCILS TALL TUBE SKULLS)

그림 8.22 숫자 지정 대신 실제 아이템 이름이 있는 Apriori 알고리즘의 출력

이 DataFrame은 지지도 값이 최소 지지도 값보다 큰 모든 아이템을 포함하고 있다. 즉, 이러한 아이템 세트는 잠재적으로 의미가 있고 실행 가능한 충분한 빈도로 발생한다.

4. 단계 3의 출력에 아이템 세트의 크기를 갖는 열을 하나 추가하자. 이는 필터링과 추가 분석에 도움이 될 것이다.

```
mod_colnames_minsupport['length'] = (
  mod_colnames_minsupport['itemsets'].apply(lambda x: len(x)
)
mod_colnames_minsupport.loc[0:6]
```

출력은 다음과 유사한 형태가 된다.

	support	itemsets	length
0	0.0168	(DOLLY GIRL BEAKER)	1
1	0.0150	(10 COLOUR SPACEBOY PEN)	1
2	0.0116	(12 MESSAGE CARDS WITH ENVELOPES)	1
3	0.0144	(12 PENCILS SMALL TUBE SKULL)	1
4	0.0210	(12 PENCILS TALL TUBE POSY)	1
5	0.0144	(12 PENCILS TALL TUBE RED RETROSPOT)	1
6	0.0138	(12 PENCILS TALL TUBE SKULLS)	1

그림 8.23 아이템 세트의 길이를 담는 추가 열이 더해진 Apriori 알고리즘 출력

5. '10 COLOUR SPACEBOY PEN'을 포함하는 아이템 세트의 지지도를 찾는다.

```
mod_colnames_minsupport[
  mod_colnames_minsupport['itemsets'] == frozenset(
    {'10 COLOUR SPACEBOY PEN'}
  )
]
```

결과는 다음과 같다.

	support	itemsets	length
1	0.015	(10 COLOUR SPACEBOY PEN)	1

그림 8.24 단일 아이템 세트로 필터링된 DataFrame 출력

단일행 DataFrame은 하나의 아이템을 포함한 특정 아이템 세트의 지지도 값을 제공한다. 이 지지도 데이터를 보면 전체 거래의 1.5%에서 이 특정 아이템 세트 가 등장함을 말하고 있다.

6. 지지도의 범위가 [0.02, 0.021]인 길이가 2인 모든 아이템 세트를 반환한다.

```
mod_colnames_minsupport[
  (mod_colnames_minsupport['length'] == 2) &
  (mod_colnames_minsupport['support'] >= 0.02) &
```

```
    (mod_colnames_minsupport['support'] < 0.021)
]
```

결과는 다음과 유사한 형태가 될 것이다.

	support	itemsets	length
837	0.0202	(ALARM CLOCK BAKELIKE IVORY, ALARM CLOCK BAKEL...	2
956	0.0202	(LUNCH BAG APPLE DESIGN, CHARLOTTE BAG APPLES ...	2
994	0.0200	(LUNCH BAG PINK POLKADOT, CHARLOTTE BAG PINK P...	2
1026	0.0206	(CHARLOTTE BAG SUKI DESIGN, LUNCH BAG BLACK S...	2
1032	0.0206	(CHARLOTTE BAG SUKI DESIGN, LUNCH BAG RED RETR...	2
1131	0.0200	(JUMBO SHOPPER VINTAGE RED PAISLEY, DOTCOM POS...	2
1298	0.0208	(HEART OF WICKER LARGE, HEART OF WICKER SMALL)	2
1305	0.0200	(HEART OF WICKER SMALL, SMALL WHITE HEART OF W...	2
1316	0.0204	(JAM MAKING SET PRINTED, JAM MAKING SET WITH J...	2
1349	0.0208	(SET OF 3 REGENCY CAKE TINS, JAM MAKING SET PR...	2
1440	0.0200	(JUMBO BAG ALPHABET, LUNCH BAG ALPHABET DESIGN)	2
1464	0.0206	(JUMBO BAG APPLES, JUMBO BAG DOILEY PATTERNS)	2
1471	0.0202	(JUMBO BAG SCANDINAVIAN BLUE PAISLEY, JUMBO BA...	2
1472	0.0202	(JUMBO BAG SPACEBOY DESIGN, JUMBO BAG APPLES)	2
1479	0.0204	(JUMBO BAG APPLES, JUMBO STORAGE BAG SKULLS)	2
1575	0.0200	(JUMBO BAG PINK POLKADOT, JUMBO BAG OWLS)	2
1583	0.0208	(JUMBO BAG WOODLAND ANIMALS, JUMBO BAG OWLS)	2

그림 8.25 길이와 지지도로 필터링된 Apriori 알고리즘 출력 DataFrame

이 DataFrame은 단계를 시작할 때 지정한 지지도 범위 내의 모든 아이템 세트 (함께 구매한 항목의 쌍)를 포함한다. 각 아이템 세트는 거래의 2.0%와 2.1% 사이 의 비율로 등장한다.

지지도를 갖고 필터링을 할 때 특정 값보다는 범위를 지정하는 게 좋다. 특정 값을 지정하면 아이템 세트가 하나도 없을 수 있기 때문이다. 이전 출력은 18개의 아이템 세트를 갖고 있다. 전체 데이터로 확장할 때 동일한 필터를 실행하고 비교할 생각이므로 아이템 세트의 항목과 특정 항목을 기억해두자.

7. 지지도 값을 그린다. 참고로 이 도표에는 최소 지지도인 0.01보다 작은 항목은 표
   시되지 않는다는 점을 알아두자.

```
mod_colnames_minsupport.hist("support", grid=False, bins=30)
plt.title("Support")
```

결과 도표는 다음과 유사한 형태가 될 것이다.

```
Text(0.5, 1.0, 'Support')
```

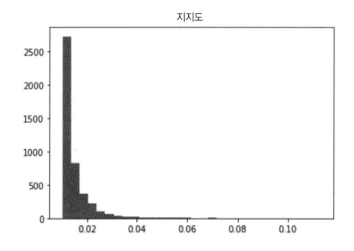

그림 8.26 Apriori 알고리즘이 반환한 지지도 값의 분포

최대 지지도 값은 약 0.14로, 대략 700건의 거래다. 작은 값으로 보이는 항목은
가용 제품의 수를 제공하지 않을 수 있다. 제품의 수가 많을수록 항목 조합의 변
동성이 증가하기 때문에 지지도가 낮아지는 경향이 있다.

직접 이 데이터를 활용할 수 있는 법과 소매업에 적용 가능한 다양한 방법을 생각해보는
것도 좋다. 다음 절에서는 Apriori 알고리즘의 결과를 사용해 연관 규칙을 생성함으로써
훨씬 더 유용한 정보를 만들 예정이다.

활동 19: 전체 온라인 소매 데이터셋에 Apriori 적용

소매 판매업에 종사한다고 한번 생각해보자. 지난달의 모든 거래 데이터를 받아 전체 거래의 1% 이상을 차지하는 모든 아이템 세트를 찾으라는 지시를 받았다고 상상해보는 것이다. 일단 아이템 세트의 수를 식별했다면 이어서 지지도 값의 분포를 찾으라는 지시를 받을 수 있다. 지지도의 분포는 모든 이해 관계자에게 지지도의 평균뿐만 아니라 높은 확률로 함께 구매한 아이템 그룹이 존재하는지를 알려준다. 회사의 전략 수립을 위한 모든 정보를 수집해보자.

이번 활동에서는 전체 온라인 소매 데이터셋에 Apriori를 실행할 예정이다.

> **노트**
>
> 이 데이터셋은 http://archive.ics.uci.edu/ml/datasets/online+retail#에서 가져왔다. 활동 자료는 https://github.com/TrainingByPackt/AppliedUnsupervised-Learning-with-Pytho/tree/master/Lesson08/Activity18-Activity20에서 다운로드할 수 있다.
>
> Daqing Chen, Sai Liang Sain, Kun Guo, 온라인 소매 산업을 위한 데이터 마이닝: 데이터 마이닝을 사용한 RFM 모델 기반 고객 세분화 사례, 데이터베이스 마케팅 및 고객 전략 관리 저널, Vol. 19, No. 3, pp. 197-208, 2012.
>
> UCI 머신 러닝 저장소 [http://archive.ics.uci.edu/ml]. 캘리포니아 어바인: 캘리포니아대학교, 정보 및 컴퓨터 과학부
>
> 이번 활동은 기존의 활동과 동일한 노트북에서 진행한다. 즉, 5,000개의 서브셋 아이템이 아닌 전체 데이터셋을 사용한다.

이는 또한 5,000건의 거래를 사용해 생성한 결과와 비교할 수 있는 기회를 제공한다. 이는 데이터의 수에 따라 결과가 어떻게 달라지는지 확인하는 데 도움이 되며 분할 기법을 사용했을 때 지지도가 어떻게 변하는지 확인할 때도 도움을 준다. 연습에서 수행한 5,000건의 샘플은 임의의 거래 수이므로 분할 기법을 완전하게 표현하는 것은 아니니 참고하자.

> **노트**
>
> 8장의 모든 활동은 동일한 노트북에서 실행해야 한다.

다음은 이번 활동을 위한 각 단계다.

1. 적당한 파라미터 설정으로 전체 데이터에 대해 Apriori 알고리즘을 실행한다.

2. 10 COLOUR SPACEBOY PEN을 포함하는 아이템 세트로 결과를 필터링하고 이를 '연습 44: Apriori 알고리즘 실행'에서 계산한 지지도와 비교한다.

3. 아이템 세트 길이를 포함하는 열을 추가한 후, 길이가 2이며 지지도의 범위가 [0.02, 0.021]인 아이템 세트로 필터링한다. 이 결과를 '연습 44: Apriori 알고리즘 실행'에서의 결과와 비교해보자.

4. 지지도를 그린다.

노트

이 활동의 솔루션은 496페이지에서 찾을 수 있다.

이 활동의 출력은 다음과 유사한 형태가 된다.

Text(0.5, 1.0, 'Support')

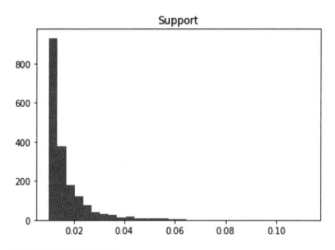

그림 8.27 지지도 값의 분포

연관 규칙

연관 규칙Association Rules 학습은 모든 소매점의 고객 쇼핑 습관을 설명하는 거래 데이터에서 숨겨진 패턴(관계)을 밝혀내는 데 사용하는 머신 러닝 모델이다. 연관 규칙의 정의는 이미 앞에서 일반적인 확률 지표를 정의하고 설명하면서 내렸다.

높은 빈도 아이템 세트인 {Milk, Bread}를 가정하자. 두 연관 규칙은 Milk => Bread와 Bread => Milk가 존재한다. 연관 규칙에서 첫 번째 항목을 선행자antecedent라고 부르고 두 번째 항목을 결과물consequent이라고 한다. 연관 규칙이 확인되면 의사 결정 과정에서 해당 규칙을 활용할 수 있는지 결정하는 연관 규칙의 유효성을 평가하기 위해 이전에 논의한 모든 지표를 계산할 수 있다.

연관 규칙은 마지막 절에서 논의한 것처럼 지지도와 신뢰도에 기반해 세울 수 있다. 어떤 아이템의 빈도가 높은지와 신뢰도가 높은지를 기반으로 판단하는 것이다. 신뢰도는 연관성 여부를 결정하는 지표이므로 일반적으로 흥미도 측정이라고 한다. 따라서 연관 규칙은 2단계 과정을 통해 진행된다. 일단 빈도가 높은 데이터셋을 식별한 후 후보 연관 규칙의 신뢰도를 평가한다. 만일 신뢰도가 임의의 임계점을 넘기면 이 결과는 연관 규칙이 된다.

연관 규칙 학습이 갖고 있는 주요 문제는 가짜 연관성의 발견이다. 잠재 규칙의 수가 많다는 것을 고려할 때는 매우 발생 가능성이 높은 일이다. 가짜 연관성은 전적으로 우연에 의해 규칙적으로 발생한다. 만일 100개의 후보 규칙이 있는 상황이고 0.05의 유의 수준에서 독립성을 위한 통계적 실험을 한다면 연관성이 전혀 없음에도 연관성이 발견될 확률이 5%가 된다. 100명의 후보 규칙이 모두 의미 있는 연관 규칙이 아님에도 5%는 유효한 연관 규칙으로 판정될 수 있는 것이다. 만일 후보 규칙 목록이 수백만 또는 수십억 개라면 5%는 엄청난 수가 된다. 이 문제는 거의 모든 모델이 마주하는 통계적 오류의 문제와 비슷하다. 가짜 연관 문제를 해결하기 위한 몇 가지 규칙이 존재하지만 자주 사용하는 연관 규칙 라이브러리가 따로 존재하지는 않는다.

이제 온라인 소매 데이터셋에 연관 규칙과 관련한 지식을 적용해보자.

연습 45: 연관 규칙 도출

이 연습에서는 온라인 소매 데이터셋에 대한 연관 규칙을 도출하고 관련 지표를 살펴보자. 이전 연습과 동일한 노트북에서 진행하면 된다. 즉, 전체 데이터셋이 아닌 5,000개의 아이템을 가진 서브셋을 사용한다.

1. 온라인 소매 데이터셋을 위한 연관 규칙을 도출하기 위해 mlxtend를 사용하자. 신뢰도를 흥미도를 측정하는 지표로 사용한다. 최소 임곗값은 0.6으로 설정하고 지지도뿐만 아니라 모든 지표를 반환한다. 반환된 연관 규칙의 수를 센다.

```
rules = mlxtend.frequent_patterns.association_rules(
  mod_colnames_minsupport,
  metric="confidence",
  min_threshold=0.6,
  support_only=False
)
rules.loc[0:6]
```

결과는 다음과 비슷한 형태가 될 것이다.

	antecedents	consequents	antecedent support	consequent support	support	confidence	lift	leverage	conviction
0	(DOLLY GIRL BEAKER)	(SPACEBOY BEAKER)	0.0168	0.0172	0.0126	0.750000	43.604651	0.012311	3.931200
1	(SPACEBOY BEAKER)	(DOLLY GIRL BEAKER)	0.0172	0.0168	0.0126	0.732558	43.604651	0.012311	3.676313
2	(ALARM CLOCK BAKELIKE CHOCOLATE)	(ALARM CLOCK BAKELIKE GREEN)	0.0208	0.0580	0.0160	0.769231	13.262599	0.014794	4.082000
3	(ALARM CLOCK BAKELIKE CHOCOLATE)	(ALARM CLOCK BAKELIKE RED)	0.0208	0.0498	0.0142	0.682692	13.708681	0.013164	2.994570
4	(ALARM CLOCK BAKELIKE IVORY)	(ALARM CLOCK BAKELIKE GREEN)	0.0302	0.0580	0.0202	0.668874	11.532313	0.018448	2.844840
5	(ALARM CLOCK BAKELIKE ORANGE)	(ALARM CLOCK BAKELIKE GREEN)	0.0282	0.0580	0.0212	0.751773	12.961604	0.019564	3.794914
6	(ALARM CLOCK BAKELIKE PINK)	(ALARM CLOCK BAKELIKE GREEN)	0.0380	0.0580	0.0254	0.668421	11.524501	0.023196	2.840952

그림 8.28 연관 규칙의 처음 7개 행은 5,000개의 거래만 사용해 생성했다.

2. 연관 규칙의 수를 다음처럼 출력한다.

```
print("Number of Associations: {}".format(rules.shape[0]))
```

5,070개의 연관 규칙을 발견한다.

> **노트**
>
> 연관 규칙의 수는 달라질 수 있다.

3. 다른 버전의 모델을 실행해보자. 최소 임곗값과 흥미도를 선택하고 반환된 규칙
의 수를 세고 내용을 살펴보자.

```
rules2 = mlxtend.frequent_patterns.association_rules(
    mod_colnames_minsupport,
    metric="lift",
    min_threshold=50,
    support_only=False
)
rules2.loc[0:6]
```

결과는 다음과 같다.

	antecedents	consequents	antecedent support	consequent support	support	confidence	lift	leverage	conviction
0	(POPPY'S PLAYHOUSE KITCHEN, POPPY'S PLAYHOUSE ...	(POPPY'S PLAYHOUSE LIVINGROOM)	0.0136	0.0148	0.0102	0.750000	50.675676	0.009999	3.940800
1	(POPPY'S PLAYHOUSE LIVINGROOM)	(POPPY'S PLAYHOUSE KITCHEN, POPPY'S PLAYHOUSE ...	0.0148	0.0136	0.0102	0.689189	50.675676	0.009999	3.173635
2	(DOLLY GIRL CHILDRENS BOWL, SPACEBOY CHILDRENS...	(DOLLY GIRL CHILDRENS CUP, SPACEBOY CHILDRENS ...	0.0136	0.0140	0.0120	0.882353	63.025210	0.011810	8.381000
3	(DOLLY GIRL CHILDRENS CUP, SPACEBOY CHILDRENS ...	(DOLLY GIRL CHILDRENS BOWL, SPACEBOY CHILDRENS...	0.0140	0.0136	0.0120	0.857143	63.025210	0.011810	6.904800
4	(REGENCY TEA PLATE ROSES , GREEN REGENCY TEACU...	(REGENCY TEA PLATE GREEN , PINK REGENCY TEACUP...	0.0160	0.0138	0.0112	0.700000	50.724638	0.010979	3.287333
5	(REGENCY TEA PLATE GREEN , PINK REGENCY TEACUP...	(REGENCY TEA PLATE ROSES , GREEN REGENCY TEACU...	0.0138	0.0160	0.0112	0.811594	50.724638	0.010979	5.222769
6	(REGENCY TEA PLATE PINK, GREEN REGENCY TEACUP ...	(ROSES REGENCY TEACUP AND SAUCER , REGENCY TEA...	0.0124	0.0166	0.0106	0.854839	51.496308	0.010394	6.774533

그림 8.29 연관 규칙 첫 7개 행

4. 다음과 같이 연관 규칙의 수를 출력한다.

```
print("Number of Associations: {}".format(rules2.shape[0]))
```

향상도 지표와 최소 임곗값 50을 사용해 찾은 연관 규칙의 수는 26개로, 이는 단계 2에서보다 매우 적다. 다음에서 보겠지만 50은 매우 큰 임곗값이므로 적은 수의 연관 규칙이 반환된 것은 당연하다.

5. 지지도에 대한 신뢰도를 그리고 데이터에 나타난 트렌드를 찾아보자.

```
rules.plot.scatter("support", "confidence", alpha=0.5, marker="*")
plt.xlabel("Support")
plt.ylabel("Confidence")
plt.title("Association Rules")
plt.show()
```

결과는 다음과 같다.

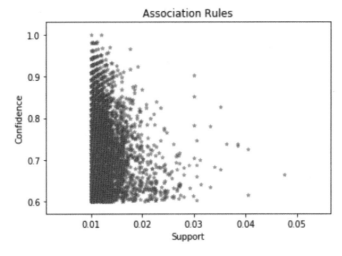

그림 8.30 지지도에 대한 신뢰도 도표

매우 큰 신뢰도와 매우 큰 지지도 모두 갖춘 연관 규칙은 존재하지 않음을 확인하자. 이는 당연한 일이다. 만일 아이템 세트가 큰 지지도를 가진다면 해당 아이템은 다른 여러 아이템과 함께 등장한다는 걸 의미하며, 이는 곧 높은 신뢰도를 가질 가능성이 아주 낮다는 걸 의미한다.

6. 신뢰도의 분포를 살펴보자.

```
rules.hist("confi dence", grid=False, bins=30)
plt.title("Confi dence")
```

결과는 다음과 같다.

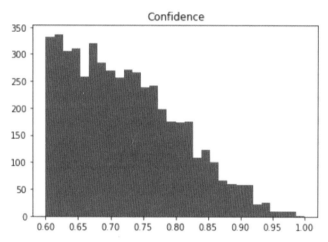

그림 8.31 신뢰도의 분포

7. 향상도의 분포를 살펴보자.

```
rules.hist("lift", grid=False, bins=30)
plt.title("Lift")
```

결과는 다음과 같다.

```
Text(0.5, 1.0, 'Lift')
```

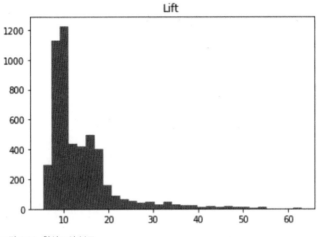

그림 8.32 향상도의 분포

앞에서도 언급한 것처럼 이 도표는 50이 높은 임곗값임을 보여주고 있다. 이 값보다 큰 값이 별로 존재하지 않는다.

8. 레버리지의 분포를 살펴보자.

```
rules.hist("leverage", grid=False, bins=30)
plt.title("Leverage")
```

결과는 다음과 같다.

```
Text(0.5, 1.0, 'Leverage')
```

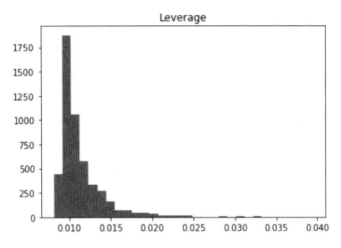

그림 8.33 레버리지의 분포

9. 확신의 분포를 살펴보자.

```
plt.hist(
    rules[numpy.isfi nite(rules['conviction'])].conviction.values,
    bins = 30
)
plt.title("Conviction")
```

결과는 다음과 같다.

```
Text(0.5, 1.0, 'Conviction')
```

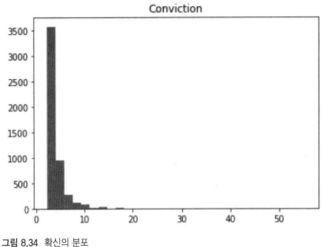

그림 8.34 확신의 분포

지금까지 살펴본 4가지 분포에서 흥미로운 점은 다양한 크기의 스파이크가 도표의 맨 위에 나타나며, 이는 매우 강력한 연관 규칙이 몇 가지 존재함을 보여주는 것이다. 신뢰도 값이 커짐에 따라 신뢰도 분포는 점점 약해지지만, 결국 가장 높은 값을 기준으로 분포가 약간 증가한다. 향상도 분포는 가장 명확한 스파이크를 갖고 있다. 확신 분포는 50 정도의 작은 스파이크를 보여준다. 마지막으로 레버리지 분포는 높은 값에서 어떤 스파이크도 보여주지 않는다. 하지만 긴 꼬리를 가지며 매우 큰 레버리지 값을 가진다.

모델이 발견한 연관 규칙을 좀 더 살펴보자. 제품 간의 연결이 합리적으로 보이는가? 모델의 파라미터를 변경했을 때 연관 규칙의 수는 어떻게 변했는가? 이 규칙이 실제 소매 사업의 개선에 도움이 된다고 생각하는가?

활동 20: 전체 온라인 소매 데이터셋의 연관 규칙 찾기

'활동 19: 전체 온라인 소매 데이터셋'에 Apriori 적용에서 다룬 시나리오를 다시 가져오자. 매장의 주인이 다음과 같은 요구를 추가로 한다고 생각해보자. 데이터셋에서 각 아이템 세트가 얼마나 자주 등장하는지, 그리고 그중에서 실제 활용할 수 있는 아이템 세트는 무엇인지? 어떤 아이템 세트의 매장 내 배치를 변경할 수 있는지 그리고 가격을 조정할 수 있는지 등의 요구 사항이 있을 수 있다. 이에 대한 답을 찾기 위해서는 전체 연관 규칙을 도출해보자.

이번 활동에서는 전체 온라인 소매 거래 데이터셋을 사용해 연관 규칙을 도출해보자. 전체 데이터셋을 사용한 노트북에서 이번 활동을 완료해야 한다.

다음은 이번 활동을 수행하기 위한 과정이다.

1. 전체 데이터셋에서 연관 규칙 모델을 피팅한다. 신뢰도 지표를 사용하고 최소 임계점은 0.6으로 한다.
2. 연관 규칙의 수를 센다. 이 수를 '연습 45: 연관 규칙 도출'의 단계 1에서 찾은 수와 비교해본다.
3. 지지도에 대한 신뢰도의 관계를 도표로 그린다.
4. 신뢰도, 향상도, 레버리지, 확신의 분포를 살펴본다.

> **노트**
> 이 활동의 솔루션은 500페이지에서 찾을 수 있다.

이 활동을 마치면 향상도, 레버리지, 확신의 도표를 볼 수 있다.

▌ 요약

장바구니 분석은 거래 혹은 거래와 유사한 형태의 데이터를 분석해 소매 판매업 분야에서 사업의 성장에 도움이 될 만한 통찰을 도출하는 데 사용할 수 있다. 매장의 배치는 어떻게 할 것이며 할인 정책이나 가격은 얼마로 조정할지 등을 정하는 데 도움을 받을 수 있다. 장바구니 분석이 갖고 있는 기본적인 접근 방법은 연관 규칙을 찾아내는 것이다. 연관 규칙 학습은 개별 제품 간의 구매 연관성을 찾아내고 이를 통해 사업적인 결정을 개선하는 접근 방법이다. 연관 규칙 학습은 Apriori 알고리즘을 사용해 빈도가 높은 아이템 세트를 높은 연산 효율성으로 처리한다. 이 모델은 예측을 수행하지 않으며 하나의 지표를 사용해 결과를 평가할 수 없고 매개변수의 값은 그리드grid 탐색이 아닌 고유한 분야 요구 사항에 의해 선택되므로 일반적인 머신 러닝과는 차별성이 있지만 모든 머신 러닝 모델의 핵심인 패턴 추출의 목표는 여기에 가장 확실하게 존재한다. 8장을 마치는 이 시점에는 확률적 지표를 평가하고 해석하는 일에 자신감이 생겼을 것이다. mlxtend을 통해 Apriori 알고리즘을 실행하면서 얻은 연관 규칙을 어떻게 사업에 적용하는지도 이해했으리라 믿는다. 집 근처에 있는 소매점의 매장 배치나 가격 등도 과거에 당신과 마을 주민들의 구매 패턴을 기반으로 설정된 것일 수도 있다.

9장에서는 커널 밀도 추정을 사용한 핫스팟 분석을 살펴볼 예정이다. 모든 통계와 머신 러닝에서 가장 자주 사용하는 알고리즘일 것이다.

핫스팟 분석

학습 목표

다음은 9장에서 배울 내용이다.

- 공간 모델링의 적용에 대한 이해
- 적절한 컨텍스트에서 핫스팟 모델 배포
- 커널 밀도 추정 모델 구성
- 핫스팟 분석과 결과 시각화 수행

9장에서는 커널 밀도 추정과 핫스팟 분석을 다룰 예정이다.

▮ 소개

새로운 전염병이 국가의 각 지역에 퍼지고 있는 가상의 상황을 하나 가정해보자. 정부는 이 위기를 어떻게 극복할 수 있는지 방법을 찾으려 노력 중이다. 이 문제를 해결하기 위해서는 전염병과 관련한 지식이 있어야 하며, 어디에 환자가 있고 병균이 어디로 퍼지고 있는지 파악해야 한다. 문제가 되는 지역(이를 핫스팟으로 생각할 수 있다)을 위치와 규모를 추정할 수 있다면 의료진이나 정책가, 긴급 구호 팀 등이 좀 더 효과적이고 효율적인 전략을 세우고 행동하는 데 도움을 줄 수 있다. 이 시나리오는 다양한 핫스팟 모델링의 한 사례일 뿐이다. 이 분포의 생성은 대표 샘플 데이터의 가용성에 의존한다.

핫스팟hotspot 모델링은 인구가 지역적으로 어떻게 분포돼 있는지 식별하는 데 사용하는 접근법이다. 예를 들면 전염병에 걸린 사람들이 어느 지역에 있는지 분별하는 데 사용할 수 있다. 이 분포의 생성은 대표 샘플 데이터의 가용성에 의존한다. 인구라는 개념은 지리적 용어로 정의할 수 있으며 범죄, 질병에 감염된 개인, 통계적 특성을 가진 사람 또는 허리케인 등 다양한 대상을 포함할 수 있다.

그림 9.1 잠재적인 핫스팟을 보여주는 화재 위치 데이터의 예시

핫스팟은 매우 인기가 높은 분석 방법이다. 결과를 쉽게 시각화할 수 있고 시각화된 정보를 이해하는 것도 쉽게 때문이다. 신문이나 웹사이트, 블로그, TV 프로그램 등에서 모두 핫스팟 분석을 적극 활용해 논점이나 주장, 주제의 근거로 활용하고 있다. 핫스팟이 가장 유명한 머신 러닝 모델은 아니지만 커널 밀도 추정kernel density estimation으로 알려진 메인 핫스팟 분석 알고리즘은 가장 널리 사용되는 분석 접근 중 하나다. 커널 밀도 추정은 핫스팟 분석 기법으로 특정한 지역적 이벤트의 인구 분포를 추정하는 데 사용한다.

공간 통계

공간Spatial 통계는 지리적 위치나 좌표 등을 포함하는 공간적인 속성의 데이터를 분석하는 데 초점을 두는 통계의 한 종류다. 일부 차원에서 변경되는 데이터를 분석하는 것이 목표라는 점에서 시계열 분석과 유사하다. 시계열 분석의 경우 데이터가 변경되는 차원이 시간인 반면, 공간 통계의 경우 데이터가 공간 차원에서 변경된다. 공간 통계를 지원하는 다양한 기술이 존재하지만 여기서 다룰 기술은 커널 밀도 추정이다.

공간 통계를 이해하기 위해 지리적 데이터 샘플을 가져와 분석하고 예측하는 데 사용하려고 한다. 지진 분석은 공간 통계 분석이 일반적으로 사용되는 분야다. 지진 위치 데이터를 수집함으로써 지진 발생 가능성이 높은 지역과 낮은 지역을 식별하는 지도를 만들 수 있으며, 이를 통해 과학자들은 미래의 지진 발생 가능성과 강도를 예상할 수 있다.

확률 밀도 함수

커널 밀도 추정은 통계의 기본 개념 중 하나인 확률 밀도 함수PDF, Probability Density Functions를 사용한다. 확률 밀도 함수는 연속 랜덤 변수의 동작을 설명하는 함수다. 즉, 랜덤 변수가 일정 범위의 값을 취할 가능성을 나타낸다. 미국 남성의 키를 예로 들어보자. 미국 남성의 키에 대한 확률 밀도 함수를 사용해 일부 미국 남성의 키가 1.9에서 1.95미터 사이일 확률을 결정할 수 있는 것이다.

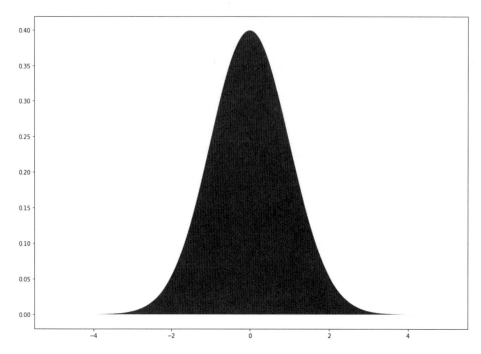

그림 9.2 표준정규분포

통계에서 가장 많이 사용되는 밀도 함수는 표준정규분포다. 표준정규분포는 단순히 표준 편차가 1이며 0을 중심으로 한 정규분포다.

밀도 함수 대신 통계학자나 데이터 과학자가 일반적으로 이용할 수 있는 것은 알려지지 않은 모집단 분포에서 무작위로 수집한 표본 값이며 이를 사용해 커널 밀도 추정치를 구한다. 이는 샘플 데이터를 사용해 랜덤 변수의 알 수 없는 확률 밀도 함수를 추정하는 데 사용하는 기법이다.

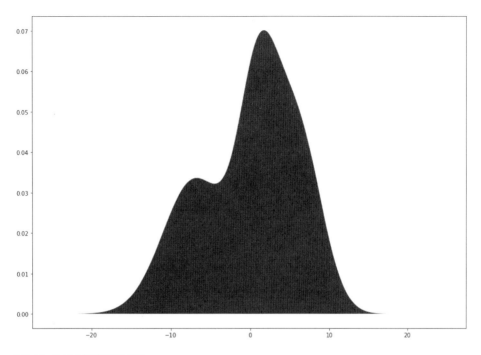

그림 9.3 세 가지 정규분포의 혼합

산업에 핫스팟 분석 사용

핫스팟 모델링을 활용해 산업에 의미 있는 영향을 줄 수 있는 몇 가지 방법을 이미 언급했다. 다음 사용 사례는 일반적인 핫스팟 모델링 응용 프로그램이다.

감염성 질환에 관한 보고를 할 때 보건기관과 미디어 회사들은 일반적으로 핫스팟 분석을 사용해 질병의 발생 위치와 지리적 위치를 기준으로 질병에 걸릴 가능성을 전달한다. 핫스팟 분석을 사용해 이 정보를 신뢰성 있게 계산하고 배포할 수 있다. 핫스팟 분석은 시각화가 매우 간단하기 때문에 건강 데이터를 다루는 데 매우 좋다. 이는 데이터가 의도적으로 또는 의도치 않게 잘못 해석될 가능성이 상대적으로 낮다는 것을 의미한다.

핫스팟 분석을 사용하면 특정 사건이 지리적으로 발생할 가능성이 있는 곳을 예측할 수 있다. 핫스팟 분석의 예측 능력을 점점 더 많이 활용하고 있는 한 연구 분야는 자연재해와 극단적인 기상 사건에 대한 연구를 포함하는 환경 과학이다. 한 예로 지진은 예측하기 어려운 것으로 악명이 높다. 이는 주요 지진 사이의 시간차가 크고 의미 있는 수준의 예측을 하는 데 필요한 기계는 비교적 새로운 것이기 때문이다.

핫스팟 분석을 사용해 특정 사건이 지리적으로 발생할 가능성이 있는 곳을 예측할 수 있다. 핫스팟 분석의 예측 능력을 점점 더 많이 활용하고 있는 한 연구 분야는 자연재해와 극단적인 기상 사건에 대한 연구를 포함하는 환경 과학이다. 예를 들어 지진은 예측하기 어려운 것으로 악명이 높다. 중요한 지진 사이의 시간은 클 수 있고, 이러한 예측을 하는 데 필요한 정도로 지진을 추적하고 측정하는 데 필요한 기계는 비교적 새로운 것이기 때문이다.

공공 정책 및 자원 배치 측면에서 핫스팟 분석은 인구 통계 분석을 다룰 때 매우 효과적일 수 있다. 자원이 인구 통계학적 특성에 따라 사용될 수 있기 때문에 자원이 어디에 배치돼야 하는지를 결정하는 것은 어려울 수 있는데, 이럴 때 핫스팟 분석은 유용한 기법이다. 인구 통계학적 특성을 이용해 고졸자나 특정 지역의 이민자, 연간 10만 달러 이상을 버는 사람들의 지리적 분포를 찾을 수 있음을 의미한다.

▌ 커널 밀도 추정

핫스팟 분석에 대한 주요 방법론적 접근 중 하나는 커널 밀도 추정이다. 커널 밀도 추정은 샘플 데이터와 커널 함수로 알려진 두 개의 매개변수 및 대역폭 값을 사용해 추정 밀도를 구성한다. 추정 밀도는 다른 분포와 마찬가지로 기본적으로 무작위 변수의 행동에 대한 가이드라인이다. 여기에서 임의의 변수가 특정 값 $x_1, \ldots, x_n$을 얼마나 자주 차지하느냐를 의미한다. 일반적으로 지리적인 핫스팟 분석을 처리할 때, 추정된 밀도는 특정 경도와 위도 쌍이 얼마나 자주 나타나는가에 대한 것이다. 특정 경도 및 위도 쌍, $\{x_{longitude}, \ldots, x_{latitude}\}$, 그 밖의 근처 쌍이 자주 발생하는 경우, 표본 데이터를 사용해 작성한 추정 밀도는 경도 및 위도 쌍 주위의 영역이 높은 가능성을 갖는다는 것을 보여준다.

밀도를 추정하는 과정은 샘플 데이터의 편심과 이상을 무시해 데이터의 기본 형태를 추정하는 과정이기 때문에 커널 밀도 추정은 스무딩smoothing 알고리즘이라고 한다. 다른 방법으로 커널 밀도 추정은 데이터에서 노이즈를 제거한다. 이 모델의 유일한 가정은 데이터가 실제로 통찰력을 도출하고 실행할 수 있는 해석 가능하고 의미 있는 밀도에 속한다는 것이다.

이 책의 다른 어떤 주제보다 커널 밀도 추정은 통계의 기본 개념을 구현한다. 통계의 기본 개념은 모집단을 추론하기 위해 제한된 크기의 표본 데이터를 사용하는 것이다. 샘플 데이터에는 데이터 지점 클러스터가 포함돼 있으며, 이러한 클러스터는 실제 모집단에서 가능성이 높은 영역을 의미한다고 가정한다. 실제 모집단 밀도의 품질 추정치를 작성하면 추정 밀도를 사용해 모집단에서 더 많은 데이터를 샘플링할 수 있다는 것이다.

그렇다면 다음의 2가지 질문을 해볼 수 있다.

- 대역폭 값은 무엇인가?
- 커널 기능은 무엇인가?

이 두 질문의 답은 곧 다룰 예정이다.

대역폭 값

커널 밀도 추정에서 가장 중요한 매개변수는 대역폭 값이다. 대역폭을 상위 수준에서 정의해보면 스무딩 정도를 결정하는 값이라는 것이다. 대역폭의 값이 낮으면 추정 밀도에 제한적인 스무딩이 적용되므로 밀도에는 샘플 데이터의 노이즈가 포함된다. 대역폭 값이 높으면 추정 밀도가 부드러워진다. 지나치게 부드러운 밀도는 노이즈가 아닌 것까지 제거해 추정 밀도에서 실제 밀도의 특성이 사라지는 문제를 만든다.

더 많은 통계적 또는 머신 러닝 언어에서 대역폭 매개변수는 편향–분산 균형을 제어한다.

즉, 밀도가 표본 데이터의 분산에 민감하기 때문에 높은 분산은 낮은 대역폭의 결과물이다. 낮은 대역폭 값은 모델이 모집단에 존재하지 않는 표본 데이터의 차이에 적응하고 이를 해결하는 데 필요한 능력을 제한한다. 낮은 대역폭 값을 사용해 추정된 밀도는 데이터를 과도하게 맞추는 경향이 있는데 이를 저조화 밀도라고도 한다. 높은 대역폭 값을 사용하는 경우, 결과 밀도가 적합하지 않고 추정 밀도가 높은 편향을 갖는데 이를 과조화 밀도라고도 부른다.

연습 46: 대역폭 값의 효과

이 연습에서 생성된 데이터를 샘플링하기 위해 9개의 다른 대역폭 값을 가진 9개의 다른 모델을 피팅할 것이다. 목표는 대역폭 매개변수가 가질 수 있는 영향에 대한 이해를 확실히 하고 정확한 추정 밀도를 찾으려 노력한다면 대역폭 값을 신중하게 선택할 필요가 있다는 것을 명확히 하는 것이다. 최적의 대역폭 값을 찾는 것은 다음 절의 주제가 될 것이다. 모든 연습은 파이썬 3를 사용하는 주피터 노트북에서 수행한다. pip를 사용해 모든 패키지가 설치됐는지 확인하자. mpl_ 툴킷에서 basemap 모듈을 설치하는 가장 쉬운 방법은 아나콘다를 사용하는 것이다. 아나콘다 다운로드와 설치에 대한 지침은 이 책 시작 부분에서 확인할 수 있다.

1. 9장의 연습에 필요한 모든 라이브러리를 로드한다. 여기서 matplotlib 라이브러리는 기본적인 그래픽을 만드는 데 사용된다; basemap 라이브러리는 위치 데이터와 관련된 그래픽을 만드는 데 사용된다. numpy 라이브러리는 배열과 행렬을 다루는 데 사용된다. pandas 라이브러리는 DataFrame을 사용하기 위해 필요하다. scipy 라이브러리는 파이썬의 과학 연산에 사용된다. seaborn 라이브러리는 훨씬 더 매력적이고 복잡한 그래픽을 만드는 것에 사용된다. sklearn 라이브러리는 데이터에 접근하고, 데이터를 조작하고, 모델을 실행하는 데 사용된다. 또한 모든 그래픽이 seaborn 그래픽으로 나타나도록 그래픽을 인라인으로 실행하

고 seaborn으로 설정하자.

```
get_ipython().run_line_magic('matplotlib', 'inline')

import matplotlib.pyplot as plt
import mpl_toolkits.basemap
import numpy
import pandas
import scipy.stats
import seaborn
import sklearn.datasets
import sklearn.model_selection
import sklearn.neighbors

seaborn.set()
```

2. 세 개의 정규분포를 혼합해 일부 샘플 데이터 (vals)를 만든다. 샘플 데이터 외에
   도 실제 밀도 곡선 (true_density)와 데이터가 그려질 범위 (x_vec)을 정의하자.

```
x_vec = numpy.linspace(-30, 30, 10000)[:, numpy.newaxis]

vals = numpy.concatenate((
    numpy.random.normal(loc=1, scale=2.5, size=500),
    numpy.random.normal(loc=10, scale=4, size=500),
    numpy.random.normal(loc=-12, scale=5, size=500)
))[:, numpy.newaxis]

true_density = (
    (1 / 3) * scipy.stats.norm(1, 2.5).pdf(x_vec[:, 0]) +
    (1 / 3) * scipy.stats.norm(10, 4).pdf(x_vec[:, 0]) +
    (1 / 3) * scipy.stats.norm(-12, 5).pdf(x_vec[:, 0])
)
```

3. 멀티플롯multiplot 그래픽의 생성을 안내할 튜플tuple 목록을 정의하자. 각 튜플은 특

정 서브플롯의 행과 열 익덱스를 갖고 있으며 대역폭 값은 특정 서브플롯의 추정 밀도를 생성하는 데 사용한다.

```
position_bandwidth_vec = [
    (0, 0, 0.1), (0, 1, 0.4), (0, 2, 0.7),
    (1, 0, 1.0), (1, 1, 1.3), (1, 2, 1.6),
    (2, 0, 1.9), (2, 1, 2.5), (2, 2, 5.0)
]
```

4. 서로 다른 대역폭 값을 사용해 각각 9개의 플롯을 만든다. 인덱스가 (0, 0)인 첫 번째 플롯은 대역폭이 가장 낮고, 인덱스가 (2, 2)인 마지막 플롯은 가장 높은 대역폭을 갖는다. 이 값은 절대 최저 또는 절대 최고 대역폭 값이 아니라 이전 단계에서 정의된 목록의 최소 및 최댓값이다.

```
fig, ax = plt.subplots(3, 3, sharex=True, sharey=True, figsize=(12, 9))
fig.suptitle('The Effect of the Bandwidth Value', fontsize=16)

for r, c, b in position_bandwidth_vec:
    kde = sklearn.neighbors.KernelDensity(bandwidth=b).fit(vals)
    log_density = kde.score_samples(x_vec)

    ax[r, c].hist(vals, bins=50, density=True, alpha=0.5)
    ax[r, c].plot(x_vec[:, 0], numpy.exp(log_density), '-', linewidth=2)
    ax[r, c].set_title('Bandwidth = {}'.format(b))
```

결과는 다음과 같다.

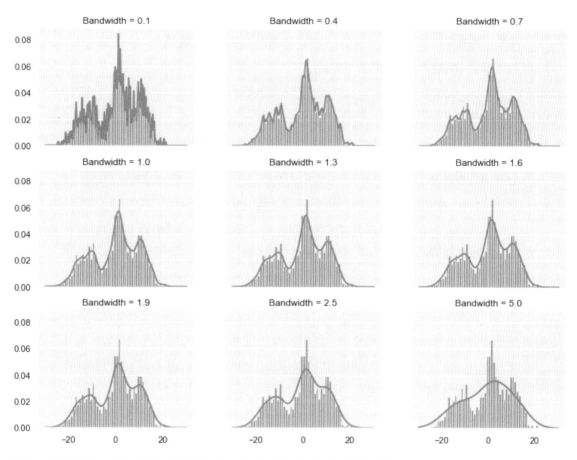

그림 9.4 서브플롯의 3 x 3 행렬. 각각은 9개의 대역폭 값 중 하나를 사용해 생성한 추정 밀도를 보여준다.

그림에서 보는 것처럼 대역폭이 너무 낮으면 과도하게 피팅하는 경향을 보인다. 대역폭 값이 증가함에 따라 추정 밀도는 부드러워지고 특정 값을 넘어가면 너무 부드러워 피팅이 잘 되지 않는 모습을 확인할 수 있다. 시각적으로 볼 때 최적의 대역폭은 1.6으로 보인다.

다음 단계는 최적의 대역폭 값을 식별하는 알고리즘을 설계해, 추정 밀도가 가장 합리적이고 가장 신뢰할 수 있고 실행이 가능하도록 하는 것이다.

최적의 대역폭 선택

앞의 연습에서 언급한 것처럼 단순히 몇 가지 밀도를 시각적으로 비교함으로써 최적의 대역폭 선택에 상당히 근접할 수 있다. 하지만 이것은 가장 효율적인 파라미터 값을 선택하거나 가장 신뢰할 수 있는 방법은 아니다.

대역폭 값을 최적화하는 데는 두 가지 일반적인 접근법이 있으며, 이 두 가지 접근법은 향후 연습과 활동에서 사용할 예정이다. 첫 번째 접근 방식은 결정론적이며 샘플 데이터에 최적화되지 않은 플러그인 방식(또는 공식적 접근 방식)이다. 플러그인 방법은 일반적으로 구현이 훨씬 빠르고 코딩이 간단하며 설명하기가 쉽다. 하지만 이러한 방법에는 하나의 큰 단점이 있다. 바로 샘플 데이터에 최적화된 접근 방식에 비해 정확성이 떨어지는 경향이 있다는 점이다. 이 방법들은 또한 분배적 가정을 갖고 있다. 가장 인기 있는 플러그인 방법은 실버맨의 법칙Silverman's Rule과 스콧의 법칙Scott's Rule이다. 기본적으로 향후 연습에 사용할 seaborn 패키지는 대역폭 값을 결정하는 방법으로 스콧의 법칙을 사용한다.

최적의 대역폭 값을 찾는 두 번째이자 더 강력한 접근법은 미리 정의된 대역폭 값의 그리드를 검색하는 방식이다. 그리드 검색은 머신 러닝 및 예측 모델링에 자주 사용하는 경험적 접근 방식으로, 모델 하이퍼파라미터의 최적화를 위한 것이다. 이 과정은 평가할 대역폭 값의 집합인 대역폭 그리드를 정의하는 것으로 시작한다. 그리드의 각 대역폭 값을 사용해 추정 밀도를 생성한 후 의사 로그 유사성pseudo-log-likelihood 값을 사용해 추정된 밀도를 점수화한다. 최적의 대역폭 값은 최대 의사 로그 유사성 값을 갖는 값이다. 의사 로그 유사성 값을 데이터 지점을 얻은 곳에서 데이터 지점을 얻을 확률과 데이터 지점을 얻지 못한 곳에서 데이터 지점을 얻지 못할 확률의 결과로 생각해보자. 이상적으로 이 두 확률은 모두 클 것이다. 점수를 얻은 곳에서 데이터 지점을 얻을 확률이 낮은 경우를 생각해보자. 이런 상황에서, 실제 분포에서 예상하지 못한 지점에 도달하는 것은 높은 가능성 값으로 예상되지 않기 때문에 샘플의 데이터 지점이 비정상적이라는 것을 의미할 것이다.

이제 대역폭 값을 최적화하기 위해 그리드 검색 접근 방식을 구현해보자.

연습 47: 그리드 검색을 사용한 최적 대역폭 선택

이번 연습에서는 '연습 46: 대역폭 값의 효과'에서 생성한 샘플 데이터에 대해 그리드 검색과 교차 검증을 사용해 최적의 대역폭을 찾고 추정 밀도를 생성할 예정이다. 이 연습에서는 그리드 검색 및 교차 검증을 사용해 식별된 최적의 대역폭 값을 사용해 '연습 46: 대역폭 값의 효과'에서 생성한 샘플 데이터의 추정 밀도를 만든다. 교차 검증으로 그리드 검색을 실행하기 위해 계속 사용 중인 sklearn을 활용할 것이다. 이 연습은 동일한 샘플 데이터를 사용하고 대역폭 값 탐색을 계속하기에 연습 1의 연속으로 볼 수 있다.

1. 대역폭 값의 그리드와 그리드 검색 교차 유효성 검사 모델을 정의한다. 이상적으로는 교차 검증에 일대일 접근법을 사용해야 하지만, 적절한 시간 내에 모델을 실행하기 위해 10배 교차 검증을 수행한다. 다음과 같이 샘플 데이터에 모델을 피팅하자.

```
bandwidths = 10 ** numpy.linspace(-1, 1, 100)

grid = sklearn.model_selection.GridSearchCV(
    estimator=sklearn.neighbors.KernelDensity(kernel="gaussian"),
    param_grid={"bandwidth": bandwidths},
    cv=10 #sklearn.model_selection.LeaveOneOut().get_n_splits(vals)
)
grid.fi t(vals)
```

2. 다음과 같이 모델로부터 최적의 대역폭 값을 추출한다.

```
best_bandwidth = grid.best_params_["bandwidth"]

print(
    "Best Bandwidth Value: {}"
    .format(best_bandwidth)
)
```

최적의 대역폭 값은 2 근처가 돼야 한다. 최적의 대역폭 값을 최대 의사 로그 유사성 값을 생성하는 대역폭 값으로 해석할 수 있다. 그리드에 포함된 값에 따라 최적의 대역폭 값은 변할 수 있다.

3. 실제 밀도와 추정 밀도가 중첩된 샘플 데이터의 히스토그램을 그려보자. 이 경우 추정 밀도는 최적의 추정 밀도가 된다.

```python
fig, ax = plt.subplots(figsize=(14, 10))

ax.hist(vals, bins=50, density=True, alpha=0.5, label='Sampled Values')
ax.fill(
    x_vec[:, 0], true_density,
    fc='black', alpha=0.3, label='True Distribution'
)
log_density = numpy.exp(grid.best_estimator_.score_samples(x_vec))
ax.plot(
    x_vec[:, 0], log_density,
    '-', linewidth=2, label='Kernel = Gaussian'
    )

ax.legend(loc='upper right')
```

결과는 다음과 같다.

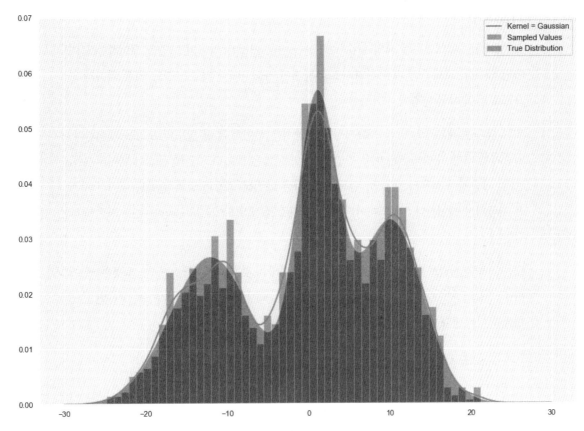

그림 9.5 진짜 밀도와 최적 추정 밀도가 중첩된 무작위 샘플의 히스토그램

추정 밀도는 눈에 띄는 정도로 오버핏이나 언더핏이 아니며, 확실히 세 개의 클러스터를 포착한다. 이론적으로 실제 밀도와 더 잘 연결될 수 있지만, 이는 한계가 있는 모델에 의해 생성된 추정 밀도일 뿐이다.

이제 두 번째 질문으로 넘어가자. 커널 함수는 무엇이고 어떤 역할을 하는가?

커널 함수

설정할 다른 매개변수는 커널 함수Kernel Functions다. 커널은 밀도의 모양을 제어하는 음이 아닌 함수다. 토픽 모델과 마찬가지로 부정적인 가능성이나 확률을 갖는 것은 의미가 없으므로 음이 아닌 환경에서 작업한다.

커널 함수는 체계적인 방식으로 지점에 가중치를 부여해 추정 밀도의 모양을 제어한다. 가중치에 대한 이 방법론은 매우 간단하다. 다른 많은 데이터 지점에 근접한 데이터 지점은 업 가중치가 적용되는 반면, 단독 또는 다른 데이터 지점과 멀리 떨어진 데이터 지점은 가중치가 줄어든다. 가중 데이터 지점은 최종 추정 밀도에서 가능성이 높은 지점에 해당한다.

많은 기능을 커널로 사용할 수 있지만, 주로 선택하는 것은 가우시안Gaussian, 토팟Tophat, 에파네크니코프Epanechnikov, 지수Exponential, 선형Linear, 코사인Cosine이며 각 기능은 고유한 분포 형태를 나타낸다. 각 공식에서 파라미터 h는 대역폭 값을 나타낸다.

- 가우시안Gaussian

$$K(x;h) \propto exp - \left(\frac{x^2}{2h^2} \right)$$

그림 9.6 가우시안 커널 공식

- 토팟Tophat

$$K(x;h) \propto \begin{cases} 0 \ if \ |x| \geq h \\ 1 \ if \ |x| < h \end{cases}$$

그림 9.7 토팟 커널 공식

- 에파네크니코프Epanechnikov

$$K(x;h) \propto 1 - \frac{x^2}{h^2}$$

그림 9.8 Epanechnikov 커널 공식

- 지수Exponential

$$K(x;h) \propto exp\left(-\frac{|x|}{h}\right)$$

그림 9.9 Exponential 커널 공식

- 선형Linear

$$K(x;h) \propto \left\{ \begin{array}{l} 0 \ if \ |x| \geq h \\ 1 - \frac{x}{h} \ if \ |x| < h \end{array} \right\}$$

그림 9.10 Linear 커널 공식

- 코사인Cosine

$$K(x;h) \propto \left\{ \begin{array}{l} 0 \ if \ |x| \geq h \\ cos\frac{\pi x}{2h} \ if \ |x| < h \end{array} \right\}$$

그림 9.11 Cosine 커널 공식

다음은 6개의 커널 함수 분포 형상이다.

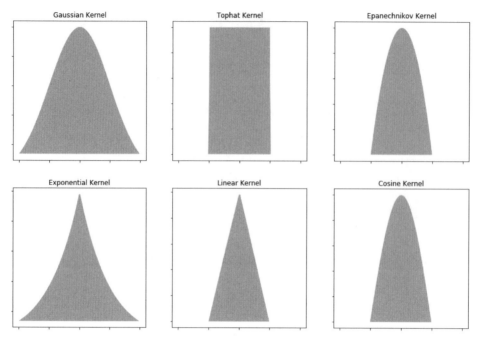

그림 9.12 6개 커널 함수의 일반적 형상

커널 함수를 선택하는 일은 대역폭 값을 선택하는 일만큼 중요하지는 않다. 일반적으로는 가우시안gaussian 커널을 밀도 추정 문제에 사용하면 별 문제가 없다. 앞으로의 연습과 활동에서도 이를 사용할 예정이다.

연습 48: 커널 함수의 효과

이 연습의 목표는 커널 함수의 선택이 밀도 추정의 품질에 어떻게 영향을 미치는지 이해하는 것이다. 대역폭 값 효과를 탐색할 때 그랬던 것처럼 다른 모든 파라미터를 일정하게 유지하고, 처음 두 연습에서 생성한 동일 데이터를 사용해 이전에 지정한 6개의 커널 함수를 사용해 6개의 다른 커널 밀도 추정 모델을 실행할 것이다. 6개의 추정 밀도 사이에 명확한 차이가 눈에 띄어야 하지만, 이러한 차이는 다른 대역폭 값을 사용해 추정된 밀도 사이의 차이보다 약간 덜 극적일 것이다.

1. 이전에 정의한 것과 동일한 선을 따라 튜플 목록을 정의한다. 각 튜플에는 서브플롯의 행과 열 인덱스와 밀도 추정치를 만드는 데 사용할 커널 함수가 포함된다.

```
position_kernel_vec = [
    (0, 0, 'gaussian'), (0, 1, 'tophat'),
    (1, 0, 'epanechnikov'), (1, 1, 'exponential'),
    (2, 0, 'linear'), (2, 1, 'cosine'),
]
```

각각 다른 커널 함수를 사용해 6개의 커널 밀도 추정 모델을 피팅하고 그린다. 커널 함수의 차이점을 제대로 이해하기 위해 대역폭 값을 연습 2에서 찾은 최적의 대역폭 값으로 설정하고 조정하지 않는다.

```
fig, ax = plt.subplots(3, 2, sharex=True, sharey=True, figsize=(12, 9))
fig.suptitle('The Effect of Different Kernels', fontsize=16)

for r, c, k in position_kernel_vec:
    kde = sklearn.neighbors.KernelDensity(
        kernel=k, bandwidth=best_bandwidth
        ).fit(vals)
    log_density = kde.score_samples(x_vec)

    ax[r, c].hist(vals, bins=50, density=True, alpha=0.5)
    ax[r, c].plot(x_vec[:, 0], numpy.exp(log_density), '-', linewidth=2)
    ax[r, c].set_title('Kernel = {}'.format(k.capitalize()))
```

출력은 다음과 같다.

다양한 커널 효과

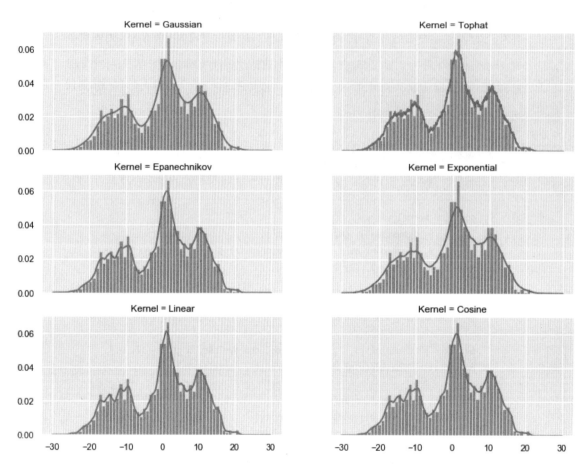

그림 9.13 각각 6개의 커널 함수 중 하나를 사용해 생성된 추정 밀도를 특징으로 하는 3 x 2 서브플롯 행렬

6가지 커널 함수 중 가우시안 커널은 가장 합리적인 추정 밀도를 생성했다. 그 외에도 커널이 서로 다른 추정 밀도 간의 차이가 대역폭 값이 서로 다른 추정 밀도 간의 차이보다 작다. 이것은 대역폭 값이 더 중요한 매개변수이며 모델 구축 프로세스 중 더 중요하게 생각해야 한다는 이전의 설명과 일치한다.

이제 이해도가 어느 정도 생겼으므로 커널 밀도 추정의 도출을 논의해보자.

커널 밀도 추정 도출

형식적인 수학적 도출은 생략하기로 하자. 커널 밀도 추정은 샘플의 각 데이터 지점을 대역폭 값에 의해 제어되는 자체 분포로 변환한다. 그런 후 개별 분포를 합산해 원하는 밀도 추정치를 생성한다. 이 개념은 증명이 간단하다. 하지만 다음 연습에서 이를 하기 전에 우선 추상적으로 생각해보자. 많은 샘플 데이터 지점을 포함하는 지리적 지역의 경우, 개별 밀도가 중첩되며 이러한 밀도를 합산하는 과정을 통해 추정 밀도에서 높은 확률의 지점이 생성된다. 마찬가지로 샘플 데이터 지점이 거의 또는 전혀 없는 지리적 지역은 개별 밀도는 중복되지 않으며, 따라서 추정 밀도에서 낮은 확률의 지점에 해당한다.

연습 49: 커널 밀도 추정의 도출 시뮬레이션

여기서 목표는 랜덤 변수에 대한 전체 추정 밀도를 생성하기 위해 개별 분포를 합산하는 개념을 설명하는 것이다. 일단 하나의 샘플 데이터 지점으로 시작해 점진적으로 개념을 정립하고, 그 후에 더 많은 샘플 데이터 지점까지 작업할 생각이다. 또한 다양한 대역폭 값이 적용되므로 대역폭 값이 이러한 개별 밀도에 미치는 영향에 대한 이해가 더욱 확실해질 것이다.

1. 정규분포를 평가할 함수를 정의하자. 입력값은 랜덤 변수 X, 샘플링된 데이터 지점 m, 대역폭 b의 범위를 나타내는 그리드다.

```python
def eval_gaussian(x, m, b):
    numerator = numpy.exp(
        -numpy.power(x - m, 2) / (2 * numpy.power(b, 2))
    )
    denominator = b * numpy.sqrt(2 * numpy.pi)
    return numerator / denominator
```

2. 다양한 대역폭 값에 대해 하나의 샘플 데이터 지점과 개별 밀도를 히스토그램으로 그린다.

```python
m = numpy.array([5.1])
b_vec = [0.1, 0.35, 0.8]

x_vec = numpy.linspace(1, 10, 100)[:, None]

fig, ax = plt.subplots(2, 3, sharex=True, sharey=True, figsize=(15, 10))

for i, b in enumerate(b_vec):

ax[0, i].hist(m[:], bins=1, fc='#AAAAFF', density=True)
ax[0, i].set_title("Histogram: Normed")

evaluation = eval_gaussian(x_vec, m=m[0], b=b)

ax[1, i].fill(x_vec, evaluation, '-k', fc='#AAAAFF')
ax[1, i].set_title("Gaussian Dist: b={}".format(b))
```

결과는 다음과 같다.

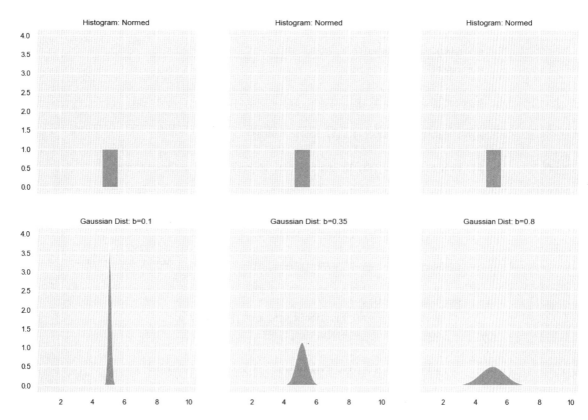

그림 9.14 다양한 대역폭 값에서 하나의 데이터 포인트와 개별 밀도 표시

여기에서 낮은 대역폭 값이 데이터를 지나치게 피팅하는 경향이 있는 매우 좁은
밀도를 생성한다는 사실을 알 수 있다.

3. 2단계에서 수행한 작업을 반복하자. 다만 이번에는 16개 데이터 지점으로 확대한다.

```python
m = numpy.random.normal(4.7, 0.88, 16)
n = len(m)

b_vec = [0.1, 0.35, 1.1]

x_vec = numpy.linspace(-1, 11, 100)[:, None]

fig, ax = plt.subplots(2, 3, sharex=True, sharey=True, figsize=(15, 10))

for i, b in enumerate(b_vec):
    ax[0, i].hist(m[:], bins=n, fc='#AAAAFF', density=True)
    ax[0, i].set_title("Histogram: Normed")

    sum_evaluation = numpy.zeros(len(x_vec))

    for j in range(n):
        evaluation = eval_gaussian(x_vec, m=m[j], b=b) / n
        sum_evaluation += evaluation[:, 0]

        ax[1, i].plot(x_vec, evaluation, '-k', linestyle="dashed")

    ax[1, i].fill(x_vec, sum_evaluation, '-k', fc='#AAAAFF')
    ax[1, i].set_title("Gaussian Dist: b={}".format(b))
```

결과는 다음과 같다.

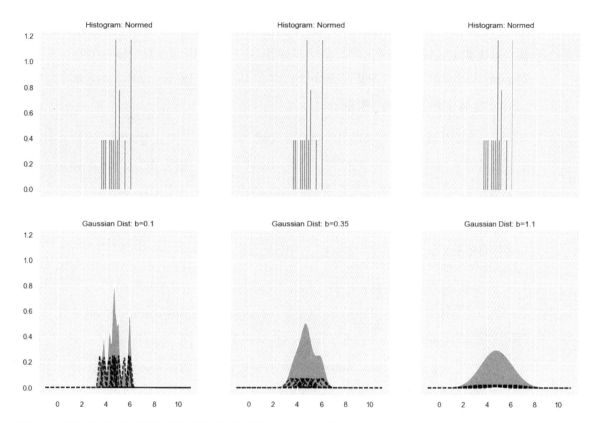

그림 9.15 16개의 데이터 지점. 다양한 대역폭 값에서의 개별 밀도 및 개별 밀도의 합계 표시

그리 놀랄 일도 아니지만 가장 작은 대역폭 값을 활용하는 도표는 상당히 과하게 피팅된 추정 밀도를 특징으로 가진다. 즉, 추정 밀도는 샘플 데이터의 모든 노이즈를 포함한다. 이 세 밀도 중에서 대역폭 값을 0.35로 설정한 두 번째 밀도가 가장 합리적이다.

활동 21: 1차원에서의 밀도 추정

이 첫 번째 활동에서는 가짜 샘플 데이터를 생성하고 커널 밀도 추정을 사용해 밀도 함수를 추정할 것이다. 대역폭 값은 그리드 검색 교차 검증을 사용해 최적화된다. 목표는 간단한 1차원 사례에서 모델을 실행함으로써 이 방법론을 확실하게 이해하는 것이다. 이번에도 다시 한 번 주피터 노트북을 활용하자.

우리가 만들 샘플 데이터가 미국의 한 주에 있는 주택 가격을 나타낸다고 상상해보자. 일단 다음의 샘플 데이터는 잠시 무시하자. 문제는 집값의 분포는 어떻게 생겼고 어느 정도 특정 범위에 드는 가격이 있을 확률을 추출할 수 있느냐는 것이다. 이런 류의 질문은 커널 밀도 추정을 사용해 답을 할 수 있다.

다음은 이번 활동을 수행하는 각 단계다.

1. 노트북을 열고 필요한 모든 라이브러리를 설치한다.
2. 1,000개의 데이터 지점을 표준정규분포로부터 샘플링한다. 인덱스 375에서 1,000까지의 마지막 625개의 값에 3.5를 더한다. 동일하게 샘플링된 값을 보장하기 위해 numpy.random.RandomState를 사용해 랜덤 상태를 100으로 설정한 다음 randn(1000)을 호출해 임의의 데이터 지점을 생성한다.
3. 100개의 샘플 데이터 지점을 리스토그램으로 그리고 산점도를 그 아래에 추가한다.
4. 대역폭 값의 그리드를 정의한 후, 그리드 탐색 교차 검증 알고리즘을 정의하고 피팅한다.
5. 최적의 대역폭 값을 추출한다.
6. 단계 3의 히스토그램을 다시 그리고 추정 밀도를 겹친다.

결과는 다음과 같다.

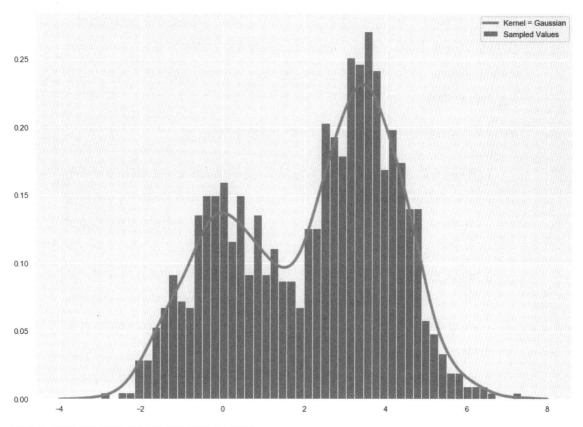

그림 9.16 최적의 추정 밀도를 겹쳐 그린 랜덤 샘플의 히스토그램

노트

이 활동의 솔루션은 504페이지에서 찾을 수 있다.

▌ 핫스팟 분석

핫스팟은 범죄율이 비정상적으로 높은 특정 지역이나 평균 이상으로 태풍에 영향을 받는 지역처럼 더 높은 수치를 보여주는 데이터 지점의 영역을 의미한다. 핫스팟 분석은 표본 데이터를 사용하는 모집단에서 이러한 핫스팟을 찾는 과정이다. 일반적으로 커널 밀도 추정을 활용해 진행한다.

개념적으로 핫스팟 분석은 크게 다음 4단계로 설명할 수 있다.

1. **데이터 수집**: 데이터에는 개체 또는 이벤트의 위치가 포함돼야 한다. 앞에서 언급한 것처럼 실행해야 하는 데이터의 양과 달성해야 하는 수행 가능 결과는 상대적으로 유연하다. 최적의 상태는 모집단을 대표하는 샘플 데이터셋을 보유하는 것이다.

2. **베이스 맵 식별**: 다음 단계로는 프로젝트의 분석적, 표현적 필요를 가장 잘 충족하는 베이스 맵base map을 식별하는 일이다. 이 베이스 맵을 토대로 모델의 결과가 겹쳐지며, 이를 통해 핫스팟의 위치를 도시, 이웃, 지역 등 좀 더 이해하기 쉬운 용어로 표현할 수 있다.

3. **모델 실행**: 이 단계에서는 공간 패턴을 추출하는 하나 이상의 방법론을 선택하고 실행해 핫스팟을 식별한다. 우리가 사용할 방법은 당연히 커널 밀도 추정이다.

4. **시각화 생성**: 핫스팟 맵은 모델 결과를 베이스 맵에 중첩시켜 사업적 질문이 무엇이든 이를 지원하기 위해 생성된다.

사용성 관점에서 핫스팟 분석의 주요 문제 중 하나는 핫스팟의 통계적 중요성을 확인하기 쉽지 않다는 점이다. 통계적 중요성에 관한 대부분의 질문은 핫스팟의 존재와 관련 있다. 발생 가능성의 변동이 실제로 통계적으로 의미를 가진다고 보기 어려우며 커널 밀도 추정을 수행하는 데 있어 통계적인 중요성이 필요하지 않으므로 앞으로도 이는 다루지 않을 생각이다.

핫스팟이라는 용어는 전통적으로 위치 데이터 지점 클러스터를 설명하기 위해 사용돼 왔지만 꼭 위치 데이터로 한정되진 않는다. 모든 데이터 유형은 핫스팟을 가질 수 있다. 다음 연습 중 하나에서 일부 비 위치 데이터를 모델링해 발생 가능성이 높거나 혹은 낮은 특정 영역이 되는 핫스팟을 찾을 예정이다.

연습 50: Seaborn으로 데이터 로드 및 모델링

이번 연습에서는 seaborn 라이브러리를 사용해 커널 밀도 추정 모델을 피팅하고 시각화할 예정이다. 이는 위치 또는 위치가 아닌 데이터 모드에 적용된다. 모델링을 시작하기 전 데이터를 불러오자. 데이터는 캘리포니아 주택 데이터셋으로 sklearn을 사용해 자동으로 불러올 수 있다. 1990년 미국 인구조사에서 얻은 이 데이터셋은 그 기간 동안 캘리포니아의 주택 상황을 설명한다. 하나의 데이터 행은 하나의 인구조사 블록 그룹을 의미한다. 인구조사 블록 그룹의 정의는 이 연습과 관련이 없으므로 여기에서 정의를 다루진 않을 생각이다. 모든 변수가 인구조사 블록에 집계된다는 것을 이해하는 것이 중요하다. 예를 들어 MedInc는 각 인구조사 블록에서 가구의 중위소득이다. 이 데이터셋에 대한 추가 정보는 https://scikit-learn.org/stable/datasets/index.html#california-housing-dataset 에서 확인할 수 있다.

1. 캘리포니아 주택 데이터셋을 fetch_california_housing()을 사용해 불러오고 이를 pandas를 사용해 DataFrame으로 변환한 후 DataFrame의 첫 다섯 개 행을 출력하자.

```
housing = sklearn.datasets.fetch_california_housing()

df = pandas.DataFrame(housing['data'], columns=housing['feature_names'])
print("Dataframe Dimensions: {dims}".format(dims=df.shape))

df.head()
```

결과는 다음과 같다.

	MedInc	HouseAge	AveRooms	AveBedrms	Population	AveOccup	Latitude	Longitude
0	8.3252	41.0	6.984127	1.023810	322.0	2.555556	37.88	-122.23
1	8.3014	21.0	6.238137	0.971880	2401.0	2.109842	37.86	-122.22
2	7.2574	52.0	8.288136	1.073446	496.0	2.802260	37.85	-122.24
3	5.6431	52.0	5.817352	1.073059	558.0	2.547945	37.85	-122.25
4	3.8462	52.0	6.281853	1.081081	565.0	2.181467	37.85	-122.25

그림 9.17 sklearn으로부터 얻은 캘리포니아 주택 데이터셋의 첫 다섯 행

2. 각 인구조사 구역의 평균 주택 연령인 HouseAge 특징을 기반으로 DataFrame을 필터링하자. HouseAge가 15 이하인 행만 유지하고 DataFrame의 이름을 dfLess15 로 정한다. DataFrame의 첫 번째 5개 행을 출력한 후 경도와 위도만 포함하도록 DataFrame을 축소한다.

```
dfLess15 = df[df['HouseAge'] <= 15.0]
dfLess15 = dfLess15[['Latitude', 'Longitude']]
print(
    "Less Than Or Equal To 15 Years Dataframe Dimensions: {dims}"
    .format(dims=dfLess15.shape)
)

dfLess15.head()
```

출력은 다음과 같다.

	Latitude	Longitude
59	37.82	-122.29
87	37.81	-122.27
88	37.80	-122.27
391	37.90	-122.30
437	37.87	-122.30

그림 9.18 HouseAge 열의 값이 15 이하인 행으로 축소한 데이터셋의 첫 5개 행

396

3. 경도 및 위도 데이터 지점에 구축한 커널 밀도 추정 모델을 피팅하고 시각화하기 위해 seaborn을 사용하자. 이 모델들을 피팅하기 위한 seaborn 접근법은 스캇의 규칙을 사용한다. 모델에 대한 입력은 4가지로, 추정 밀도를 찾는 두 열의 이름(경도와 위도), 해당 열이 속하는 DataFrame 및 밀도 추정 방법(커널 밀도 추정)이다.

```
seaborn.jointplot("Longitude", "Latitude", dfLess15, kind="kde")
```

출력은 다음과 같다.

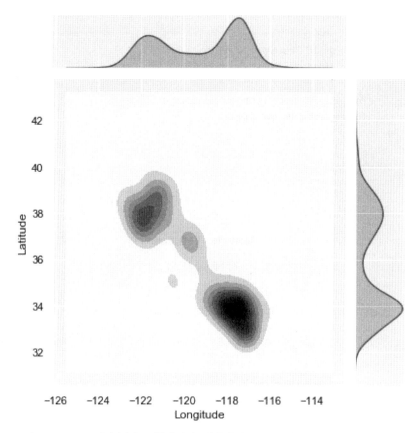

그림 9.19 dfLess15 데이터셋의 2 차원 추정 밀도와 한계 밀도를 모두 포함하는 결합 도표

이 결과를 캘리포니아 지도에 겹쳐 놓으면, 핫스팟이 로스앤젤레스와 샌디에이고를 포함한 캘리포니아 남부, 샌프란시스코를 포함한 만 지역 그리고 중앙 계곡으로 알려진 지역임을 알 수 있을 것이다. 이 seaborn 그래픽의 장점은 경도와 위도 양쪽에 대해 2차원 추정 밀도와 한계 밀도를 보여준다는 것이다.

4. HouseAge 기능을 기반으로 또 다른 필터링된 DataFrame을 생성하자. 이번에는 HouseAge가 40 이상인 행만 유지하고 DataFrame의 이름을 dfore40으로 지정하자. 또한 경도와 위도를 제외한 모든 열을 제거하자. 그런 다음 DataFrame의 첫 번째 5개 행을 인쇄하자.

```
dfMore40 = df[df['HouseAge'] > 40.0]
dfMore40 = dfMore40[['Latitude', 'Longitude']]
print(
    "More Than 40 Years Dataframe Dimensions: {dims}"
    .format(dims=dfMore40.shape)
)

dfMore40.head()
```

출력 결과는 다음과 같다.

	Latitude	Longitude
0	37.88	-122.23
2	37.85	-122.24
3	37.85	-122.25
4	37.85	-122.25
5	37.85	-122.25

그림 9.20 HouseAge 열의 값이 40보다 큰 행으로 필터링한 결과

5. 단계 3 과정을 반복한다. 다만 이번에는 새로 필터링된 이 DataFrame을 사용한다.

```
seaborn.jointplot("Longitude", "Latitude", dfMore40, kind="kde")
```

출력 결과는 다음과 같다.

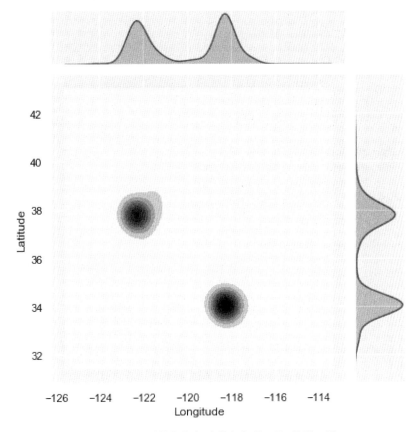

그림 9.21 dfMore40 데이터셋의 2차원 추정 밀도와 한계 밀도를 모두 포함하는 결합 도표

이 추정 밀도는 데이터가 대부분 두 영역이 모여 있다는 점에서 훨씬 더 간결하다. 두 지역은 로스앤젤레스와 베이 지역이다. 이것을 3단계의 도표와 비교하면 주택 개발이 주 전체에 퍼져 있음을 알 수 있다. 추가적으로 신규 주택 개발은 규모가 큰 인구조사 구역에서 훨씬 더 높은 빈도로 이뤄지는 모습을 볼 수 있다.

6. 다시 필터링된 DataFrame을 만들어보자. 이번에는 HouseAge가 5 이하인 행만 유지하고 DataFrame의 이름을 dfLess5로 지정하고 다음과 같이 Population과 MedInc를 산점도로 그린다.

```
dfLess5 = df[df['HouseAge'] <= 5]

x_vals = dfLess5.Population.values
y_vals = dfLess5.MedInc.values

fig = plt.figure(figsize=(10, 10))
plt.scatter(x_vals, y_vals, c='black')
plt.xlabel('Population', fontsize=18)
plt.ylabel('Median Income', fontsize=16)
```

출력 결과는 다음과 같다.

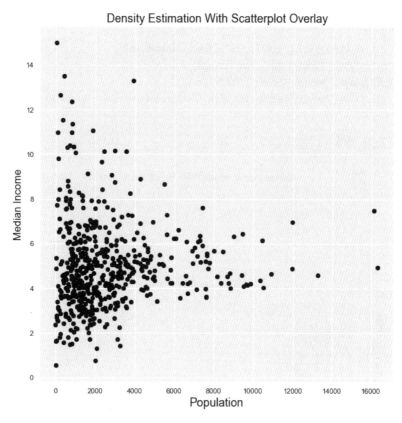

그림 9.22 HouseAge 열에서 5 이하의 값에 대한 모집단의 중간 소득 산점도

7. 커널 밀도 추정 모델을 피팅하기 위해 또 다른 seaborn 함수를 사용해보자. 최적의 대역폭은 스캇의 규칙을 사용해 찾는다. 히스토그램을 다시 그리고 다음처럼 추정 밀도를 겹쳐 그리자.

```
fig = plt.figure(figsize=(10, 10))
ax = seaborn.kdeplot(
    x_vals,
    y_vals,
    kernel='gau',
    cmap='Blues',
    shade=True,
```

```
    shade_lowest=False
)
plt.scatter(x_vals, y_vals, c='black', alpha=0.05)
plt.xlabel('Population', fontsize=18)
plt.ylabel('Median Income', fontsize=18)
plt.title('Density Estimation With Scatterplot Overlay', size=18)
```

출력 결과는 다음과 같다.

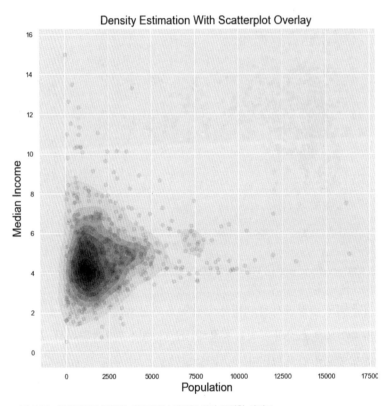

그림 9.23 추정 밀도가 중첩된, 6단계에서 생성한 것과 동일한 산점도

추정 밀도는 인구가 적은 구역의 중간 소득이 많기 보다는 적을 가능성이 더 높음을 보여준다. 이 단계의 목적은 비 위치 데이터에서 커널 밀도 추정을 사용하는 방법을 보여주는 것이다.

핫스팟 분석 결과를 표현할 때 일반적으로 위치 데이터를 기반으로 처리하므로 맵과 같은 형태가 제시돼야 한다. 추정 밀도를 오버레이할 수 있는 맵을 얻는 것은 쉬운 과정이 아니다. 저작권 문제로 인해 예상 밀도를 오버레이할 때 베이스 맵이라는 아주 기본적인 맵을 사용할 생각이다. 나중에 좀 더 멋지고 상세한 지도로 확장할 수 있다. 매핑 환경은 내려받고 설치하는 데 복잡하거나 시간이 제법 걸릴 수도 있다.

연습 51: 베이스맵 작업

이번 연습은 `mpl_toolkits`의 `basemap` 모듈을 사용한다. 베이스맵은 매핑 라이브러리로, 기본적인 지도를 만들거나 지역적인 개요를 만드는 데 사용할 수 있다. 이런 맵은 커널 밀도 추정을 겹쳐서 핫스팟이 어디에 위치하고 있는지 파악하는 데 도움을 주는 용도로 사용할 수 있다.

일단 주피터 노트북에서 `import mpl_toolkits.basemap`을 실행해, 베이스맵이 설치됐는지 확인하자. 만일 에러 없이 불러오기를 성공하면 다음 단계로 진행할 수 있다. 만일 호출에 실패하면 `pip`를 사용해 베이스맵을 설치하자. 실제 설치는 `python3 -m pip install basemap`으로 하면 된다. 이미 열려 있는 모든 노트북을 재시작하는 게 좋다. 참고로 pip 설치는 Anaconda가 설치된 상태에서만 동작한다.

이 연습의 목적은 `sklearn`의 커널 밀도 추정 함수와 베이스맵의 매핑 능력을 사용해 '연습 50: Seaborn으로 데이터 로드 및 모델링'의 위치 데이터를 다시 모델링하고 다시 그리는 것이다. 다음과 같이 이름이 `dfLess15`인 필터링된 DataFrame에서 위도와 경도를 추출하자.

1. 추정 밀도가 놓일 위치 그리드를 구성하자. 이 위치 그리드는 연습 1의 랜덤한 값 범위를 지정하는 1차원 벡터와 동등한 2차원 위치다.

```
xgrid15 = numpy.sort(list(dfLess15['Longitude']))
ygrid15 = numpy.sort(list(dfLess15['Latitude']))
```

```
x15, y15 = numpy.meshgrid(xgrid15, ygrid15)
print("X Grid Component:\n{}\n".format(x15))
print("Y Grid Component:\n{}\n".format(y15))

xy15 = numpy.vstack([y15.ravel(), x15.ravel()]).T
print("Grid:\n{}\n".format(xy15))
```

출력 결과는 다음과 같다.

```
X Grid Component:
[[-124.23 -124.19 -124.17 ... -114.63 -114.57 -114.31]
 [-124.23 -124.19 -124.17 ... -114.63 -114.57 -114.31]
 [-124.23 -124.19 -124.17 ... -114.63 -114.57 -114.31]
 ...
 [-124.23 -124.19 -124.17 ... -114.63 -114.57 -114.31]
 [-124.23 -124.19 -124.17 ... -114.63 -114.57 -114.31]
 [-124.23 -124.19 -124.17 ... -114.63 -114.57 -114.31]]

Y Grid Component:
[[32.54 32.54 32.54 ... 32.54 32.54 32.54]
 [32.55 32.55 32.55 ... 32.55 32.55 32.55]
 [32.55 32.55 32.55 ... 32.55 32.55 32.55]
 ...
 [41.74 41.74 41.74 ... 41.74 41.74 41.74]
 [41.75 41.75 41.75 ... 41.75 41.75 41.75]
 [41.78 41.78 41.78 ... 41.78 41.78 41.78]]
```

그림 9.24 그리드의 x와 y 요소는 dfLess15 데이터셋을 표시

2. 커널 밀도 추정 모델을 정의하고 피팅하자. 실행 시간을 줄이기 위해 대역폭 값은
   0.05로 정하고 위치 그리드의 각 지점에 대해 가능성 값을 만든다.

```
kde = sklearn.neighbors.KernelDensity(
    bandwidth=0.05,
    metric='minkowski',
    kernel='gaussian',
    algorithm='ball_tree'
)
kde.fi t(dfLess15.values)

log_density = kde.score_samples(xy15)
```

```
density = numpy.exp(log_density)
density = density.reshape(x15.shape)
print("Shape of Density Values:\n{}\n".format(density.shape))
```

가능도 값의 모양을 인쇄하면 3,287행 × 3,287열, 즉 10,804,369의 가능도 값
이다. 이는 미리 설정된 경도와 위도 격자에 있는 xy15와 같은 수의 값이다.

3. 캘리포니아 개요를 만들고 단계 2에서 계산한 추정 밀도를 오버레이한다.

```
fig = plt.figure(figsize=(10, 10))
fig.suptitle(
    """
    Density Estimation:
    Location of Housing Blocks
    Where the Median Home Age <= 15 Years
    """,
    fontsize=16
)

the_map = mpl_toolkits.basemap.Basemap(
    projection='cyl',
    llcrnrlat=y15.min(), urcrnrlat=y15.max(),
    llcrnrlon=x15.min(),urcrnrlon=x15.max(),
    resolution='c'
)

the_map.drawcoastlines(linewidth=1)
the_map.drawcountries(linewidth=1)
the_map.drawstates(linewidth=1)

levels = numpy.linspace(0, density.max(), 25)
plt.contourf(x15, y15, density, levels=levels, cmap=plt.cm.Reds)

plt.show()
```

출력 결과는 다음과 같다.

밀도 추정:
중간 주택 연령이 15년 이상인
주택 블록의 위치

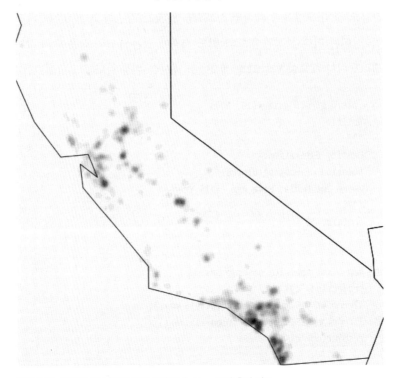

그림 9.25 캘리포니아 외곽선 위에 겹쳐 그린 dfLess15의 추정 밀도

0.05 값은 의도적으로 데이터를 약간 과도하게 피팅하도록 설정한 것이다. '연습 50: Seaborn으로 데이터 로드 및 모델링'에서의 큰 클러스터 대신 이번의 추정 밀도는 훨씬 작은 클러스터로 구성된다. 이렇게 약간 오버핏된 밀도는 이전 버전의 밀도보다 좀 더 유용할 수 있다. 이는 가능도가 높은 인구조사 구역이 실제로 어디에 있는지 좀 더 명확하게 볼 수 있기 때문이다. 이전 밀도에서 가능성이 높은 지역 중 하나는 남부 캘리포니아였지만, 남부 캘리포니아는 인구가 많고 지방 자치 단체가 많은 거대한 지역이다. 사업적 의사 결정에 결과를 사용할 때 특정

수준의 특이성이 필요할 수 있으며 샘플 데이터가 해당 수준의 특이성이나 세분성을 지원할 수 있다면 제공해야 한다.

4. 단계 1을 dfMore40 DataFrame을 대상으로 다시 반복한다.

```
xgrid40 = numpy.sort(list(dfMore40['Longitude']))
ygrid40 = numpy.sort(list(dfMore40['Latitude']))
x40, y40 = numpy.meshgrid(xgrid40, ygrid40)
print("X Grid Component:\n{}\n".format(x40))
print("Y Grid Component:\n{}\n".format(y40))

xy40 = numpy.vstack([y40.ravel(), x40.ravel()]).T
print("Grid:\n{}\n".format(xy40))
```

출력 결과는 다음과 같다.

```
X Grid Component:
[[-124.35 -124.26 -124.23 ... -114.61 -114.6  -114.59]
 [-124.35 -124.26 -124.23 ... -114.61 -114.6  -114.59]
 [-124.35 -124.26 -124.23 ... -114.61 -114.6  -114.59]
 ...
 [-124.35 -124.26 -124.23 ... -114.61 -114.6  -114.59]
 [-124.35 -124.26 -124.23 ... -114.61 -114.6  -114.59]
 [-124.35 -124.26 -124.23 ... -114.61 -114.6  -114.59]]

Y Grid Component:
[[32.64 32.64 32.64 ... 32.64 32.64 32.64]
 [32.66 32.66 32.66 ... 32.66 32.66 32.66]
 [32.66 32.66 32.66 ... 32.66 32.66 32.66]
 ...
 [41.43 41.43 41.43 ... 41.43 41.43 41.43]
 [41.73 41.73 41.73 ... 41.73 41.73 41.73]
 [41.78 41.78 41.78 ... 41.78 41.78 41.78]]
```

그림 9.26 그리드의 x와 y 요소는 dfMore40 데이터셋을 표현한다.

5. 단계 4에서 구축한 그리드를 사용해 단계 2를 반복한다.

```
kde = sklearn.neighbors.KernelDensity(
    bandwidth=0.05,
    metric='minkowski',
```

```
        kernel='gaussian',
        algorithm='ball_tree'
    )
    kde.fit(dfMore40.values)

    log_density = kde.score_samples(xy40)
    density = numpy.exp(log_density)
    density = density.reshape(x40.shape)
    print("Shape of Density Values:\n{}\n".format(density.shape))
```

6. 단계 5에서 계산한 추정 밀도를 사용해 단계 3을 반복한다.

```
    fig = plt.figure(figsize=(10, 10))
    fig.suptitle(
        """
        Density Estimation:
        Location of Housing Blocks
        Where the Median Home Age > 40 Years
        """,
        fontsize=16
    )

    the_map = mpl_toolkits.basemap.Basemap(
        projection='cyl',
        llcrnrlat=y40.min(), urcrnrlat=y40.max(),
        llcrnrlon=x40.min(),urcrnrlon=x40.max(),
        resolution='c'
    )

    the_map.drawcoastlines(linewidth=1)
    the_map.drawcountries(linewidth=1)
    the_map.drawstates(linewidth=1)

    levels = numpy.linspace(0, density.max(), 25)
    plt.contourf(x40, y40, density, levels=levels, cmap=plt.cm.Reds)

    plt.show()
```

출력 결과는 다음과 같다.

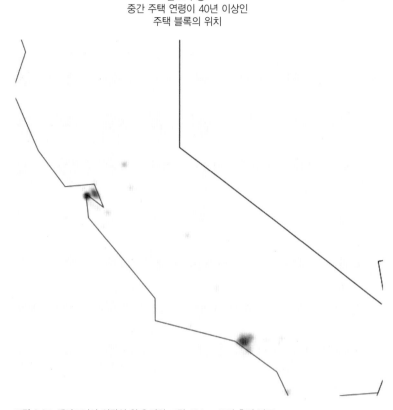

밀도 추정:
중간 주택 연령이 40년 이상인
주택 블록의 위치

그림 9.27 캘리포니아 외곽선 위에 겹쳐 그린 dfMore40의 추정 밀도

이 추정 밀도는 '연습 50: Seaborn으로 데이터 로드 및 모델링'에서 수행한 것의 반복이다. 단계 3의 밀도는 부동산이나 인구조사에 관심이 있는 사람에게 더 자세한 정보를 제공하지만 이 밀도는 실제로 연습 50: Seaborn으로 데이터 로드 및 모델링의 밀도와 달라 보이지 않는다. 이 클러스터는 주로 로스앤젤레스와 샌프란시스코 주변에 있고 다른 곳은 거의 없다.

활동 22: 런던에서의 범죄 분석

이번 활동에서는 https://data.police.uk/data/에서 가져온 런던 범죄 데이터에 대한 커널 밀도 추정을 적용해 핫스팟 분석을 수행할 예정이다. 맵 데이터를 다루는 것은 쉬운 일이 아니므로 분석 결과를 시각화하는 데는 seaborn을 사용할 예정이다. 하지만 만일 '연습 51: 베이스맵 작업'에서의 모든 도표를 만들 자신이 있다면 맵maps을 사용해도 좋다.

이 범죄 데이터에 대한 핫스팟 분석 수행 동기는 두 가지다. 우선 특정 유형의 범죄가 발생할 가능성이 높은 곳을 결정해야 경찰 자원을 최대한으로 활용할 수 있다. 그런 다음 후속 조치로 특정 유형의 범죄에 대한 핫스팟이 시간이 지남에 따라 변경되는지 확인해야 한다. 이 둘 모두 커널 밀도 추정을 사용해 답을 구할 수 있다.

노트

이 데이터셋은 https://data.police.uk/data/에서 다운로드할 수 있다.

활동 자료는 팩트출판사 GitHub에서 다운로드할 수 있다. https://github.com/TrainingByPackt/Applied-Unsupervised-Learning-with-Python/tree/master/Lesson09/Activity21-Activity22다.

만일 소스에서 직접 데이터를 다운로드하고 싶으면 앞의 police 웹사이트로 이동해 Metropolitan Police Service를 선택한 후 데이터의 범위를 2018년 7월부터 2018년 12월까지로 설정하면 된다. 그런 다음 Generate file을 클릭한 다음 Download now를 클릭한다. 다운로드한 파일의 이름은 metro-jul18-dec18로 변경한다. 참고로 파일이 저장된 경로 이름은 알고 있어야 한다.

이 데이터셋에는 Open Government License v3.0 기반으로 공개된 정보가 포함돼 있다.

다음은 이번 활동을 수행하기 위한 각 단계다.

1. 범죄 데이터를 불러온다. 파일을 다운로드한 경로를 사용해, year-month 태그 리스트를 생성하고 read_csv 명령어를 사용해 개별 파일을 반복적으로 불러온 후 이를 하나로 연결한다.
2. 전체(6개월) 및 방금 연결한 데이터셋의 진단을 출력한다.

3. DataFrame을 4개의 변수(Longitude, Latitude, Month, Crime type)로 하위 세트를 만든다.

4. seaborn의 jointplot 함수를 사용해 2018년 7월, 9월, 12월의 자전거 도난에 대한 3가지 커널 밀도 추정 모델을 피팅하고 시각화한다.

5. 4번을 반복하자. 이번에는 2018년 8월, 10월, 11월 동안의 좀도둑shoplifting 범죄를 이용하자.

6. 5번을 반복하자. 이번에는 2018년 7월, 10월, 12월 동안의 강도burglary 범죄를 이용하자.

마지막 부분 출력 결과는 다음과 같다.

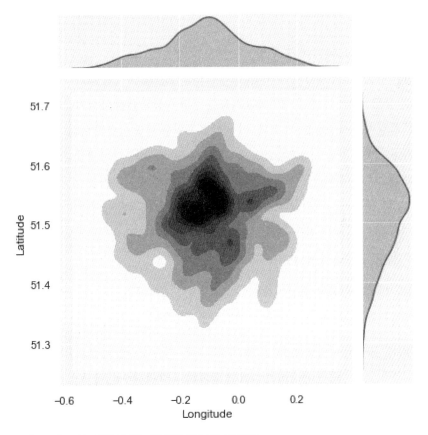

그림 9.28 2018년 12월의 강도에 대한 추정 조인트 및 한계 밀도

이 활동에서 발견한 밀도는 이러한 밀도가 다루는 영역을 정확히 볼 수 있도록 지도에 겹쳐져 있어야 한다. 적절한 매핑 플랫폼이 있다면 지도에 결과를 직접 겹치는 것이 좋지만 만일 그렇지 않다면 온라인에서 사용 가능한 매핑 서비스로 이동해 경도 및 위도 쌍을 사용해 특정 위치에 관한 정보를 얻을 수 있다.

> **노트**
>
> 이 활동의 솔루션은 508페이지에서 찾을 수 있다.

▌ 요약

커널 밀도 추정은 고전적인 통계 기법으로 히스토그램에서 사용한 기법과 비슷한 유형이다. 이를 통해 사용자는 샘플 데이터를 사용한 추정을 통해 특정 대상이나 이벤트의 빈도에 대한 통찰력과 예측을 할 수 있다. 이 외삽법은 확률 밀도 함수의 형태로 제공되며, 결과가 가능도 또는 확률로 나오는 장점이 있다. 이 모델의 품질은 2개의 파라미터인 대역폭 값과 커널 함수에 따라 결정된다. 논의한 것처럼 커널 밀도 추정을 성공적으로 활용하는 데 결정적인 요소는 최적의 대역폭을 구하는 데 있다. 최적의 대역폭은 주로 의사 로그 가능도를 사용한 그리드 검색 교차 검증을 사용해 구할 수 있다. 커널 밀도 추정이 대단한 이유는 단순함과 적용의 유연함에 있다.

범죄학과 역학, 기상학, 부동산에서 커널 밀도 추정 모델을 찾는 것은 일상적인 일이다. 사업 분야에 관계없이 커널 밀도 추정이 적용 가능해야 한다.

이 책에서는 파이썬 라이브러리와 함께 비지도 학습 기술을 사용해 구조화되지 않은 데이터에서 의미 있는 정보를 추출하는 사례를 살펴봤다. 이제 파이썬을 사용해 자신만의 모델을 만들 수 있다.

부록

이 절은 책에서 다룬 활동을 수행하는 걸 돕기 위해 작성됐다. 책의 목표를 완수하기 위해 각 단계를 자세하게 설명한다.

▌ 1장, 클러스터링 소개

활동 1: k-평균 클러스터링 구현

솔루션:

1. DataFrames를 활용해 데이터를 쉽게 정리하도록 도와주는 패키지인 pandas를 사용해 Iris 데이터 파일을 불러온다.

```
import pandas as pd
import numpy as np
import matplotlib.pyplot as plt
from sklearn.metrics import silhouette_score
from scipy.spatial.distance import cdist

iris = pd.read_csv('iris_data.csv', header=None)
iris.columns = ['SepalLengthCm', 'SepalWidthCm', 'PetalLengthCm',
'PetalWidthCm', 'species']
```

2. 이를 비지도 학습의 문제로 다룰 생각이므로 특징 X와 품종의 라벨 y는 분리해 내자.

```
X = iris[['SepalLengthCm', 'SepalWidthCm', 'PetalLengthCm',
'PetalWidthCm']]
y = iris['species']
```

3. 특징이 어떤 형태인지 살펴보자.

```
X.head()
```

출력 결과는 다음과 같다.

	SepalLengthCm	SepalWidthCm	PetalLengthCm	PetalWidthCm
0	5.1	3.5	1.4	0.2
1	4.9	3.0	1.4	0.2
2	4.7	3.2	1.3	0.2
3	4.6	3.1	1.5	0.2
4	5.0	3.6	1.4	0.2

그림 1.22 데이터 중 첫 다섯 행

4. 앞서 만들어 둔 k_means 함수를 가져온다.

```
def k_means(X, K):
# k-평균을 실제로 볼 수 있도록 기록을 추적한다.
  centroids_history = []
  labels_history = []
  rand_index = np.random.choice(X.shape[0], K)
  centroids = X[rand_index]
  centroids_history.append(centroids)
  while True:
# 중심점과 각 지점의 유클리드(Euclidean) 거리를 계산하고
# np.argmin은 최소 거리의 인덱스를 반환한다.
# 이 최소 거리 인덱스는 지점이 어느 클러스터에
# 포함돼야 하는지를 결정한다.
  labels = np.argmin(cdist(X, centroids), axis=1)
  labels_history.append(labels)
# 클러스터 내 지점의 평균을 내 새로운 중심점을 찾는다.
  new_centroids = np.array([X[labels == i].mean(axis=0)
    for i in range(K)])
  centroids_history.append(new_centroids)

  # 만일 기존 중심점과 새 중심점이 변하지 않았다면 k-평균이 완료된 것이다. 만일 변했다면 계속
진행한다.
  if np.all(centroids == new_centroids):
    break
  centroids = new_centroids

  return centroids, labels, centroids_history, labels_history
```

5. Iris 데이터의 특징 X DataFrame을 NumPy 행렬로 변환하자.

```
X_mat = X.values
```

6. Iris 행렬에 대해 k_means 함수를 실행한다.

```
centroids, labels, centroids_history, labels_history = k_means(X_mat, 3)
```

7. 샘플마다 예상 품종의 목록을 살펴보면서 어떤 라벨을 얻을 수 있는지 알아보자.

```
print(labels)
```

출력 결과는 다음과 같다.

```
[2 2 2 2 2 2 2 2 2 2 2 2 2 2 2 2 2 2 2 2 2 2 2 2 2 2 2 2 2 2 2 2 2 2 2 2
 2 2 2 2 2 2 2 2 2 2 2 2 2 1 1 0 1 1 1 1 1 1 1 1 1 1 1 1 1 1 1 1 1 1 1 1 1
 1 1 0 1 1 1 1 1 1 1 1 1 1 1 1 1 1 1 1 1 1 1 1 1 1 0 1 0 0 0 0 1 0 0 0 0
 0 0 1 1 0 0 0 0 1 0 1 0 1 0 0 1 1 0 0 0 0 0 1 0 0 0 0 1 0 0 0 1 0 0 0 1 0
 0 1]
```

그림 1.23 예상 품종의 목록

8. 데이터셋에 대한 k_means 구현의 동작을 시각화한다.

```
plt.scatter(X['SepalLengthCm'], X['SepalWidthCm'])
plt.title('Iris - Sepal Length vs Width')
plt.show()
```

출력 결과는 다음과 같다.

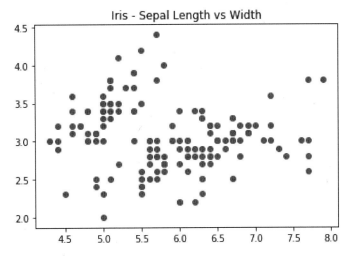

그림 1.24 수행된 k-평균 구현의 결과 도표

다음과 같이 Iris 품종의 클러스터를 시각화한다.

```
plt.scatter(X['SepalLengthCm'], X['SepalWidthCm'], c=labels,
cmap='tab20b')
plt.title('Iris - Sepal Length vs Width - Clustered')
plt.show()
```

출력 결과는 다음과 같다.

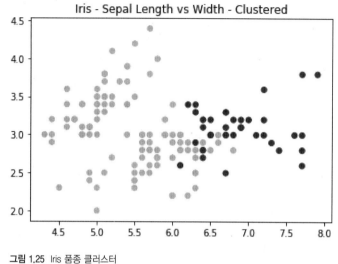

그림 1.25 Iris 품종 클러스터

9. scikit—learn 구현을 사용해 실루엣 점수Silhouette Score를 계산한다.

```
# 실루엣 점수 계산

silhouette_score(X[['SepalLengthCm','SepalWidthCm']], labels)
```

SSI는 대략 0.369일 것이다. 두 가지 특징만 사용하기 때문에 최종 도표에서 보는 것처럼 클러스터 멤버십의 시각화와 결합하면 수용 가능하다.

▌ 2장, 계층적 클러스터링

활동 2: 연결 기준 적용

솔루션:

1. 연습 7: 계층 구성에서 생성한 x 데이터셋을 시각화하자.

```
from scipy.cluster.hierarchy import linkage, dendrogram, fcluster
from sklearn.datasets import make_blobs
import matplotlib.pyplot as plt
%matplotlib inline
# 실험을 위한 랜덤 클러스터 데이터셋을 생성한다.
# X = 좌표 지점, y = 클러스터 라벨(필요 없음)
X, y = make_blobs(n_samples=1000, centers=8, n_features=2, random_state=800)
# 데이터를 시각화한다.
plt.scatter(X[:,0], X[:,1])
plt.show()
```

출력 결과는 다음과 같다.

```
# Generate a random cluster dataset to experiment on. X = coordinate points, y = cluster labels
X, y = make_blobs(n_samples=1000, centers=8, n_features=2, random_state=800)
```

```
# Visualize the data
plt.scatter(X[:,0], X[:,1])
plt.show()
```

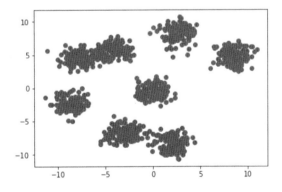

그림 2.20 생성된 클러스터 데이터셋의 산점도

2. 가능한 모든 연결 메소드 하이퍼파라미터의 목록 생성

```
methods = ['centroid', 'single', 'complete', 'average', 'weighted']
```

3. 방금 생성한 목록에 있는 각 메소드를 순회하고 동일한 데이터셋에 대한 적용 효과를 출력한다.

```
for method in methods:
    distances = linkage(X, method=method, metric="euclidean")
    clusters = fcluster(distances, 3, criterion="distance")
    plt.title('linkage: ' + method)
    plt.scatter(X[:,0], X[:,1], c=clusters, cmap='tab20b')
    plt.show()
```

출력 결과는 다음과 같다.

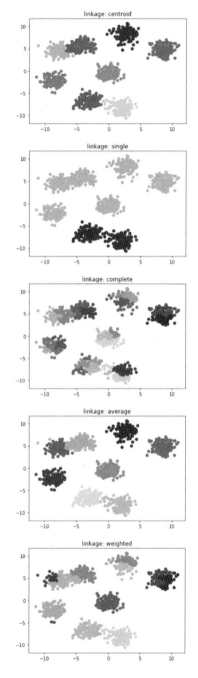

그림 2.21 모든 메소드에 대한 산점도

분석:

이 그림에서 볼 수 있는 것처럼 단순히 연결 기준만 변경해도 클러스터링 결과는 크게 달라진다. 이 데이터셋에서 centroid와 average 연결이 가장 클러스터를 잘 식별해냈다. 8개의 클러스터를 가진 데이터셋을 생성했다는 것은 명백한 사실이며, centroid와 average 연결만 8개의 서로 다른 색상으로 표현하고 있다. 나머지 연결 타입은 색상이 부족한데, 특히 single 연결이 심하다.

활동 3: 계층적 클러스터링과 k-평균 비교

솔루션:

1. scikit-learn으로부터 필요한 패키지 KMeans와 AgglomerativeClustering, silhouette_score를 다음과 같이 임포트한다.

```
from sklearn.cluster import KMeans
from sklearn.cluster import AgglomerativeClustering
from sklearn.metrics import silhouette_score
import pandas as pd
import matplotlib.pyplot as plt
```

2. pandas DataFrame으로 와인 데이터셋을 읽어오고 작은 샘플을 출력한다.

```
wine_df = pd.read_csv("wine_data.csv")
print(wine_df.head)
```

출력 결과는 다음과 같다.

```
<bound method NDFrame.head of       OD_read  Proline
0        3.92   1065.0
1        3.40   1050.0
2        3.17   1185.0
3        3.45   1480.0
4        2.93    735.0
5        2.85   1450.0
```

그림 2.22 와인 데이터셋의 출력

422

3. 데이터 구조를 이해하기 위해 와인 데이터셋을 시각화한다.

```
plt.scatter(wine_df.values[:,0], wine_df.values[:,1])
plt.title("Wine Dataset")
plt.xlabel("OD Reading")
plt.ylabel("Proline")
plt.show()
```

출력 결과는 다음과 같다.

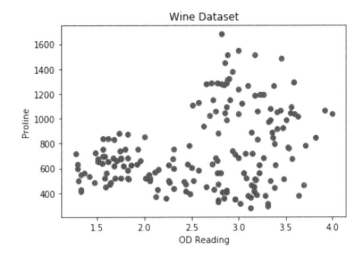

그림 2.23 원시 와인 데이터의 도표

4. 와인 데이터셋에 대해 k-평균의 sklearn 구현을 사용해 3가지 종류의 와인 타입을 파악하자.

```
km = KMeans(3)
km_clusters = km.fi t_predict(wine_df)
```

5. 와인 데이터셋에 대해 계층적 클러스터링의 sklearn 구현을 사용하자.

```
ac = AgglomerativeClustering(3, linkage='average')
ac_clusters = ac.fi t_predict(wine_df)
```

6. 다음과 같이 k-평균으로부터 예측 클러스터를 그린다.

```
plt.scatter(wine_df.values[:,0], wine_df.values[:,1], c=km_clusters)
plt.title("Wine Clusters from Agglomerative Clustering")
plt.xlabel("OD Reading")
plt.ylabel("Proline")
plt.show()
```

출력 결과는 다음과 같다.

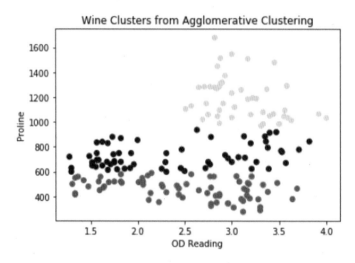

그림 2.24 k-평균 클러스터링의 클러스터 도표

7. 다음과 같이 계층적 클러스터링으로부터 예측 클러스터를 그린다.

```
plt.scatter(wine_df.values[:,0], wine_df.values[:,1], c=ac_clusters)
plt.title("Wine Clusters from Agglomerative Clustering")
plt.xlabel("OD Reading")
plt.ylabel("Proline")
plt.show()
```

출력 결과는 다음과 같다.

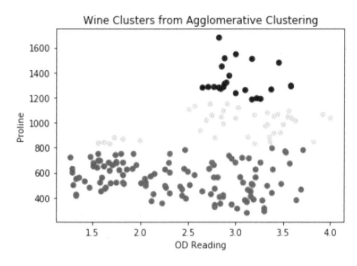

그림 2.25 응집 클러스터링의 클러스터 도표

8. 각 클러스터링 방법의 실루엣 점수를 비교한다.

```
print("Silhouette Scores for Wine Dataset:\n")
print("k-means Clustering: ", silhouette_score(X[:,11:13], km_clusters))
print("Agg Clustering: ", silhouette_score(X[:,11:13], ac_clusters))
```

출력 결과는 다음과 같다.

```
Silhouette Scores for Wine Dataset:

K-Means Clustering:  0.5809421087616886
Agg Clustering:  0.5988495817462
```

그림 2.26 와인 데이터셋의 실루엣 점수

앞의 실루엣 지표에서 알 수 있는 것처럼, 클러스터 내 평균 거리로 클러스터를 분리할 때 응집 클러스터링은 k−평균 클러스터링보다 근소하게 좋은 결과를 보여준다. 하지만 모든 버전의 응집 클러스터링에 해당되지는 않으며, 대신 서로 다른 연결 유형을 시도하고 각각의 실루엣 점수와 클러스터링이 어떻게 변하는지 확인해보자.

▌ 3장, 이웃 접근과 DBSCAN

활동 4: DBSCAN 처음부터 구현

솔루션:

1. 다음과 같이 랜덤 클러스터 데이터셋을 생성한다.

```
from sklearn.cluster import DBSCAN
from sklearn.datasets import make_blobs
import matplotlib.pyplot as plt
import numpy as np
%matplotlib inline

X_blob, y_blob = make_blobs(n_samples=500, centers=4, n_features=2,
random_state=800)
```

2. 생성된 데이터를 시각화한다.

```
plt.scatter(X_blob[:,0], X_blob[:,1])
plt.show()
```

출력 결과는 다음과 같다.

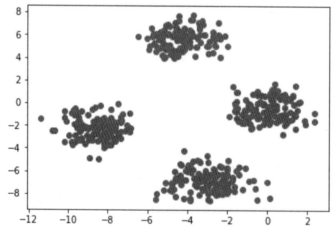

그림 3.14 생성된 데이터 도표

3. 데이터셋에서 DBSCAN을 호출할 수 있는 함수를 처음부터 직접 만들어보자.

```python
def scratch_DBSCAN(x, eps, min_pts):
  """
  param x (list of vectors): your dataset to be clustered
  param eps (fl oat): neigborhood radius threshold
  param min_pts (int): minimum number of points threshold for a nieghborhood
to be a cluster
  """

  # 모두 0으로 구성된 레이블 홀더를 만든다.
  labels = [0]* x.shape[0]

  # 임의 시작 "current cluster" ID
  C = 0

  # x의 각 지점 p에 대해...
  # ('p'는 데이터 지점 자체가 아니라 데이터 지점의 인덱스다.)
  for p in range(0, x.shape[0]):

    # 방문하지 않은 지점만 이웃 중심점으로 평가할 수 있다.
    if not (labels[p] == 0):
      continue

    # 모든 p의 이웃을 찾는다.
    neighbors = neighborhood_search(x, p, eps)

    # 이웃 지점이 충분하지 않으면 노이즈(-1)로 분류된다.
    # 그렇지 않다면 이 지점을 이웃 클러스터로 사용할 수 있다.
    if len(neighbors) < min_pts:
      labels[p] = -1
    else:
      C += 1
      neighbor_cluster(x, labels, p, neighbors, C, eps, min_pts)

    return labels

def neighbor_cluster(x, labels, p, neighbors, C, eps, min_pts):
  # 원래 지점에 대해 클러스터 라벨을 지정한다.
  labels[p] = C
```

```
    # p(지점 자체가 아닌 인덱스)의 각 이웃을 살펴보고 평가한다.
    i = 0
    while i < len(neighbors):

        # 큐(queue)에서 다음 지점을 가져온다.
        potential_neighbor_ix = neighbors[i]

        # 만일 이전 실행에서 potential_neighbor_ix가 노이즈였다면 이를 현재 클러스터에 할
당할 수 있다.
        if labels[potential_neighbor_ix] == -1:
            labels[potential_neighbor_ix] = C

        # 그렇지 않고 positive_neighbor_ix를 방문하지 않은 경우라면 현재 클러스터에 추가할
수 있다.
        elif labels[potential_neighbor_ix] == 0:
            labels[potential_neighbor_ix] = C

            # 잠재적 이웃의 이웃을 더 찾는다.
            potential_neighbors_cluster = neighborhood_search(x, potential_
neighbor_ix, eps)

            if len(potential_neighbors_cluster) >= min_pts:
                neighbors = neighbors + potential_neighbors_cluster

        # 다음 이웃을 평가한다.
        i += 1

def neighborhood_search(x, p, eps):
    neighbors = []

    # 데이터셋의 각 지점에 대해...
    for potential_neighbor in range(0, x.shape[0]):

        # 근처 지점이 이웃 반경 임곗값 이내에 들어오는 경우 이웃 리스트에 추가한다.
        if np.linalg.norm(x[p] - x[potential_neighbor]) < eps:
            neighbors.append(potential_neighbor)

    return neighbors
```

4. 직접 만든 DBSCAN 구현을 사용해 생성된 데이터셋에서 클러스터를 찾자. 단계 5에서 성능을 기준으로 하이퍼파라미터를 자유롭게 조정해 사용하자.

```
labels = scratch_DBSCAN(X_blob, 0.6, 5)
```

5. DBSCAN 구현의 클러스터링 성능을 처음부터 시각화하자.

```
plt.scatter(X_blob[:,0], X_blob[:,1], c=labels)
plt.title("DBSCAN from Scratch Performance")
plt.show()
```

출력 결과는 다음과 같다.

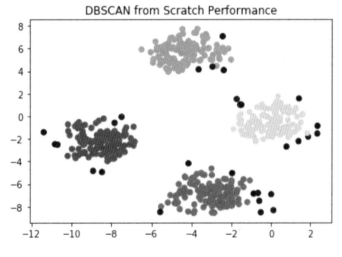

그림 3.15 DBSCAN 구현 도표

이미 알고 있겠지만 커스텀 구현을 실행하려면 시간이 제법 걸린다. 명확성을 위해 벡터화되지 않은 버전의 알고리즘을 살펴봤기 때문이다. 앞으로는 scikit-learn이 제공하는 상당히 최적화된 DBSCAN 구현의 사용을 목표로 해야 한다.

활동 5: DBSCAN과 k-평균 그리고 계층적 클러스터링 비교

솔루션:

1. 필요한 패키지를 임포트한다.

```
from sklearn.cluster import KMeans, AgglomerativeClustering, DBSCAN
from sklearn.metrics import silhouette_score
import pandas as pd
import matplotlib.pyplot as plt
%matplotlib inline
```

2. 2장, '계층적 클러스터링'에서 사용한 데이터셋을 불러오고 데이터의 형태에 다시 익숙해지자.

```
# Wine 데이터셋 로딩
wine_df = pd.read_csv("../CH2/wine_data.csv")

# 데이터셋 샘플 출력
print(wine_df.head())
```

출력 결과는 다음과 같다.

```
     OD_read   Proline
0     3.92     1065.0
1     3.40     1050.0
2     3.17     1185.0
3     3.45     1480.0
4     2.93      735.0
```

그림 3.16 와인 데이터셋의 첫 5행

3. 데이터를 시각화한다.

```
plt.scatter(wine_df.values[:,0], wine_df.values[:,1])
plt.title("Wine Dataset")
plt.xlabel("OD Reading")
plt.ylabel("Proline")
plt.show()
```

출력 결과는 다음과 같다.

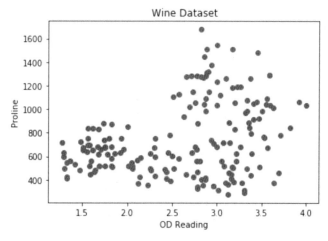

그림 3.17 데이터 산점도

4. k-평균, 응집 클러스터링, DBSCAN을 사용해 클러스터를 생성한다.

```
# K-Means를 사용해 클러스터를 생성한다.
km = KMeans(3)
km_clusters = km.fit_predict(wine_df)

# 응집 계층 클러스터링(Agglomerative Hierarchical Clustering)을 사용해 클러스터를 생성
한다.
ac = AgglomerativeClustering(3, linkage='average')
ac_clusters = ac.fit_predict(wine_df)
```

5. DSBSCAN 하이퍼파라미터의 몇 가지 서로 다른 옵션을 평가하고 실루엣 점수가
어떻게 달라지는지 확인하자.

```
db_param_options = [[20,5],[25,5],[30,5],[25,7],[35,7],[35,3]]

for ep,min_sample in db_param_options:
  # DBSCAN을 사용해 클러스터 생성
  db = DBSCAN(eps=ep, min_samples = min_sample)
  db_clusters = db.fi t_predict(wine_df)
  print("Eps: ", ep, "Min Samples: ", min_sample)
```

```
print("DBSCAN Clustering: ", silhouette_score(wine_df, db_clusters))
```

출력 결과는 다음과 같다.

```
Eps:  20 Min Samples:  5
DBSCAN Clustering:  0.3997987919957757
Eps:  25 Min Samples:  5
DBSCAN Clustering:  0.35258611037074095
Eps:  30 Min Samples:  5
DBSCAN Clustering:  0.43763797761597306
Eps:  25 Min Samples:  7
DBSCAN Clustering:  0.2711660466706248
Eps:  35 Min Samples:  7
DBSCAN Clustering:  0.4600630149335495
Eps:  35 Min Samples:  3
DBSCAN Clustering:  0.5368842164535846
```

그림 3.18 클러스터의 실루엣 점수 출력

6. 가장 높은 실루엣 점수(eps: 35, min_samples: 3)에 기반해 최종 클러스터를 생성한다.

```
# DBSCAN을 사용해 클러스터 생성
db = DBSCAN(eps=35, min_samples = 3)
db_clusters = db.fi t_predict(wine_df)
```

7. 3가지 서로 다른 방법을 사용해 클러스터를 시각화한다.

```
plt.title("Wine Clusters from K-Means")
plt.scatter(wine_df['OD_read'], wine_df['Proline'], c=km_clusters,s=50,
cmap='tab20b')
plt.show()

plt.title("Wine Clusters from Agglomerative Clustering")
plt.scatter(wine_df['OD_read'], wine_df['Proline'], c=ac_clusters,s=50,
cmap='tab20b')
plt.show()

plt.title("Wine Clusters from DBSCAN")
plt.scatter(wine_df['OD_read'], wine_df['Proline'], c=db_clusters,s=50,
```

```
cmap='tab20b')
plt.show()
```

출력 결과는 다음과 같다.

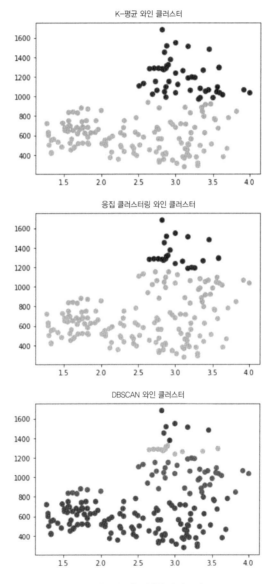

그림 3.19 서로 다른 알고리즘을 사용한 클러스터 도표

8. 각 방식의 실루엣 점수를 평가한다.

```
# 실루엣 점수를 계산
print("Silhouette Scores for Wine Dataset:\n")
print("K-Means Clustering: ", silhouette_score(wine_df, km_clusters))
print("Agg Clustering: ", silhouette_score(wine_df, ac_clusters))
print("DBSCAN Clustering: ", silhouette_score(wine_df, db_clusters))
```

출력 결과는 다음과 같다.

```
Silhouette Scores for Wine Dataset:

K-Means Clustering:  0.5809421087616886
Agg Clustering:  0.5988495817462
DBSCAN Clustering:  0.5368842164535846
```

그림 3.20 실루엣 점수

보다시피 DBSCAN이 항상 최고의 선택이 될 수는 없다. 다만 한 가지 다른 알고리즘과 구별되는 특징은 노이즈를 잠재적 클러스터링으로 사용한다는 사실이다. 어떤 경우에는 특이한 지점을 제거하기에 훌륭한 결과를 내기도 하지만 때로는 너무 많은 지점을 노이즈로 분류하는 문제를 만들기도 한다. 하이퍼파라미터 튜닝을 통해 실루엣 점수를 높일 수 있을까?

▌ 4장, 차원 축소와 PCA

활동 6: 수동 PCA와 scikit-learn 비교

솔루션:

1. pandas, numpy, matplotlib 라이브러리 그리고 scikit-learn PCA 모델을 임포트한다.

```
import pandas as pd
import numpy as np
import matplotlib.pyplot as plt
from sklearn.decomposition import PCA
```

2. 데이터셋을 불러오고 이전 연습에 따라 sepal 특징만 선택한다. 데이터의 첫 5개 행을 출력하자.

```
df = pd.read_csv('iris-data.csv')
df = df[['Sepal Length', 'Sepal Width']]
df.head()
```

출력 결과는 다음과 같다.

	Sepal Length	Sepal Width
0	5.1	3.5
1	4.9	3.0
2	4.7	3.2
3	4.6	3.1
4	5.0	3.6

그림 4.43 데이터의 첫 5개 행

3. 데이터의 covariance 행렬을 계산한다.

```
cov = np.cov(df.values.T)
cov
```

출력 결과는 다음과 같다.

```
array([[ 0.68569351, -0.03926846],
       [-0.03926846,  0.18800403]])
```

그림 4.44 데이터의 covariance 행렬

4. scikit-learn API와 첫 번째 주요 구성 요소만 사용해 데이터를 변환하고 이렇게
   변환된 데이터를 sklearn_pca 변수에 저장한다.

```
model = PCA(n_components=1)
sklearn_pca = model.fi t_transform(df.values)
```

5. 수동 PCA와 첫 번째 주요 구성 요소만 사용해 데이터를 변환하고 이렇게 변환된
   데이터를 manual_pca 변수에 저장한다.

```
eigenvectors, eigenvalues, _ = np.linalg.svd(cov, full_matrices=False)
P = eigenvectors[0]
manual_pca = P.dot(df.values.T)
```

6. 차이를 알아보기 위해 sklearn_pca와 manual_pca를 동일한 도표에 시각화하자.

```
plt.fi gure(fi gsize=(10, 7));
plt.plot(sklearn_pca, label='Scikit-learn PCA');
plt.plot(manual_pca, label='Manual PCA', linestyle='--');
plt.xlabel('Sample');
plt.ylabel('Transformed Value');
plt.legend();
```

출력 결과는 다음과 같다.

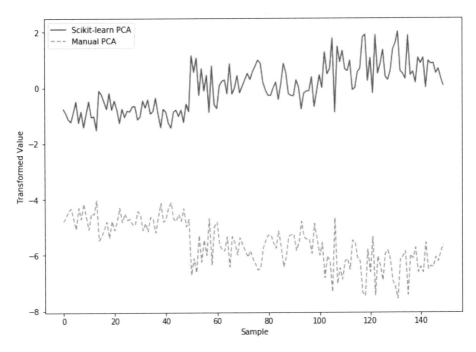

그림 4.45 데이터 도표

7. 두 그래프가 일정 거리를 두고 서로 거울에 반사된 것처럼 보인다는 사실만 제외하면 두 그래프의 모양이 거의 일치한다는 사실에 주목하자. sklearn_pca과 manual_pca 모델의 구성 요소를 출력하자.

```
model.components_
```

출력 결과는 다음과 같다.

```
array([[ 0.99693955, -0.07817635]])
```

이제 P를 출력하자.

```
P
```

출력 결과는 다음과 같다.

```
array([-0.99693955, 0.07817635])
```

값은 서로 동일한데 부호만 다르다는 사실에 주목하자. 이런 이유로 거울에 비친 것과 같은 결과가 나온 것이다. 이는 표기 방식의 차이일 뿐, 큰 의미는 없다.

8. manual_pca에 -1을 곱하고 다시 그려보자.

```
manual_pca *= -1
plt.figure(figsize=(10, 7));
plt.plot(sklearn_pca, label='Scikit-learn PCA');
plt.plot(manual_pca, label='Manual PCA', linestyle='--');
plt.xlabel('Sample');
plt.ylabel('Transformed Value');
plt.legend();
```

출력 결과는 다음과 같다.

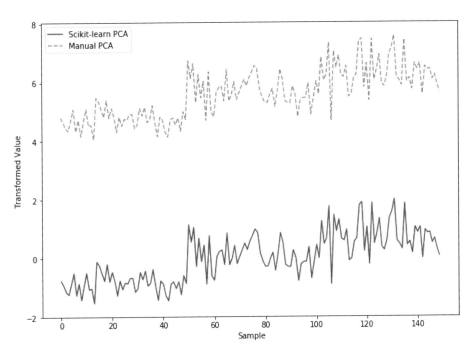

그림 4.46 다시 그린 데이터

9. 이제 남아 있는 일은 둘 간의 거리 차이를 다루는 것이다. scikit-learn API는 변환 전 데이터의 평균을 뺀다. 수동 PCA를 사용한 변환을 완료하기 전 데이터셋에서 각 열의 평균을 뺀다.

```
mean_vals = np.mean(df.values, axis=0)
offset_vals = df.values - mean_vals
manual_pca = P.dot(offset_vals.T)
```

10. 결과에 -1을 곱한다.

```
manual_pca *= -1
```

11. sklearn_pca과 manual_pca 값을 다시 그린다.

```
plt.fi gure(fi gsize=(10, 7));
plt.plot(sklearn_pca, label='Scikit-learn PCA');
plt.plot(manual_pca, label='Manual PCA', linestyle='--');
plt.xlabel('Sample');
plt.ylabel('Transformed Value');
plt.legend();
```

출력 결과는 다음과 같다.

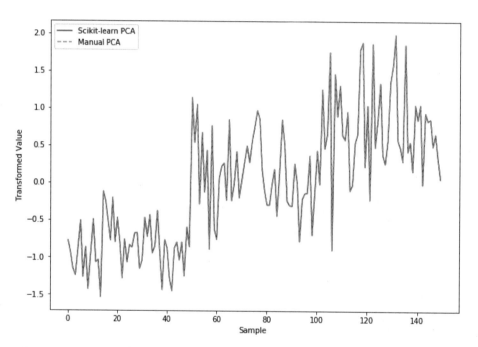

그림 4.47 다시 그린 데이터

마지막 그림은 두 가지 방법으로 완성한 차원 축소의 결과가 사실상 동일하다는 것을 보여준다. 두 방법은 단순히 비교를 위한 기준으로 다른 특징을 사용하기 때문에 공분산 행렬의 기호에 차이가 발생했다. 마지막으로 두 데이터셋 사이에는 오프셋도 있는데 이는 scikit-learn PCA에서 변환을 실행하기 전 평균 샘플이 차감됐기 때문이다.

활동 7: 확장된 Iris 데이터셋을 사용한 PCA

솔루션:

1. pandas와 matplotlib을 임포트한다. 3D 플로팅을 위해서는 Axes3D도 임포트
   해야 한다.

```
import pandas as pd
import numpy as np
import matplotlib.pyplot as plt
from sklearn.decomposition import PCA
from mpl_toolkits.mplot3d import Axes3D # Required for 3D plotting
```

2. 데이터셋을 불러오고 Sepal Length, Sepal Width, Petal Width 열을 선택한다.

```
df = pd.read_csv('iris-data.csv')[['Sepal Length', 'Sepal Width', 'Petal
Width']]
df.head()
```

다음은 출력 결과다.

	Sepal Length	Sepal Width	Petal Width
0	5.1	3.5	0.2
1	4.9	3.0	0.2
2	4.7	3.2	0.2
3	4.6	3.1	0.2
4	5.0	3.6	0.2

그림 4.48 Sepal Length, Sepal Width, Petal Width

3. 3차원 공간에 데이터를 그린다.

```
fig = plt.figure(figsize=(10, 7))
ax = fig.add_subplot(111, projection='3d')
```

```
ax.scatter(df['Sepal Length'], df['Sepal Width'], df['Petal Width']);
ax.set_xlabel('Sepal Length (mm)');
ax.set_ylabel('Sepal Width (mm)');
ax.set_zlabel('Petal Width (mm)');
ax.set_title('Expanded Iris Dataset');
```

출력 결과는 다음과 같다.

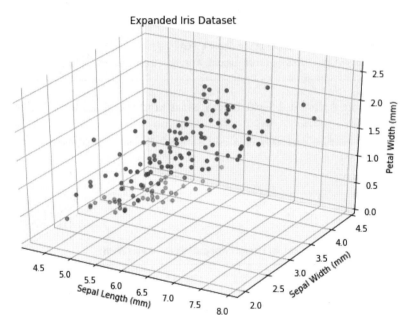

그림 4.49 확장된 Iris 데이터셋 도표

4. 컴포넌트의 수를 특정하지 않은 상태로 PCA 모델을 생성한다.

```
model = PCA()
```

5. 모델을 데이터셋에 피팅한다.

```
model.fit(df.values)
```

출력 결과는 다음과 같다.

```
PCA(copy=True, iterated_power='auto', n_components=None, random_state=None,
    svd_solver='auto', tol=0.0, whiten=False)
```

그림 4.50 데이터셋에 피팅된 모델

6. 고윳값 또는 explain_variance_ratio_를 표시한다.

```
model.explained_variance_ratio_
```

출력 결과는 다음과 같다.

```
array([0.8004668 , 0.14652357, 0.05300962])
```

7. 데이터셋의 차원을 줄이고 싶지만 여전히 분산의 90% 이상을 유지한다. 분산의 90%를 유지하는 데 필요한 최소 구성 요소의 수는 몇 개인가?

처음 두 성분은 최소 90%의 분산을 필요로 한다. 처음 두 성분은 데이터셋 내에서 분산의 94.7%를 제공한다.

8. 새로운 PCA 모델을 만들자. 이번에는 분산의 90% 이상을 유지하는 데 필요한 구성 요소의 수를 지정하자.

```
model = PCA(n_components=2)
```

9. 새로운 모델을 사용해 데이터를 변환하자.

```
data_transformed = model.fit_transform(df.values)
```

10. 변환된 데이터를 그린다.

```
plt.figure(figsize=(10, 7))
plt.scatter(data_transformed[:,0], data_transformed[:,1]);
```

출력 결과는 다음과 같다.

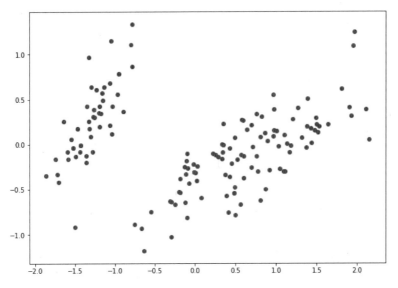

그림 4.51 변환된 데이터 도표

11. 변환된 데이터를 원래의 데이터 공간으로 복원한다.

```
data_restored = model.inverse_transform(data_transformed)
```

12. 복원된 데이터를 첫 번째 서브 도표로 3차원에 그리고 원본 데이터를 두 번째 서
    브 도표로 그려서 분산의 일부를 제거한 효과를 시각화한다.

```
fig = plt.figure(figsize=(10, 14))

# 원본 데이터
ax = fig.add_subplot(211, projection='3d')
ax.scatter(df['Sepal Length'], df['Sepal Width'], df['Petal Width'],
label='Original Data');
ax.set_xlabel('Sepal Length (mm)');
ax.set_ylabel('Sepal Width (mm)');
ax.set_zlabel('Petal Width (mm)');
ax.set_title('Expanded Iris Dataset');
```

```
# 변환 데이터
ax = fig.add_subplot(212, projection='3d')
ax.scatter(data_restored[:,0], data_restored[:,1], data_restored[:,2],
label='Restored Data');
ax.set_xlabel('Sepal Length (mm)');
ax.set_ylabel('Sepal Width (mm)');
ax.set_zlabel('Petal Width (mm)');
ax.set_title('Restored Iris Dataset');
```

출력 결과는 다음과 같다.

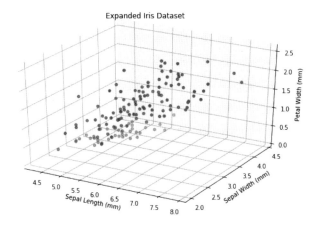

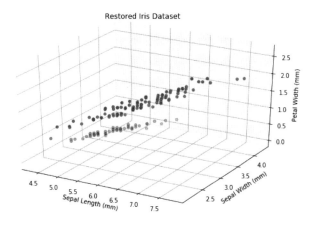

그림 4.52 확장 및 복원된 Iris 데이터셋의 도표

그림 4.52를 보면 2차원 도표에서와 마찬가지로 데이터 내부의 노이즈는 상당 부분 제거했지만 중요한 정보는 최대한 유지했음을 알 수 있다. 일반적으로 꽃잎petal의 너비에 따라 꽃받침 조각sepal의 길이가 증가하며 도표 안에 하나의 데이터가 다른 것보다 위에 있는 두 개의 데이터를 눈으로 확인할 수 있다.

> **노트**
>
> PCA를 적용할 때, 사용 가능한 시스템 메모리는 물론 모델링할 데이터의 크기를 신경 쓰는 게 중요하다. 특이값 분해 과정에서는 데이터를 고윳값과 고유 벡터로 분리하는 과정을 포함하기에 메모리를 많이 사용한다. 데이터셋이 너무 큰 경우 처리 과정을 완료하지 못하거나 성능이 크게 저하돼 시스템이 멈출 수도 있다.

█ 5장, 오토인코더

활동 8: ReLU 활성화 함수를 사용한 뉴런 모델링

솔루션:

1. numpy와 matplotlib 라이브러리를 임포트한다.

    ```
    import numpy as np
    import matplotlib.pyplot as plt
    ```

2. 라벨에 라텍스^{latex} 기호를 사용하도록 허용한다.

    ```
    plt.rc('text', usetex=True)
    ```

3. ReLU 활성화 함수를 파이썬 함수로 정의한다.

    ```
    def relu(x):
        return np.max((0, x))
    ```

4. 뉴런에 대한 입력 (x) 및 조정 가능한 가중치 (theta)를 정의한다. 이 예에서 입력 (x)는 −5와 5 사이에 선형으로 배치된 100개의 숫자다. theta = 1로 설정한다.

    ```
    theta = 1
    x = np.linspace(-5, 5, 100)
    x
    ```

    출력 결과는 다음과 같다.

    ```
    array([-5.        , -4.8989899 , -4.7979798 , -4.6969697 , -4.5959596 ,
           -4.49494949, -4.39393939, -4.29292929, -4.19191919, -4.09090909,
           -3.98989899, -3.88888889, -3.78787879, -3.68686869, -3.58585859,
           -3.48484848, -3.38383838, -3.28282828, -3.18181818, -3.08080808,
           -2.97979798, -2.87878788, -2.77777778, -2.67676768, -2.57575758,
           -2.47474747, -2.37373737, -2.27272727, -2.17171717, -2.07070707,
           -1.96969697, -1.86868687, -1.76767677, -1.66666667, -1.56565657,
    ```

그림 5.35 입력 자료의 화면 출력

5. 출력 (y)를 계산한다.

```
y = [relu(_x * theta) for _x in x]
```

6. 뉴런의 출력 대 입력을 그린다.

```
fig = plt.figure(figsize=(10, 7))
ax = fig.add_subplot(111)

ax.plot(x, y)

ax.set_xlabel('$x$', fontsize=22);
ax.set_ylabel('$h(x\Theta)$', fontsize=22);
ax.spines['left'].set_position(('data', 0));
ax.spines['top'].set_visible(False);
ax.spines['right'].set_visible(False);
ax.tick_params(axis='both', which='major', labelsize=22)
```

출력 결과는 다음과 같다.

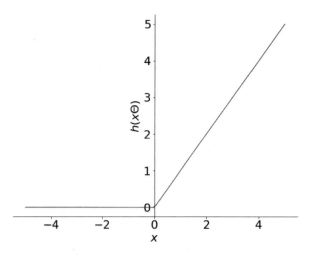

그림 5.36 뉴런의 출력 대 입력 도표

7. 이제 theta = 5로 설정하고 뉴런의 출력을 다시 계산하고 저장하자.

```
theta = 5
y_2 = [relu(_x * theta) for _x in x]
```

8. 이제 theta = 0.2로 설정하고 뉴런의 출력을 다시 계산하고 저장한다.

```
theta = 0.2
y_3 = [relu(_x * theta) for _x in x]
```

9. 하나의 그래프에 뉴런의 세 가지 출력 곡선 (theta = 1, theta = 5, theta = 0.2) 을 그린다.

```
fig = plt.figure(figsize=(10, 7))
ax = fig.add_subplot(111)

ax.plot(x, y, label='$\Theta=1$');
ax.plot(x, y_2, label='$\Theta=5$', linestyle=':');
ax.plot(x, y_3, label='$\Theta=0.2$', linestyle='--');
ax.set_xlabel('$x\Theta$', fontsize=22);
ax.set_ylabel('$h(x\Theta)$', fontsize=22);
ax.spines['left'].set_position(('data', 0));
ax.spines['top'].set_visible(False);
ax.spines['right'].set_visible(False);
ax.tick_params(axis='both', which='major', labelsize=22);
ax.legend(fontsize=22);
```

출력 결과는 다음과 같다.

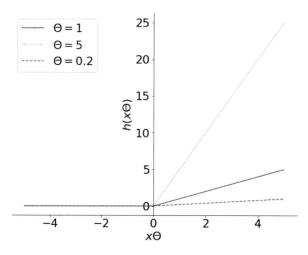

그림 5.37 뉴런의 3가지 출력 커브

이 활동에서 우리는 ReLU 기반의 인공 신경망 뉴런 모델을 만들었으며, 이 뉴런의 출력이 sigmoid 활성화 기능과 매우 다르다는 것을 알 수 있다. 단순히 함수의 입력값을 반환하기 때문에 0보다 큰 값에 대한 포화 영역은 없다. 음의 방향으로 입력이 0보다 작으면 0만을 반환하는 포화 영역이 있다. ReLU 함수는 강력한 기능을 갖고 있으며 일반적으로 사용하는 활성화 함수로 어떤 상황에서는 sigmoid 함수보다 더 강력하다. ReLU는 종종 최상의 선택이 되는 활성화 함수다.

활동 9: MNIST 신경망

솔루션:

이 활동에서는 MNIST 데이터셋에서 이미지를 식별하기 위해 신경망을 훈련시키고 신경망 훈련 기술을 강화한다.

1. pickle, numpy, matplotlib를 임포트하고 Keras에서 Sequential과 Dense를 임포트한다.

```
import pickle
import numpy as np
import matplotlib.pyplot as plt
from keras.models import Sequential
from keras.layers import Dense
```

2. 함께 제공되는 소스 코드에서 사용 가능한 MNIST 데이터셋의 처음 10,000개 이미지 및 해당 레이블이 포함된 mnist.pkl 파일을 불러온다. MNIST 데이터셋은 0에서 9 사이의 필기 숫자로 된 일련의 28 × 28 흑백 이미지다. 이미지와 레이블을 추출해보자.

```
with open('mnist.pkl', 'rb') as f:
  data = pickle.load(f)

images = data['images']
labels = data['labels']
```

3. 첫 10개 샘플을 해당 레이블과 함께 그린다.

```
plt.figure(figsize=(10, 7))
for i in range(10):
  plt.subplot(2, 5, i + 1)
  plt.imshow(images[i], cmap='gray')
  plt.title(labels[i])
  plt.axis('off')
```

출력 결과는 다음과 같다.

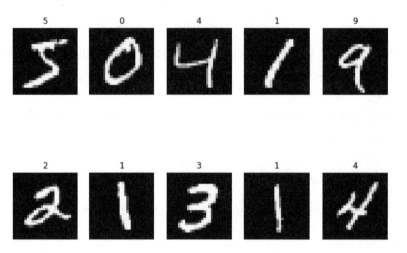

그림 5.38 첫 10개 샘플

4. 원 핫 인코딩을 사용해 라벨을 인코딩한다.

```
one_hot_labels = np.zeros((images.shape[0], 10))

for idx, label in enumerate(labels):
  one_hot_labels[idx, label] = 1

one_hot_labels
```

출력 결과는 다음과 같다.

```
array([[0., 0., 0., ..., 0., 0., 0.],
       [1., 0., 0., ..., 0., 0., 0.],
       [0., 0., 0., ..., 0., 0., 0.],
       ...,
       [0., 0., 0., ..., 0., 0., 0.],
       [0., 0., 0., ..., 0., 0., 1.],
       [0., 0., 0., ..., 1., 0., 0.]])
```

그림 5.39 원 핫 인코딩 결과

452

5. 신경망 입력 자료로 사용할 이미지를 준비한다. 이 과정은 두 단계로 나뉜다.

```
images = images.reshape((-1, 28 ** 2))
images = images / 255.
```

6. 준비한 이미지를 받아들이는 신경망 모델을 Keras로 생성한다. 이 신경망은 600개 유닛의 숨겨진 계층과 ReLU 활성화 함수를 갖고 있으며 동일한 수의 출력을 제공한다. 출력 계층은 softmax 활성화 함수를 사용한다.

```
model = Sequential([
    Dense(600, input_shape=(784,), activation='relu'),
    Dense(10, activation='softmax'),
])
```

7. 다중클래스 교차 – 엔트로피, 확률적 경사 하강법, 정확도 성능 지표를 사용해 모델을 컴파일하자.

```
model.compile(loss='categorical_crossentropy',
              optimizer='sgd',
              metrics=['accuracy'])
```

8. 모델을 훈련시키자. 훈련 데이터에서 최소 95%의 분류 정확도를 달성하려면 몇 세대가 필요한지 살펴보자.

```
model.fit(images, one_hot_labels, epochs=20)
```

출력 결과는 다음과 같다.

```
10000/10000 [==============================] - 2s 152us/step - loss: 0.1963 - acc: 0.9471
Epoch 13/20
10000/10000 [==============================] - 2s 157us/step - loss: 0.1921 - acc: 0.9479
Epoch 14/20
10000/10000 [==============================] - 2s 173us/step - loss: 0.1877 - acc: 0.9487
Epoch 15/20
10000/10000 [==============================] - 2s 157us/step - loss: 0.1836 - acc: 0.9507
Epoch 16/20
10000/10000 [==============================] - 2s 156us/step - loss: 0.1791 - acc: 0.9522
Epoch 17/20
10000/10000 [==============================] - 2s 157us/step - loss: 0.1754 - acc: 0.9532
Epoch 18/20
10000/10000 [==============================] - 2s 158us/step - loss: 0.1714 - acc: 0.9538
Epoch 19/20
10000/10000 [==============================] - 2s 156us/step - loss: 0.1681 - acc: 0.9544
Epoch 20/20
10000/10000 [==============================] - 2s 160us/step - loss: 0.1638 - acc: 0.9559

<keras.callbacks.History at 0x7f60f7011f60>
```

그림 5.40 모델 훈련

훈련 세트에서 최소 95%의 훈련 정확도를 달성하려면 15세대가 필요하다.

이 예제에서는 분류자가 학습한 데이터를 사용해 신경망 분류기의 성능을 측정했다. 일반적으로 이 방법은 모델에서 예상하는 것보다 높은 수준의 정확도를 내므로 사용해는 안 된다. 지도 학습 문제에는 대신 사용할 수 있는 여러 가지 교차 검증 기술이 있다. 이 책은 비지도 학습에 관한 내용을 다루므로 교차 검증은 이 책의 범위를 벗어난다.

활동 10: 간단한 MNIST 오토인코더

솔루션

1. pickle, numpy, matplotlib을 임포트하고 Keras에서 Model, Input, Dense 클래스를 임포트한다.

```
import pickle
import numpy as np
```

```
import matplotlib.pyplot as plt
from keras.models import Model
from keras.layers import Input, Dense
```

2. 함께 제공되는 소스 코드(mnist.pkl)에 포함된 MNIST 데이터셋의 샘플에서 이미지를 불러온다.

```
with open('mnist.pkl', 'rb') as f:
    images = pickle.load(f)['images']
```

3. 신경망 입력 자료로 사용할 이미지를 준비한다. 이 과정에는 2개의 분리된 단계가 존재한다.

```
images = images.reshape((-1, 28 ** 2))
images = images / 255.
```

4. 인코딩 단계를 마친 후 이미지 크기를 10 × 10으로 줄여주는 간단한 오토인코더 네트워크를 만든다.

```
input_stage = Input(shape=(784,))
encoding_stage = Dense(100, activation='relu')(input_stage)
decoding_stage = Dense(784, activation='sigmoid')(encoding_stage)
autoencoder = Model(input_stage, decoding_stage)
```

5. 이진 교차-엔트로피 손실 함수와 adadelta 경사 하강법을 사용해 오토인코더를 컴파일한다.

```
autoencoder.compile(loss='binary_crossentropy',
                    optimizer='adadelta')
```

6. 인코더 모델을 피팅한다.

```
autoencoder.fit(images, images, epochs=100)
```

출력 결과는 다음과 같다.

```
Epoch 96/100
10000/10000 [==============================] - 1s 130us/step - loss: 0.0755
Epoch 97/100
10000/10000 [==============================] - 1s 127us/step - loss: 0.0754
Epoch 98/100
10000/10000 [==============================] - 1s 126us/step - loss: 0.0754
Epoch 99/100
10000/10000 [==============================] - 1s 125us/step - loss: 0.0753
Epoch 100/100
10000/10000 [==============================] - 1s 128us/step - loss: 0.0752

<keras.callbacks.History at 0x7f5e9d2f0860>
```

그림 5.41 모델 훈련

7. 첫 5개 샘플에 대해 인코딩 단계의 출력을 계산하고 저장한다.

```
encoder_output = Model(input_stage, encoding_stage).predict(images[:5])
```

8. 인코더 출력을 10×10 $(10 \times 10 = 100)$픽셀로 변환하고 255를 곱한다.

```
encoder_output = encoder_output.reshape((-1, 10, 10)) * 255
```

9. 첫 5개 샘플에 대해 디코딩 단계의 출력을 계산하고 저장한다.

```
decoder_output = autoencoder.predict(images[:5])
```

10. 디코더의 출력을 28×28로 변환하고 255를 곱한다.

```
decoder_output = decoder_output.reshape((-1, 28, 28)) * 255
```

11. 원본 이미지, 인코더 출력, 디코더 출력을 그린다.

```
images = images.reshape((-1, 28, 28))
plt.figure(figsize=(10, 7))
for i in range(5):
    plt.subplot(3, 5, i + 1)
```

```
plt.imshow(images[i], cmap='gray')
plt.axis('off')

plt.subplot(3, 5, i + 6)
plt.imshow(encoder_output[i], cmap='gray')
plt.axis('off')

plt.subplot(3, 5, i + 11)
plt.imshow(decoder_output[i], cmap='gray')
plt.axis('off')
```

출력 결과는 다음과 같다.

그림 5.42 원본 이미지, 인코더 출력, 디코더 출력

지금까지 인코딩 및 디코딩 단계에서 간단한 단일 히든 레이어를 사용해 데이터를 더 작은 차원의 공간으로 줄이는 방법을 살펴봤다. 인코딩 및 디코딩 단계 모두에 레이어를 추가해 이 모델을 더 복잡하게 만들 수도 있다.

활동 11: MNIST 컨볼루셔널 오토인코더

솔루션:

1. pickle, numpy, matplotlib를 임포트한다. keras.models에서 Model 클래스를 그리고 keras.layers에서 Input, Conv2D, MaxPooling2D, UpSampling2D를 임포트한다.

```
import pickle
import numpy as np
import matplotlib.pyplot as plt
from keras.models import Model
from keras.layers import Input, Conv2D, MaxPooling2D, UpSampling2D
```

2. 데이터를 불러온다.

```
with open('mnist.pkl', 'rb') as f:
    images = pickle.load(f)['images']
```

3. 0에서 1 사이의 값을 갖도록 이미지의 스케일을 변경한다.

```
images = images / 255.
```

4. 컨볼루셔널 단계와 함께 사용하기 위해 단일 깊이 채널을 추가하려면 이미지를 재구성해야 한다. 이미지의 모양을 28 × 28 × 1로 변경하자.

```
images = images.reshape((-1, 28, 28, 1))
```

5. 입력 계층을 정의한다. 이미지와 동일한 모양 입력을 사용할 것이다.

```
input_layer = Input(shape=(28, 28, 1,))
```

6. 16개의 계층 또는 필터, 3 × 3 가중치 행렬, ReLU 활성화 함수를 가진 컨볼루셔널 단계를 추가하고 동일한 패딩padding을 사용한다. 이는 출력이 입력 이미지와 동일한 길이를 가진다는 걸 의미한다.

```
hidden_encoding = Conv2D(
    16, # 가중치 행렬 내의 계층 또는 필터의 수
    (3, 3), # 가중치 행렬의 모양
    activation='relu',
    padding='same', # 이미지에 가중치를 적용하는 방법
)(input_layer)
```

7. 2 × 2 커널을 사용해 최대 풀링 계층을 인코더에 추가한다.

```
encoded = MaxPooling2D((2, 2))(hidden_encoding)
```

8. 디코딩 컨볼루셔널 계층을 추가한다.

```
hidden_decoding = Conv2D(
    16, # 가중치 행렬 내의 계층 또는 필터의 수
    (3, 3), # 가중치 행렬의 모양
    activation='relu',
    padding='same', # 이미지에 가중치를 적용하는 방법
)(encoded)
```

9. 업샘플링 계층을 추가한다.

```
upsample_decoding = UpSampling2D((2, 2))(hidden_decoding)
```

10. 초기 이미지 깊이에 따라 하나의 계층을 사용해 최종 컨볼루셔널 단계를 추가한다.

```
decoded = Conv2D(
    1, # 가중치 행렬 내의 계층 또는 필터의 수
    (3, 3), # 가중치 행렬의 모양
    activation='sigmoid',
    padding='same', # 가중치를 이미지에 적용하는 방법
)(upsample_decoding)
```

11. Model 클래스에 네트워크의 처음과 마지막 계층을 전달해 모델을 구성한다.

```
autoencoder = Model(input_layer, decoded)
```

12. 모델의 구조를 출력한다.

```
autoencoder.summary()
```

출력 결과는 다음과 같다.

```
Layer (type)                 Output Shape              Param #
=================================================================
input_1 (InputLayer)         (None, 28, 28, 1)         0

conv2d_1 (Conv2D)            (None, 28, 28, 16)        160

max_pooling2d_1 (MaxPooling2 (None, 14, 14, 16)        0

conv2d_2 (Conv2D)            (None, 14, 14, 16)        2320

up_sampling2d_1 (UpSampling2 (None, 28, 28, 16)        0

conv2d_3 (Conv2D)            (None, 28, 28, 1)         145
=================================================================
Total params: 2,625
Trainable params: 2,625
Non-trainable params: 0
```

그림 5.43 모델의 구조

13. 이진 교차-엔트로피 손실 함수와 adadelta 경사 하강법을 사용해 오토인코더를 컴파일한다.

```
autoencoder.compile(loss='binary_crossentropy',
                    optimizer='adadelta')
```

14. 이제 모델을 피팅한다. 다시 원하는 결과와 훈련 데이터로 사용할 이미지를 전달하자. 컨볼루셔널 네트워크가 계산하는 데 시간이 오래 걸리므로 20개의 세대를 훈련하자.

```
autoencoder.fi t(images, images, epochs=20)
```

출력 결과는 다음과 같다.

```
Epoch 15/20
10000/10000 [==============================] - 9s 894us/step - loss: 0.0641
Epoch 16/20
10000/10000 [==============================] - 9s 931us/step - loss: 0.0640
Epoch 17/20
10000/10000 [==============================] - 9s 890us/step - loss: 0.0639
Epoch 18/20
10000/10000 [==============================] - 9s 943us/step - loss: 0.0638
Epoch 19/20
10000/10000 [==============================] - 9s 914us/step - loss: 0.0636
Epoch 20/20
10000/10000 [==============================] - 9s 931us/step - loss: 0.0635
```

그림 5.44 모델 훈련

15. 첫 5개 샘플에 대한 인코딩 단계의 출력을 계산하고 저장한다.

```
encoder_output = Model(input_layer, encoded).predict(images[:5])
```

16. 시각화를 위해 인코더 출력의 형태를 각 이미지가 X*Y 크기를 갖도록 만든다.

```
encoder_output = encoder_output.reshape((-1, 14 * 14, 16))
```

17. 첫 5개 이미지에 대한 디코더 출력을 얻는다.

```
decoder_output = autoencoder.predict(images[:5])
```

18. 디코더 출력을 28 × 28 크기로 변경한다.

```
decoder_output = decoder_output.reshape((-1, 28, 28))
```

19. 원본 이미지의 크기를 28 × 28로 변경한다.

```
images = images.reshape((-1, 28, 28))
```

20. 원본 이미지, 평균 인코더 출력, 평균 디코더 출력을 그린다.

```python
plt.figure(fi gsize=(10, 7))
for i in range(5):
    plt.subplot(3, 5, i + 1)
    plt.imshow(images[i], cmap='gray')
    plt.axis('off')

    plt.subplot(3, 5, i + 6)
    plt.imshow(encoder_output[i], cmap='gray')
    plt.axis('off')

    plt.subplot(3, 5, i + 11)
    plt.imshow(decoder_output[i], cmap='gray')
    plt.axis('off')
```

출력 결과는 다음과 같다.

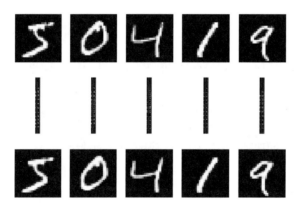

그림 5.45 원본 이미지, 평균 인코더 출력, 평균 디코더 출력

이 활동이 끝나면 신경망 내에 컨볼루셔널 계층으로 구성된 오토인코더를 개발하게 된다. 디코더의 표현이 개선된 점을 참고하자. 이 아키텍처는 완전하게 연결된 신경망 계층에 비해 상당한 성능상의 이점을 제공하며 이미지 기반 데이터셋 작업 및 인공 데이터 샘플 생성에 매우 유용하다.

6장, t-분포 확률적 이웃 임베딩

활동 12: 와인 t-SNE

솔루션:

1. pandas, numpy, matplotlib을 임포트하고 scikit-learn에서 t-SNE와 PCA 모델을 임포트한다.

```
import pandas as pd
import numpy as np
import matplotlib.pyplot as plt
from sklearn.decomposition import PCA
from sklearn.manifold import TSNE
```

2. 소스 코드와 함께 제공되는 wine.data 파일을 사용해 와인 데이터셋을 불러온 후 첫 5개 행을 출력한다.

```
df = pd.read_csv('wine.data', header=None)
df.head()
```

출력 결과는 다음과 같다.

	0	1	2	3	4	5	6	7	8	9	10	11	12	13
0	1	14.23	1.71	2.43	15.6	127	2.80	3.06	0.28	2.29	5.64	1.04	3.92	1065
1	1	13.20	1.78	2.14	11.2	100	2.65	2.76	0.26	1.28	4.38	1.05	3.40	1050
2	1	13.16	2.36	2.67	18.6	101	2.80	3.24	0.30	2.81	5.68	1.03	3.17	1185
3	1	14.37	1.95	2.50	16.8	113	3.85	3.49	0.24	2.18	7.80	0.86	3.45	1480
4	1	13.24	2.59	2.87	21.0	118	2.80	2.69	0.39	1.82	4.32	1.04	2.93	735

그림 6.24 와인 데이터셋의 첫 5개 행

3. 첫 열은 라벨을 포함하고 있다. 이 열을 추출해 데이터셋에서 제거하자.

```
labels = df[0]
del df[0]
```

4. 첫 6개의 구성 요소로 데이터셋을 축소하기 위해 PCA를 실행한다.

```
model_pca = PCA(n_components=6)
wine_pca = model_pca.fit_transform(df)
```

5. 다음 6가지 구성 요소로 표현된 데이터 내의 분산을 결정한다.

```
np.sum(model_pca.explained_variance_ratio_)
```

출력 결과는 다음과 같다.

```
0.99999314824536
```

6. 지정된 임의 상태와 verbose 값 1을 사용해 t-SNE 모델을 만든다.

```
tsne_model = TSNE(random_state=0, verbose=1)
tsne_model
```

출력 결과는 다음과 같다.

```
TSNE(angle=0.5, early_exaggeration=12.0, init='random', learning_rate=200.0,
    method='barnes_hut', metric='euclidean', min_grad_norm=1e-07,
    n_components=2, n_iter=1000, n_iter_without_progress=300,
    perplexity=30.0, random_state=0, verbose=1)
```

그림 6.25 t-SNE 모델 생성

7. t-SNE 모델에 PCA 데이터를 피팅한다.

```
wine_tsne = tsne_model.fi t_transform(wine_pca.reshape((len(wine_pca), -1)))
```

출력 결과는 다음과 같다.

```
[t-SNE] Computing 91 nearest neighbors...
[t-SNE] Indexed 178 samples in 0.000s...
[t-SNE] Computed neighbors for 178 samples in 0.003s...
[t-SNE] Computed conditional probabilities for sample 178 / 178
[t-SNE] Mean sigma: 9.207049
[t-SNE] KL divergence after 250 iterations with early exaggeration: 51.930435
[t-SNE] KL divergence after 900 iterations: 0.135609
```

그림 6.26 t-SNE 모델에 PCA 데이터 피팅

8. t-SNE 피팅 데이터가 2차원인지 확인한다.

```
wine_tsne.shape
```

출력 결과는 다음과 같다.

```
(172, 8)
```

9. 2차원 데이터의 산점도를 생성한다.

```
plt.figure(figsize=(10, 7))
plt.scatter(wine_tsne[:,0], wine_tsne[:,1]);
plt.title('Low Dimensional Representation of Wine');
plt.show()
```

출력 결과는 다음과 같다.

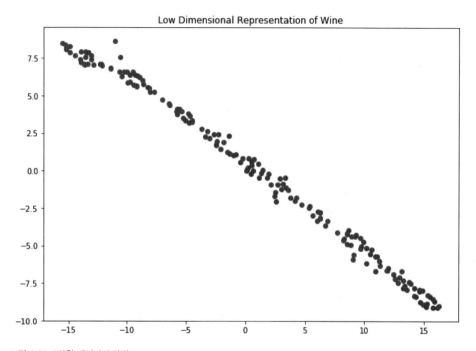

그림 6.27 2차원 데이터의 산점도

10. 존재 가능한 모든 클러스터링을 시각화하기 위해 클래스 라벨을 적용해 2차원 데이터의 2차 산점도를 생성하자.

```
MARKER = ['o', 'v', '^',]
plt.figure(figsize=(10, 7))
plt.title('Low Dimensional Representation of Wine');
for i in range(1, 4):
  selections = wine_tsne[labels == i]
  plt.scatter(selections[:,0], selections[:,1], marker=MARKER[i-1],
label=f'Wine {i}', s=30);
  plt.legend();
plt.show()
```

출력 결과는 다음과 같다.

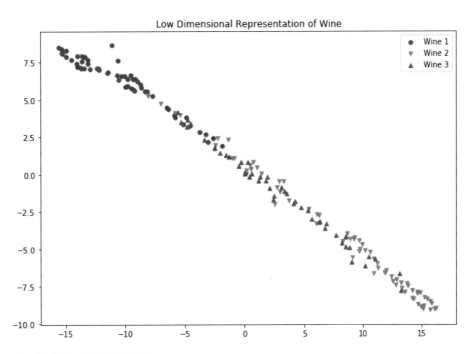

그림 6.28 2차원 데이터의 2차 산점도

와인 클래스 사이에 겹치는 부분이 있지만, 데이터 내에 클러스터링도 일부 있음을 알 수 있다. 첫 번째 와인 클래스는 주로 왼쪽 상단 구석에, 두 번째 와인 클래스는 오른쪽 하단, 세 번째 와인 클래스는 앞선 둘 사이에 주로 존재한다. 이 표현은 확실히 개별 와인 샘플을 매우 자신 있게 분류하는 데 사용할 수는 없지만 이전에 볼 수 없었던 고차원 데이터 내에 포함된 전반적인 경향성과 일련의 클러스터를 보여준다.

활동 13: t-SNE 와인과 퍼플렉서티

솔루션:

1. pandas, numpy, matplotlib을 그리고 scikit−learn에서 t-SNE와 PCA 모델을 임포트한다.

```
import pandas as pd
import numpy as np
import matplotlib.pyplot as plt
from sklearn.decomposition import PCA
from sklearn.manifold import TSNE
```

2. 와인 데이터셋을 불러오고 첫 5개 행을 검사한다.

```
df = pd.read_csv('wine.data', header=None)
df.head()
```

출력 결과는 다음과 같다.

	0	1	2	3	4	5	6	7	8	9	10	11	12	13
0	1	14.23	1.71	2.43	15.6	127	2.80	3.06	0.28	2.29	5.64	1.04	3.92	1065
1	1	13.20	1.78	2.14	11.2	100	2.65	2.76	0.26	1.28	4.38	1.05	3.40	1050
2	1	13.16	2.36	2.67	18.6	101	2.80	3.24	0.30	2.81	5.68	1.03	3.17	1185
3	1	14.37	1.95	2.50	16.8	113	3.85	3.49	0.24	2.18	7.80	0.86	3.45	1480
4	1	13.24	2.59	2.87	21.0	118	2.80	2.69	0.39	1.82	4.32	1.04	2.93	735

그림 6.29 와인 데이터의 첫 5개 행

468

3. 첫 열은 라벨을 제공하는데, 이 라벨들을 DataFrame에서 추출해 별도의 변수에 저장한다. 열이 DataFrame에서 제거됐는지 확인한다.

```
labels = df[0]
del df[0]
```

4. 데이터셋에 대해 PCA를 실행하고 첫 6개 구성 요소를 추출한다.

```
model_pca = PCA(n_components=6)
wine_pca = model_pca.fit_transform(df)
wine_pca = wine_pca.reshape((len(wine_pca), -1))
```

5. 퍼플렉서티 값(1, 5, 20, 30, 80, 160, 320)을 반복하는 루프를 구성한다. 각 루프에 대해 해당 퍼플렉서티를 가진 t-SNE 모델을 생성하고 라벨이 지정된 와인 클래스의 산점도를 출력하자. 여러 퍼플렉서티 값에 따른 효과를 비교해보자.

```
MARKER = ['o', 'v', '^',]
for perp in [1, 5, 20, 30, 80, 160, 320]:
  tsne_model = TSNE(random_state=0, verbose=1, perplexity=perp)
  wine_tsne = tsne_model.fit_transform(wine_pca)
  plt.figure(figsize=(10, 7))
  plt.title(f'Low Dimensional Representation of Wine. Perplexity
{perp}');
  for i in range(1, 4):
    selections = wine_tsne[labels == i]
    plt.scatter(selections[:,0], selections[:,1], marker=MARKER[i-1],
label=f'Wine {i}', s=30);
    plt.legend();
```

퍼플렉서티의 값이 1인 경우에는 데이터를 특정 구조로 분류하는 데 실패한다.

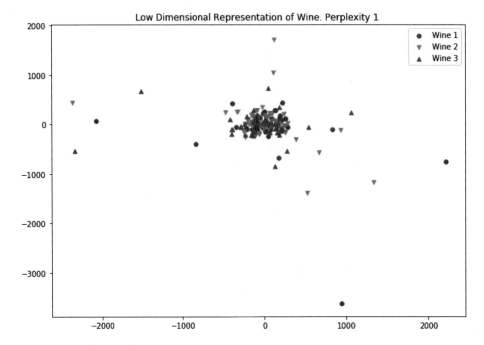

그림 6.30 퍼플렉서티 값이 1인 도표

퍼플렉서티의 값을 5로 늘리면 매우 비선형적인 구조가 나타나며 분리하기 어렵고 클러스터나 패턴을 식별하기 어려운 형태를 보인다.

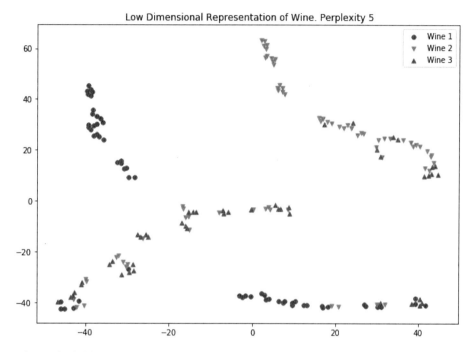

그림 6.31 퍼플렉서티 값이 5인 도표

퍼플렉서티의 값이 20이 되면 결국 말굽과 비슷한 구조를 보여주기 시작한다. 시각적으로는 명확하지만 구현하기는 여전히 까다로울 수 있다.

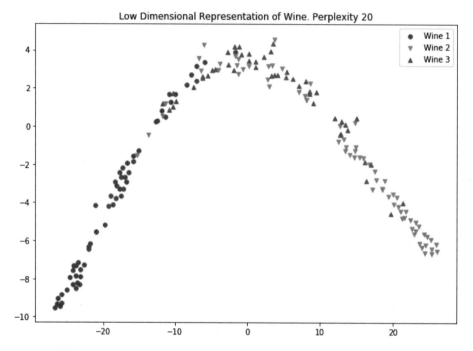

그림 6.32 퍼플렉서티 값이 20인 도표

퍼플렉서티의 값이 30이 되면 훨씬 결과가 좋아진다. 투사된 구조와 와인의 유형 사이에 약간의 분리가 있는 선형적 관계가 있다.

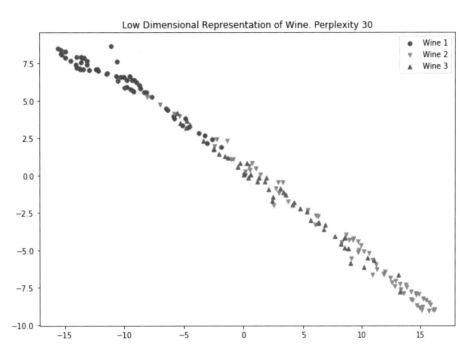

그림 6.33 퍼플렉서티 값이 30인 도표

마지막으로 활동의 마지막 두 이미지는 퍼플렉서티가 증가함에 따라 도표가 점점 복잡해지고 비선형적으로 될 수 있는 정도를 보여준다.

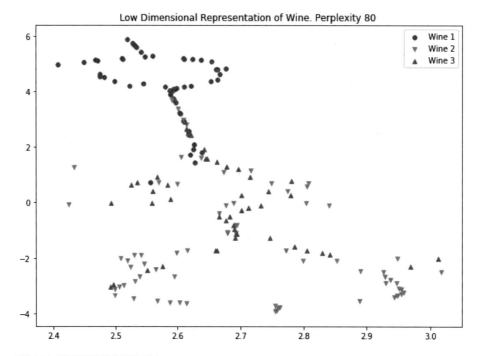

그림 6.34 퍼플렉서티 값이 80인 도표

다음은 퍼플렉서티의 값이 160인 도표다.

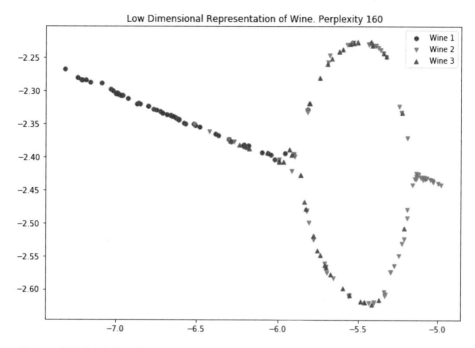

그림 6.35 퍼플렉서티 값이 160인 도표

각각의 퍼플렉서티 값에 대한 개별 그림을 보면 퍼플렉서티가 데이터의 시각화에 미치는 영향은 명확하게 확인할 수 있다. 매우 작거나 매우 큰 퍼플렉서티 값은 의미 있는 패턴을 보여주지 않으며 이상하고 다양한 형상을 만든다. 가장 그럴듯한 값은 30으로 보인다. 이는 우리가 이전 활동에서 본 것 중 가장 선형적인 도표를 만들었다.

이 활동에서는 퍼플렉서티를 선택할 때 주의해야 할 점과 올바른 값을 결정하기 위해 일부 반복이 필요할 수 있음을 보여줬다.

활동 14: t-SNE 와인과 이터레이션

솔루션:

1. pandas, numpy, matplotlib을 그리고 scikit–learn에서 t-SNE와 PCA 모델을 임포트한다.

```
import pandas as pd
import numpy as np
import matplotlib.pyplot as plt
from sklearn.decomposition import PCA
from sklearn.manifold import TSNE
```

2. 와인 데이터셋을 불러오고 첫 5개 행을 검사한다.

```
df = pd.read_csv('wine.data', header=None)
df.head()
```

출력 결과는 다음과 같다.

	0	1	2	3	4	5	6	7	8	9	10	11	12	13
0	1	14.23	1.71	2.43	15.6	127	2.80	3.06	0.28	2.29	5.64	1.04	3.92	1065
1	1	13.20	1.78	2.14	11.2	100	2.65	2.76	0.26	1.28	4.38	1.05	3.40	1050
2	1	13.16	2.36	2.67	18.6	101	2.80	3.24	0.30	2.81	5.68	1.03	3.17	1185
3	1	14.37	1.95	2.50	16.8	113	3.85	3.49	0.24	2.18	7.80	0.86	3.45	1480
4	1	13.24	2.59	2.87	21.0	118	2.80	2.69	0.39	1.82	4.32	1.04	2.93	735

그림 6.36 와인 데이터셋의 첫 5개 행

3. 첫 열은 라벨을 제공하는데 이 라벨을 DataFrame에서 추출해 별도의 변수에 저장한다. 열이 DataFrame에서 제거됐는지 확인한다.

```
labels = df[0]
del df[0]
```

4. 데이터셋에 대해 PCA를 실행하고 첫 6개 구성 요소를 추출한다.

```
model_pca = PCA(n_components=6)
wine_pca = model_pca.fi t_transform(df)
wine_pca = wine_pca.reshape((len(wine_pca), -1))
```

5. 각 반복값 (250, 500, 1000)을 순회하는 루프를 만든다. 각 루프에서 각 반복값에 해당하는 t-SNE 모델을 생성하고 진행도 없이 동일한 반복값에 대해 t-SNE 모델을 생성한다.

```
MARKER = ['o', 'v', '1', 'p' ,'*', '+', 'x', 'd', '4', '.']
for iterations in [250, 500, 1000]:
  model_tsne = TSNE(random_state=0, verbose=1, n_iter=iterations, n_
iter_without_progress=iterations)
  mnist_tsne = model_tsne.fi t_transform(mnist_pca)
```

6. 라벨이 지정된 와인 클래스의 산점도를 구성하고 다양한 반복값에 따른 영향을 확인하자.

```
  plt.fi gure(fi gsize=(10, 7))
  plt.title(f'Low Dimensional Representation of MNIST (iterations =
{iterations})');
  for i in range(10):
    selections = mnist_tsne[mnist['labels'] == i]
    plt.scatter(selections[:,0], selections[:,1], alpha=0.2,
marker=MARKER[i], s=5);
    x, y = selections.mean(axis=0)
    plt.text(x, y, str(i), fontdict={'weight': 'bold', 'size': 30})
```

출력 결과는 다음과 같다.

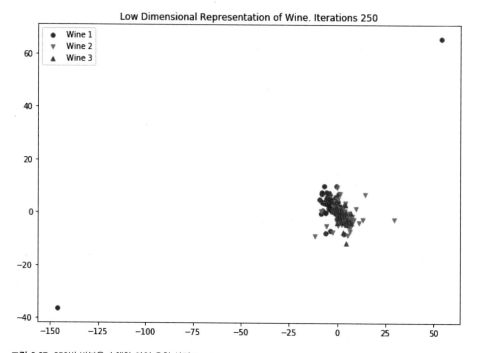

그림 6.37 250번 반복을 수행한 와인 유형 산점도

다음은 500번 반복한 결과다.

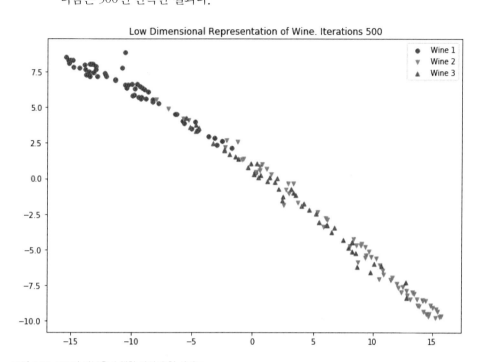

그림 6.38 500번 반복을 수행한 와인 유형 산점도

다음은 1,000번 반복한 결과다.

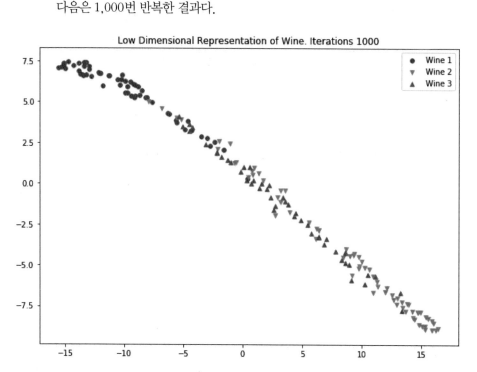

그림 6.39 1000번 반복을 수행한 와인 유형 산점도

반복 횟수가 증가함에 따라 데이터 구조가 개선되는 모습을 볼 수 있다. 이와 같이 비교적 단순한 데이터 집합에서도 250회 반복만으로는 하위 차원 공간에 어떤 데이터 구조도 투영할 수 없다.

해당 활동에서 볼 수 있는 것처럼 반복 매개변수를 설정할 때 찾을 수 있는 균형 지점이 있다. 이 예에서는 250회의 반복이 불충분했고, 데이터의 최종 안정화를 위해서는 최소 1,000회의 반복이 필요했다.

▌ 7장, 토픽 모델링

활동 15: 트위터 데이터 로딩 및 정리

솔루션:

1. 필요한 라이브러리를 임포트한다.

```
import langdetect
import matplotlib.pyplot
import nltk
import numpy
import pandas
import pyLDAvis
import pyLDAvis.sklearn
import regex
import sklearn
```

2. 「LA 타임즈」건강 트위터 데이터(latimeshealth.txt)를 https://github.com/TrainingByPackt/Applied-Unsupervised-Learning-with-Python/tree/master/Lesson07/Activity15-Activity17에서 불러온다.

> **노트**
>
> 구분 기호(쉼표나 탭이 아님)에 주의하고 헤더(header) 상태를 확인하자.

```
path = '<Path>/latimeshealth.txt'
df = pandas.read_csv(path, sep="|", header=None)
df.columns = ["id", "datetime", "tweettext"]
```

3. 빠른 탐색 분석을 실행해 데이터 크기 및 구조를 확인하자.

```
def dataframe_quick_look(df, nrows):
print("SHAPE:\n{shape}\n".format(shape=df.shape))
```

```
print("COLUMN NAMES:\n{names}\n".format(names=df.columns))
print("HEAD:\n{head}\n".format(head=df.head(nrows)))

dataframe_quick_look(df, nrows=2)
```

출력 결과는 다음과 같다.

```
SHAPE:
(4171, 3)

COLUMN NAMES:
Index(['id', 'datetime', 'tweettext'], dtype='object')

HEAD:
                         id                      datetime  \
0  576760256031682561  Sat Mar 14 15:02:15 +0000 2015
1  576715414811471872  Sat Mar 14 12:04:04 +0000 2015


                                          tweettext
0  Five new running shoes that aim to go the extr...
1  Gym Rat: Disq class at Crunch is intense worko...
```

그림 7.54 데이터의 모양, 열 이름, 헤드

4. 트윗tweet 텍스트를 추출하고 이를 리스트 오브젝트로 변환한다.

```
raw = df['tweettext'].tolist()
print("HEADLINES:\n{lines}\n".format(lines=raw[:5]))
print("LENGTH:\n{length}\n".format(length=len(raw)))
```

출력 결과는 다음과 같다.

```
HEADLINES:
['Five new running shoes that aim to go the extra mile http://lat.ms/1ELp3wU', 'Gym Rat: Disq class at Crunch is intense workou
t on pulley system http://lat.ms/1EKOFdr', 'Noshing through thousands of ideas at Natural Products Expo West http://lat.ms/1EHq
ywg', 'Natural Products Expo also explores beauty, supplements and more http://lat.ms/1EHqyfE', 'Free Fitness Weekends in South
Bay beach cities aim to spark activity http://lat.ms/1EH3SMC']

LENGTH:
4171
```

그림 7.55 헤드라인과 그 길이

5. 언어를 탐지하고 화이트페이스 토큰화를 하고 화면 이름과 URL을 각각 SCREENNAME과 URL로 바꾸는 함수를 작성한다. 또한 이 기능은 구두점, 숫자, SCREENNAME 및 URL 대체를 제거해야 한다. SCREENNAME 및 URL을 제외한 모든 항목을 소문자로 변환하자. 모든 스톱워드를 제거하고 표제어 추출을 수행하고, 다음 다섯 개 이상의 문자로 단어를 유지해야 한다.

노트

화면 이름은 @으로 시작한다.

```python
def do_language_identifying(txt):
  try:
    the_language = langdetect.detect(txt)
  except:
    the_language = 'none'
  return the_language
def do_lemmatizing(wrd):
  out = nltk.corpus.wordnet.morphy(wrd)
  return (wrd if out is None else out)
def do_tweet_cleaning(txt):
# 트윗의 언어 식별
# 언어가 영어가 아닌 경우 null 반환
  lg = do_language_identifying(txt)
  if lg != 'en':
    return None
# 화이트 스페이스에서 문자열 분할
  out = txt.split(' ')
# 화면 이름 식별
# SCREENNAME으로 교체
  out = ['SCREENNAME' if i.startswith('@') else i for i in out]
# urls 식별
# URL로 교체
  out = ['URL' if bool(regex.search('http[s]?://', i)) else i for i in
out]
  # 모든 구두점 제거
```

```
out = [regex.sub('[^\\w\\s]|\n', '', i) for i in out]
# 모든 비키워드 소문자 만들기
keys = ['SCREENNAME', 'URL']
out = [i.lower() if i not in keys else i for i in out]
# 키워드 제거
out = [i for i in out if i not in keys]
# 스톱워드 제거
list_stop_words = nltk.corpus.stopwords.words('english')
list_stop_words = [regex.sub('[^\\w\\s]', '', i) for i in list_stop_
words]
out = [i for i in out if i not in list_stop_words]
# 표제어 추출(lemmatizing)
out = [do_lemmatizing(i) for i in out]
# 4자 이상의 단어 유지
out = [i for i in out if len(i) >= 5]
return out
```

6. 단계 5에서 정의한 함수를 모든 트윗에 적용한다.

```
clean = list(map(do_tweet_cleaning, raw))
```

7. 출력 리스트에서 None인 항목을 제거한다.

```
clean = list(filter(None.__ne__, clean))
print("HEADLINES:\n{lines}\n".format(lines=clean[:5]))
print("LENGTH:\n{length}\n".format(length=len(clean)))
```

출력 결과는 다음과 같다.

```
HEADLINES:
[['running', 'shoes', 'extra'], ['class', 'crunch', 'intense', 'workout', 'pulley', 'system'], ['thousand', 'natural', 'produc
t'], ['natural', 'product', 'explore', 'beauty', 'supplement'], ['fitness', 'weekend', 'south', 'beach', 'spark', 'activity']]

LENGTH:
4093
```

그림 7.56 None을 제거한 후 헤드라인과 길이

8. 각 트윗의 요소를 다시 문자열로 바꾸고 화이트스페이스를 사용해 연결한다.

```
clean_sentences = [" ".join(i) for i in clean]
print(clean_sentences[0:10])
```

출력 리스트의 첫 10개 요소는 다음과 같다.

```
['running shoes extra', 'class crunch intense workout pulley system', 'thousand natural product', 'natural product explore beau
ty supplement', 'fitness weekend south beach spark activity', 'kayla harrison sacrifice', 'sonic treatment alzheimers disease',
'ultrasound brain restore memory alzheimers needle onlyso farin mouse', 'apple researchkit really medical research', 'warning c
hantix drink taking might remember']
```

그림 7.57 모델링을 위해 정리한 트윗

9. 나중 모델링을 위해 노트북을 열어둔다.

활동 16: 잠재 디리클레 할당과 건강 트윗

솔루션:

1. number_words, number_docs, number_features 변수를 지정한다.

```
number_words = 10
number_docs = 10
number_features = 1000
```

2. 백오브워즈 모델을 만들고 형상 이름을 다른 변수에 할당해 나중에 사용할 수 있도록 한다.

```
vectorizer1 = sklearn.feature_extraction.text.CountVectorizer(
    analyzer=?word?,
    max_df=0.95,
    min_df=10,
    max_features=number_features
)
clean_vec1 = vectorizer1.fi t_transform(clean_sentences)
print(clean_vec1[0])

feature_names_vec1 = vectorizer1.get_feature_names()
```

출력 결과는 다음과 같다.

```
(0, 320) 1
```

3. 최적의 주제 수를 파악한다.

```python
def perplexity_by_ntopic(data, ntopics):
  output_dict = {
    ?Number Of Topics": [],
    ?Perplexity Score?: []
  }
  for t in ntopics:
    lda = sklearn.decomposition.LatentDirichletAllocation(
      n_components=t,
      learning_method="online",
      random_state=0
    )

    lda.fi t(data)
    output_dict["Number Of Topics"].append(t)
    output_dict["Perplexity Score"].append(lda.perplexity(data))
  output_df = pandas.DataFrame(output_dict)
  index_min_perplexity = output_df["Perplexity Score"].idxmin()
  output_num_topics = output_df.loc[
    index_min_perplexity, # index
    ?Number Of Topics" # column
  ]
  return (output_df, output_num_topics)
df_perplexity, optimal_num_topics = perplexity_by_ntopic(
  clean_vec1,
  ntopics=[i for i in range(1, 21) if i % 2 == 0]
)
print(df_perplexity)
```

출력 결과는 다음과 같다.

```
      Number Of Topics   Perplexity Score
0                    2         349.004885
1                    4         404.137619
2                    6         440.677441
3                    8         464.222793
4                   10         478.094739
5                   12         493.116250
6                   14         506.144776
7                   16         524.674504
8                   18         530.975575
9                   20         535.461393
```

그림 7.58 주제 수 대 퍼플렉서티 점수 데이터 프레임

4. 최적의 주제 수를 사용해 LDA 모델을 피팅한다.

```
lda = sklearn.decomposition.LatentDirichletAllocation(
    n_components=optimal_num_topics,
    learning_method="online",
    random_state=0
)
lda.fi t(clean_vec1)
```

출력 결과는 다음과 같다.

```
LatentDirichletAllocation(batch_size=128, doc_topic_prior=None,
        evaluate_every=-1, learning_decay=0.7,
        learning_method='online', learning_offset=10.0,
        max_doc_update_iter=100, max_iter=10, mean_change_tol=0.001,
        n_components=2, n_jobs=None, n_topics=None, perp_tol=0.1,
        random_state=0, topic_word_prior=None,
        total_samples=1000000.0, verbose=0)
```

그림 7.59 LDA 모델

5. 단어–주제 테이블을 만들고 출력한다.

```python
def get_topics(mod, vec, names, docs, ndocs, nwords):
    # 단어-주제 행렬
    W = mod.components_
    W_norm = W / W.sum(axis=1)[:, numpy.newaxis]
    # 주제-문서 행렬
    H = mod.transform(vec)
    W_dict = {}
    H_dict = {}
    for tpc_idx, tpc_val in enumerate(W_norm):
        topic = ?Topic{}".format(tpc_idx)
        # w 포매팅
        W_indices = tpc_val.argsort()[::-1][:nwords]
        W_names_values = [
            (round(tpc_val[j], 4), names[j])
            for j in W_indices
        ]
        W_dict[topic] = W_names_values
        # h 포매팅
        H_indices = H[:, tpc_idx].argsort()[::-1][:ndocs]
        H_names_values = [
            (round(H[:, tpc_idx][j], 4), docs[j])
            for j in H_indices
        ]
        H_dict[topic] = H_names_values
    W_df = pandas.DataFrame(
        W_dict,
        index=["Word" + str(i) for i in range(nwords)]
    )
    H_df = pandas.DataFrame(
        H_dict,
        index=["Doc" + str(i) for i in range(ndocs)]
    )
    return (W_df, H_df)

W_df, H_df = get_topics(
    mod=lda,
    vec=clean_vec1,
```

```
    names=feature_names_vec1,
    docs=raw,
    ndocs=number_docs,
    nwords=number_words
  )
print(W_df)
```

출력 결과는 다음과 같다.

```
                    Topic0                  Topic1
Word0      (0.0417, latfit)        (0.0817, study)
Word1      (0.0336, health)       (0.0306, cancer)
Word2      (0.0242, people)      (0.0212, patient)
Word3       (0.0203, could)        (0.0172, death)
Word4       (0.0192, brain)       (0.017, obesity)
Word5   (0.018, researcher)       (0.0168, doctor)
Word6      (0.0176, woman)         (0.0166, heart)
Word7      (0.016, report)       (0.0148, disease)
Word8  (0.0143, california)      (0.0144, weight)
Word9   (0.0125, scientist)     (0.0115, research)
```

그림 7.60 건강 트윗 데이터를 위한 단어–주제 테이블

6. 문서–주제 테이블을 출력한다.

```
print(H_df)
```

출력 결과는 다음과 같다.

```
                                                    Topic0  \
Doc0  (0.9443, Want your legs to look good in those ...
Doc1  (0.9442, 11% of hospital patients got care the...
Doc2  (0.9373, Spend time with dad this Father's Day...
Doc3  (0.9373, Hve fun! That's an order. It's import...
Doc4  (0.9372, Need a new challenge for your ab work...
Doc5  (0.9368, ZMapp goes 18-for-18 in treating monk...
Doc6  (0.9367, Anti-vaccination activists target hig...
Doc7  (0.9337, RT @latimesscience: @xprize pulled th...
Doc8  (0.9285, About 75% of homeless people smoke, a...
Doc9  (0.9284, Yogi crunches can give you flat abs a...

                                                    Topic1
Doc0  (0.9498, Computer problems are delaying nursin...
Doc1  (0.9457, Trans fats? DONE. Will the @US_FDA go...
Doc2  (0.9414, Supplements to boost "low T" increase...
Doc3  (0.9372, Study: The 2009 H1N1 "swine flu" pand...
Doc4  (0.9363, Doctors often delay vaccines for youn...
Doc5  (0.9357, Humans eat more calories, protein and...
Doc6  (0.9356, Las Vegas: Finding the latest in bike...
Doc7  (0.9354, Soccer players' ACL injury risk may d...
Doc8  (0.9284, Men walk more slowly with a woman IF ...
Doc9  (0.9284, Do blood transfusions from Ebola surv...
```

그림 7.61 문서-주제 테이블

7. 행렬도biplot 시각화를 만들자.

```
lda_plot = pyLDAvis.sklearn.prepare(lda, clean_vec1, vectorizer1, R=10)
pyLDAvis.display(lda_plot)
```

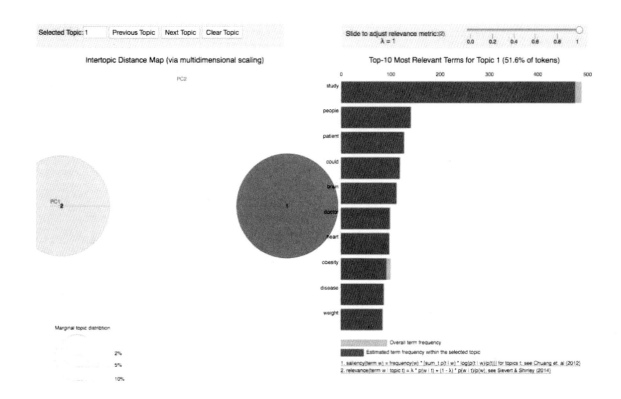

그림 7.62 건강 트윗으로 훈련한 LDA 모델의 히스토그램과 행렬도

8. 이후 모델링을 위해 노트북은 열어두자.

활동 17: 음수 미포함 행렬 분해

솔루션:

1. 적절한 백오브워즈 모델을 생성하고 특징 이름을 다른 변수로 출력하자.

```
vectorizer2 = sklearn.feature_extraction.text.TfidfVectorizer(
    analyzer="word",
    max_df=0.5,
    min_df=20,
    max_features=number_features,
    smooth_idf=False
)
clean_vec2 = vectorizer2.fit_transform(clean_sentences)
print(clean_vec2[0])

feature_names_vec2 = vectorizer2.get_feature_names()
```

2. 활동 2의 주제 수(n_components) 값을 사용해 NMF 알고리즘을 정의하고 피팅하자.

```
nmf = sklearn.decomposition.NMF(
    n_components=optimal_num_topics,
    init="nndsvda",
    solver="mu",
    beta_loss="frobenius",
    random_state=0,
    alpha=0.1,
    l1_ratio=0.5
)
nmf.fit(clean_vec2)
```

출력 결과는 다음과 같다.

```
NMF(alpha=0.1, beta_loss='frobenius', init='nndsvda', l1_ratio=0.5,
  max_iter=200, n_components=2, random_state=0, shuffle=False, solver='mu',
  tol=0.0001, verbose=0)
```

그림 7.63 NMF 모델 정의

3. 주제-문서와 단어-주제 결과 테이블을 얻자. 잠시 시간을 내어 단어 그룹화를 살펴보고 추상 주제를 정의해보자.

```
                 Topic0                    Topic1
Word0     (0.3794, study)       (0.5955, latfit)
Word1     (0.0256, cancer)       (0.0487, steps)
Word2     (0.0207, people)       (0.0446, today)
Word3     (0.0183, obesity)   (0.0402, exercise)
Word4     (0.0183, brain)   (0.0273, healthtips)
Word5     (0.0182, health)     (0.0258, workout)
Word6     (0.0175, suggest)    (0.0203, getting)
Word7     (0.0167, weight)     (0.0192, fitness)
Word8     (0.0152, woman)        (0.0143, great)
Word9     (0.013, death)       (0.0131, morning)
```

그림 7.64 확률을 가진 단어-주제 테이블

4. 모델 파라미터를 조정하고 3단계와 4단계를 다시 실행한다.

▌ 8장, 장바구니 분석

활동 18: 전체 온라인 소매 데이터의 로딩과 준비

솔루션:

1. 온라인 소매 판매 데이터셋을 불러온다.

```python
import matplotlib.pyplot as plt
import mlxtend.frequent_patterns
import mlxtend.preprocessing
import numpy
import pandas

online = pandas.read_excel(
  io="Online Retail.xlsx",
  sheet_name="Online Retail",
  header=0
)
```

2. 정리한 데이터를 목록으로 변환하는 것을 포함해 모델링에 사용할 데이터를 정
리하고 준비하자.

```python
online['IsCPresent'] = (
  online['InvoiceNo']
  .astype(str)
  .apply(lambda x: 1 if x.find('C') != -1 else 0)
)

online1 = (
  online
  .loc[online["Quantity"] > 0]
  .loc[online['IsCPresent'] != 1]
  .loc[:, ["InvoiceNo", "Description"]]
  .dropna()
)
```

```
invoice_item_list = []
for num in list(set(online1.InvoiceNo.tolist())):
    tmp_df = online1.loc[online1['InvoiceNo'] == num]
    tmp_items = tmp_df.Description.tolist()
    invoice_item_list.append(tmp_items)
```

3. 데이터를 인코딩하고 DataFrame으로 변환한다.

```
online_encoder = mlxtend.preprocessing.TransactionEncoder()
online_encoder_array = online_encoder.fi t_transform(invoice_item_list)

online_encoder_df = pandas.DataFrame(
    online_encoder_array,
    columns=online_encoder.columns_
)

online_encoder_df.loc[
    20125:20135,
    online_encoder_df.columns.tolist()[100:110]
]
```

출력 결과는 다음과 같다.

	6 CHOCOLATE LOVE HEART T-LIGHTS	6 EGG HOUSE PAINTED WOOD	6 GIFT TAGS 50'S CHRISTMAS	6 GIFT TAGS VINTAGE CHRISTMAS	6 RIBBONS ELEGANT CHRISTMAS	6 RIBBONS EMPIRE	6 RIBBONS RUSTIC CHARM	6 RIBBONS SHIMMERING PINKS	6 ROCKET BALLOONS	60 CAKE CASES DOLLY GIRL DESIGN
20125	False	False	False	False	False	False	False	False	False	False
20126	False	False	False	False	False	False	False	False	False	False
20127	False	False	False	False	False	False	False	False	False	False
20128	False	False	False	False	False	False	False	False	False	False
20129	False	False	False	False	False	False	False	False	False	False
20130	False	False	False	False	False	False	False	False	False	False
20131	False	False	False	False	False	False	False	False	False	False
20132	False	False	False	False	False	False	False	False	False	False
20133	False	False	False	False	False	False	False	False	False	False
20134	False	False	False	False	False	False	False	False	False	False
20135	False	False	False	False	False	False	False	False	False	False

그림 8.35 전체 온라인 소매 데이터셋을 정리, 인코딩 및 DataFrame으로 변환해 만든 서브셋

활동 19: 전체 온라인 소매 데이터셋에 Apriori 적용

솔루션:

1. 적당한 파라미터 설정으로 전체 데이터에 대해 Apriori 알고리즘을 실행한다.

```
mod_colnames_minsupport = mlxtend.frequent_patterns.apriori(
  online_encoder_df,
  min_support=0.01,
  use_colnames=True
)
mod_colnames_minsupport.loc[0:6]
```

출력 결과는 다음과 같다.

	support	itemsets
0	0.013359	(SET 2 TEA TOWELS I LOVE LONDON)
1	0.015793	(10 COLOUR SPACEBOY PEN)
2	0.012465	(12 MESSAGE CARDS WITH ENVELOPES)
3	0.017630	(12 PENCIL SMALL TUBE WOODLAND)
4	0.017978	(12 PENCILS SMALL TUBE RED RETROSPOT)
5	0.017630	(12 PENCILS SMALL TUBE SKULL)
6	0.013309	(12 PENCILS TALL TUBE RED RETROSPOT)

그림 8.36 전체 온라인 소매 데이터셋을 사용한 Apriori 알고리즘 결과

2. 10 COLOUR SPACEBOY PEN이 들어 있는 항목 세트까지 결과를 필터링한다. Apriori 알고리즘을 실행하는 것과 '연습 44: Apriori 알고리즘 실행'의 지지도를 비교해 보자.

```
mod_colnames_minsupport[
  mod_colnames_minsupport['itemsets'] == frozenset(
    {'10 COLOUR SPACEBOY PEN'}
  )
]
```

출력 결과는 다음과 같다.

	support	itemsets
1	0.015793	(10 COLOUR SPACEBOY PEN)

그림 8.37 10 COLOUR SPACEBOY PEN을 포함하는 항목 세트의 결과

지지도 값은 변한다. 데이터셋을 모든 거래를 포함하도록 확장하면 이 아이템 세트에 대한 지지도는 0.015에서 0.015793으로 증가한다. 즉, 연습에 사용하는 축소된 데이터 집합에서 이 아이템 세트는 거래의 1.5%에 나타나는 반면 전체 데이터셋에서는 거래의 약 1.6%에 나타난다.

3. 아이템 세트 길이가 들어 있는 다른 열을 추가한다. 길이가 2이고 지지도의 범위가 [0.02, 0.021]인 아이템 세트를 필터링한다. 아이템 세트는 '연습 44: Apriori 알고리즘 실행'의 단계 6에서 찾은 것과 동일한가?

```
mod_colnames_minsupport['length'] = (
  mod_colnames_minsupport['itemsets'].apply(lambda x: len(x))
)

mod_colnames_minsupport[
  (mod_colnames_minsupport['length'] == 2) &
  (mod_colnames_minsupport['support'] >= 0.02) &
  (mod_colnames_minsupport['support'] < 0.021)
]
```

	support	itemsets	length
836	0.020759	(ALARM CLOCK BAKELIKE PINK, ALARM CLOCK BAKELI...	2
887	0.020362	(CHARLOTTE BAG SUKI DESIGN, CHARLOTTE BAG PINK...	2
923	0.020610	(CHARLOTTE BAG SUKI DESIGN, STRAWBERRY CHARLOT...	2
1105	0.020560	(JUMBO BAG PINK POLKADOT, JUMBO BAG BAROQUE B...	2
1114	0.020908	(JUMBO SHOPPER VINTAGE RED PAISLEY, JUMBO BAG...	2
1116	0.020957	(JUMBO STORAGE BAG SUKI, JUMBO BAG BAROQUE BL...	2
1129	0.020560	(JUMBO BAG RED RETROSPOT, JUMBO BAG ALPHABET)	2
1137	0.020163	(JUMBO BAG PEARS, JUMBO BAG APPLES)	2
1203	0.020709	(JUMBO SHOPPER VINTAGE RED PAISLEY, JUMBO BAG ...	2
1218	0.020560	(JUMBO STORAGE BAG SKULLS, JUMBO BAG RED RETRO...	2
1236	0.020610	(RECYCLING BAG RETROSPOT , JUMBO BAG RED RETRO...	2
1328	0.020610	(LUNCH BAG BLACK SKULL., LUNCH BAG APPLE DESIGN)	2
1390	0.020610	(LUNCH BAG SUKI DESIGN , LUNCH BAG PINK POLKADOT)	2
1458	0.020610	(WHITE HANGING HEART T-LIGHT HOLDER, NATURAL S...	2

그림 8.38 길이와 지지도에 따라 필터링한 결과

결과는 달라졌다. 특정 아이템 세트와 그 지지도 값을 살펴보기 전에, 이 필터링 DataFrame은 이전 연습의 DataFrame보다 더 적은 아이템 세트를 갖고 있음을 알 수 있다. 전체 데이터셋을 사용할 때 필터링 기준과 일치하는 아이템 세트가 거의 없다. 즉, 14개 아이템 세트만 2개 항목을 포함하고 지지도 값이 0.02 이상, 0.021 미만이다. 이전 연습에서는 17개의 아이템 세트가 이러한 기준을 충족했다.

4. 지지도 값을 도표로 그린다.

```
mod_colnames_minsupport.hist("support", grid=False, bins=30)
plt.title("Support")
```

Text(0.5, 1.0, 'Support')

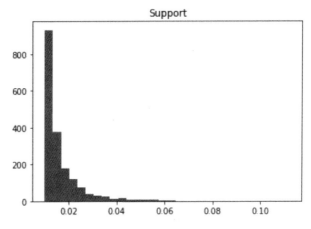

그림 8.39 지지도 값의 분포

이 그림은 전체 거래 데이터셋에 대한 지지도 값의 분포를 보여준다. 예상했을지도 모르지만 분포는 오른쪽 편향이다. 즉, 대부분의 아이템 세트는 낮은 지지도 값을 가지며 스펙트럼의 상위 끝에는 지지도 값의 긴 꼬리가 있다. 얼마나 많은 고유 아이템 세트가 존재하는가를 고려하면, 높은 비율의 거래에서 단일 아이템 세트가 나타나지 않는 것은 놀라운 일이 아니다. 이 정보를 통해, 가장 두드러진 아이템 세트도 거래의 약 10%에서만 나타나고, 대부분의 아이템 세트는 거래의 2% 미만으로 나타난다는 것을 경영진에게 말할 수 있다. 이러한 결과로 매장 배치를 변경하기는 어렵겠지만 가격 책정 및 할인 전략을 잘 세울수 있다. 몇 가지 연관 규칙을 공식화함으로써 이러한 전략을 세우는 방법에 관한 더 많은 정보를 얻을 수 있을 것이다.

활동 20: 전체 온라인 소매 데이터셋의 연관 규칙 찾기

솔루션:

1. 전체 데이터셋에 연관 규칙 모델을 피팅하자. 지표 신뢰도 및 최소 임곗값 0.6
   을 사용한다.

```
rules = mlxtend.frequent_patterns.association_rules(
  mod_colnames_minsupport,
  metric="confi dence",
  min_threshold=0.6,
  support_only=False
)
rules.loc[0:6]
```

출력 결과는 다음과 같다.

	antecedents	consequents	antecedent support	consequent support	support	confidence	lift	leverage	conviction
0	(ALARM CLOCK BAKELIKE CHOCOLATE)	(ALARM CLOCK BAKELIKE GREEN)	0.021255	0.048669	0.013756	0.647196	13.297902	0.012722	2.696488
1	(ALARM CLOCK BAKELIKE CHOCOLATE)	(ALARM CLOCK BAKELIKE RED)	0.021255	0.052195	0.014501	0.682243	13.071023	0.013392	2.982798
2	(ALARM CLOCK BAKELIKE ORANGE)	(ALARM CLOCK BAKELIKE GREEN)	0.022100	0.048669	0.013558	0.613483	12.605201	0.012482	2.461292
3	(ALARM CLOCK BAKELIKE RED)	(ALARM CLOCK BAKELIKE GREEN)	0.052195	0.048669	0.031784	0.608944	12.511932	0.029244	2.432722
4	(ALARM CLOCK BAKELIKE GREEN)	(ALARM CLOCK BAKELIKE RED)	0.048669	0.052195	0.031784	0.653061	12.511932	0.029244	2.731908
5	(ALARM CLOCK BAKELIKE IVORY)	(ALARM CLOCK BAKELIKE RED)	0.028308	0.052195	0.018524	0.654386	12.537313	0.017047	2.742380
6	(ALARM CLOCK BAKELIKE ORANGE)	(ALARM CLOCK BAKELIKE RED)	0.022100	0.052195	0.014998	0.678652	13.002217	0.013845	2.949463

그림 8.40 전체 온라인 소매 데이터셋을 기반으로 하는 연관 규칙

2. 연관 규칙의 수를 세보자. '연습 45: 연관 규칙 도출'의 단계 1에서 찾을 수 있는
   번호와 다른가?

```
print("Number of Associations: {}".format(rules.shape[0]))
```

연관 규칙의 수는 498개다.

3. 지지도에 대한 신뢰도를 도표로 그린다.

```
rules.plot.scatter("support", "confi dence", alpha=0.5, marker="*")
plt.xlabel("Support")
plt.ylabel("Confi dence")
plt.title("Association Rules")
plt.show()
```

출력 결과는 다음과 같다.

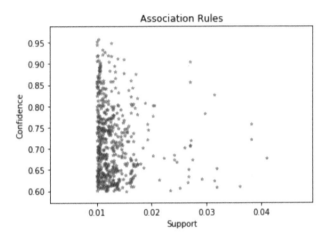

그림 8.41 지지도에 대한 신뢰도 도표

이 그림은 이 데이터셋에 대한 비교적 높은 지지도 및 신뢰도 값을 특징으로 하는
일부 연관 규칙이 있음을 보여준다.

4. 향상도^{lift}, 레버리지^{leverage}, 확신^{conviction}에 대한 분포를 살펴보자.

```
rules.hist("lift", grid=False, bins=30)
plt.title("Lift")
```

출력 결과는 다음과 같다.

```
Text(0.5, 1.0, 'Lift')
```

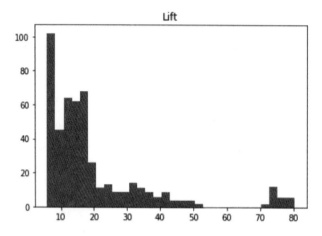

그림 8.42 향상도의 분포

출력 결과는 다음과 같다.

```
Text(0.5, 1.0, 'Leverage')
```

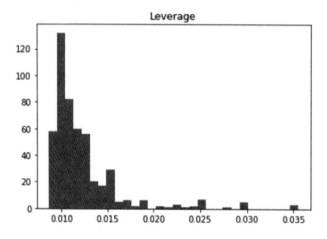

그림 8.43 레버리지의 분포

출력 결과는 다음과 같다.

Text(0.5, 1.0, 'Conviction')

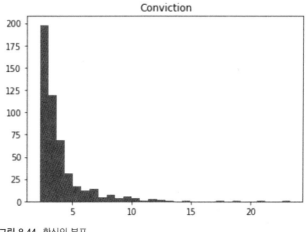

그림 8.44 확신의 분포

연관 규칙을 도출한 후 우리는 추가 정보를 갖고 경영진에게 돌아갈 수 있다. 그중 가장 중요한 것은 높은 지지도와 신뢰도 값을 갖는 아이템 세트가 대략 7개 정도 있다는 사실이다. 다른 모든 항목과 분리된 7가지 아이템 세트를 보려면 지지도에 대한 신뢰도의 산점도를 보자. 이 7가지 아이템 세트는 향상도 히스토그램에서 볼 수 있듯이 높은 향상도 값도 갖고 있다. 사업적인 결정을 이끌어내기 위해 사용할 수 있는 몇 가지 실행 가능한 연관 규칙을 식별해봤다.

▌9장, 핫스팟 분석

활동 21: 1차원에서의 밀도 추정

솔루션:

1. 새로운 노트북을 열고 필요한 모든 라이브러리를 설치한다.

```
get_ipython().run_line_magic('matplotlib', 'inline')

import matplotlib.pyplot as plt
import numpy
import pandas
import seaborn
import sklearn.datasets
import sklearn.model_selection
import sklearn.neighbors

seaborn.set()
```

2. 표준정규분포에서 데이터 지점 1,000개를 샘플링한다. 샘플의 마지막 625개(즉, 375에서 1,000 사이) 값에 각각 3.5를 더한다. 이를 위해 numpy.random.RandomState를 사용해 랜덤 상태를 100으로 설정해 동일한 샘플링 값을 보장한 다음, randn (1000)을 호출해 무작위로 데이터 지점을 생성한다.

```
rand = numpy.random.RandomState(100)
vals = rand.randn(1000) # standard normal
vals[375:] += 3.5
```

3. 1,000개 지점의 샘플 데이터를 히스토그램으로 표시하고 그 아래에 산점도를 추가한다.

```
fig, ax = plt.subplots(figsize=(14, 10))
ax.hist(vals, bins=50, density=True, label='Sampled Values')
ax.plot(vals, -0.005 - 0.01 * numpy.random.random(len(vals)), '+k',
label='Individual Points')
ax.legend(loc='upper right')
```

출력 결과는 다음과 같다.

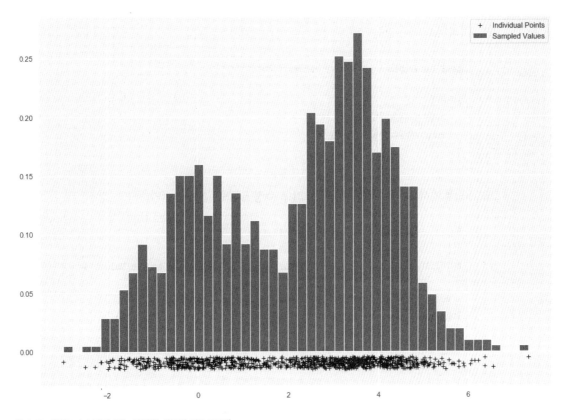

그림 9.29 산점도가 아래에 있는 무작위 샘플의 히스토그램

4. 대역폭 값의 그리드를 정의한다. 그런 다음 그리드 검색 교차 검증 알고리즘을 정의하고 피팅하자.

```python
bandwidths = 10 ** numpy.linspace(-1, 1, 100)

grid = sklearn.model_selection.GridSearchCV(
    estimator=sklearn.neighbors.KernelDensity(kernel="gaussian"),
    param_grid={"bandwidth": bandwidths},
    cv=10
)
grid.fit(vals[:, None])
```

5. 최적의 대역폭 값을 추출한다.

```python
best_bandwidth = grid.best_params_["bandwidth"]

print(
    "Best Bandwidth Value: {}"
    .format(best_bandwidth)
)
```

6. 3단계에서 히스토그램을 다시 그리고 추정 밀도를 겹쳐 그리자.

```python
fig, ax = plt.subplots(figsize=(14, 10))

ax.hist(vals, bins=50, density=True, alpha=0.75, label='Sampled Values')

x_vec = numpy.linspace(-4, 8, 10000)[:, numpy.newaxis]
log_density = numpy.exp(grid.best_estimator_.score_samples(x_vec))
ax.plot(
    x_vec[:, 0], log_density,
    '-', linewidth=4, label='Kernel = Gaussian'
)

ax.legend(loc='upper right')
```

출력 결과는 다음과 같다.

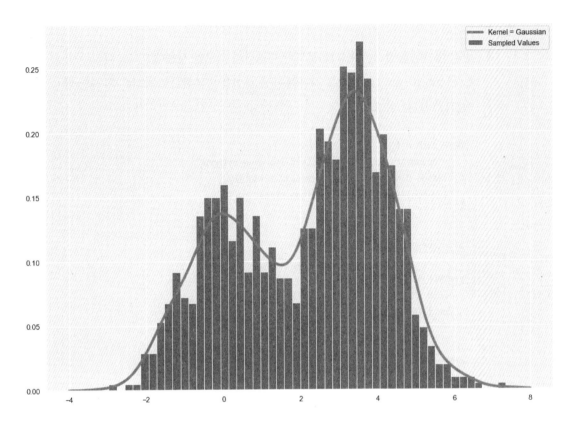

그림 9.30 최적 추정 밀도가 중첩된 무작위 표본의 히스토그램

활동 22: 런던에서의 범죄 분석

솔루션:

1. 범죄 데이터를 불러온다. 다운로드한 디렉터리 경로를 사용해 연-월 태그 목록
   을 생성하고 read_csv 명령을 사용해 개별 파일을 반복적으로 불러온 후 해당 파
   일들을 하나로 연결하자.

```
base_path = (
  "~/Documents/packt/unsupervised-learning-python/"
  "lesson-9-hotspot-models/metro-jul18-dec18/"
  "{yr_mon}/{yr_mon}-metropolitan-street.csv"
)

print(base_path)

yearmon_list = [
  "2018-0" + str(i) if i <= 9 else "2018-" + str(i)
  for i in range(7, 13)
]

print(yearmon_list)

data_yearmon_list = []

for idx, i in enumerate(yearmon_list):
  df = pandas.read_csv(
    base_path.format(yr_mon=i),
    header=0
  )

  data_yearmon_list.append(df)

  if idx == 0:
    print("Month: {}".format(i))
    print("Dimensions: {}".format(df.shape))
    print("Head:\n{}\n".format(df.head(2)))

london = pandas.concat(data_yearmon_list)
```

출력 결과는 다음과 같다.

```
Month: 2018-07
Dimensions: (95677, 12)
Head:
                                                    Crime ID      Month  \
0  e9fe81ec7a6f5d2a80445f04be3d7e92831dbf3090744e...  2018-07
1  076b796ba1e1ba3f69c9144e2aa7a7bc85b61d51bf7a59...  2018-07


                   Reported by              Falls within   Longitude  \
0  Metropolitan Police Service  Metropolitan Police Service   0.774271
1  Metropolitan Police Service  Metropolitan Police Service  -1.007293

    Latitude                   Location  LSOA code          LSOA name  \
0  51.148147  On or near Bethersden Road  E01024031        Ashford 012B
1  51.893136          On or near Prison  E01017674  Aylesbury Vale 010D

      Crime type       Last outcome category  Context
0    Other theft  Status update unavailable      NaN
1    Other crime     Awaiting court outcome      NaN
```

그림 9.31 개별 범죄 파일 중 하나의 예

이 출력된 정보는 불러온 파일 중 첫 번째 파일에 해당하는 것으로, 2018년 7월 경시청의 범죄 정보다. 이 파일 한 개에는 거의 10만 개의 항목이 있다. 이 데이터 셋에는 많은 흥미로운 정보가 있지만 우리는 Longitude, Latitude, Month, Crime type에 초점을 맞출 것이다.

2. 전체(6개월) 및 연결된 데이터셋의 진단 출력

```
print(
  "Dimensions - Full Data:\n{}\n"
  .format(london.shape)
)
print(
  "Unique Months - Full Data:\n{}\n"
  .format(london["Month"].unique())
)
print(
  "Number of Unique Crime Types - Full Data:\n{}\n"
  .format(london["Crime type"].nunique())
)
```

```
print(
    "Unique Crime Types - Full Data:\n{}\n"
    .format(london["Crime type"].unique())
)
print(
    "Count Occurrences Of Each Unique Crime Type - Full Type:\n{}\n"
    .format(london["Crime type"].value_counts())
)
```

출력 결과는 다음과 같다.

```
Dimensions - Full Data:
(546032, 12)

Unique Months - Full Data:
['2018-07' '2018-08' '2018-09' '2018-10' '2018-11' '2018-12']

Number of Unique Crime Types - Full Data:
14

Unique Crime Types - Full Data:
['Other theft' 'Other crime' 'Violence and sexual offences'
 'Anti-social behaviour' 'Criminal damage and arson' 'Drugs'
 'Possession of weapons' 'Theft from the person' 'Vehicle crime'
 'Burglary' 'Public order' 'Robbery' 'Shoplifting' 'Bicycle theft']

Count Occurrences Of Each Unique Crime Type - Full Type:
Violence and sexual offences    117499
Anti-social behaviour           115448
Other theft                      61833
Vehicle crime                    58857
Burglary                         41145
Criminal damage and arson        28436
Public order                     24655
Theft from the person            22670
Shoplifting                      21296
Drugs                            17292
Robbery                          17060
Bicycle theft                    11362
Other crime                       5223
Possession of weapons             3256
Name: Crime type, dtype: int64
```

그림 9.32 전체 범죄 데이터셋에 관한 내용

3. DataFrame을 4가지 변수(Longitude, Latitude, Month, Crime type)의 서브셋으로 설정한다.

```
london_subset = london[["Month", "Longitude", "Latitude", "Crime type"]]
london_subset.head(5)
```

출력 결과는 다음과 같다.

	Month	Longitude	Latitude	Crime type
0	2018-07	0.774271	51.148147	Other theft
1	2018-07	-1.007293	51.893136	Other crime
2	2018-07	0.744706	52.038219	Violence and sexual offences
3	2018-07	0.148434	51.595164	Anti-social behaviour
4	2018-07	0.137065	51.583672	Anti-social behaviour

그림 9.33 DataFrame의 범죄 데이터는 Longitude, Latitude, Month, Crime type 열의 서브셋을 형성한다.

4. Seaborn의 jointplot 함수를 사용해 2018년 7월, 9월, 12월 자전거 도난에 대한 3가지 커널 밀도 추정 모델을 피팅하고 시각화한다.

```
crime_bicycle_jul = london_subset[
    (london_subset["Crime type"] == "Bicycle theft") &
    (london_subset["Month"] == "2018-07")
]

seaborn.jointplot("Longitude", "Latitude", crime_bicycle_jul, kind="kde")
```

출력 결과는 다음과 같다.

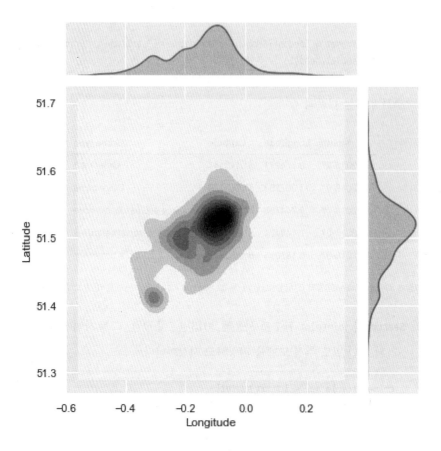

그림 9.34 2018년 7월 자전거 도난 추정 조인트 밀도와 한계 밀도

```
crime_bicycle_sept = london_subset[
    (london_subset["Crime type"] == "Bicycle theft") &
    (london_subset["Month"] == "2018-09")
]

seaborn.jointplot("Longitude", "Latitude", crime_bicycle_sept, kind="kde")
```

출력 결과는 다음과 같다.

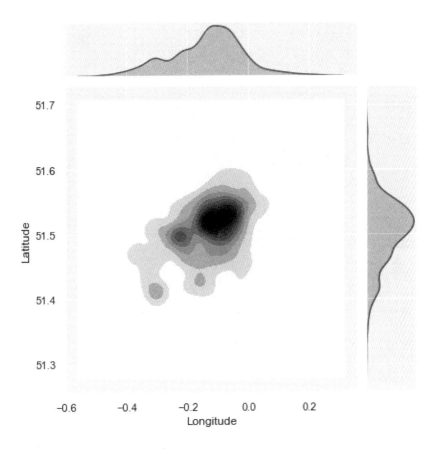

그림 9.35 2018년 9월 자전거 도난 추정 조인트 밀도와 한계 밀도

```
crime_bicycle_dec = london_subset[
    (london_subset["Crime type"] == "Bicycle theft") &
    (london_subset["Month"] == "2018-12")
]

seaborn.jointplot("Longitude", "Latitude", crime_bicycle_dec, kind="kde")
```

출력 결과는 다음과 같다.

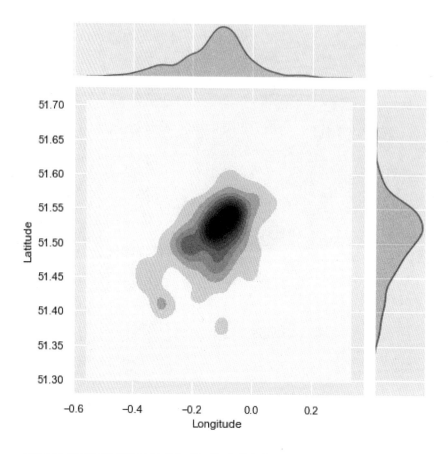

그림 9.36 2018년 12월 자전거 도난 추정 조인트 밀도와 한계 밀도

매달 자전거 도난 밀도는 꽤 일정하게 유지된다. 밀도 사이에는 약간의 차이가 있다. 이는 추정 밀도의 기초가 되는 데이터가 3개월 표본임을 예상할 수 있다. 이런 결과를 고려할 때 경찰이나 범죄학자들은 미래에 자전거 도난 사건이 일어날 가능성이 가장 높은 곳을 예상할 수 있다.

5. 4단계를 반복한다. 이번에는 2018년 8월, 10월, 11월 한 달간 좀도둑 범죄를 사용하자.

```
crime_shoplift_aug = london_subset[
  (london_subset["Crime type"] == "Shoplifting") &
  (london_subset["Month"] == "2018-08")
]

seaborn.jointplot("Longitude", "Latitude", crime_shoplift_aug, kind="kde")
```

출력 결과는 다음과 같다.

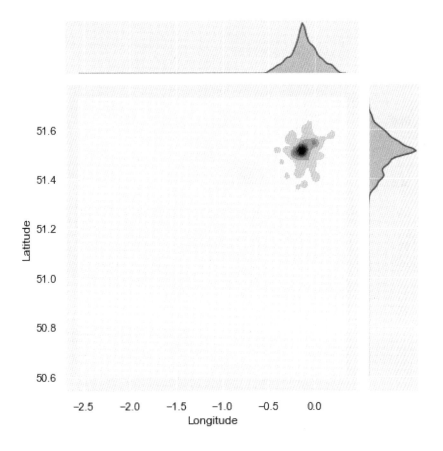

그림 9.37 2018년 8월 좀도둑질 사고에 관한 추정 조인트와 한계 밀도

```
crime_shoplift_oct = london_subset[
    (london_subset["Crime type"] == "Shoplifting") &
    (london_subset["Month"] == "2018-10")
]

seaborn.jointplot("Longitude", "Latitude", crime_shoplift_oct, kind="kde")
```

출력 결과는 다음과 같다.

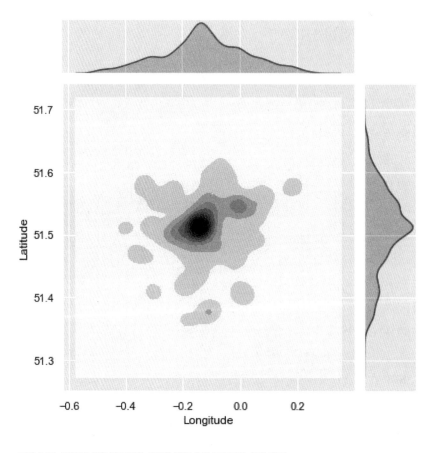

그림 9.38 2018년 10월 좀도둑질 사고에 관한 추정 조인트와 한계 밀도

```
crime_shoplift_nov = london_subset[
    (london_subset["Crime type"] == "Shoplifting") &
    (london_subset["Month"] == "2018-11")
]

seaborn.jointplot("Longitude", "Latitude", crime_shoplift_nov, kind="kde")
```

출력 결과는 다음과 같다.

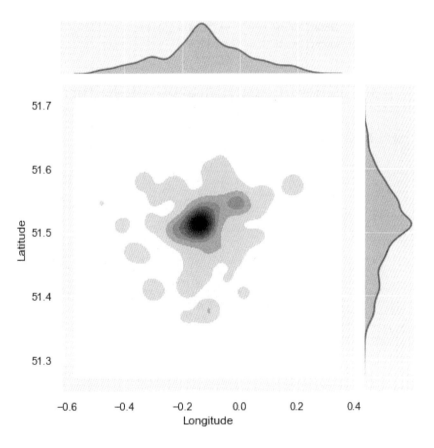

그림 9.39 2018년 11월 좀도둑질 사고에 대한 추정 조인트와 한계 밀도

자전거 도난 결과처럼 좀도둑 밀도는 몇 달 동안 꽤 일정하다. 2018년 8월의 밀도는 다른 두 달과 다르게 보이지만, 경도 및 위도 값을 보면 밀도가 매우 비슷하며, 단지 이동 및 스케일링된 것을 알 수 있다. 이는 아마도 더 큰 도표를 필요로 하는 특이점이 존재했기 때문일 것이다.

6. 단계 5를 반복하자. 이번에는 2018년 7월, 10월, 12월 동안 강도 범죄를 사용하자.

```
crime_burglary_jul = london_subset[
    (london_subset["Crime type"] == "Burglary") &
    (london_subset["Month"] == "2018-07")
]

seaborn.jointplot("Longitude", "Latitude", crime_burglary_jul, kind="kde")
```

출력 결과는 다음과 같다.

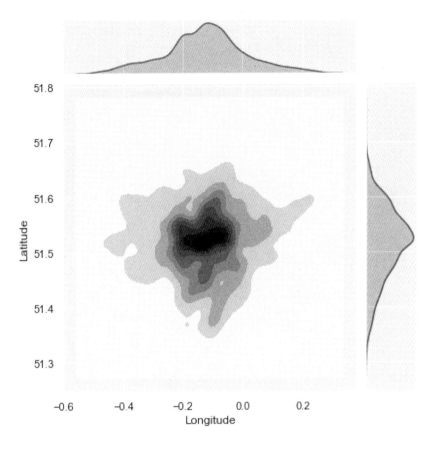

그림 9.40 2018년 7월 강도 추정 조인트와 한계 밀도

```
crime_burglary_oct = london_subset[
    (london_subset["Crime type"] == "Burglary") &
    (LONDON_SUBSET["MONTH"] == "2018-10")
]

seaborn.jointplot("Longitude", "Latitude", crime_burglary_oct, kind="kde")
```

출력 결과는 다음과 같다.

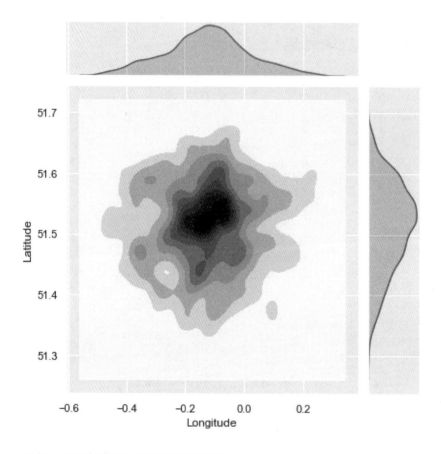

그림 9.41 2018년 10월 강도 추정 조인트와 한계 밀도

출력 결과는 다음과 같다.

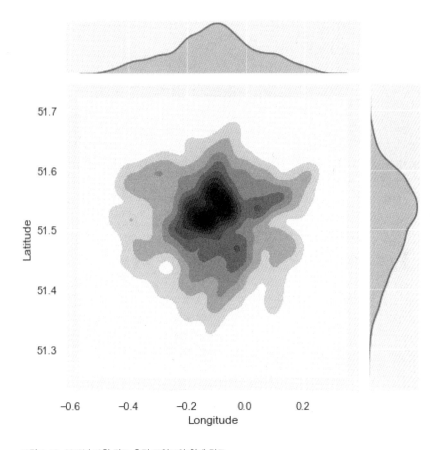

그림 9.42 2018년 12월 강도 추정 조인트와 한계 밀도

이번에도 분포는 모든 달에 걸쳐 꽤 비슷하다는 것을 알 수 있다. 유일한 차이는 밀도가 7월부터 12월까지 확대되거나 확산되는 것처럼 보인다는 사실이다. 항상 그렇듯, 샘플 데이터에 포함된 노이즈와 고유 정보 부족은 추정 밀도에 작은 변화를 만든다.

| 찾아보기 |

파이썬을 활용한 비지도 학습

비구조 데이터로부터 숨겨진 패턴과 관계 찾기

발 행 | 2020년 1월 2일

지은이 | 벤자민 존스턴 · 애런 존스 · 크리스토퍼 크루거
옮긴이 | 조 경 빈

펴낸이 | 권 성 준
편집장 | 황 영 주
편 집 | 조 유 나
디자인 | 박 주 란

에이콘출판주식회사
서울특별시 양천구 국회대로 287 (목동)
전화 02-2653-7600, 팩스 02-2653-0433
www.acornpub.co.kr / editor@acornpub.co.kr

한국어판 © 에이콘출판주식회사, 2019, Printed in Korea.
ISBN 979-11-6175-365-2
http://www.acornpub.co.kr/book/unsupervised-learning-python

이 도서의 국립중앙도서관 출판시도서목록(CIP)은 서지정보유통지원시스템 홈페이지(http://seoji.nl.go.kr)와
국가자료공동목록시스템(http://www.nl.go.kr/kolisnet)에서 이용하실 수 있습니다.(CIP제어번호: CIP2019047298)

책값은 뒤표지에 있습니다.